党校研究成果系列

民事法律制度研究

安连成◎著

天津出版传媒集团
天津人民出版社

图书在版编目(CIP)数据

民事法律制度研究 / 安连成著. -- 天津 : 天津人民出版社, 2018.3
(党校研究成果系列)
ISBN 978-7-201-12693-7

Ⅰ. ①民… Ⅱ. ①安… Ⅲ. ①民法—研究—中国②民事诉讼法—研究—中国 Ⅳ. ①D923.04②D925.104

中国版本图书馆 CIP 数据核字(2017)第 296986 号

民事法律制度研究
MINSHIFALüZHIDU YANJIU

出　　版　天津人民出版社
出 版 人　黄　沛
地　　址　天津市和平区西康路35号康岳大厦
邮政编码　300051
邮购电话　(022)23332469
网　　址　http://www.tjrmcbs.com
电子信箱　tjrmcbs@126.com

策划编辑　王　康
责任编辑　郑　玥
特约编辑　王　琤
装帧设计　汤　磊

印　　刷　高教社(天津)印务有限公司
经　　销　新华书店
开　　本　787毫米×1092毫米　1/16
印　　张　25.75
插　　页　2
字　　数　350千字
版次印次　2018年3月第1版　2018年3月第1次印刷
定　　价　88.00元

前　言

民法是我国法律体系中的重要组成部分，民事法律制度集中地反映了民法在调节社会关系中的价值基础及行为准则。资本主义制度的确定使民法成为所谓的权利保障书，通过国家的强制力来确认人在社会中的权利与义务的地位。人在社会生活中必然会结成各种各样的社会关系，这些社会关系受各种不同的规范调整，民事法律关系是民法调整的社会关系的法律上的表现。民事法律规范调整平等主体之间的财产关系和人身关系，决定了在市场经济下人们对于民事法律制度的依赖，反映了民事法律制度是维系社会、调整各种民事法律关系的重要的工具。为适应党校法律专业研究生教学的需要，自2001年开始在民法学讲义基础上，于2008年编写了民法的相关教材。随着我国民事立法的发展，一些法律、法规相继颁布或修改，民事法学理论研究不断深入，法学教学中出现了一些新问题，原有教材在结构及内容方面都需要调整与完善。本书以制定中的我国民法典的体系结构为基础设计全书框架，系统阐述了民法的渊源、基础理论和基本制度，溯其本源，阐明内涵；对罗马法产生的影响做了概括与总结，分析其理论的价值取向；对物权制度的变迁及物权立法趋势、物权的分类、物权效力及原则进行理论归纳；分析了私法自治契约自由与公序良俗理论、合同的效力及合同履行中的相关问题；归纳了侵权责任制度涉及的行为、责任方式等问题；探讨了婚姻家庭制度理论与实践中存在的问题；结合理论前沿问题，评析现行民事体系下立法与实践中涉及的重大问题并对成因进行分析。

本书注意吸收中国法学研究的最新学术成果，针对新时期党校在职研究生学习的特点，将思想性、学术性、实践性有机结合，将法律的基本原理与司法实践相结合，目的在于能够有效地培养学生运用所学的基础知识解决司法实践问题的技巧与能力，为党校法律专业研究生系统把握民法原理、学习民法提供帮助。

目 录

第一章　民法的渊源与中国民事立法　/　1

第一节　民法的概念　/　1

第二节　罗马法的沿革　/　6

第三节　欧洲民法典及其影响　/　9

第四节　我国民法典立法回顾　/　16

第二章　法律行为与民事主体制度的变迁　/　31

第一节　罗马法与法律行为制度　/　31

第二节　现代法律行为制度的确立　/　37

第三节　法律行为与事实行为　/　40

第四节　民事法律行为的效力学说　/　43

第五节　法律行为的成立要件　/　45

第六节　法律行为生效要件　/　48

第七节　民事主体制度的变迁　/　54

第三章　物权制度变迁　/　57

第一节　罗马法土地制度　/　57

第二节　日耳曼法所有权制度　/　61

第三节　近代以后物权制度的发展　/　67

第四章　物权的定义、效力及立法趋势　/　73

第一节　物权的定义　/　73

第二节 物权的效力 / 76

第三节 物权立法的发展趋势 / 81

第五章 物权变动模式与公示原则 / 83

第一节 物权变动模式 / 83

第二节 物权变动的公示原则 / 88

第六章 不动产物权登记制度 / 101

第一节 不动产物权登记模式 / 101

第二节 不动产物权登记效力 / 103

第三节 不动产登记的类型 / 105

第四节 德国民法的预告登记制度和异议登记制度 / 108

第五节 中国民法的预告登记制度 / 111

第七章 动产善意取得制度 / 117

第一节 动产善意取得制度的一般规定 / 117

第二节 动产善意取得制度构成要件 / 122

第三节 善意取得的法律效果 / 132

第八章 物权行为理论 / 134

第一节 物权行为理论的意义 / 134

第二节 物权行为理论对德国民法典的影响 / 140

第三节 物权行为无因性理论批判 / 142

第九章 共有制度 / 145

第一节 近代之前的共有制度 / 145

第二节 法国民法典共有制度的确立及其影响 / 149

第三节 公共财产与国家财产 / 152

第十章 物权的种类 / 156

第一节 所有权的一般理论 / 156

第二节 产权的理论内涵 / 159

第三节 用益物权的一般理论 / 161
第四节 担保物权的一般理论 / 163
第五节 产权分类 / 166
第十一章 物权请求权与时效制度 / 178
第一节 物权请求权制度的性质 / 178
第二节 时效制度的理论问题 / 181
第十二章 私法自治契约自由与公序良俗的理论与实践 / 190
第一节 私法自治契约自由的立法与实践 / 190
第二节 公序良俗的理论与实践 / 194
第十三章 合同效力制度的演变 / 198
第一节 合同成立与合同生效的理论内涵 / 198
第二节 合同有效条件 / 201
第三节 无效合同的一般理论 / 208
第十四章 合同解释理论 / 213
第一节 合同解释的学说 / 213
第二节 合同解释的方法 / 216
第十五章 违约责任的性质与构成要件 / 222
第一节 违约责任性质的理论 / 222
第二节 违约责任构成要件 / 229
第十六章 我国侵权责任法的体系构建 / 237
第一节 侵权责任法的历史演变 / 237
第二节 我国侵权责任法的结构体系 / 246
第三节 侵权责任的归责原则 / 249
第四节 侵权行为的类型 / 274
第五节 侵权责任特点、类型与责任方式 / 279
第六节 侵权责任的免责问题 / 285

第七节 特殊侵权行为的归责责任 / 298
第十七章 婚姻制度的历史与现状 / 330
第一节 历史回顾 / 330
第二节 夫妻关系 / 333
第三节 非婚同居关系 / 338
第四节 夫妻财产制 / 340
第五节 离婚损害赔偿制度 / 350
第六节 离婚后对未成年子女的监护 / 353
第十八章 精神损害的理论内涵 / 357
第一节 国外精神损害赔偿立法的演变 / 357
第二节 中国精神损害赔偿问题 / 361
第三节 精神损害的界定 / 364
第十九章 惩罚性赔偿制度的立法现状 / 377
第一节 惩罚性赔偿制度的历史沿革 / 377
第二节 惩罚性赔偿的特点及作用 / 379
第三节 我国现行立法中的惩罚性赔偿制度 / 382
附 录 / 385
参考文献 / 400
后 记 / 403

第一章

民法的渊源与中国民事立法

第一节　民法的概念

我国古代就已有“民法”一词,《尚书·孔传》就有“咎单,臣名,主土地之官,作《明居民法》一篇,亡”的记载。我国古代“民法”一词,其基本含义与现代意义上的“民法”相去甚远。作为部门法之一的民法,它是指调整平等主体的自然人、法人、其他组织之间的财产关系和人身关系的法律规范的总称。作为一门法学学科的民法,它是指研究民法规范及其相关学理的法律科学,亦即民法学。民法是现代法制的基础,民法理念是市民社会的价值追求,具有丰富的内涵,在古代,为了使氏族的生活有序地进行,就需要制定一定的规则,这些规则都是不成文的,我们可以把它们叫作习惯法。在这些习惯法中,有很大一部分都是民法规范。1901年12月,一支法国探险队在伊朗古城苏萨发现了《汉谟拉比法典》,它是公元前18世纪古巴比伦王国第六代国王汉谟拉比颁布的法律,是迄今为止世界上发现最早的法典。该法典的条文共282条,虽然其规定并不限于民法,但属于民法的条文多达237条,占全部条文的84%。

古代法中对当今民法影响最大的是罗马法。罗马法已经有两千七百多年的历史，它最初只是一个很小的农村公社的习惯法，后来随着罗马疆域的扩大，发展成为一个管辖广大领土和多民族国家的比较完备的法律。公元前450年前后，罗马共和国制定了罗马最早的成文法——《十二铜表法》，其内容大部分属于民法规范。527年，东罗马帝国皇帝查士丁尼亦称优士丁尼、优帝继位后，设立了法典编纂委员会，编成了《优帝法典》，将罗马法学者的著作进行摘录，编成了《学说汇纂》；然后又仿照当时流行的教科书的体例，编成了法律教科书《法学阶梯》；最后，又将罗马帝国新制定的法律汇编为《优帝新律》。上述的《优帝法典》《学说汇纂》《法学阶梯》《优帝新律》都被赋予了相同的法律效力，共同构成了完整的《罗马法典》，被后人称为“民法大全”。

中国古代法律文献原无民法一词，有关钱、债、田、土、户、婚等的法律规范，都收在各个朝代的律、例之中，清朝末年制定的《大清民律草案》，是我国法律上使用“民法”一词的开始。中国“民法”的语源来源于欧陆，并非中国传统文化所固有。民法一词来源于古罗马的市民法。最初的罗马法仅适用于罗马市民，称市民法；对于被罗马征服地区的居民之间的关系及其与罗马人之间的关系的调整则适用由裁判法官形成的规则，称为万民法。随着非罗马市民逐渐获得罗马公民权，两法的区别逐渐消失。罗马是一个城邦国家，以其发达的私法著称于世，212年，卡拉卡拉皇帝把罗马市民权赋予罗马帝国所有公民，市民法与万民法的属人主义色彩方告终结，罗马私法合二为一。11世纪之后的罗马法研究家，用市民法指代罗马私法。18世纪以后，西欧大陆各国民事立法，包括1804年《拿破仑法典》和1896年《德国民法典》，都以“市民法典”命名。市民法遂成为继受罗马私法的各国对私法的专有称谓。中国古代典籍中虽有“民法”二字，但它并不表示一个部门法，更无欧洲大陆“市民法”的实义，用“民”与“法”两个汉字，组成一个称谓基本部门法的术语，是19世纪60年代日本学者的作品。中国古代调整特定财产关系和人身关系的法律规范，或定名为“家族制度”“婚姻制度”“食货制度”，或规划为“身份法史”“财产法史”。中国传统民法和西方近代民法除了分别属于社会发展的不同阶段所特有的产物之外，更是两种不同类型的法律文化。中国是一个具有自身独立个性和独特价值的存在，在历史上曾经出现过大陆法系、英美法系、中华法系、伊斯兰法系等，而民法这个概念就是大陆法系的概念。罗马是一个民族国家，外国人是不可能取得罗马市民资格的，只有那些属于罗马本民族的居民才能成为罗马市民，罗马法出现了两种适用对象各不相同的法律，也就是专门适用于罗马市民的市民法和适用于外国人的万民法。由于我国古代法律诸法合体，民刑不分，因此尽管在各朝代的法典中都有关于民事关系的规定，但大都采用刑罚手段处理民事纠纷，民事关系主要通过习惯法来调整。到了清末聘请日本学者松冈义正起草民法典，中国才出现了现代意义上的民法。

在经历了漫长的中世纪以后，资产阶级逐渐兴起，在欧洲大陆进行了声势浩大的立法运动。在近代，最为著名的民法典是1804年的《法国民法典》和1900年的《德国民法典》。德国当时制定法典，是为了统一四分五裂的国家，以实现一个民族一个国家一个法律的目标。随着工业革命的完成，人类社会在19世纪末20世纪初进入了现代社会，从而进入了现代民法阶段。与近代民法相比，现代民法注重每一个民事主体人格的情况，注重对社会弱者的保护；控制私人所有权的扩大，以增加社会福利；限制竞争的加剧；通过社会的参与来代替个人责任。民法是大陆法系的概念，大陆法系的重要特点是成文法，各国都有一个民法典。英美法系各国的法律体系中并不存在一个名叫民法的法律部门，在这些国家中，存在着一些可以与大陆法系各国民法相对应的特别法，如合同法、财产法、家庭法和侵权行为法等。

民法与商法是两个具有紧密联系的法律部门，在处理两法律部门的关系时，有的国家将它们分开，从而形成两个相互独立的法律部门，制定两个法典，即民法典和商法典，如法国、德国、日本等。有的国家则将它们合并在一起，从而出现了民商合一主义。这些国家主要有瑞士、意大利等。在法典的结构上，存在两种编纂体例：罗马式和德意志式。罗马式是依照罗马法学家盖尤士的法学教科书的体例，将法典分为三个部分：第一编人；第二编财产及对财产所有权的各种限制；第三编取得财产的各种方法。德意志式的法典体例又被称为潘德克吞式，是德国法学家在研究民法中所采取的体例，后为德国民法典所采用，共分五编，即总则、债权、物权、亲属和继承。1907年，清光绪皇帝任命沈家本、俞廉三和英瑞为修律大臣，主持民法典、刑法典等的制定工作。沈家本亲赴日本，聘请民法学者松冈义正制定中国的民法典。1911年，民法典起草完毕，称为《大清民律草案》，该草案采用德意志式的立法体例，由总则、债权、物权、亲属、继承五编构成，共1569条。这部法典作为中国第一部民法典草案，其历史意义非常深远。1912年以后，中华民国政府专门设立了修订法律馆起草民法典。它以《大清民律草案》为基础，于1925年完成了民法修正案，共1745条，但这部法典并没有正式生效实施。1927年南京政府成立后，于第二年成立立法院，于1929年成立民法起草委员会，到1931年，民法典全部起草完毕并全部实施，这是我国历史上第一部正式实施的民法典。该法典共分总则、债权、物权、亲属和继承五编，共1225条，重点参考了德国、瑞士的立法经验，同时参考了《苏俄民法典》和《泰国民法典》。中华人民共和国成立后，1954年由全国人大常委会组织民法起草，到1956年2月完成了民法草案，共515条。这一民法典草案标志着社会主义民事立法的开始。1962年，新中国的第二次民法起草开始，到1964年7月完成民法草案试拟稿。第三次民法起草是1979年成立民法起草小组，到1982年共完成了四个民法草案，其中第四稿共有465条。这一草案并未形成法律，在此基础上1986年制定了《中华人民共和国民法通则》(以下简称《民法通则》)。其后，又先后制定了《经济合同法》《涉外经济合同法》《技术合同法》等一系列民事单行法，从而形成了我国以《民法通则》为基本法，众多民事单行法并存的局面。

从法学的角度来说，如何界定民法的含义，不仅涉及其与其他部门法的区分，更重要的是为我们进一步深入研究民法提供了依据，关于我国“民法”一词的来源，学界的通说认为该词源自于日本。根据学者考证，“民法”是日本学者津田真道在1868年从荷兰语翻译过来的。而该荷兰语实际上是拉丁语“juscivil”的转译，其实就是罗马法上的市民法。日本于1898年颁布了《日本帝国民法》，我国清末修律时，曾聘请过日本学者松冈义正、志田钾太郎起草民法，遂从日本引入了“民法”一词，1986年4月12日，第六届全国人民代表大会第四次会议通过了《中华人民共和国民法通则》，“民法”作为我国一个法律部门的称谓，最终于立法上得到了确认。我国现行的《民法通则》在其第2条规定了“中华人民共和国民法调整平等主体的公民之间、法人之间、公民与法人之间的财产关系和人身关系”。在其定义中使用“公民”一词混淆了公法与私法的区别，“公民”是宪法以及国籍法等公法中的概念，用公法上的概念来界定民事法律的概念无疑出现了私法公法化，公民与自然人在法律上是不同概念的，公民是指具有一国国籍的自然人，而自然人是指生物意义上的人，可见自然人是公民的上位概念，自然人的范围比公民大，从法律的角度来说，自然人不仅包括公民，而且包括外国人、无国籍人。在民事立法上只有自然人的概念而没有公民的概念。

《民法通则》把物法放在人法之前，与各国制定民法典的通行做法相悖。《法国民法典》第一编是“人”，第二编是“财产及对于所有权的各种变更”，第三编是“取得财产的各种方法”；现代的《瑞士民法典》《意大利民法典》也是确立人法的优先地位。这充分说明了人法重于物法的民法理念。民法的调整主体范围，用“自然人”代替“公民”的概念，一方面扩大了主体的范围，也符合现实生活的需要；另一方面也不会造成作为民法的定义中使用公法的概念，造成私法与公法的混淆。把人身关系摆在了财产关系的前面，突出了对人法的优先考虑、优先保护，是既符合法理又符合大多数国家民事立法的通例。正所谓“主体为权利义务之所属，客体为权利义务之所附”。

法律分为公法与私法。私法调整市民关系，公法调整国家统治关系。对公法关系，国家不仅首先干预，而且自始至终干预。对私法关系，国家不能首先干预，非在当事人请求下才干预。民法、商法是私法，其特点是当事人法律地位平等，不是命令与服从的关系，是自愿的关系，即私法自治，尊重自己的决定权。民法调整的是非由法律调整不可的那部分市民关系，而非市民关系的全部。我国民事主体的法律地位平等及适用法律的平等和受到法律的平等保护，在民事活动中体现当事人的意志，排除他人强迫欺诈及其他不当影响和压力自己做主，是由市民关系的平等性决定的，当事人在民事活动中实事求是，自觉履行义务，民事主体在行使权利时超出权利本身的目的和社会所容许的界线的行为是违法的，故为法律所禁止。行使权利损害社会公共利益、扰乱社会经济秩序、专以侵害他人为目的；以绝小瑕疵拒绝对方给付、违背权利目的等，均为法律所禁止。

第二节　罗马法的沿革

"民法"起源于罗马法。欧洲的大陆法系国家以及南美洲的许多国家都因为《法国民法典》而与罗马法有着密切的联系。罗马法的起源是著名的《十二铜表法》，罗马法分为本国国民所适用的"市民法"以及适用于外国人的"万民法"，后者就是现在的国际私法的起源。罗马法反映出当时罗马帝国的现实。罗马执政官保证了法律能够适应一个迅速膨胀的帝国不断变化的需求。但是，这种变化仍然是在传统的价值体系下完成的。执政官并不重新修改法典，而是通过新的解释或者修订来解决新的问题。这种对传统的依赖以及对变动的怀疑态度正是罗马人的思维特点。狄奥多西一世皇帝于438年将帝国的法律汇编成《狄奥多西法典》。这部汇编只是把君士坦丁大帝(306—337年)之后的历任皇帝所签署的宪令进行汇集。一个世纪后，查士丁尼大帝对大部分罗马法进行了重新整理汇总，编纂成一部由四部分构成的《民法大全》。该法典是罗马法的集大成者。第一部分为《法典》，收集了自哈德良皇帝(117—138年)以后的各代皇帝敕令。第二部分为《学说汇纂》，收集了罗马帝政时代被赋予“解答权”的法律学者们的学说。这一部分共有50卷，于533年完成。皇帝也同时命令编辑了一本法学入门教材《法学阶梯》，该书由四卷构成，其内容被赋予了法律效力。这部教材也是《民法大全》的第三部分。查士丁尼死后，法学家们整理其在位期间颁布的宪令，定为一编，名为《新律》，流传至今的有152条。1583年，法国法学家丹尼斯·高第弗洛依首次使用《民法大全》来指称包括《新律》在内的查士丁尼编纂的全部法典。

罗马法的发展被分成三个历史时期：罗马王国、罗马共和国和罗马帝国。第一个时期即法律诉讼时期，包括王国及共和国的初期。公元前3世纪罗马法进入第二个时期，即程式诉讼时期。从元首制罗马帝国早期开始，罗马法进入了最后一个时期，就是法律认知时期。罗马法关于公法和私法的划分以及人法、物法、诉讼法的体系一直是大陆法系各国民事立法的依据。“自然人”和“法律人格”的理论，奠定了“民事权利主体”和“法人”学说的基础。罗马法里的“对物的诉讼”和“对人的诉讼”，实际上指的是“对物权”和“对人权”，它是物权和债权划分的理论依据。罗马法关于所有权是所有人“对物的最完全的支配权”的定义以及关于占有、使用、收益、处分各种权能的理论，直接被归纳到《拿破仑法典》的第544条中；其他像关于所有权的取得包括先占、添附、加工、埋藏物、孳息、时效、交付、遗赠、分割裁判、公卖等原始取得和传来取得方式，关于他物权中的用益物权和担保物权等极为详细的具体制度，关于物的分类和物权保护等学说，也不同程度地渗透到后世各国私法之中。

自中世纪开始，罗马法对欧洲各国的影响从未间断过，在东罗马帝国境内完全适用，7—9世纪之间，罗马法是拜占庭帝国的重要法律渊源，并影响到斯拉夫国家和俄罗斯的法律。这时适用的罗马法并非查士丁尼的法律汇编，一些日耳曼王国对流散于民间的罗马法进行了编纂和整理，其中以西哥特王国阿拉利克二世（400—507年）组织编纂的《阿拉利克罗马法辑要》影响最大。643年编定的《伦巴德法典》明确规定，对罗马人之间发生的争执，适用罗马法。6世纪意大利东哥特王国的法律一直处于罗马法的控制之下。在法国南部,《阿拉利克罗马法辑要》经久不衰,该地区并因此得名“罗马法区”。由此可见,西罗马帝国灭亡后,罗马法以不同形式和不同程度继续存在于欧洲各地。从12世纪开始,西欧各国先后出现了一股研究罗马法的热潮,史称“罗马法复兴”,罗马法成为西欧的“普通法”。

14世纪以前,西欧除英国以外尚处于封建割据状态,各国君主一般只能在自己管辖领地内依据罗马法行使权力。罗马法的复兴是从意大利开始的。1135年在亚马菲城发现了查士丁尼《学说汇纂》的原稿,引起了意大利法学家研究罗马法的兴趣。到14世纪,“评论法学派”根据时代的需要将罗马法的原则和制度适用于改造法国落后的习惯法,到16世纪人文主义者探讨罗马法的历史发展和沿革,发现罗马法的真义,因而成为近代历史法学派的先声。

自1583年在热那亚出版了荀托弗雷多的全集之后,罗马法已经成为欧洲大多数国家的普通法,补充着各国法律和习惯的不足。15世纪,罗马法被荷兰所接受。到17世纪,荷兰的统治者将罗马法和本国的习惯法结合起来,因而有“罗马荷兰法”之称。荷兰的法院普遍适用查士丁尼法,以补充当地法律的不足。1836年荷兰制定自己的民法典,有了罗马荷兰法的典型形式。人文主义法学派在推动法国南、北两大法律区域接受罗马法的道路上取得了不同程度的进展。罗马法对南部成文法区的影响继续扩大,而对北部习惯法区,罗马法原则也渗透到王室法院、地方法院的司法判决之中。与南部地区不同,北部地区只是承认罗马法的理论权威,接受其原则和精神,而不直接承认其效力。法国大革命后《拿破仑民法典》完全接受了查士丁尼《法学阶梯》关于人和物划分的体系,成为其他许多欧洲国家制定法典的基础。德意志民族始终认为自己是罗马帝国的延续,从10世纪起就称自己的国家为“神圣罗马帝国”,德国历任皇帝都宣布罗马法的效力遍及全国。16世纪形成了一种制度:法院对疑难案件的判决,事先要征询大学法科师生的意见。法学家和职业法官们巧妙地将罗马法同德国习惯法、地方法乃至教会法融合为一体，从而制定出一系列成文法典。1149年，意大利学者威卡留斯应坎特伯雷大主教提奥伯立特的邀请到牛津讲授罗马法，罗马法在英国正式开始传播。格兰威尔约于1188年出版的《法律论》、布拉克顿约于1259年发表的《英国法律与习惯》这两部著作对英国法律的发展具有深刻持久的影响。14世纪中叶，英国还吸收了罗马外事裁判官制度，创设了“衡平法院”，从而产生了英国的“衡平法”。

第三节　欧洲民法典及其影响

《法国民法典》确立了资本主义社会的立法规范，维护了法国资产阶级革命成果，打击了封建残余势力，推动了法国以及欧洲资本主义的发展。12世纪开始，有大批学者到波伦亚大学学习。大约在此后200年间，法国法学基本受意大利“注释法学派”支配。法国效法意大利成立了许多大学，各大学均设法律系，罗马法作为一门主课受到教师和学生的重视。16世纪人文主义法学派在法国崛起之后，法国对罗马法的研究超过了意大利，取得了全欧领导地位。1804年公布施行的《法国民法典》是第一部资本主义国家的和以资本主义经济制度为基础的民法典。它在1804年公布时的名称是《法兰西人的民法典》。1807年9月3日法律赋予它《拿破仑法典》的尊称。《法国民法典》体现了“个人最大限度的自由、法律最小限度的干预”这样的立法精神。体现了全体公民民事权利平等的原则、绝对所有权制度、契约自由及过失责任原则，代表着资产阶级的自然法领域中的“天赋人权”理论在此民法典中的体现。《法国民法典》的立法原则可以被概括为：自由和平等原则、所有权原则、契约自治原则。1816年又改称为《民法典》，1852年再度改称为《拿破仑法典》，但从1870年以后，在习惯上一直沿用《法国民法典》的名称。

《法国民法典》于1804年3月21日通过。法典除总则外，分为3编，《法国民法典》第一版共2281条。第一编是人法,包含关于个人和亲属法的规定;第二编是物法,包含关于各种财产和所有权及其他物权的规定;第三编称为“取得所有权的各种方法”编。内容颇为庞杂:首先规定了继承、赠与、遗嘱和夫妻财产制;其次规定了债法,附以质权和抵押权法;最后还规定了取得时效和消灭时效。《拿破仑法典》是人类历史上第一部真正意义上的资产阶级民法典,由于该法典的系统性、完整性和规范性,它对后来其他资本主义国家的立法产生了巨大影响,起到了立法规范的作用。《法国民法典》在不少资产阶级国家里有较大的影响,在法国的某些前殖民地中也仍在施行。例如,加拿大魁北克省现行的民法典,部分以该法典为基础,部分以《巴黎习惯法》为基础。1838年的《丹麦民法典》是依据该法典制定的,1940年的《希腊民法典》也是以该法典为范本的。1896年的《德国民法典》、1907年的《瑞士民法典》、1867年的《葡萄牙民法典》、1889年的《西班牙民法典》、1855年的《智利民法典》、1869年的《阿根廷民法典》、1916年的《巴西民法典》等都受到该法典的影响。

民法典被誉为“人法”,即以“人”而不是以“物”为中心,先规定人,再规定人的财产,最后才规定取得财产的方法。《法国民法典》1134条规定,人们可以在不违反法律与公共秩序、善良风俗的情况下,自由订立契约,创建自己期望的各种民事关系。在人与人之间的关系方面,确定“平等”原则。《法国民法典》第8条规定,“所有法国人都享有平等的民事权利”。此处特别强调“所有法国人”,使《人权宣言》中的平等观念变成了现实。《法国民法典》确立所有权神圣、契约自由和过错责任原则,奠定了近代私法体系的三大基本原则。拿破仑曾在立法讨论中说:“我拥有许多的军队,但我不能侵占一块土地,因为侵犯一个人的所有权,就是侵害所有人的权利。”人们在自由合意基础上订立的契约,明确给予它相当于法律的效力,该法典第11条规定:“所有法国人都享有民事权利。”第488条规定:满21岁为成年(1974年改为18岁),到达此年龄后,除结婚章规定的以外,有能力为一切民事生活上的行为,即每个人从成年之日起，都享有平等的民事行为能力。法典第544~546条对所有权的定义是“对于物有绝对无限制地使用、收益及处分的权利”。国家征收私人财产只能根据公益的理由，并给予所有人以公正和事先的补偿为条件。不论是动产或不动产的所有人，都有权得到该财产所生产以及添附于该财产的一切物。契约自由原则规定在第1134条中：“依法成立的契约，在缔结契约的当事人间有相当于法律的效力。”除非该契约违反了该法典第6条所说的公共秩序或善良风俗，才不具有法律效力。在《法国民法典》中用一千多条条文来规定契约之债，可见契约自由的重要性。该法典也经过一百多次修改，以不断适应新的情况。

《法国民法典》的自由平等、所有权绝对及契约自由这三项立法原则所体现出来的自由思想和人权思想是《法国民法典》产生巨大影响的思想上的原因。一些国家的民法典之所以易于受法国民法典影响，一定程度上是因为它们在民事立法上采取罗马编制，尤其是承袭了《法学阶梯》的编制，体现了这些国家与法国植根于罗马法渊源的共同基础。罗马法将法划分为人、物、诉讼三个部分。《法国民法典》把诉讼部分从法典中独立出来，把内容划分为人、财产及对所有权的各种限制、取得财产的各种方法三编。

比利时、卢森堡、瑞士的日内瓦州和伯尔尼-汝拉州在1804年均属于法国，因而曾经自动地适用《法国民法典》。葡萄牙自1807年至1811年间被法国所占领，也自动地适用《法国民法典》；在拿破仑的弟弟约瑟夫担任西班牙国王期间（1808年至1814年），《法国民法典》也直接施行于西班牙境内。《罗马尼亚民法典》就被认为是《法国民法典》的翻译本。

《德国民法典》于1900年1月1日施行之前，德国有广大的地区适用《法国民法典》。拿破仑曾率军征服德国的西部和南部，并在当地推行《法国民法典》。拿破仑战败后，《法国民法典》依旧施行于莱茵河西岸所有地区和普鲁士莱茵省的若干地区；这种状况一直到《德国民法典》于1900年1月1日生效时才告结束。《德国民法典》的五编制被一些国家的民法典所采用。1929年至

1930年的《中华民国民法典》就将这种五编的划分法直接“拿来”，为己所用。《德国民法典》的概念体系已经成为各国法律文化的共同财富，对战后苏联、东欧一些社会主义国家的民法典也产生了影响。

比利时于1795年为法国所占领，《法国民法典》于1804年自动地适用于法国的比利时诸省。拿破仑垮台后，比利时被并入荷兰王国(1815年)，但这并不影响《法国民法典》在比利时的效力。1830年比利时获得独立以后，其民法典仍然深受《法国民法典》的影响，直到今天。

1806年，拿破仑迫使荷兰人接受其弟路易为国王。1809年，又使一个只是稍稍适应了荷兰法律习惯的《法国民法典》翻译本在荷兰生效。1838年的《荷兰民法典》较多地借重了《法国民法典》的范例。此后，《荷兰民法典》经历了旷日持久的修订，直至1992年才完成物权法和债法的修订，自1992年1月1日起施行的新的《荷兰民法典》进一步靠近了《德国民法典》。

卢森堡于1795年为法国所兼并，自1804年起直接适用《法国民法典》。1815年维也纳会议使卢森堡成为一个大公国，隶属于荷兰国王，到1890年获得独立为止，卢森堡境内一直适用《法国民法典》。

法国大革命后，意大利曾经在拿破仑统治时期采用1804年的法国民法典。拿破仑倒台后，复辟的意大利统治者仍旧接受以法国民法典为模式的民法典，并使它们在全国大部分地区施行。1865年通过、1866年生效的《意大利民法典》也以《法国民法典》和查士丁尼的《法学阶梯》为依据。二战后，意大利于1942年通过并生效的《民法典》仍部分地保留了1865年《意大利民法典》的痕迹。

葡萄牙从1807年为法国军队所占领，《拿破仑法典》自动地在其境内施行。1867年的《葡萄牙民法典》受到了《法国民法典》的影响。

1808年，拿破仑迫使西班牙人接受其弟约瑟夫为国王，《拿破仑法典》自动地在西班牙境内施行。

19世纪，瑞士各州纷纷以《法国民法典》为样板来制定自己的民法典，包括沃州(1819年)、弗里堡(1834/1850年)、提契诺(1837年)、瓦莱(1855年)以及纳沙泰尔(1854/1855年)。但是,1907年颁布、自1912年起施行的《瑞士民法典》受《德国民法典》的影响甚于受《法国民法典》的影响。

《法国民法典》的影响远远不止于欧洲。拉丁美洲国家多为西班牙和葡萄牙的前殖民地,由于西、葡两国的民法典受到了《法国民法典》的影响,所以拉丁美洲国家几乎都直接或间接地受惠于《法国民法典》,如《海地民法典》(1825年)、《玻利维亚民法典》(1830/1845年)、《秘鲁民法典》(1851年)、《智利民法典》(1855年)、《厄瓜多尔民法典》(1860年)、《阿根廷民法典》(1869年)、《乌拉圭民法典》(1869年)、《委内瑞拉民法典》(1862/1867/1873/1982年)、《墨西哥民法典》(1870/1884年及1928/1932年)、《哥伦比亚民法典》(1871年)、《危地马拉民法典》(1877年)、《洪都拉斯民法典》(1880年)、《萨尔瓦多民法典》(1880年)、《多米尼加共和国民法典》(1845/1884年)、《哥斯达黎加民法典》(1886年)、《巴西民法典》(1916年)。

奥斯曼帝国、埃及、叙利亚、黎巴嫩、利比亚、伊拉克、阿尔及利亚、突尼斯、摩洛哥等国的民事立法都曾直接或间接地受惠于《法国民法典》。

《法国民法典》也对日本产生了影响。众所周知,在起草《日本民法典》的过程中,最初被作为样板的是《法国民法典》,《日本民法典》最初的草案的财产法部分就是由法国学者、原巴黎大学民法教授布瓦索纳德负责起草的。在日本最高法院图书室至今还陈列着布瓦索纳德的半身塑像,《日本民法典》在物权法上的权利变更方面效仿《法国民法典》,采取当事人意思原则和权利变更只有在土地登记簿上登记才能对抗第三人的原则。在侵权行为法领域,《日本民法典》不采德国的列举原则(《德国民法典》第823条第1款、第2款;第826条),而采法国(《法国民法典》第1382条)的一般条款原则(《日本民法典》第709条)。因此,《日本民法典》是一部主要以《德国民法典》第一草案为蓝本,同时也含有好些法国因素的民法典。

德意志帝国在1896年制定的民法典于1900年1月1日施行, 以后为德意志共和国、德意志联邦共和国继续适用。这是继《法国民法典》之后，资本主义国家第二部重要的民法典。全文共2385条，分为5编：总则、债务关系、物权、亲属、继承。另附施行法218条，多系适用法律的规则。这部法典经过多次修改，纳粹统治时期修改较多。第二次世界大战后，对亲属和继承两编修改较大。其他三编，也为一些单行法所修改或补充，但法典基本内容未变。瑞士、奥地利、日本、泰国和中华民国时期的《中华民国民法典》，都在不同程度上参照了这一民法典。《德国民法典》的施行，标志着德国在私法领域实现了法律统一。在此之前，德意志第二帝国境内存在着以下四个法律区域：普鲁士一般邦法适用区域、法国民法典适用区域、撒克森民法典适用区域以及普通法适用区域。《德国民法典》在形式方面最引人注目的是它的五编制结构，即总则、债务关系法、物权法、亲属法和继承法。这种把民法划分为五编并设置总则编的做法，始于1863年的《撒克森王国民法典》。《德国民法典》在立法技术上的优越性，特别是概念精确、逻辑严密、条文概括、思辨性强的特点，也是它在若干国家被继受的原因之一。

《瑞士民法典》1907年12月10日经瑞士联邦会议通过，于1912年1月1日正式生效，创造了具有瑞士特色的立法体例和法律制度。首次提出了一般人格权概念，开民商合一立法模式之先河，1648年瑞士建立了一个由22个州组成的联邦国家。当时的联邦没有统一的法律，1874年联邦议会修改了宪法，赋予联邦制定各州共同适用的法律的权利后，瑞士联邦才分别于1874年制定了《婚姻法》，1881年制定了《（自然人）行为能力法》。1884年经联邦委员会提议，起草《瑞士民法典》。这一重要的历史任务交给了著名的民法学教授欧根·胡贝尔。1892年瑞士联邦司法和警察部委托胡贝尔起草一部民法典。胡贝尔针对当时需要统一的问题开始起草民法典，并于1894、1895、1899年相继完成了婚姻、继承和不动产担保三编。1904年5月28日公布的联邦委员会草案，又称《瑞士民法典二草》。该草案经过认真的讨论，于1907年12月10日经联邦议会全体一致通过，并于1912年1月1日开始生效。

我国民国时期起草民法典采用民商合一模式，也是受到《瑞士民法典》影响的结果。《瑞士民法典》由导言即总则和五编构成，前四编共计977条。总则部分规定了该民法典适用的一般原则，是贯穿整个民法典的基本原则。第一编，人法。包括公民和法人两章，主要规定公民和法人的权利能力、行为能力，公民的身份登记以及法人的成立要件和法人的种类。第二编，亲属法。分别规定了婚姻、家庭和监护等问题。第三编，继承法。主要规定了法定继承、遗嘱继承和遗产的处理等问题，吸收了各国民法典中的特留份制度，并限制了遗嘱继承。第四编，物权法。包括所有权、限制物权、占有以及不动产登记三部分，分别对动产、不动产以及相邻关系、共有关系进行了规定。

《瑞士民法典》虽由法学家起草，但是《瑞士民法典》使用的是日常语言，回避了抽象概念、回避了条文之间的相互援引。《瑞士民法典》前四编共977条。《瑞士民法典》条文非常简洁，一般条文很少包括三款以上的，每款一般由一句话组成，每句话一般也不长。《瑞士民法典》以专章规定了法人制度，实行土地登记制度，在立法史上首次将诚实信用原则上升为整个民法的基本原则，并将人法独立成编，赋予了法官造法的权力。这体现其举世著名的第1条第2款和第3款的规定，即“如本法没有可以适用的规定，法官应依据习惯法裁判，无习惯法时，应依据其作为立法者所提出的规则裁判;在前款之情形，法官应遵循公认的学理和惯例”。这一规定赋予了法官在没有法律和习惯可供适用的情况下，可以依据学理和惯例创制审判规则的先例。

1922年10月31日，《苏俄民法典》由全俄中央执行委员会第九届第四次会议通过，1923年1月1日起施行。该法典是苏联各加盟共和国关于民事立法方面具有代表性的法典，共436条，内容包括总则、物权、债、继承各篇。根据民法典的有关规定，通过调整一定范围的财产关系和人身关系，保卫十月社会主义革命的胜利成果、保卫国家财产和劳动人民的利益。在实行新经济政策后，该法典对调整社会经济关系及推动经济的发展起了重要作用。根据1961年12月8日苏联最高苏维埃颁布的《苏联和各加盟共和国民事立法纲要》，俄罗斯联邦于1964年10月1日颁布并实施新的《苏俄民法典》,取代了1922年通过的《苏俄民法典》。新的《苏俄民法典》共8编,42章569条。包括总则、所有权、债权、著作权、发现权、发明权、继承权,以及外国人和无国籍人的权利能力、外国民事法律、国际条约和国际协议的适用。

第四节　我国民法典立法回顾

清末法制变革后,中国民法开始走上了法典化的进程,1911年清政府制定了《大清民律草案》,这是中国历史上第一部民法典草案,是中国近代民法法典化的开端。中国古代的民法没有形成系统、完整和严密的体系,没有独立的民法典。各朝代都制定法典,但这些法典大都是刑法之规定,其中虽涉及民事关系,如户、婚、钱债、赔偿等,亦采取刑罚的手段调整之,本质上仍属刑法规范。中国古代社会的封建专制政体将立法的重点主要放在维护专制统治上,统治者更习惯于运用刑法或行政法手段调整各种社会关系。在中国古代社会自给自足的自然经济制度下,"重农抑商"的经济观念根深蒂固,严重抑制了以调整商品经济关系为主要对象的民法的发展。1916年,法国全权公使乔治·帕杜(Georges Padoux,中文名字:宝道)担任了中国政府的顾问;在制定《中华民国民法典》的1929年至1930年间,宝道还担任了民法起草委员会的顾问。1921年,法国格勒诺布尔大学法学院教授让·埃斯卡拉(Jean Escarra)担任了中国政府的顾问,后来还出版了《中国法与比较法》《中国法》等书。

清朝末年的《大清民律草案》首次将《德国民法典》的编制体例和概念体系引入中国。沈家本作为清末法律改革的主持人,其法律思想成为了此次法律改革的主线和指导,沈家本认为"法律之损益,随乎时运之递迁……推诸穷通久变之理,实今昔之不宜相袭也"。沈家本在主持修律期间,坚持"参考古今,博稽中外"的修律原则。他反对一味移植,崇洋媚外地推崇西法,坚持不走全盘西化的道路。同时，反对片面强调中西有别、一概地摒弃西法。在"礼法之争"中沈家本虽未明确承认人格平等观，但是他将"善、恶"作为是否适用法律的判断标准，沈家本主持的清末法律改革不再对民事科刑化，将调整民事关系的条款从刑法典中分离出来，《大清民律草案》《大清商律草案》《破产律》及《破产律草案》等法律的制定草拟使清末的民商法体系粗具雏形，对中国近代法律体系的完善具有深远意义。

1929年至1930年制定公布的中国历史上第一部民法典——《中华民国民法典》在《大清民律草案》的基础上，采取了《德国民法典》的五编制，即总则、债、物权、亲属和继承。除了《德国民法典》之外，《中华民国民法典》还参照了《日本民法典》《瑞士民法典》《苏俄民法典》和《暹罗（泰国）民法典》。1925年，在《大清民律草案》的基础上，由北洋政府修订法律馆完成了民法典的起草工作，称为《民法修正案》，又称《第二次民律草案》。这部民法草案曾经北洋政府司法部通令各级法院在司法中作为法理加以引用，但终因没有完成立法程序而未成为正式民法典。

1928年12月，南京国民政府立法院成立后，即着手起草民法典，并于1929年设立民法起草委员会。民法起草委员会依"民法各编立法原则"，完成民法典的整个起草工作，并分编公布施行，是为《中华民国民法典》，这是中国历史上第一部正式的民法典。

中华人民共和国成立以后，在20世纪50年代，借鉴苏联民法起草《民法典》。在"文革"前，又完成了《民法典》二草工作，改革开放后，特别是近二十年以来，我国制定和颁布了大量的民商事法律、法规，已经初步形成了具有中国特色的社会主义民商法体系。尽管中国目前还没有民法典，但并不能说中国没有调整民商事关系的民法。一方面，《民法通则》与《经济合同法》《继承法》《婚姻法》及《收养法》基本上涵盖了民法典的主要部分，即总则、债权、亲属与继承，另一方面，中国在民商事关系的基本领域都制定了民商事法律、法规，基本上实现了有法可依。中国民法理论的发展又为中国民事立法的进步奠定了基础。十余年来,中国的民法理论研究取得了重大成就,一些高质量、高水平的民商法理论研究成果相继面世,对于中国的民事立法及民事司法产生了重大影响,极大地促进了中国民法的发展。中国现行的民法规定,无论是具有基本法性质的《民法通则》,还是各个民商事单行法,其内容都过于简单,而且不健全,许多内容都还没有规定,一些规范之间缺乏协调性,不仅基本法与单行法之间不协调,单行法之间也是如此。例如,《民法通则》与《合伙企业法》之间都有关于合伙的规定,但二者的规定差别很大。许多民事立法是以行政法规的形式出现的,如土地法是以《土地管理法》的形式出现的,房地产法是以《房地产管理法》的形式出现的,民法的行政化倾向在不同程度上冲淡了民法的特点,对正确适用民法规范产生了不利影响。

《中华人民共和国民法典》(以下简称《民法典》)编纂工作从1954年开始,全国人大常委会法制工作委员会于1979年专门成立了民法起草小组,由各相关部门和高校民法学专家组成,杨秀峰同志任组长,陶希晋同志任副组长。当时,著名民法学家、西南政法大学资深教授金平被任命为“民法起草小组所有权分组”的负责人。据他回忆,经过大家10个月的辛勤工作,在1980年8月草拟出了一个民法草案“试拟稿”。在广泛征求意见之后,又改了3次,到1982年5月形成了民法草案的第四稿。但是,当时我国的改革开放和经济建设才刚刚起步,随着立法工作的推进,各方争论不断,时任全国人大常委会委员长的彭真决定,先针对现实生活中的一些迫切需要解决的问题制定一个民法大纲。1986年4月12日,第六届全国人民代表大会第四次会议通过了《民法通则》,确立了“自愿、公平、等价有偿、诚实信用”的现代民法基本原则,对公权力进行规制以保护私权利,民法通则实际上是一个民事权利的宣言。此后,立法机关先后出台了担保法、合同法等民事法律,为编纂民法典打下了坚实的基础。

1998年八届人大,当时负责民事立法的副委员长王汉斌邀请江平、王利明、梁慧星等5位学者开了一个座谈会,会议只讨论一个问题,中国编纂《民法典》的条件是否具备？五位教授均认为《民法典》条件已经具备，理由是市场经济发展，社会主义市场经济体制已经确定等。王汉斌决定，成立9人民法起草工作小组，恢复《民法典》编纂，任务是准备《民法典》草案和《物权法》草案。2002年12月，九届全国人大常委会第三十一次会议首次审议民法草案。这一草案没有达到法典编纂的要求，只是进行了法律汇编，将已经生效的民法通则、合同法、继承法、婚姻法、收养法，以及当时正在制定的“物权法草案”“侵权法草案”等照搬到民法典草案之中。全国人大常委会最终决定先制定物权法、侵权责任法等法律，待条件成熟后，再以此为基础研究制定一部完整的民法典。《民法典》的编纂从2015年3月20日就正式启动了。最高人民法院、最高人民检察院、国务院法制办、社科院和法学会，五家单位和法工委组成专班，一起完成《民法典》的编纂。

20世纪80年代以来，通过制定和修改法律，我国已经形成了包括《民法通则》《合同法》《物权法》《侵权责任法》《婚姻法》《继承法》等在内的系列民商法律。这为编纂出台一部统一的民法典奠定了坚实基础。民事法律法典化，要对既有的诸多民事单行法按照严密的逻辑关系，进行全面的梳理、整合，解决各单行法之间规则内容相互冲突，以及民法与刑法、诉讼法等其他基本法律的法典化形态不匹配的问题，根据全国人大常委会法工委的介绍，编纂民法典将分“两步走”：第一步是编纂民法典总则编（即民法总则），争取2017年3月全国人大会议审议通过；第二步是编纂民法典各分编，争取2020年3月全国人大会议审议通过，形成统一的民法典。

我们现在采用的是民商合一。其实无论是民商分立的国家还是民商合一的国家实质上都是民商分立的国家，只不过没有一个形式上的法典而已。民商合一的国家大多数都采用了商事单行法的方法来制定商法问题，我们在清末就是采用民商分立，到了民国则采用了民商合一。

虽然中国商法的规则很多是独立于民法规则，但是我们也必须承认一点：在某些领域我们的商事规则没有特殊化。其中主要是在合同领域，我们只有一个民事的一般合同法，不像有商法典的国家那样还有商事合同，同样的买卖合同、同样的借贷合同，商法单行法律法规缺少类似民法通则或总则的法律文件来规定一般商事法律制度、系统性地统领整个商法领域。从目前已经提交全国人大常委会审议的民法总则的内容看，并未包含和设计商法通则的制度和规范。因此，商法通则的立法任务需要在民法的编纂中予以专门的筹划和安排。民商分立自是一种实际存在的趋势，但是这种分立在很多方面不能绝对化，我国当前编纂民法典，处理这个问题要切合中国实际。我们从民国时期到改革开放以来的今天，在民商合一方面已经积累了丰富的经验和有效的对策，转向民商分立，实无必要。民法典编纂的基本目标，应当兼顾法律稳定性和延续性，在目标上定位上，应以系统整理为主而不是全盘改造或者打破重来。我国《合同法》《物权法》和《侵权责任法》已经出台运行多年，再将之纳入“总则+分则”的模式下予以修订，难度较大，德国民法典里是总则和分则是同时制定的，因此在制定之时就能够充分考虑总则和分则之间的逻辑关联。而我们现在制定民法典，是先有“分则”再制定“总则”。在这种情况下，除非彻底修改现有各项法律，否则无法让分则适配于总则。

晚清以来的法典重构运动，无论是《荷兰民法典》《巴西民法典》还是中东欧诸国的绝大多数民法典，践行的都是民商合一型的编纂模式。即便某些法制后发国家仍旧存在《商法典》（如1995年《爱沙尼亚商法典》和2000年《拉脱维亚商法典》），但它们也并非纯正意义上的“商法典”，这类法典主要以个人企业、合伙、合作社以及各类公司为调整对象，中国的民法典编纂必然亦会采取民商合一式的模式。法典重构的主要任务，便是将分散在旧法典周围的单行法，以及业已成熟的司法判例系统化地融入新的法典之中，进而重新实现其对私法秩序的总体调控。在欧洲大陆法国家，依托成熟法教义学的“体系思维”传统，通过撰写评注、专著与论文等诸多方式，私法学者与法律实务者之间早已构建起了可妥适沟通的商谈机制。当学者一旦转变为立法者的角色，将直接助益于新民法典编纂的成功。当下中国大陆，学者与司法实务者似乎始终处于一种无法实现相互联系的状态，民法典编纂，不仅需要对既有单行民法立法进行重新组装与串接，而且更需要对现行司法解释和指导案例、公报案例和其他重要案例，进行系统地梳理、提炼以及总结，如若缺乏司法实务界精英的有效参与，民法典编纂最终将难以达到预期。

十二届全国人大常委会第二十一次会议初次审议了《民法总则草案》。草案分为11章，包括基本原则、自然人、法人、非法人组织、民事权利、民事法律行为、代理、民事责任、诉讼时效和除斥期间、期间的计算、附则，共186条。

进入20世纪80年代以后，随着改革开放尤其是以市场为导向的经济体制改革的逐步深入，民事立法工作被提上了日程。由于民法典涉及内容太过庞杂，立法机关采取了先急后缓的思路，先行制定调整民事关系的单行法，如1981年《经济合同法》、1982年《商标法》、1984年《专利法》、1985年《继承法》等，并逐渐在立法中形成了一些共同的原则和规范，使得制定《民法通则》的条件日渐成熟。从1985年7月组建《民法通则》起草小组，到11月《民法通则草案》初次提交审议，及至1986年4月12日六届全国人大四次会议通过，中华人民共和国第一部调整民事关系的基本法律——《民法通则》诞生了。与《民法通则》相比，《民法总则草案》虽然只有11章186条，条文增加的幅度并不是很大，但对于私权的保护而言具有新的意义。在改革开放过程中，私权利不断得到伸张和立法确认，总则为公民权利提供了更为系统化的立法指南，大幅度提升私权利在社会主义法治体系中的地位。

民法典的起草方式，是以“编纂”的方式，对现行分别规定的民事法律规范进行科学整理，而非制定全新的民事法律，也不是简单的法律汇编。具体而言，就是“不仅要去除重复的规定，删繁就简，还要对已经不适应现实情况的现行规定进行必要的修改完善，对社会经济生活中出现的新情况、新问题作出有针对性的新规定”。以目前提交审议的《民法总则草案》为例，就是以1986年制定的《民法通则》为基础，按照“提取公因式”的方法，将其他民事法律中具有普遍适用性的规定写入草案。1986年颁布的《民法通则》，发挥了民事基本法的作用。但是由于我国改革开放的步伐很快,这部法律已经被“掏空”了,156个条文中绝大多数都被其他法律替代了,已经不能满足现实需要。

民法总则是民法典的第一编,起着提纲挈领和价值统摄的作用。许多国家的民法典一般都有两千多个条文,离不开民法总则的指导和规设,以使民法典各部分形成一个严密协调的逻辑体系。民法典制定后,民商事领域的立法和司法活动依然存在价值、原则、规范的冲突问题,民法总则作为整个民法典的基本价值载体,作为调整各类私法关系的基本规则,有助于更好地协调立法和司法实践中的各种冲突，协调整个私法体系。民事立法的核心要义,在于彰显私权利、保护私权利。2002年,中华人民共和国第一部民法典草案首次提请审议时，时任全国人大常委会委员长的李鹏就称:“民法典是公民权利宣言书。”民法总则充分回应了经济社会发展实践中的权利诉求,极力彰显权利的价值。民法典不仅是社会经济生活在法律上的反映,更是人民生活方式的总结和体现。恩格斯认为,民法乃是“以法律形式表现了社会经济生活条件的准则”。《民法总则草案》专门就见义勇为作出规定,明确了因见义勇为引起纠纷的责任划分,体现了立法对传统道德的支撑。《民法总则草案》增加了保护胎儿利益的规定,下调限制民事行为能力未成年人的年龄下限标准,赋予“非法人组织”以民事主体地位,对网络虚拟财产、数据信息等新型民事权利客体作出规定,这些都鲜明体现出立法以人为本的理念。

编纂民法典,标志着一个国家的民事法律体系的成熟与完善。民法总则的内容,对于民法典的整体架构具有基础性意义,还会规定一些可以普遍适用于分则部分的一般性规则。目前,我国已经制定了《合同法》《物权法》与《侵权责任法》等基本民事法律,在民法总则、人格权法、债法总则制定出来之后,民法典的基本内容已经确立,以法律关系为中心来构建民法典,民法典设立总则,总则之中应当包括法律关系的基本要素,即主体、客体、法律行为、责任。民法典的分则以法律关系的内容(即民事权利)为中心展开,分则部分包括人格权法、亲属法、继承法、物权法、债权总则和合同法、侵权责任法。民法总则就是统领整个民法典并且普遍适用于民商法各个部分的基本规则,它统领整个民商立法,从而作为民法典中最基础、最抽象的部分。

总则编规定民事活动必须遵循的基本原则和一般性规则,统领各分编;各分编,目前考虑分为合同编、物权编、侵权责任编、婚姻家庭编和继承编等,是在总则编的基础上对各项民事制度作具体可操作的规定。总则编和各分编形成一个有机整体,共同承担着保护民事主体合法权益、调整民事关系的任务。总则应当在《民法通则》的基础上制定。

《民法通则》虽然不是以法典形式颁布,但其调整的都是基本的民事制度和民事权利;民法分则体系是按照民事权利体系构建起来的,民事权利主要包括人身权与财产权两大部分,后者分为物权与债权,人身权主要是以人格权为主,其规则或规定在主体制度中,或散见于侵权责任制度之中,传统民法过分注重财产权,反映其"重物轻人"的不合理性。人格权即应在民法典中独立成编,在人格权法中,要完善具体人格权制度,进一步规定并完善生命健康权、名誉权、肖像权、姓名和名称权、婚姻自主权、隐私权、个人信息权。

为了进一步实现公民权利保障法制化的要求,凸显对民事权利的尊重,《民法总则草案》设专章规定了民事权利的种类和内容。人格权是否独立成编曾是民法学界长期以来争论得最为激烈的问题,直到2016年6月底,首次提交审议的《民法总则草案》亮相,"体系已定",争议才告一段落。在民法中规定人格权,可以使宪法保障人权的规定在私法中得以落实,并彰显我国对保护人权的高度重视。

关于民法典编纂中人格权立法体例问题,学者的分歧点在于,应赋予人格权何种立法格局。梁慧星认为,人格权应纳入总则(通则),理由是人格权与人格本身不可分离,且另辟一章或一节便足够,而不宜单独成编。人格权单独成编存在乌克兰化的颜色革命危险。但是多数学者,包括江平、王利明等人则极力赞成将人格权凸显出来独立成编,理由是人格权独立成编既是篇幅所需,也是当代对于人格权和人权保护的必要。当代人格权呈现的高度外在化而且还在不断强化的特点，使得人格权规范本身具有了高度外在化扩张的必要性。当代人格权发展不是简单的一种体量增加，而是基于高度社会化背景导致"人格溢出"现象加剧的结果。人格权不能简单看成宪法上人权或基本权利的直接转化，民法典对于人格权的规定，对于促进人权发展当然具有直接帮助，但是民法人格权制度本身是以一种独特的确立私人关系的法律方式促进人格权的实现和保障。

中国正值社会大转型时期，空巢老人和留守儿童的权益得不到保障成为社会之痛。《民法总则草案》完善了监护制度，加强对老年人和未成年人的权益保障。草案增加规定：子女对无民事行为能力或者限制民事行为能力的父母负有赡养、照顾和保护的义务；父母对未成年子女负有抚养、教育和保护的义务。草案还扩大了被监护人的范围，将"智力障碍者以及因疾病等原因丧失或者部分丧失辨识认知能力的成年人"也纳入被监护人的范围。

在大陆法系体系中，民法典中债法的典型模式是将侵权行为、合同、不当得利、无因管理等都纳入债的范畴，民法典中的债法总则与合同法、侵权责任法将共同成为民法典分则的组成部分。

《民法总则草案》公布时，将网络虚拟财产纳入保护范围是媒体广泛关注和报道的一大亮点。将网络虚拟财产作为物权客体、将数据信息作为数据专有权客体的规定是《民法总则草案》中关于民事权利客体规定中最有价值的。在制定《物权法》时，其实就想将虚拟财产写入其中，但最后还是由于争议太大没有实现。梁慧星则认为，网络虚拟财产虽然应当受到保护，但作为物权客体不妥，建议单独规定网络虚拟财产权。目前对于网络虚拟财产的具体类型化研究尚不充分，也没有对虚拟财产的内涵及外延进行明确有说服力的界定，虚拟财产的虚拟特征旨在强调该财产存在形式的特殊性，并不影响其依据本身性质受到民法的平等保护。

关于民事裁决的规范依据，是存有争议的一个重要问题。根据《民法总则草案》，"处理民事纠纷，应当依照法律规定；法律没有规定的，可以适用习惯,但是不得违背公序良俗”,将“习惯”作为一种新的规范类型予以确认,被学界评价为一大进步。民事关系十分复杂,对法律没有规定的事项,人民法院在一定条件下根据商业惯例或者民间习惯处理民事纠纷,有利于纠纷的解决。与此前的《民法通则》第6条规定“民事活动必须遵守法律,法律没有规定的,应该遵守国家政策”相比,《民法总则草案》不再将“国家政策”作为民事规范的一种类型。在没有法律的情况下,没有给政策留下空间,仅仅按照习惯,这中间空档太大。“从法律层面,我们无法做到周全,社会生活太复杂,而政策在司法过程中、社会实践过程中所发生的作用,远远超出了人们的想象,它的作用被远远地低估了。应当继续保留关于国家政策作为民事活动的主要规范渊源,在未来几十年的转型期,可以充分发挥政策的灵活性特点来调整和规范社会关系,形成“有法律时依法律、无法律时依政策、无政策时依习惯”三位阶规范渊源结构。

梁慧星在一次公开讲座时解释说,按照民法原理和传统理论,民法的法源除法律、习惯之外,还有“法理”。《民法总则草案》之所以并未规定“法理”,是因为按照中国国情,在法律规定和习惯之外,还存在大量最高人民法院制定的司法解释,被认为具有相当于法律规定的效力,可作为裁判案件的依据。若规定了“法理”,就相当于将这些司法解释排斥于民法法源之外,而且可能会造成实务中“法理滥用”而损害司法公正和统一。是否可以将最高人民法院司法解释、指导性案例和法理都明文规定为民法法源,恐怕还有待于理论的深入研究和实践经验的观察。

在制定中国民法典的过程中,如何借鉴国外立法,也是学界长期以来关注的问题。众所周知,中国民法的许多制度、规则主要继受于传统的大陆法系国家,此次民法典编纂的体例,也主要是借鉴了大陆法系的民法典体例。梁慧星在《人民日报》撰文指出,自统一合同法制定以来,我国对外国民法的继受从单一转向多元,广泛参考借鉴发达国家和地区成功的立法经验和判例学说,并与国际公约和国际惯例协调一致。中国历史上的几部民法草案及民法典都特别注重国情、民情,以“求最适于中国民情之法则”。因此,在起草《大清民律草案》时,因亲属、继承二编“关涉礼教”,故没有聘请日本学者起草,而由中国人自己编订,足见立法者对中国固有法传统的重视。

编纂民法典是建设社会主义法治国家进程中的一件大事,是完善中国特色社会主义法律体系的一项重大任务,是牵涉利益众多、涉及复杂法律问题的系统工程,要始终坚持人民主体地位,把维护最广大人民的根本利益放在首位,妥善处理好法典稳定性与改革渐进性、时代变革性的关系,体现时代精神,不断增强民事法律的针对性和有效性。

在一个国家的法律体系中,民法典的地位仅次于宪法。其原因在于,宪法是规定国家基本制度和公民基本权利的根本大法,而民法是在宪法指导下,规定国家基本经济制度及所有权制度,规定公民、法人基本民事权利、民事权利行使规则,以及民事权利受到侵害的保护制度。民法典关系到国家的每一个自然人、法人以至于国家的根本利益分配,是国家民事领域的根本大法。1792年9月22日,统治法国上千年的君主制被废除,法兰西第一共和国宣布成立。1799年11月,拿破仑发动“雾月政变”,成立执政府。1800年8月21日,拿破仑成立由4名委员组成的民法起草委员会,亲自领导,甚至一条一条地组织专家讨论,完成了历史上第一部民法典即《法国民法典》,凡2280余条,于1804年3月21日公布。在《法国民法典》之后,几乎所有的大陆法系国家,包括一些英美法系的国家和地区,都制定了民法典,并且将民法典作为本国法律体系的核心部分。社会主义国家也都在革命胜利后较短的时间里制定了自己的民法典。在十月革命后,苏俄于1922年制定了《苏俄民法典》。法国、德国、俄罗斯、日本等大陆法系主要大国的民法典,都是在民族复兴、社会转型、国家崛起的关键时期被制定出来的。

从民法典的国际发展史来看,它是伴随着自由、平等观念的出现和身份社会到契约社会的转变而产生的。《法国民法典》打破了封建社会的利益结构,为自由资本主义发展奠定了法律基础;《德国民法典》实现了法律在全国的统一实施，顺应了垄断资本主义发展的需要；《日本民法典》凸显了“摆脱落后、富国强兵”的国家愿望。

中国编纂民法典如何将中国特有的时代精神在民法典中充分体现出来，成为人们关注的焦点问题。民法典不仅涉及财产保护和交易便利，还涉及民族传统传承、民间习惯保护与生活方式维系，涉及对市民社会中个体与社群之意义/行为的诠释和引导，因此其立法过程必须代入传统和民意。中国民法典需要接纳本土价值，比如将“家”作为正式民事主体，不仅作为契约主体，而且作为伦理与治理主体，再比如在夫妻财产制上需要体现对家庭整体性的保护。

我国自晚清开始，在内忧外患的意识中，政治精英就开始推动法律和政治的近代化运动，其中一个努力就是要制定民法典。此次民法典编纂，和以往却不一样，它是在进行了近四十年的改革开放的基础上启动的。它是站在国家政治的高度，体现一种国家关于全面依法治国的宏观政治意志。我国近四十年的法治建设，围绕经济建设和依法治国的需求，逐渐建立起一个较为完备的市场经济体系，确立了较为完整的市场形态和制度环境，特别是形成了一套与自身改革开放过程相适应的颇具历史延进性特点的民商事法律体系，并且积累了丰富的私法实践经验。

公元前450年前后，罗马在收集整理习惯规则的基础上制定出《十二铜表法》，让罗马法的私法精神流传至今；1804年，拿破仑颁布了《法国民法典》，随拿破仑南征北战而风靡欧洲，体现了“个人最大限度的自由、法律最小限度的干预”的立法精神；1900年，历时23年始成的《德国民法典》实施，前承罗马法传统，在法典化上可谓登峰造极。这些民事立法的光辉典范，高扬私法的精神旗帜，凝聚出自由、平等、契约自治等一项项保障私权的法治原则。

现在市场经济比较发达的各个国家和地区，其民法理念都在从近代法转向现代法。例如，对于民法应当体现的价值取向，最早的概念只有自由、平等。在现代民法中，各国民法典都新渗入了“公平”的概念和理念，并以此为基础,以发展的视角对若干制度规范进行修正完善,并据此整合各种新型的民事法律关系,将宪法中已列举出来的权利尽量民事化,尽可能体现于民法中,以应对中国不能援引宪法进行诉讼的现实。

19世纪初,世界还处于农业经济阶段,法国人将众多的法律关系放在一起构筑了一个内容庞大的民法典,以自由平等为基本原则,旨在构筑市民社会,其体现的价值取向是形式正义。20世纪初,世界进入工业经济阶段,德国人又将这种放在一起的法律关系分门别类,并将各门类中的内容进一步扩张,其体现的价值取向从形式正义逐步转向实质正义,新型民法典的出现是《意大利民法典》和《荷兰民法典》。

日本从纪念民法典颁行100周年的时候开始一直有人提出民法的亲民化问题。所谓"亲民性"的意义,归根结底在于尊重本民族乃至本国的习惯,并具体在文章的构成、概念用语的使用等方面施以照顾……中国在编纂民法典的时候涉及不同的法律渊源、法律文献、法律资源,其中有最早接触的大陆法系、1949年之后所接触的苏联民法,还有英美国家的英美法系,这些不同的资源糅合在一起,对于我们编纂民法典来说是一个很大的挑战。从20世纪到现在,中国民法接受了不同的法系,如大陆法系、英美法系、苏联民法,因而呈现一个杂糅化的现象,那么我们是否有可能在这样的背景下制定出一个具有清晰的基本概念和逻辑体系的民法典呢?德国在制定1896年的民法典之前爆发了一场关于"民法典是否应当缓行"的论战,即萨维尼和蒂堡之战,萨维尼当时主张缓行。提出民法典理念的是哲学家莱布尼茨,莱布尼茨是一个数学家。莱布尼茨之所以提出民法典理念主要是基于牛顿力学取得了巨大成功,于是那个时代的人们开始相信人们的理性不仅能够认识自然世界,也能够认识人类社会,能够发现人类社会的基本公理,莱布尼茨认为我们有能力制定一部法典,为人类社会的全部社会关系的矛盾找到答案。

制定这部法典的方法是什么呢?就是提炼一些人类社会的公理,然后像欧几里得几何学一样,从公理出发不断地推导出人类社会所应当适用的不同规则并形成一个体系，这个体系就是民法典。最早付诸实践的民法典是1804年制定的《拿破仑民法典》,该法典对法国封建时代的社会关系具有一种革命性的破坏力量。《德国民法典》是1896年颁布的,创造了许多民法典概念,如法律行为、法人等,当民法典出现之后,法官在裁决人与人之间纠纷的时候,直接把它交给法典,人类对于伦理问题的思维由于民法典的出现发生了很大的变化。

日本是第一个制定民法典的亚洲国家，布瓦索纳德就成为日本起草民法典的第一位导师。布瓦索纳德曾经还参加过中日甲午谈判,获得天皇5000万日元的打赏。布瓦索纳德为日本贡献了第一批法典。但是日本民法典忽略了日本的习惯和风俗,东京大学三位教授(穗积陈重、富井政章、梅谦次郎)来起草日本民法典，所以日本真正最后通过的民法典是由日本学者自己起草的。梅谦次郎是法政大学的校长,他还派遣自己的学生松冈义正来到中国帮助起草《大清民律》。清政府采用的是民商分立的立法体系,到了民国采用的是民商合一。第一个对法国的民法典发起挑战的是穗积八束,穗积八束批判了法国的民法典,穗积陈重发表的《法典论》对日本民法典的起草有很大的指导意义,他认为法律有实质与形体两种元素。一国的法律是否真正地具备维护国家利益、促进人民幸福的条规的问题就是该部法律实质问题,这部法典在形式上是否作出了简明、正确的规定,又是否以该国人民易知的权利义务来表达它的法律易知。

凡是有民法典的国家都出现了“解法典化”的现象。所谓“解法典化”的含义是:法典在司法实践当中、在裁决案件的过程当中,并不作为一个非常主要的法源来进行裁决,法官更多的是依据一些单行法来进行裁决,因为很多案件都具有独特的类型。比如《消费者权益保护法》《产品质量法》《环境保护法》都规定了许多特殊的规则,这些规则在一定程度上架空了民法典,20世纪70年代意大利的一位学者把这个现象称为“解法典化”。

此外就是“再法典化”。民法典历经沧桑,许多具体的规则和原理需要加以修补和改革,法国的法典编纂委员会最近的一个报告就作出了“制定新民法典的时代已经过去了,我们法国人不会考虑‘再法典化’,我们还会研究我们的《拿破仑民法典》”的表示。其解释是:法典这个东西要解决一个什么问题呢?无非是要解决法律的“易得性”和法律的“易读性”。“易得”就是普通民众可以找到法律的规则,“易读”就是读法律规则的时候非常容易理解,也就使得这个法律具有一种透明性。在电子化的时代这个问题已经解决了,法国有一个非常好的数据库,叫“大老子数据库”,这个数据库通过电子编排把所有的法源都放在网上,我们的编排就像法典一样,逻辑非常清晰,遇到问题我们就可以交互查询。所以真正的法国法律人是把“大老子”作为他们的法典,而不是把民法典作为他们的真正法典。中国已经通过电子计算机的方式把所有的法源进行了整理,数据库这个问题就已经解决了。

思考题

1. 民法的概念。
2. 罗马法的发展分哪几个历史时期?
3. 编纂中国社会主义民法典的意义。

第二章
法律行为与民事主体制度的变迁

第一节　罗马法与法律行为制度

公元前20世纪两河流域拉尔萨王国的《苏美尔法典》和在其之前埃什嫩那王国的《俾拉拉马法典》均已对买卖、租赁、收养和婚姻等行为设有成文法规则。公元前18世纪巴比伦王国的《汉谟拉比法典》明确了买卖、租赁、雇佣等合意行为。罗马法早期的曼兮帕蓄、拟诉弃权和耐克逊均具有契约最初形式的意义。按照罗马法学家的认识,曼兮帕蓄作为移转物权的最古老方式本身就具有"要式买卖"的含义。履行曼兮帕蓄须由买卖双方亲到现场,邀请有行为能力的罗马公民15人为证人,一人为司称;买卖双方须依特定程式和套语表示买卖及交付合意,以此发生物权转移效果。拟诉弃权转移所有权时,买卖双方须携标的物或其标记到法官前佯作诉讼，由买方作为原告主张权利,经法官询问卖方被告无异议后,判定标的物归买方所有。耐克逊,它最早多用于金钱借贷,但后来很多要式转移物的转移行为都要通过耐克逊完成。除有在神前宣誓程式要求外,也须履行铜块和秤的方式。合意契约行为与物权转移行为并不具有独立的法律意义，按照罗马注释法学家和后世学者的认识,罗马法中的契约观念只是在买卖、租赁、合伙等几种要物交易转变为诺成行为时才产生的；而在这一过程中，物权转移行为的独立具有决定性的意义。

罗马法中的交付制度产生于万民法，根据万民法的规定，交付行为作为物权移转的基本手段须符合四项条件：其一，交付行为主体须对让与物有处分权；其二，让与人与被让与人须有物权移转意思；其三，交付须有合法原因；其四，交付须具备占有移转的事实，其中包括有形交付，也包括无形交付。4世纪时，市民法上的曼兮帕蓄与拟诉弃权在大多数领域被实际废弃，无论略式物移转均可使用交付规则。535年，查士丁尼主持编纂的《民法大全》明令废止市民法中各种要式交易行为，致使交付成为移转所有权的一般原则。正是由于交付移转方式广泛取代了拟诉弃权和曼兮帕蓄，才使得此类要式交易行为中的合意因素及其作用被逐渐独立出来，此类合意行为一经附加以债的效力即形成诺成契约。

交付行为对市民法实践的影响首先在于铜衡仪式被虚拟而不再举行，但应表达的词句仍保存下来，因此产生了口头债务。等书写流传后，又根据书写而假定铜衡仪式和口头表述都已完成，这就产生了书面债务。最后，市民法在万民法的影响下，承认诺成契约既适用于公民间，也适用于外国人之间。这才免去一切形式，而当事人双方的同意为债发生的根据。罗马法中契约观念的形成实际上表现为要式交易行为中的合意行为因素与交付转移行为相分离的过程。

按照罗马法学者后来的概括，契约是由双方意思表示一致而产生相互间法律关系的一种约定。根据罗马法原理，债的约束力是契约所不可或缺的本质要素，完整的契约概念中必然含有合意加债的内容，二者缺一不可。故早期罗马法中以即时交易为内容的曼兮帕蓄和拟诉弃权均不构成契约，因为它们所含有的合意因素对当事人来说不具有，也无须具有信用的约束力。一项合意能否成为有效的契约取决于法律是否把一个债附加上去，在合意未被法律附加上债的时候，则称为“空虚的合意”；而在法律认许的契约成立的诸因素中，合意的形式又具有决定性意义。在共和末期，罗马法学家提出了“契约有效要件”理论。有效成立契约，当事人须具备意思能力和法律上的资格，须达成意思合致，合意须具备法律认许的形式，此外还须具备法律上认许债成立的原因。这一理论对于后期罗马法乃至后来大陆法各国合同法的发展有着极大的影响。《民法大全》编纂时不仅确认了这些原理，而且以较大的篇幅规定了无效契约的判断规则。

早期罗马法对订约人资格设有严格的限制。根据其“人法”的规定，只有同时具有自由权、公民权和家长权的人才具有完整的市民法上的人格。因此，不仅一般意义上的未成年人和精神病人不具有订约资格，而且奴隶、被释自由人和所谓“他权人”也不能独立地从事契约行为。尽管罗马法后来的发展废除了人法中的大部分限制，但是关于奴隶不具有独立人格的规定却始终未加改变。6世纪编纂而成的《法学阶梯》中规定，“奴隶处于主人的权力之下，这种权力渊源于万民法，因为我们可以注意到，无论哪个民族，主人对于奴隶都有生杀之权，奴隶所取得的东西，都是为主人所得的”；“奴隶基于他主人的人格有权缔结要式口约……其利益一律归属他的主人。以上所述，同样适用于在家长权力下的子女为他们父亲的利益取得的各种情况”。早期罗马法对契约行为规定有烦琐的套语和行为程式。未履行规定程式或错念了套语将导致合意约定无效，单有当事人双方合意还不足以产生合同，当事人达成合意后，还必须履行固定的手续和仪式，这种一定的手续和仪式的作用在于吸引债。契约行为程式化并不仅是罗马法的特点，而是贯彻罗马始终的基本原则。依《民法大全》的归纳，契约形式主要包括口头契约、文书契约、要物契约和诺成契约等。从罗马法对遗嘱处分的规定，就可以体现出契约行为程序化规定的特点。法律所认许的遗嘱人仅限于家长，不包括妇女、子女和他权人；其处分对象并不是一般的财产，而是“家产”和“监护权”，更确切地说是家族即家父权本身和由家父权而产生的各种权利义务的集合。早期罗马法上的遗嘱行为含义完全不同于后世民法所理解的自由意思表示，它更类似于某种公法行为或宣誓命令行为，以罗马法的观点，宣誓的遗嘱本身就是一种法律，所以立遗嘱人应该是一种命令的发动，并且使用所谓直接的和强制的语言。由此便产生了一条规则，就是遗产的给予或转移必须使用命令式的语言。最后，市民法上的绝对遗嘱自由实际上受有类似于公法规则的形式限制。它必须采取公开宣誓方式进行，例如，议会遗嘱、战事遗嘱、曼兮帕蓄（也须公开宣誓）遗嘱等，而秘密的和私下的遗嘱不受市民法承认。这种特殊限制直至查士丁尼《民法大全》中仍以公式遗嘱规则予以保留。由此可见，罗马法早期的绝对遗嘱自由原则是基于罗马社会的特殊社会关系和法律特定保护宗旨而设置的。

罗马后期遗嘱法主要取自裁判官法上的规则。《民法大全》将其归纳为私式遗嘱、公式遗嘱和特别遗嘱三类，其中私式遗嘱又包括书面遗嘱、口头遗嘱和三合遗嘱等形式。这一时期遗嘱法的基本特点在于强调遗嘱行为中的意思表示内容，以有限制的遗嘱自由取代了绝对自由原则，同时又放宽了对遗嘱资格的身份要求。后期罗马法对于遗嘱行为的控制主要表现为遗嘱人须具备遗嘱能力，只有具备罗马公民权（包括家子）、家庭财产权和意思能力的人才能设立遗嘱；未成熟者、禁治产人、失明的人、被俘虏者等不能设立有效遗嘱。这一要求较为契约能力更为严格，遗嘱内容受到法律禁止的或不道德的……不发生效力。按照法律要求，遗嘱内容中首先须指明继承人和补充继承人，并不得附带条件；遗嘱人欲剥夺其亲属继承权时须在遗嘱中指名剥夺，对当然继承人的“脱漏”不发生剥夺效力；遗嘱无正当理由不得剥夺当然继承人的继承权，否则被剥夺权利者可提起“遗嘱逆伦之诉”；遗嘱中必须为被继承人的直系血亲和直系尊亲保留应继份或特留份，否则应继任者有权提起“特留份追补之诉”等。遗嘱须符合法定形式要求，其中私式书面遗嘱无需证人作证，但仅适用于家父自书遗嘱；其他私式遗嘱须有7名证人在场作证或签名盖章，其适用范围较广；公式遗嘱和特别遗嘱除须具书面形式外，还须履行某些特别程序，其适用范围较狭。

作为罗马法集大成之作的《查士丁尼法典》分别为法、德等诸多国家民法典的编纂提供了范式,即高度的逻辑性、抽象性和体系化。

罗马法的演化过程分为王政时期(公元前753—前510年)、共和国时期(公元前510—前27年)、帝政时代前期(公元前27—公元284年)和帝政时代后期(284—565年)四个阶段。

在第一个阶段,即王政时期,法律渊源较为单一,主要为习惯法,不具有成文化的法典形式,对法律的解释为僧侣所垄断。罗马共和国时期,出现了第一部成文法典——《十二铜表法》,该法主要吸收了古罗马早期的习惯法,是一部采诸法合体体例的成文法律,其中含有家长权、继承和监护、所有权和占有、土地和房屋(相邻关系)、私犯等大量民事实体法的内容;同时含有各种大会的立法及长官谕令,成为法律的主要渊源。在这些大会中,贵族大会很少立法,只办理少数遗嘱、收养事务;地区大会仅通过十分次要的法律,军队大会和平民会议在罗马共和国时期的立法中扮演的角色较为重要,但其侧重点不同,前者通过的法律是政治性的,属于公法方面的居多,而后者则主要颁布私法意义上的且适用于全民范围的法律,一些重要的民事立法诸如取消平民与贵族通婚限制的《卡奴立亚法》,私犯法、限制赠与的《辛西亚法》《法尔西地亚法》等都是平民会议制定的。在长官谕令中,执政官的谕令多属于政治性的,只有大法官的谕令才是构成罗马私法的重要渊源。正是通过这些谕令,罗马的大法官在共和国时期按照商品经济发展的需要,不断纠正市民法的缺陷,补充其不足,这对促进罗马法的发展,使之后来成为世界性的法律,直接起到了决定作用。与此同时,这一阶段法学家的解答,也成为罗马法间接的法律渊源,与裁判官的谕令一道共同推动着罗马法的蓬勃发展。

帝政时代前期,除了极少数的习惯法及地区大会、元老院的决议外,皇帝的敕令成为重要的法律形式。其具体形式又分为敕谕(即皇帝对全国居民发布的通令)、敕裁(皇帝对他所受理的案件的裁决)、敕答(即皇帝对人民和官吏提出的法律问题的答复)和敕训(皇帝对下属个别官吏的训令)。与此同时，长官谕令仍是法律的重要组成部分，但是由于皇帝权力的日益扩大，高级官吏就不像共和国时期那样随便变通法律了，因此大法官的谕令未有太大发展。

乃至哈德良皇帝时，法学家优利安努斯受命把历代大法官、市政官等的谕令整理、编纂起来，并经元老院批准通过，供法官一体遵行。从此，谕令便固定起来，所有法官必须循此办案，不得更改和创新，未经皇帝同意，不许增删和变通。至此，裁判官通过告示创制法律的历史使命即告终止。此一时期，“五大法学家”即盖尤斯、帕比尼安、乌尔比安、保罗、莫德斯体努斯，法学家的解答在法律的发展过程中仍然是十分活跃的因素。

帝政时代后期是罗马法衰落的时期。议会的立法、元老院的决议、长官的谕令已成为历史的陈迹；至于习惯，虽保持着创造新的规范的作用，但君士坦丁皇帝已命令取消其变更的成文法的效力；因此，皇帝的敕令几乎成为唯一的法律渊源。罗马法律制度没有太多的新发展，法典的编纂却极为繁盛。先后出现了《格莱哥里亚努斯法典》《赫尔摩格尼亚努斯法典》《特奥多西努斯法典》《特奥多里克谕令》《巴西尔法律全书》等多部法典，但最具有代表性的还是《民法大全》，它是千年罗马法发展精华的荟萃，由《法典》《学说汇纂》《法学阶梯》和《新律》构成。

罗马法不是高度体系化的法律，由成文法和习惯法以及裁判官法等多种形式组成。在一千余年的发展过程中，罗马法经历了由内容简单、形式单一到内容丰富、形式多元再到法典化的变化。公元前最后150年这段历史时期，可谓罗马法发展最为活跃、繁盛的时期，罗马法主要是凭借裁判官的审判实践和法学家的理论活动，在改造和继承旧有的法律规范的基础上而逐渐发展起来的。随着《布艾体亚法》的颁布，大法官被授予自行决定诉讼过程的主动权力。从而使法官在某种程度上获得了法律创制权，可以根据实际需要和“公平”“正义”对《十二铜表法》及其他法律进行解释、补充和纠正。虽然裁判官不能直接改变或者变通市民法……裁判官没有立法的权力……

（而是）通过适时地提供更加有效的救济手段来支持市民法。

大法官谕令的效力在一定程度上超过了法律。法学家意见在罗马法的发展过程中始终起着十分重要的作用，与早期祭司垄断法律知识的状况不同，自共和国时期的公元前307年，执行官克老鸠斯·崔库斯的秘书甫拉维斯利用职务上的便利，相继把诉讼方面的程序和进行诉讼的日期表公之于众，受到了人们的欢迎，法律由秘密转向公开。公元前254年，平民出身的大祭司科伦尼卡斯进一步公开传授法律。随着法律的普及，研究法律的人日益增多，出现许多法学家。奥古斯都（Augustus，公元前27年至公元14年在位），明确授予某些有名望的法学家以"公开解答权"，使他们的解答对各个具体案件发生拘束力。获得公开解答权的法学家，以书面方式解答民众和下级官吏的法律问题，并加盖私章表示负责。他们的解答，仅对有关案件有拘束力，法官办案应加以应用。

在理论上，所作解答对其他同类案件法官并没有遵循的义务，但由于解答者对法学有较深的造诣，又是出于皇帝的授权，因而具有较高的权威性，故实际上对其他同类案件也被引用，但其解答无法律约束力。在帝政后期，有的法学家的意见虽然仍为法官引为"定纷止争"的依据，但法学家对于罗马法的发展再不可能具有创新的意义。

第二节　现代法律行为制度的确立

《法国民法典》奠定了现代合同制度，奠定了现代民法中的法律行为制度。《法国民法典》第1101条确认："合同作为一种合意，依此合意，一人或数人对于其他一人或数人负担给付、作为或不作为的债务。"按照大陆民法学者的解释，合同自由原则包含以下基本内容：①缔结合同的自由，即当事人双方有权决定是否订约，而法律则不应当限制当事人自由；②选择合同对方当事人的自由,法律不强制任何人负有与特定人订约的义务,与任何人完全由当事人自主决定;③决定合同内容的自由,它赋予当事人依自主的意思表示确定相互间权利义务关系的法律可能性;④合意方式的自由,当事人合意一经表示即成契约,无须履行特定方式。《法国民法典》不仅原则上确认了合意效力,而且详细规定了合同义务的强制履行、债务不履行责任、债务人破产程序等。《法国民法典》在现代民法和大陆法系的形成中起到了划时代的作用,但它仍未建立起完整的法律行为制度,法典中几乎没有提及法律行为。

现代民法中的法律行为概念和系统的法律行为理论均始自德国法,它们被认为是19世纪德国民法中最辉煌的成就。德国的罗马法复兴始自15世纪,德国对罗马法的研究主要以意大利学派的注释罗马法为依据。1495年德国最高法院更以诏令规定在帝国境内以注释罗马法为基本判案根据，由此形成了德国后来的"普通法"。17世纪至18世纪启蒙时期,德国的罗马法学者成功地将自然法学思想融于私法研究，形成了德国罗马法复兴中的理性法或自然法理论。18世纪以后,德国对罗马法的研究和继受进入了极盛时期,其过程历经整个19世纪,将欧洲的罗马法复兴推向了第三次高潮。法律行为概念由德国学者胡果在其1805年的《日耳曼普通法》一书中首先提出。主要是用来解释罗马法中的"适法行为",其内涵泛指具有法律意义的一切合法行为。德国的民法学者认为,海瑟在1807年出版的《民法概论——潘德克顿学说教程》一书中首先赋予法律行为(Rechtsgeschaft)概念以设权意思表示行为之含义，该书在第六章中详细讨论了法律行为的一般意义、类型及要件。继海瑟之后,萨维尼(Savigny)在《当代罗马法体系》第三卷中将法律行为概念和理论进一步精致化。

1896年颁布的《德国民法典》总则篇在吸取以往立法经验的基础上,以59个有内在联系的条文专章规定了法律行为制度,规定了法律行为、意思表示、行为能力、法律行为有效等机制。

20世纪以来,日本、希腊、巴西、泰国、朝鲜及中国等相继仿《德国民法典》的分编体例制定了民法典,并均在民法总则篇中以专章规定了法律行为制度,1911年的《大清民律草案》几乎全抄自德国和日本民法。1929年起草的《中华民国民法典》,其总则编于同年5月公布,10月施行。该编中设法律行为章,共分为通则、行为能力、意思表示、条件及期限、代理、无效及撤销六节,以48个条文概括了法律行为制度的基本内容。1986年制定的《民法通则》在总则中以专章规定了民事法律行为。《民法通则》颁布后,我国许多学者接受"法律行为是公民或者法人设立、变更、终止民事权利和民事义务的合法行为"的立法定义。我国民法理论中对于法律行为的理解存在重要分歧的最根本的一点,就是一部分学者认为法律行为是一种合法行为,既然是合法行为,理所当然地不能包括违法行为。19世纪的多数德国学者认为:所谓法律行为也就是意思表示行为。《德国民法典》的起草者之一温德希特认为:"法律行为是旨在法律效力之创立的私的意思宣告。"费罗姆认为:"法律行为旨在引起一定法律后果的意思表示行为。法律行为是某种抽象理性的概念,与契约概念类同。"拉伦兹认为:"法律行为是一种目的在于形成某种法律后果的意思表示行为";"法律行为是一项或几项行为,它们中至少有一项是旨在引起一定的法律后果的意愿表示。"

传统民法学者与我国许多民法学者在对法律行为概念的理解上是有差别的,依传统民法的法律行为理论并不能演绎出我国民法中的法律行为概念。以合法有效行为概括法律行为的含义无法解决有效行为与无效行为、效力可撤销行为和效力不确定行为之间的矛盾关系。按照大陆法各国民法的理解,法律行为概念仅须标明这一行为的构成特征,使之依外部特征即可识别;而这一行为有效与否则为一待决问题,判断该行为的效力须依法律行为有效条件规则。但按照我国民法上的理解,法律行为概念中已含有合法有效内容,这一方面使观念上的"法律行为恒为有效";另一方面又使得在判断民事主体从事的任何表意行为在诉决前究竟是否属于法律行为时,须首先根据法律行为有效成立的规则和法律行为的解释规则。根据《民法通则》将效力可撤销行为和效力不确定性为概括为“可变更的民事行为、可撤销的民事行为、可追认的民事行为和可否认的民事行为”,如果将法律行为仅仅理解为合法有效行为,上述一系列的表意行为究竟是否属于法律行为？它们是否适用有关法律行为的规则,以及它们是否可发生法律行为之效力？假如确认此类“不合法”表意行为属于法律行为,则无异于否定我国民法中的法律行为概念;但如否认此类行为属于法律行为,则它们显然不适用法律行为的有关规则,也不应发生法律行为效力,这同样会否定我国民法中的具体规定。以合法有效行为概括法律行为的含义必然导致民法一般规则与特别法具体规则之间的矛盾。

法律行为实质上是从合同行为、遗嘱行为、婚姻行为及收养行为中抽象而来的理论概念,它反映了各种具体设权行为的共同特征和一般本质。作为一般概念的法律行为只能是合法有效的行为, 而作为法律行为具体形式的合同行为或遗嘱行为为何却又有合法与不合法之分,有效与无效之别呢？按照大陆法各国的民事法律理论与实践,法律行为泛指基于意思表示,旨在设立、变更或毁灭民事法律关系的行为;其中不仅包括有效的法律行为,而且包括无效的法律行为、部分无效的法律行为、可撤销的法律行为、经同意或追认而有效的法律行为等。由于我国民法仅将合法有效的表意行为视为法律行为,而在其他国家中又不存在独立于法律行为之外的“民事行为”的冲突规范,因而在与我国有关的涉外民事纠纷中,涉及无效民事行为和可撤销民事行为的法律抵触,即不能根据法律行为的冲突规范去解决,也不能根据其他的冲突规范去解决。

第三节　法律行为与事实行为

在德国民法理论中,法律行为是与事实行为相对应而产生的概念。德国民法学者指出:有法律意义的行为可以分为两类:一是大陆法系学者通常都熟悉的法律行为;另一是事实行为。法律行为与事实行为的核心区别在于后者不依赖于行为人的意图而产生其法律后果；而前者的法律后果之所以产生恰恰是因为人表示了此种意图,即法律使其成为实现行为人意图的工具。在德国学者看来，法律行为与事实行为是基于两种不同的调整方法而产生的两种概念,它们分别适用于不同的法律规则。

我国民法理论认为,事实行为是指行为人不具有设立、变更或毁灭民事法律关系的意图,但依据法律规定客观上能引起民事法律后果的行为。按照我国民法理论通常的列举,事实行为主要是指撰写作品、技术发明创造、发现埋葬物、拾得遗失物等行为。而德国法系的各国学者和我国台湾民法学者通常则认为,事实行为不仅包括引起物权关系发生或变动的行为,而且包括引起债权关系变化的构成行为，甚至还包括引起责任关系的构成行为。例如,德国学者拉伦兹认为,事实行为可以是引起法律关系的行为,也可以是消灭法律关系的行为,因此某行为人对其财产的抛弃或事实上的处分,也属于事实行为。因为他这样做并非向他人表示他放弃所有权的意思……但依法也将丧失对该财产的控制和权利。

法律行为与事实行为作为引起法律关系产生、变更和消灭的法律事实,在法律上分别适用于不同的规则。法律行为以意思表示为其必备要素,它本质是行为人设立法律关系意图的外在表示；事实行为则完全不以意思表示为其必备要素,当事人实施行为的目的并不在于追求民事法律后果,因而客观法对事实行为的构成要件概括中也并不考虑不同行为人的具体意图内容。事实行为中所称的行为之意志性与法律行为中的意思表示具有完全不同的含义。苏联学者亚历山大洛夫提出,对于事实行为来说,“具有法律意义的不是行为人的意图,而是行为的客观结果。相反,在通过意志表示的法律行为中,具有法律意义的……是意志表示。因此意志表示的某种缺陷可以成为这种法律行为发生争议的根据”。他甚至主张将事实行为称为客观上产生具有法律意义的结果的行为，法律行为依行为人的意思表示内容而发生效力。这就是说，有效成立的民事法律行为使行为人的意思表示发生效力，而非使行为人的客观行为发生法律后果。

正是基于这一思想，西方民法学者得出意思自治之结论。事实行为则仅依法律规定而直接发生法律后果。对于事实行为来说，不存在当事人预期的意思之效力问题，只要行为人的客观活动构成某一事实行为，依法即在当事人之间形成规定的权利义务关系。如，善意取得和先占行为依法直接产生对不同标的物的所有权关系，不当得利与无因管理行为依法直接形成给付反映了法律行为调整方式与法定主义调整方式的本质差别。这就是说，民法典对于法律行为的法律效果只能给予抽象的效力评价，甚至其具体效果只能容认意思表示加以明确；而对于事实行为的法律后果却可直接作出明确而具体的规定，它使得当事人的权利义务内容具有了先定力和公示力。这就要求客观法必须对每一种事实行为的构成要件作出详细的规定，每一条有关事实行为的法律规范总必然包含着一个典型的事实状态和一个法律后果的表述。

从各国民法典的具体内容看，民法对事实行为的要件概括须着眼于对于法律关系成立有意义的典型事实要素的描述，其构成要件通常包括行为的主观心理状态、行为的客观内容、行为所引起的客观后果、行为与后果间的因果关系等，民法对事实行为的要件概括显然并不限于对行为的描述，而往往包括行为的后果或状态的持续等事实要素。例如，占有时效取得应以一定的时效经过为构成要件，不当得利行为则以受害方当事人受有损失为构成要件，等等。民法对事实行为的概括为以行为所造成的客观后果作为最终构成要件。对于事实行为来说，不仅有是否构成的问题，而且有何时构成的问题，而事实行为的构成时间是民法所不能回避的，它决定着权利义务的发生和时效的起始。法律行为的本质不在于事实构成，而在于意思表示。因此在民法中，有关法律行为的基本准则必然是围绕意思表示展开的，它主要涉及表意人具有行为能力、意思表示符合合法形式要求等。根据罗马法以来大陆法各国的民法规则，某些法律行为除须有意思表示要素外，还须有一定的事实行为才能成立，这就是所谓“要物行为”或“实践行为”，民法理论中称之为法律行为的事实构成问题。

法律行为实际上也具有客观行为性质，它在本质上不同于意思表示行为。法律行为观念产生的前提必然是设立权利义务的意思表示行为与履行这些权利义务的事实行为在时间上相分离。梅因对此曾指出，罗马法上契约观念的成熟是从“要式交易行为”到“诺成契约行为”的一系列转变中最终完成的，而这一转变不为“古代契约法的革命”和“法律学的里程碑”。

第四节　民事法律行为的效力学说

法律行为的效力依据是法律行为理论的一项重要内容，在长期的发展中形成了不同的观点。意思说，从理论渊源上看，它可以追溯到近代自然法理论将意思作为契约纯粹支配的观点。萨维尼、温德夏特等学者作为德意志意思主义的代言人，主张意思具有法律价值，并强调意思在法律行为中的支配地位，法律行为的效力不过是法律行为对于当事人所产生的约束，由于这种约束是私法主体自由选择的结果，故而可以说法律行为对于行为人的约束来源于行为人选择这种约束的意思，即约束是意思的当然结果，意思对于法律行为的效力具有决定意义，欠缺内心效果意思的法律行为是无效的。

意思说还为国家提出了义务，它要求国家作为公权力的主体应尊重当事人的内在意思，不得横加干涉。在意思说来看，法律行为的效力依据与法律行为的本质是密切相连的，法律行为的本质就在于自己设定义务的行为者的意思，对于行为者而言，法律行为不过是按照自己的意思变更私法关系的手段，是行为者自由行使权能的方式。意思说尊重社会成员对于私法关系自律行为的选择，它把法律行为的中心机能建立在对于社会成员赋予这种自律行为选择的立场中，承认法律行为在自律地创造法律权利义务方面的作用,从而得出法律行为是行为者自律的自己约束行为的结论。

信赖说由德国学者里拜提出,并盛行于19世纪最后三十年间。信赖说认为与行为人的内在意思相比,外在的表示更具有优越性。然而他们并不完全否定意思在法律行为中的作用。在他们看来,法律行为无疑与其他行为一样是自发的行为,离开了当事者的意思,法律行为也就不存在。只不过法律行为中的这种意思,并不是法律不行为的效果意思,而是指将效果意思向外表示的“表示意思”。对于法律行为而言,意思只不过存在于行为的发起阶段,而对于法律行为是否生效却不具有决定意义，只有让对方产生信赖的表示才是导致法律行为发生效力的要素。法律行为发生效力的根据是法律行为给予对方及第三人的信赖,这样,欠缺内心效果意思的法律行为是有效的。信赖说将法律行为从意思的原理中解放出来，并在信赖原理中寻找法律行为的效力依据，对此日本学者内田贵这样论述:“通常是未发生某种信赖以前,就不承认契约有拘束力。”

折中说认为法律行为的效力依据不能一概而论，而要根据不同的情况来确定是来自于表意者的内心的效果意思，还是来自于表意者给予对方及第三人的信赖。意思说承认行为人的内心效果意思是法律行为效力的发生依据,其前提是承认存在内心效果意思。而信赖说则认为即便不存在内心的效果意思,根据一定要件也可以承认法律行为的效力。也就是说,两者实际上并不是冲突关系,而是互为补充关系。在表意者的效果意思与表示行为一致并使对方产生信赖之时,若无相反规定,法律行为一般应发生效力。这种情况下是因为表意者具有发生私法变动效果的意思才使法律行为发生效力。然而在表意者的内心效果意思与对方信赖不一致,或者是在欠缺表意者内心效果意思的情况下,如心理保留、虚伪表示、错误,或者表意者没有正当的理由而撤回法律行为等情况下，法律行为所发生的法律效果就不会是基于表意者的内心效果意思,而是基于对方及第三者的信赖。可见,在折中说来看,信赖对于法律行为效力的决定作用发生在法律行为的非常状态中,在一般情况下,意思对于法律行为具有决定意义。

规范说认为法律行为的效力既不是来自于意思,也不是来自于信赖,更不是来自于两者的折中,而是源于法律规范。法律行为的行为人通过法律行为发生私法关系的变动,创制出新的权利义务,这是规范创制功能的行使。而在特定的法律体系内承认某私法关系的变动,在许多情况下是由该法律体系内的一定法律规范所赋予的权能。也就是说,承认私法关系变动往往是以这种私法关系的变动得到法律的授权为前提的。法律行为之所以具有约束力,是因为法律规定法律行为具有这种拘束力,它源自于法律规范的授权。

第五节　法律行为的成立要件

法律行为成立的着眼点在于某一法律行为是否已经存在,行为人从事的某一具体表示行为是否属于意思表示行为,而法律行为有效与否则是法律价值判断的问题,其着眼点在于行为人从事的某一法律行为(或者表意行为)是否符合法律的精神和规定,因而能否取得法律所认许的效力。法律行为成立与法律行为效力适用于不同的法律规则和判断标准。法律行为成立规则是依法律事实构成规则,依其仅能作出成立或不成立(构成或不构成)两种事实判断。而法律行为之生效要件则是指为使法律行为发生效力之必要条件,依其可产生多种不同的效力后果。在法律行为具备成立要件而不具备生效要件时,可得三种情形。法律行为的成立规则着眼于表意行为的实施构成,此类规则的判断不依赖于当事人后来的意志,而法律行为的有效规则却着眼于当事人的意思表示效力即无效、得撤销与效力未定。法律行为效力的起始时间依赖于法律行为的成立。

从各国民法的规定来看，法律行为的效力起始时间原则上不能脱离法律行为的成立时间而独立得到确定，仅附条件或附期限的法律行为不在此限。在现代各国民法典中，法律行为制度的一系列规则实际上仅仅与法律行为的成立时间相联系，其中最为典型的就是可撤销的法律行为的撤销除斥期规则与效力未定法律行为的追认除斥期规则。根据我国最高人民法院《关于贯彻执行〈民法通则〉若干问题的意见(试行)》第73条的规定："可变更或者可撤销的民事行为，自行为成立起超过一年当事人才请求变更或者撤销的，人民法院不予保护。"法律行为构成规则与法律行为生效规则其实有不同的内容要求。

从理论上说，法律行为的成立规则主要着眼于不同法律行为的具体构成要素，我国合同法中有关要约承诺的规则，有关具体合同必要条款的规则，继承法中有关遗嘱行为形式的规则等均具有此种法律意义。按照大陆法民法通常的分类，法律行为的成立要件包括一般成立要件与特别成立要件两类。

法律行为的一般成立要件是指一切法律行为依据成立所必不可少的共同要件。一般要件应包括意思表示和法律行为内容两项，法律行为成立要件的分析对象只是行为构成要素，各种法律行为仅以意思表示为其"必备要素"以意思表示为法律行为一般成立要件意味着构成一项法律行为。行为人的意思表示中须含有设立、变更，或终止民事法律关系的意图；行为人的意思表示必须完整明确地表明了所欲设立的法律关系的必要内容；行为人的内在法律意思必须通过一定的方式表示出来，并足以为外界所客观识别。仅处于内心意思状态的设权内容和法律关系意图不构成法律行为，也不构成行为人所想象的法律行为。

所谓法律行为的特别成立要件，是指成立某一具体法律行为，除具备一般成立要件外，依法还须具备的其他特殊事实要素。它是法律对于各种法律行为规定的特殊构成要件。从理论上说，一般意义上的法律行为仅仅是某种抽象，法律行为的一般成立要件至多仅指明了某一类表意行为符合法律构成要件的基本条件。按照民法理论上的分析概括,法律行为的特别成立要件被主要归纳为合意行为的特别成立要件亦即合同那个行为成立要件。此类行为的成立不仅必须有基于设立法律关系意图的意思表示,而且须有合意要件。

从实践来看,仅仅指明"合意"或"意思表示一致"为合同成立的特别要件是不够的,法律必须对这一要件的内容加以明确。按照我国的合同法理论与实践，所谓意思表示一致应当以承诺人在规定期限内以规定方式向要约人作出完全同意要约条件的意思表示为标准。承诺一经送达要约人,合同即告成立。《美国统一商法典》甚至认为,在合同当事人均为商人的情况下,受要约人在规定期限内作出的附条件承诺,原则上仍为有效承诺,合同依此承诺内容而成立,仅在特殊情况下例外。实际上,民法理论对于合同特别成立要件的概括是极为基础的,而在各国民法中,有关合同成立的规则往往远为复杂,并且通常对某些具体的合同还设有其他特别成立要件。

法律行为依是否需有标的物交付为成立要件可分为要物行为与诺成行为,要物行为是指除意思表示外还须有以物的交付为成立要件的法律行为。此时法律行为的成立除须有意思表示一般要件外，还须有具备交付标的之特别成立要件,要物行为这一形式源自罗马法。某些国家的民法因袭了罗马法的传统,确认要物行为之存在;也有些国家的民法则取消了这一形式,而以诺成行为代之。要式行为要件又称"法律行为特别形式要件",它是指对法律行为中的意思表示有特别形式要求的法律要件，依此可将法律行为区分为要式行为与不要式行为。要式行为通常指构成法律行为的意思表示须采取特定形式或履行特定程序方可成立的法律行为。依各国的法律制裁,对于要式行为的特别形式要求主要包括:以书面形式为特别要件,以特别书面形式为成立要件,以登记形式为特别要件。现代民法强调形式自由,对于法律行为形式以不要式为原则,以要式为例外;只要当事人的表意行为符合法律行为的其他成立要件,并且其意思表示足以为外界所客观识别,原则上可采取其意欲的任何形式,法律上不加干涉。不要式行为是不拘形式的民事法律行为,即当事人可以自由决定行为的形式,只要该行为意思表示合法,行为即可生效。

第六节　法律行为生效要件

法律行为的生效要件是指为使已经成立的法律行为发生完全的法律效力所应当具备的法律条件,着眼于法律行为构成要素。在各国实践中,此类生效要件不仅适用于业已成立的法律行为，而且也适用于尚未成为法律行为的独立意思表示。民法中的意思自治包括意思形式的自由,只有在个人行使权利涉及他人利益、公共利益时,才要求民事行为必须以要式方式进行。

法律行为的生效要件也有一般生效要件与特别生效要件之分。其中,一般生效要件是指为使法律行为发生完全效力所需具备的普遍性的法律条件。此种一般生效要件规则在法律行为效力规则体系中,乃至整个法律行为制度中均居于核心地位。而特别生效要件是指法律对某些行为发生效力所附加的特殊条件,它实际上仅为法律行为效力的条件限制问题。民法理论中通常将法律行为完全生效的主体条件概括为“有行为能力原则”或“主体合格原则”,我国有的学者根据《民法通则》的规定又进一步将其称为“行为人相应的民事行为能力原则”。

大陆法国家对于自然人行为能力的规定仍与我国的规定有较大的区别,许多国家的民法确认:无行为能力人与限制行为能力人从事的法律行为并非绝对无效,而属于可撤销的行为或效力未定的行为。并且这一规则还附有“纯获利益行为有效”“日常必需品购买有效”“特定营业行为有效”和“行为强制有效“等一系列例外规定。从理论上说,行为能力原则原为保障行为人自愿真实地从事意思表示而设，其目的在于保护行为人免受无意思能力约定之拘束。无行为能力的制度过分偏重保护其本人时,会带给对方意外的损失,甚至威胁到一般经济交易的安定,因此有必要使此类行为经较短除斥期后即为有效,以保护无行为能力人的对方。有行为能力原则及其效力规定的目的和作用并不在于无行为能力人的行为,而在于保护无行为能力人的利益,为其设置补救措施。

世界各国民法中对于无行为能力人的法律行为规定以复杂的效力,并设置种种例外规则均仅出于这一目的。它同时为监护人协助无行为能力人补救其不合理意思表示提供了依据;相反,对此类行为规定以绝对无效却不利于保护无行为能力人的利益,在许多情况下甚至会损害其利益。民法中的责任制度主要为弥补受害人损失而设,制裁行为人只是次要目的;因此侵权行为人是否理解其行为性质,认识其行为后果是无关紧要的,相当一部分国家的法律否认民事责任负担受责任能力限制。例如,《法国民法典》第1310条规定:“未成年人因其侵权行为或准侵权行为所发生的损害赔偿债务不得取消。”1968年法国进一步修改了精神病人侵权的免责规定,新法典第489条规定:“某人在智力妨害下造成对他人的损害,仍应负赔偿责任。”

英美法国家也同样采取这一立场,“在普通法系国家中,未成年在多数情况下不能被免除侵权行为责任,任何儿童不管其多么年幼,能够被提起非法侵害或非法强占之诉”。除英美法国家之外,西班牙、墨西哥、伊拉克和伊朗等国家的民法也采取了类似的规定。另一些国家的民法通常在无行为能力的年龄标准之下确定责任能力标准,其中多数国家的法律仅抽象地确认:“缺乏辨别能力”的未成年人可对其责任行为免责。仅少数国家的法律规定了“精神的年龄界限”。例如,德国法规定侵权责任年龄为7岁,丹麦判例将该年龄确定为4岁等。我国《民法通则》对于行为能力的规定完全排除了责任能力内容;在侵权法规则中又确认了无行为能力人的侵权责任先由其财产负担,再由监护人负担的原则,并辅之以公平责任原则协调。

法律行为的成立要件规则只能解决意思表示行为要素是否具备的问题,它仅着眼于意思表示行为的外部特征,但是具备外部事实要素(如表述形式、目的内容、法效内容)的法律行为,并不一定符合法律所预想的有效法律行为之典型模式。民法为此才设置了法律行为的有效要件,对具体表意行为的品质附以条件要求,意思表示自愿真实是指行为人为使其意思自治发生完全的法律效力,不仅须在形式上具备意思表示行为的构成要素,而且此表意行为在行为过程中还应符合自愿真实的条件要求。意思表示一般认为其是19世纪历史法学家派和罗马著作选学派(编纂法学派)提出的。

在罗马法中,还没有抽象出“意思表示”的概念,只是在解释行为效力和有限的契约类型中才涉及“意思”,而且仅仅是作为行为效力来源的一种解释,此时意思与表示是完全分裂的,并没有联结为一个完整独立的概念。关于意思表示概念的产生,在学界有两种不同的说法。第一,据德国当代法学家哈腾豪尔的介绍,18世纪的“意思表示”概念是从胡果·格劳秀斯的“承诺或诺言”演化而来。制定法上的首次使用,则是在1794年的《普鲁士普通邦法》,其规定:“所谓意思表示,是应该发生某事或者不发生某事的意图的客观表达。”《普鲁士普通邦法》使用这一概念的目的,是为了清楚地把法律行为意义上的行为,确定为人的意思的结果。第二种看法是,认为意思表示作为法律术语,是18世纪沃尔夫在《自然法论》一书中首次提出并阐明。德国学理通常认为,意思表示是实现旨在使某种法律效果产生的意思的行为。这样表述的基本认识是:意思表示首先是一种行为,其次该行为指向的是一种内心意思。也就是说意思表示由两个要素构成:一为内心意思;一为此项内心意思的外部表示行为。内心意思是意思表示的主管要件,外在表示是意思表示的客观方面。对意思与表示的关系,存在着两种不同的方式,即单一式和复合式。

单一式的意思表示理论认为,意思与表示有着密切的联系,意思表示的成立要件既不要求效果意思,也不要求表示意识,但须有行为的存在。一般认为意思表示是作为有效表示和一种社会交际行为,符合法律规律人群生活的本质,其作用是创制特定的效果意思,使其有法律上拘束的效力。因此意思表示就是效力的宣示,不是复合式的形体,而系本质上的一体。意思的表示是一种告示,还是一种有效的表示,是一种具有决定性的行为。在该种意义上,意思的表示并不是要将一种外在于自己的意志表示出来,而是直接地引起内在于表示行为的意志,是一种"点燃"作用。对于意思表示,系以向外生效的意思为基准,内在意思不属于意思表示的要件。意思表示的复合式认为,一方面是由于意思表示本来就是意志主义的产物;另一方面也是将意思表示视为一个过程。正是基于意思表示的过程性,才能进一步地区分意思表示的成立与生效阶段,并对意思表示的结构进行分解。

在传统的德国法学理论中，意思表示进一步分解为目的意思、行为意思、表示意思、表示行为,而每一个构成要素都对应着相应的法律行为效力状态。一般认为,意思表示由内心意思与该意思的外部表示两个要素构成,该要素在构成上又分为两种要件:一是客观要件,即表示行为;二是主管要件,包括行为意思、表示意识、效果意思。意思表示由内部主观意思与外部客观表示两部分构成,无论如何强调意思与表示的统一性,实际上都无法真正地摆脱意思与表示之间的分立关系,而且正是由于两者的分立,才使进一步的解析主观意思的构成成为必要。

理论上,有一种观点认为,对于内部意思的要素划分要以是否具有实践作用为准,即如果缺少某种要素应该会伤及意思表示。例如,认为缺少行为意思,行为人在催眠状态下的语言表达和动作,由于缺乏必要的意识而不能成立。但是有学者认为对于意思表示结构的不同划分主要是由于法学观念的变化所引起的。受18世纪意思主义的影响,传统理论强调内在意思,侧重于从行为人的立场认识其构成要素,体现出意思自主;认为意思表示必须同时具备行为意思、表示意思和法效意思三个方面的内容。而后来发展形成的表示说,则试图站在第三人的信赖利益的角度,强调交易安全的保护,由此主张意思表示只有表示一个要件即可，而且该表示只要能够外观的推断内部意思的存在即足，而不能引据表示意思和效果意思的欠缺而认为意思表示不成立。

从意思表示的过程性可分为意思瑕疵和表示瑕疵。意思瑕疵又称为意思(表示)不自由,包括欺诈、胁迫和重要性质错误。在表示行为之前的意思形成阶段,瑕疵就可能已经存在。传统民法对待意思瑕疵是很谨慎的,原则上认为法律不宜涉入该领域,传统理论中的错误和欺诈可以归入一种广义上的错误状态,只是错误形成的原因不同。在狭义错误的意义上,行为人的意思形成是自由的,而欺诈和胁迫则侵害了当事人的意思形成的自由。也可以说,他们之间的区别就在于表意人是否具有意思决定的自由。如果表意人受到了别人的胁迫而做出意思之表示,那么他的表示行为就缺少了自主性,意思形成的自由受到了侵害。而如果表意人在决策时,也即形成内心意思时,依据了不正确的事实信息和前提,那么即使他的决策是自主的,该内心意思的最终作出也被认为是有瑕疵的。

表示瑕疵,主要发生在意思与表示的连续上,包括真意保留、游戏表示、虚假(意思)表示、表示错误,在某种程度上也可以理解为表示行为上的瑕疵,又称为意思与表示不一致。此项瑕疵又可以分为两种情形:一是表意人知道自己的真意与表示不一致而为的意思之表示,即虚伪表示、真意保留和游戏表示,实际上出现的是表示与表意人主观意思的分离;二是表意人不知其表示所传达的意思与自己真意不符,即表示错误。意思表示的解释涉及三个层次的问题,即判断某特定行为是否为意思表示行为、解释意思表示的内容、意思表示漏洞的补充问题。法律行为内容合法条件又成为“内容合法要件”“内容合法原则”,这一原则旨在对法律行为的内容品质实施控制;依此原则,为使法律行为发生完全的法律效力,其内容须不违反法律的限制。

法律行为违法之范围包括目的违法、标的违法、条件违法和方式违法四类。具体说,法律行为所不能违反的法律规范至少不应包括以下两类:其一,不包括民法中的任意性规范或意思推定规范。任意性规范本为弥补和推定行为人具体意思表示而设置,其目的仅在于避免具体表意行为内容不完整或不明确，在其规范结构中往往又已指明当事人可以通过特约排除其适用以及其推定适用条件。其二，不包括法律行为制度本身的效力性规范。法律行为制度中的效力性规范虽属强行法，但此类规范依立法意图已经对有悖其规则的表意行为作出了效力评价。例如，对于不具备法律行为成立要素的行为作出不成立之评价，对于有悖自愿真实原则的行为作出无效、可撤销、效力未定及强制有效的评价，等等。如果将内容合法的范围扩展到法律行为制度中的全部强行法，必然也会导致对上述一系列规则的否定。既然违反任何民事强行法的表意行为均归于绝对无效，那也就不存在法律行为成立或不成立的问题，也就不存在不合条件的法律行为效力可撤销、效力未定及强制有效的问题。

法律行为内容合法原则在各国立法上主要表现为一项效力性规范，即法律行为内容违反法律强制性或禁止性规定者，不生其效力。这一规定本身不含有具体禁止内容，其实际意义仅在于对不具有效力评价作用的民事强行法和传统上的公法规范补充了效力评价功能，使这两类法律规范在原有控制功能外兼具了评价内容违法的法律行为效力的作用。大陆法各国民法对于内容违法的法律行为多给予弹性的无效之评价，这就是说，一方面原则上确认其无效，另一方面又以但书确认其在法律适用上的例外。

我国民法中称之为社会公共利益，立法含义包括公共秩序，国家、集体或者第三人利益；德国民法中称之为“善良风俗”；日本民法及我国台湾地区有关规定均称之为公共秩序或善良风俗。德国学者认为，民法中的善良风俗原则行为符合最高道德的范例，而着眼于使行为人的交易行为符合社会中占统治地位的基本道德标准。各国民法理论，对于商业交易中暴利行为、滥用权力、乘人之危取得不公平利益、违背诚信欺诈交易人以及其他不公正行为等，均规定为有悖商业道德的行为。在各国民法实践中，司法者不仅将侵害公益或危及伦理的行为视为有违公序良俗，而且将限制他人自由、动机违法、限制竞争协议、对连带债权人的优惠性给付、欺诈性贷款、暴利行为等均纳入违背公序良俗的行为范围。

在某些特殊情况下，法律行为在已经成立并具备一般有效要件后并不立即发生行为人预期的效力,欲使此效力发生仍须具备特定的条件。例如，附条件的法律行为须待其条件成就时方实现其效力，附期限的法律行为须待期限到来时方实现其效力，遗嘱行为成立后须待法定死亡事实发生时才能实现其效力等。学术上将此类决定法律行为效力实现的特殊条件称为法律行为的特别有效要件。特别生效要件并非对所有的法律行为发生完全效力均具有限制意义;它仅决定着某些特定法律行为的效力实现,仅对此类特定行为的效力有延缓或解除作用。

第七节　民事主体制度的变迁

在古罗马的前期和中期,法律确立的是一种不平等的身份等级制度,法律主体仅限于“家父”“家子”(包括家庭内的妇女、卑亲属、奴隶),对外均没有法律人格。家庭内部就像一个有主权的政治单元,其中家父握有统一的至高无上的权力,称为家父权。在早期罗马法上,奴隶被视为家族的财产,正如《法学阶梯》所定义的奴隶那样:“奴隶是根据万民法的制度,一人违反自然权利沦为他人财产的一部分。”到了罗马社会的后期,随着社会的发展,罗马法逐渐确认了一些有关奴隶的解放制度(包括自愿解放和法定解放),家父的主宰权力逐渐被削弱,子女、妇女的主体身份也日益受到广泛承认。封建社会中个人的身份等级发生了变化，奴隶已经由被完全否定了权利义务的客体变为了享有一部分权利义务主体的农奴或农民。教会法在重新解释罗马法后,注入了一些平等或个人自由意志的理念。但农奴并不是真正法律意义上的“人”,充其量也只能算准法律“人”或准民事主体。因为农奴并没有完全摆脱对封建主的人身依附,他们在法律上虽享有一些权利,不能像奴隶那样被任意体罚或杀害，但他仍属于领主的财产，在人身上没有自由，须受领主支配，也可被当作财产转让或出卖。

1804年的《法国民法典》第8条规定："所有法国人均享有私权。"这一规定引申出一个重要含义：有资格成为法国民法上的法律主体的是一切法国人。《奥地利民法典》第16条规定："在法律规定的要件下，每个人皆能够取得权利。"该法典在平等对待本国人和外国人的基础上，最先提出了"一般性权利能力"的概念。从此"权利能力一律平等"被作为人法的核心得以确立，并成为近代民法三大原则的基础。1900年的《德国民法典》，以权利能力来表述民法人的概念，认为自然人是平等的"自然状态的人"，权利能力属于每一个具有自然人特征的实体。正如一位学者对《德国民法典》评述的那样："人与人的区分不再是基于他相对于自然或他人任意作为你的能力大小，也不是他在国家或家庭中的位置，人与人的区分现在直接建立在他的自我属性上面：他的年龄、他的精神状态，以及他的习性。"《瑞士民法典》同时使用"人格"和"权利能力"两个概念，并在第11条中规定所有人都享有平等的权利能力。一切自然人都被赋予平等的人格，是现代民法的理论基石。

传统理论认为法律中的自然人一般是指生物学意义上的人，它既是一种有生命的活体，又是一种始于出生、终于死亡的过程性的存在。在现代法中，从自然人的活体出发，其生命形式正在获得延展，以至于无生命的胎儿和死者都被抽象成法律中的"人"，成为某些法律关系的主体。早在《罗马法》中就有关于胎儿利益保护的规定，如规定："关于胎儿的利益，视为已经出生。"但这种保护是有限的，仅限定在保留继承份场合。《法国民法典》也作了类似处理，第725条规定："必须在继承开始生存之人，始能继承。因此下列人不得继承：①尚未受胎者；②出生时未成活的婴儿。"第906条规定："胎儿在赠与时已经存在者，即有承受生前赠与的能力。胎儿在遗嘱人死亡时已存在者，即有受遗赠的能力，但赠与或遗赠仅对于婴儿出生时能生存者，发生效力。"《德国民法典》也承认对胎儿在继承上的预先保护，其第1923条第2项规定:“在继承开始时尚未出生,但已孕育的胎儿,视为在继承开始前出生。”因为以上的规定仅限于对胎儿取得受赠和取得遗产的权利,因此法学界一般还不把这时对胎儿利益保护的规定视为胎儿取得法律主体资格的规定,仅认为是一种对自然人利益的预先保护。真正赋予胎儿主体资格是从近现代民法开始的。

《瑞士民法典》首先正式规定了胎儿的权利能力,其第31条规定:权利能力自出生开始,死亡终止;胎儿,只要出生时尚生存,出生前即具有权利能力的条件。从这两款之间逻辑关系我们可以这样推理:任何一个活着的自然人都具有权利能力,如果某一胎儿能存活成自然人,该自然人的权利能力始于作胎之时,即此自然人在胎儿形态就已成为法律主体。英美法系国家,传统上也不承认胎儿是独立的法律主体。传统民法理论认为,自然人的权利能力终于死亡,人的权利为生者而享有。德国宪法法院坚持自然人因死亡其权利能力和人格权一并消灭的传统观点,否定自然人死后人格权仍继续存在,于人格者死亡后,其遗嘱为保护死者之名誉、秘密,只能根据自己之权利以自己的人格利益受到侵害提起主张。

我国《民法通则》中没有规定死者是否仍有人格权,对此的争论始于1989年天津的“荷花女案”。我国最高法院1989年在针对“荷花女案”的复函中认为:“吉文贞(艺名荷花女)死亡后,其名誉权应依法保护,其母陈秀琴有权向人民法院起诉。”随后,1990年最高法院《关于范应莲诉敬永祥等侵害海灯法师的名誉权一案有关诉讼程序问题的复函》称:“海灯死后,其名誉权应依法保护,作为海灯的养子,范应莲有权向人民法院提起诉讼。”

思考题

1. 法律行为与事实行为的联系与区别?

2. 法律行为的成立要件?

3. 法律行为的生效要件?

第三章
物权制度变迁

第一节　罗马法土地制度

罗马法是罗马社会自公元前753年罗马建城开始到565年优帝一世去世为止的1016年间逐渐发展形成的法律。最有标志性的是两部法典的编纂，即公元前5世纪中期的《十二铜表法》和535年查士丁尼皇帝完成的《民法大全》，它的影响不仅遍及世界，而且还缔造了一个民法法系。这种法律体系是以确立和保护私权为核心的法律体系，而在私权中最为核心的是私有权（财产权）。现代商品经济正是财产权人自由处分其财产的经济，而有关确认个人财产权和交易规则的法律在罗马法中即已经完备了。因此，罗马法是商品生产社会第一个较完备的法律，它包含了资本主义时期大多数的法律关系。随着日耳曼民族的入侵、西罗马帝国的灭亡，整个欧洲逐渐控制在日耳曼民族之下。日耳曼人逐渐将自己的法律带到整个欧洲，并在与原有法（罗马法）融合过程中形成日耳曼法，它突出表现在它所确立的占有或马尔克土地制度，构筑了整个中世纪的封建法律制度。

罗马人属印欧语系的一个分支——拉丁族。公元前10世纪组织了罗马城邦。研究罗马法的学者一般将公元前753年罗慕洛建立罗马城，作为始点。

自公元前753年罗慕洛建立罗马城,罗马人将土地分为三类:祭祀用地、私有土地和公共土地。祭祀土地既是神法物,也是因神法而不可交易的物。神用土地除非通过宗教仪式,否则是不能转让或因时效取得的。神用土地分别归属于天神或上帝(神护物),属于家神(神息物)。公有土地的所有权属于城市或国家,实际上是为全体罗马人所共有的。除了公共利用所需土地外,公有土地被大量地出租给了罗马贵族用以耕种,形成无限期占有的事实。因为早期罗马人并没有将土地"私有化"到个人。

罗马人最初有三个部落,为了组织社会生产和生活,罗慕洛将部落又划分为30个库利业,罗马的私有土地最初就是分配给库利业,库利业成为最初土地拥有者。库利业的土地再在氏族之间分配,进而再分配到家庭。私有土地的分配,并没有形成真正的私有权。但在分配到家庭时,即具有个人所有权的雏形。早期的罗马家庭是一个只有家父才享有权利的政治组织,家庭所有并不等于个人所有。

家父是代表家庭行使所有权的。家父的权利不仅包含对家庭财产——物和其他财产权的支配权,而且包括对人(包括妻子、子女、自由人、奴隶等接纳为家庭成员的人)的绝对支配权;它不仅包括一般的管理、教育、支配,而且包括刑事司法权的生杀大权。罗马人始终把土地所有权作为巩固和发展罗马民族的工具,控制土地所有权的转让,特别是向非罗马人转让,认为罗马的土地是全体罗马人的土地,因而罗马人在设计土地权利制度时始终以维系民族和罗马社会整体利益为宗旨,只承认罗马人享有所有权并受法律保护(即市民法所有权),而其他人,依照其他方式获得物,不被认为拥有完全的所有权。后来法律保护逐渐扩展至外国人和以其他方式取得物的人,形成了万民法所有权。

随着罗马帝国的不断开放,到罗马来的外国商人、工匠和其他外国人愈来愈多。于是罗马设立了外务大法官,专门处理外国人与外国人、罗马人与外国人之间的民事纠纷,对于外国人在交易中取得的财产按万民法来保护,因而形成非罗马人的所有权,称为万民法所有权,也称不完全所有权。最主要的是两种,一种是裁判官法所有权;另一种是行省土地占有权或用益权。裁判官法所有权是为了克服市民法所有权限定的交易方式的缺陷。

用市民法上的所有权取得方式才能获得市民法所有权。这意味着未采用曼式转让和拟诉权方式,取得者只是接受了对要式物的让渡,即使依据的是"正当原因",他也不能成为市民法所承认的合法所有主,他只是简单的占有者,只能获得占有权。允许裁判官通过所谓的"出卖和让渡物抗辩"反驳所有主提出的诉讼。大约在罗马共和国时期末,任何根据某一"正当原因"接受了让渡的人均可对第三人提出"扩用的返还所有权物之诉"。这种诉讼被以其发明者的名字命名为"布布里奇诉讼"。凭借裁判官的这种保护,占有者从原所有主那里接受了让渡后,实质上就变成了真正的所有主,但并不被市民法承认为所有主,不能对物实行任何在市民法上有效的行为;他不能以直接遗赠的形式对物实行死因赠与,无权解放奴隶使之成为罗马市民等。而根据市民法拥有物但并不实际享用该物的人,却对物拥有所谓的"虚有权利",虚所有权人保持着所有形式上的特权。这种实际上的所有权, 因裁判保护而生,因此被称为裁判官法所有权。

公元前3世纪末,罗马人统一了意大利半岛,所有意大利土地被赋予了与原罗马土地同等的地位。但在之后的对外征服中所征服的土地,除被皇帝授予"意大利权"外,不能与意大利土地并论,不受市民法保护。这些被征服的土地被称为"行省土地"。行省土地同样被划分为公共所有和私人所有两部分,前者被称为行省土地,后者为可分配土地。行省的公有土地被分配给骑士、大奴隶主等罗马贵族,由这些贵族占有使用。他们也只拥有占有权或用益权。行省的私有土地由占有人继续占有使用或出卖或租赁给个人,行省土地的所有权始终归城市或国家。对于行省土地的占有权(无论是外国人还是罗马人),后来也被称为善意所有权或万民法上的所有权。这种"所有权"与市民法上的所有权的主要区别在于,权利人(占有使用行省土地的人)必须交税，由皇帝管辖的土地的田赋称贡税，由元老院管辖的土地所纳的田赋为赋税。帝政后期，规定所有意大利土地也一律纳税，优帝一世时命令废止意大利土地和外省土地在法律上的区别。罗马人划分出公地和私地，存在公有田或公有土地。公地归城邦所有，即归罗马共同体所有。这部分土地又要分散到个人手中利用。罗马人采取了两种方式，一种是出让方式，一种是出租方式。公地一部分被分配给罗马人而转化为私有，其余土地允许市民(开始限于贵族，后来扩展到平民)在缴纳收入的1/5或1/10作为价金后由其自主支配，称为出让。这种事实上的所有权不仅可以被继承，而且可以被转让。

罗马公地的利用还存在一种类似于永佃权赋税田的出租方式，是指那些未被分配或出卖也未被人占据，而是被以一百年为期限或永久地出租的土地，以及被长期或永久地出租的市政当局和僧侣团体的土地。承租者只要正常纳税，即可平安地无限享用土地。所有这些同样都赋予承租人以事实上的所有权或类似于所有权的土地利用权。这种权利除令状保护外，也允许提起一种对物之诉——“赋税田之诉”。这两种公地利用方式，最后形成一种可继承的永久性土地利用权利——占有权。

进入帝国时期，公有土地转变为国库土地，罗马人民共同所有权转变为皇帝所有权。罗马法的所有权概念源自于家父主权，它强调个人对物的绝对支配权。这意味着在私法领域内人们之间的权利义务关系是由个人的意志决定的，不受身份约束，也不受他人意志的左右。罗马法所有权制度的特点：确认所有权的中心地位，在所有权上形成的他物权是支配权的表现。所有权是直接行使于自己物上的最完全的物权，一物上只能存在一个所有权；在多个共有人共有一物时，所有权的分割为量的分割，即多个共有人共同享有一个所有权。所有权是法律上的支配权，占有是事实上的支配，虽不是一种权利，但受到独立的保护。罗马法这种私有权概念是构筑整个罗马私法的基础。整个罗马私法均是以确立个人对所有物拥有绝对权利为原则，个人本位的所有权观念决定了罗马法创立了适应近代商品经济需要的法律制度。

第二节　日耳曼法所有权制度

日耳曼民族分布在东起维斯杜拉河，西迄莱茵河，南自多瑙河，北至波罗的海的广大地区，其中主要是克尔特人、日耳曼人和斯拉夫人。1至3世纪，各日耳曼部落开始结成较大的部落联盟，并在5世纪入侵罗马帝国进行民族大迁徙，建立了许多王国：北部法兰克、南部高卢、西班牙西哥特、意大利东哥特和伦巴德和不列颠英吉利。其中法兰克王国最大，并在6世纪中期成为西欧最强大的日耳曼国家，到查理大帝时(768—814年)其版图扩大到几乎与西罗马帝国相等。在843年查理大帝的三个孙子订立凡尔登条约，将帝国一分为三，形成近代西欧大陆的三个主要国家——法、德、意。在入侵罗马过程中，氏族转变为国家，形成诸王国。这些王国并存两种土地制度(以法兰克为例)：自由农民公社土地占有制和大地产主所有制。法兰克人移居到新土地上之后，仍保留着公社制，但公社已不是血缘亲属组织，而是地域性的组织了，叫马尔克。公社成员从被征服的土地中分得一块份地进行个体经营。此外，在对外征服过程中，国王利用其权势占有自由农民以外的广大被征服土地，然后再分封给自己的亲信和基督教会，这就构成了后世贵族和教会的大地产的基础。

日耳曼法最初主要是习惯法，遵守本族习惯，对被征服的罗马人实行罗马法。后来，日耳曼法也开始吸收罗马法。日耳曼法的基本特点：实行属人主义，不是抽象的法规，而只是一些解决各种案件的具体办法，判例起着相当大的作用。注重形式，各种法律行为，如转让财产、结婚、赔偿损害、脱离氏族关系等，都必须遵守固定的形式，讲特定的语言，并配合着做特定的象征性动作，否则不生效力。最为突出的是它的社会本位思想。个人不具有权利主体资格，它是为团体秩序甚至为神灵创设的秩序存在。个人行使权利、负担义务,受团体的约束,人们之间的关系在法律上是由他们的身份所决定,而不是凭个人意志来决定。具有家长身份的人虽然权力很大,但他是全体家庭成员的代表,为重要的法律行为必须考虑整个家庭的利益,要征得男子的同意。农村公社(马尔克)是独立的社区单位,其成员有较密切的联系。耕地在日耳曼民族迁居罗马后相当长的时期仍为公社所有,分配给各家庭使用,森林、牧场、水流等属公社所有,共同使用。各个家庭对耕地的使用权与其家长和成员的公社社员的身份分不开,只有公社社员才能享有使用土地的权利。后来,随着私有制的发展,土地虽然可以买卖,但只能在同一公社内部社员之间转让,而不能出卖到别的公社去。日耳曼法的所有权制度特点是:日耳曼法没有关于所有权主体和客体的一般概念,主体身份地位不同,享有所有权的性质和范围各不相同;客体不同(动产和不动产),所有权的发生年代、发展途径、效力及保护方法也有很大差别。

日耳曼法中的动产最先成为私有权客体,动产所有权具有排他性、绝对性。而不动产(主要为土地牧地)所有权是依其各自目的之需要,划分成多种相对的所有权,不是单一绝对性权利,不具有动产所有权的绝对性和排他性。基于物资利用的种种形态,设计和承认各种权利,没有抽象的所有权观念,也没有所有权与他物权的区别,各种权利都具有同样的效力,只不过权利内容有区别。日耳曼法上占有必须以对物的使用收益表现出来,而使用收益并不限于直接实现的,间接实现的也包括在内。如地主贵族将土地租给他人经营,收取地租也是实现对该土地的使用收益,地主贵族对该土地虽没有实际支配,但占有仍然存在;承租人直接实现使用收益,自然对该土地成立占有。这样,在该土地即存在两个占有,而且占有也可以转让。

日耳曼法中的土地所有权是分割的,即将所有权的内容——管理、使用、处分、收益等权利分割为不同的人享有,形成不同层次(级)的所有权;这种内容不同之权利依上线关系结合成一个完全的所有权。这表现在,日耳曼在与罗马社会相融合过程中创造了许多产权类型:共同所有权、免税所有权、受益人所有权、付费(租金)所有权、服役所有权。在后四种所有权中,免税所有权由于各种原因而大量消失了，主要是后三种所有权与共同所有权并存，而这三种所有权基本上是让与人与受让人之间的一种可分割的所有权。受让人一般以一定的实物或劳役负担从让与人那里获得土地的使用权(称付费所有权等)，在这种土地利用制度基础上便形成欧洲中世纪封建体制。日耳曼人的每个社会共同体对土地共同占有,他们共同占有利用的土地被称为马尔克,意思是界限,即位于两个村庄范围内的土地的意思。村社的共同土地和耕种土地的外围被称为March。

马尔克不仅包括土地,还包括其他共同使用物;它是自然村落性质的生活共同体。根据德国作者基尔克的论述,马尔克由三个实体要素组成:①既定地区的住处及外围,它是排他的严格的个人所有权。②可耕土地,分配于居民个人,但只具有限的利用权,由此形成一种相邻共同关系以平衡所有马尔克的政治和经济。③共用土地,如共同利用山林、草原、水源、道路等,它服务于共同体共同需要(如建筑用料)。村民对第三类财产拥有广泛的权利,其权利只受到两种限制:一是每户(或每个)村民实际需要;二是共同体既定的规范。这最后一类财产便是现代公共(共同)财产的直接起源。

马尔克是日耳曼社会中所创设的一种独特的归属和利用方式，称之为“总有”，总有被认为是不具有法律上人格的团体以团体资格对所有物的一种共同所有。对于共同体财产之管理处分之支配权利,属于村之共同体,其管理及处分,应征得全体或多数成员同意,其财产的使用、收益权利则属于成员个体享有。团体之成员的用益权具有身份性,不得脱离其团体资格或成员地位而对其权利为继承、转让和其他处分。每个成员的财产权永远不可能转化为个人所有,既保留原始共同所有(公社)权,同时又开始创制个人财产所有权。形成三类财产划分的体制:房屋及其周围用篱笆围起来的小块园地为家庭私有;耕地仍属于公社所有,分配给各个家庭使用;森林、牧场和水流等公共用地仍和过去一样,归公社集体所有,全体社员共同使用。使用这些公共财产的方法和规则由全体社员决定,每个社员的利用权是平等的。每个成员均可占有使用这三类土地,只是权利性质不一样。也就是,对这三类的每一种占有都构成马尔克的一部分。而在这三部分中,第一类,即对于房屋等的所有是完全的个人所有,不存在共有;第二类,对于耕地即可称为特殊共有或总有;而第三类,则是现代公共所有的起源。因此,马尔克汇集了这三种所有权形式。而后世所称的总有,事实上只是对马尔克土地利用体制中耕地归属和利用形式的抽象;总有并不等于马尔克,也不是对马尔克土地利用体制的抽象。

马尔克公社体制中的耕地利用最能体现马尔克公社组织的特色。实质上,马尔克本身并不是以一种财产形式出现的,而是作为一种社会和政治组织形式出现的。马尔克是以特定地域为基础的一种社会组织或共同生活单位,它拥有社员大会和代表机构,有自己的行政机构、警察和司法机构;它提供任何形式的公共服务。它的成员开会共同商议大事,即使它的执行机构被授权管理共同业务,社员大会仍保留重大事项的决策权。免税所有权是罗马法中的完全(个人)所有权,这种所有权是直接继承原来占有的土地等财产的结果,日耳曼人接受这种所有权形式后,仍然保留家庭色彩,而不是作为个人的一种权利,这种土地所有权不能转让,至少在转让时要经儿子(们)同意或参与;它只能遗传给晚辈,而不能为长辈所继承。免税所有权是没有公共负担的自由的完全的所有权;这种所有权属于家庭,而不属于个人,实质上为家庭共同所有权。受益人所有权是一种终生权利,可以继承的,它一般是地主或领主将一定量的土地让与自由人长期耕种形式的,通常后者要向前者提供一定的服务,如服军役。付费所有权,它基本上是由罗马人继续占有土地而须向日耳曼人缴纳一定的租金。服役所有权,是大土地所有人将利用剩余的土地让与他人所产生的,只是受让人以提供一定的劳役为条件。

5世纪开始了称为中世纪的千年社会史。3世纪罗马帝国开始衰败。罗马大地主逐渐开始将领地出租给自由民或奴隶,由此建立庄园主经济。在帝国边境，为求得帮助以防卫入侵者，罗马自由人被授予土地和移住民身份，以实物和劳动交付地租。西罗马帝国灭亡后，一些由主教和大主教（罗马皇帝改信天主教）直接管辖的城市以及罗马行政管理中心存留下来，而由大庄园主、移住民和联盟者占据的帝国广大地区，则变成自治地区，仅在名义上宣布效忠远在君士坦丁堡的东罗马帝国皇帝。

出于生存和军事防御的需要，罗马政府和罗马军团消失，导致庄园制度出现，这即是封建制度的渊源。与自由农民土地占有制同时并存的还有教俗贵族的大土地占有制，是通过各日耳曼王国的国王封赏给贵族、亲兵和教会而形成。国王将在战争中没收的罗马人的土地，除了分配给马尔克公社外，全部据为己有，国王成为最大的地主。国王把他所占有的土地赏赐给贵族、亲兵和教会。由于耕地逐渐转变为私有，一部分社员的破产成为不可避免，他们的土地集中到少数本来就处于有利地位的社员手中，后者也发展为大地主。7世纪初，法兰克国王克罗退尔二世颁布敕令，承认过去国王赐给贵族的一切土地和行政、司法特权。最初授予土地是不附条件、无偿的，后官相查理·冯特（715—741年）实行了“采邑改革”，用一种有条件的土地占有形式——采邑（即酬劳或“恩赐物”之意），来代替过去领主贵族对土地的完全私有。贵族领受采邑，必须为国尽一定的义务（主要是服兵役），并且只能终身占有，不得世袭。同样，大贵族将自己领有的一部分土地封给其亲信时，也采取了这种形式。这样在国王和贵族之间，贵族相互之间便逐渐形成了权利义务联系起来的等级制。

大约在8世纪，庄园取代了家族为单位生产方式，成为封建社会最典型的社会组织。庄园的土地完全属于领主，这种对土地的支配权构成领主对依赖土地生存的人的支配的权力基础，被支配的农民对租赁来的土地也有一定支配权。领主拥有本领地农业经营的最高权力，他可以要求农民耕作租赁地，劳动力的支配就成为与土地支配相结合的对身份的一般支配权。其基础不是血缘关系，而是契约关系。

封建的大土地所有权形成了两级所有权：国王的最高所有权、领主的次级所有权。领主租让土地于臣民或农奴，受让人享有土地利用权。这样又形成一层土地隶属关系，形成三级权利的土地利用制度。也有的领主、大贵族在把自己土地的一部分封赏给亲信时，按采邑形式办理，这样在许多地方很可能并不止有三层土地权利关系。土地所有权与社会地位和身份相联系，形成了一种等级身份和依赖关系。封建依附关系的成立在封赏土地的同时还要举行臣服礼，从查理曼大帝时代(9世纪)还加宣誓效忠仪式。封建领主所有权除了要向上一级所有权或国王尽一定的义务外，更主要地表现在农奴为了使用份地应为地主服劳役或交付役租，尽各种义务。在领主土地上，只有可耕地分配或租让给各家各户农奴耕种，而森林、草地和未开发土地则属于领主财产；但领主又必须将其提供给居民使用，以使居民能够饲养牲畜、耕种所持有土地。领主毋需供给使用人以所有权，这样形成了事实上的共有，即领主与所有农民共同使用这些资源的共用权，由此形成了特殊的共用土地制度。共用土地通常分为两类，一类是条田，包括耕地和草地；一类是天然牧场、沼泽地、荒地、林地等未开发土地。共用地制度排斥未开发地的私人所有权，排斥村民对份地的使用权向所有权转化，限制村民对其条田的使用权的自由行使。

瓦解封建社会制度的工具是契约和自由的所有权。在1310年时，典型的农地佃耕制已不是封建式，而是两种基本上属于契约性的办法，即永佃制和分益佃耕制。永佃制将领主的地产权利分为两个部分：纯粹所有权和土地利用权。这后一种权利永远属于农民，农民要在接受农地时交付一笔永佃费并承担一定数额的现金地租。领主或其他地主的纯粹所有权表现为，在未缴年租或者佃农无后嗣或放弃佃耕时收回农地或在农地未得到精心耕种时宣布佃约无效。分益佃耕地制完全是一种契约型办法，它是商人或其他非贵族或不顾传统的贵族采取的土地出租办法。依此办法，地主要同农民签订一份为期3年或更长的契约，农民同意确保土地的开发利用，农作物收成的1/3或1/4

作为地租,其余归农民自己消费或出售。

第三节　近代以后物权制度的发展

1804年《法国民法典》第544条规定:“所有权是以绝对的方式享有和处分物的权利,只要不为法律法规所禁止的使用即可。”第545条:“除非基于公益理由并通过事先合理的补偿,任何人不得被强迫转让其财产。”这两条也被认为是个人主义所有权制度的奠基性规范，而个人所有权被法典作为整个私法制度的基础。绝对私人所有权是私人财产权利的核心,私有财产神圣不可侵犯原则是私人财产权利的保障，行使私人财产权利自由或经济自由是实现私人财产权利的最大经济价值或效用的手段。所有权绝对原则是反对财产权利社会化中确立的原则。私有财产神圣不可侵犯原则的基本含义是:拥有私人财产是每一个人的自然权利或天赋人权;根据人的自然权利以及通过自然人之间的契约结成的政治社会中的法律，私有财产在社会以及财产拥有者之外的其他个人面前神圣不可侵犯；政府在以税收和其他方式征用人民的财产时,一定要经人民或其代表的同意,并要有相应的政治法律程序以保证之;人民有权推翻侵犯私有财产的政府;任何个人不得侵犯其他个人的私有财产。行使私人财产权利的自由原则是在反对国家干预、行会限制、公地制度等过程中确立起来的,一方面赋予当事人协议以法律效力,另一方面又出台系列规定,保障债务的履行,使经济自由获得根本保障。

《法国民法典》旨在确立一种个人自治的私法秩序,因此它对所有权的定义也只是针对私人所有权而言的；而且也旨在实现尽可能使社会资源私有化的理想,没有规定产权模糊的共同体所有或集体所有,而只将不能纳入私有权范畴的财产统称为公共财产,也就是说只承认公共财产(权)和个人财产(权)而不再存在共同财产权。确立了个人所有权和公共所有权并存,以个人所有权为核心的所有权体系。

罗马法的所有权概念是建立在权利和客体不分的基础上的，所有权是与客体物(有形物)紧密联系在一起的。罗马法并没有发展出一个抽象的所有权概念。现代所有权观念形成于17—18世纪法国理性革命时期,这一时期的法律主流是自然法思想。在这种思想支配下财产权被看作人类生存——自由、追求幸福等——必然具有或应当具有的权利,这种财产权利被作为人格权或民事权利能力的重要组成部分。

1804年《法国民法典》首先将这种所有权观念以法典的形式固定下来。《法国民法典》第544条将所有权定义为:“所有权是以绝对的方式对物享用和处分的权利,但不得为法律禁止的使用。”它赋予所有权以绝对性,但这种绝对性不是没有限制,所有权的行使受法律的限制,强调对物的积极权能。所有权被认为是绝对性物权，所有权人被认为赋予了对客体物最大限度或最完全的权能。所有权的绝对观念来源于罗马法,罗马法将所有权的权利均归结为一种权力。在公共秩序中权力集中于皇帝,而私法秩序中权力集中于个人。所有权的绝对性很重要的一个方面就是他的权能无限或不确定,拥有所有权的目的在于享用或利用。在罗马法中,所有权被认为由使用、收益和处分三个权能构成。实际上所有权人对物的利用方式是不确定的,其权能不可能完全列举出来。排他性是指,所有权人在使用、收益(享用)和处分物的过程中,有权排除他人干预或妨碍,自由自主地行使权利。排他性反映了所有权的本质特征。所有权永久性的含义意味着权利随客体物的存在而存在,随客体物的消失而消灭;权利独立于它的行使而存在,或者说所有权人不因没有或不能行使享用、收益等权利而失去所有权;所有权不受所有权人的生命限制,在其死后可以传递给他的继承人。

个人所有权制度的建立在推动社会生产力发展的同时，必然要求社会—经济组织方式的转变。20世纪以后主宰社会经济活动的不再是单一的个人而是因个人之间的某种联合而成立的某种“实体”。在经济活动领域充斥着各种具有或不具有法人资格的企业形态:合伙、合作社、公司、基金会、保险公司、银行财团、各种中介服务机构,等等。左右这种生产方式所有权制度的仍然是个人主义、自由主义为基础的绝对所有权观念和规范。

20世纪以后,西方国家逐渐开始对社会生活的全面干预,解决建立在绝对的私人所有权观念基础上的资本主义体制所带来的经济危机和社会危机。个人所有权除了满足个人利益外,还承担社会功能,满足社会整体利益。于是所有权不仅被认为有权利,而且还有义务,国家为保障所有权人履行这一义务有必要对所有权的行使予以限制。财产也就成了它的拥有人的客观义务或运用其财富支持和扩大社会依赖性的义务。每个人都有为社会履行某种功能的义务,这种义务由国家通过法律决定。所有权不再是所有人的主观权利而是财富持有人的社会功能。除了界定财产的归属,作为支配客体的工具外,所有权今天被作为财产的要素,作为客体意义上的企业要素。在股份有限公司中,投资人出资成为股东后,原来基于所有权能行使的权能被组织化或制度化为一种综合性财产权。原来基于对客体物的直接利用权,现在主要表现在一种程序化的决策监督权和利益分配权;财产所有权的价值愈来愈不需要通过权利主体本人的活动来表现。

19世纪法律制度所确立的基础理论愈来愈与现实生活不适应。其中最重要的表现是作为19世纪立法基础理论的公、私法的划分受到现实的挑战,出现了“公法私法化”和“私法公法化”。自20世纪特别是《魏玛宪法》(1919年)出台以后,欧洲和拉美国家宪法将确认和保护基本个人权利(包括财产权、参与经济活动、劳动保护或社会保障权利等)作为主要内容。于是,财产权等私权不再是民法典或私法的专利,宪法也成为私人权利(包括所有权)调整的基本手段。私法公法化主要表现在私法中引入了更多的强制性规范,商法最初只适用于商人间独立的民事司法体系,但逐渐地被民法所吸收,商法为私法或者被民法所同化。民法正在变为私法的同义语,而商法则在逐步被“民法化”。商法的强制规范渗入到民法,私法被商法化。

自20世纪以来,所有权限制走向限制所有权人的绝对权力,限制具体的权能,限制对物的利用,限制对物处分,甚至将按物的性质的利用作为取得或保持所有权的条件(如农地所有权以从事农业种植为条件)。对所有权的限制增强还表现在不仅私法限制条文增加,而且走向公法私法"双轨规范体系"现代社会所出现的分类规范,多是因客体特殊性而进行的划分,通过这种划分,赋予所有权人一种针对该种物的特定权能,并对权利行使作出详细规范,最典型的分类规范是农地所有权、矿产、水源等所有权规范,而且这种分类规范的趋势似乎不会终止。现在大陆法系普遍承认有期限的所有权、承认附解除条件的所有权转让、承认股权与公司法人财产权、承认双重或多重所有权,打破了传统的"一物一权主义"神话。承认有期限所有权,意味着因法律规定或所有权人意思可以成立一种所有权,而不是其他权利,如用益物权。属于私权受私法规范的所有权受到愈来愈多的公法规范,出现许多规范所有权的单行法律法规,虽然它们属于私法但渗入许多强制性规范,使私法中含有公法因素。所有这些皆为了规范和限制各种各类的所有权,使权利人承担应尽的社会功能和义务。

在世界历史上,第一部明确表达所有权的社会功能思想的宪法是1919年的《魏玛宪法》。该宪法第153条规定:"所有权负有义务,它的行使应当同时服务于公共利益(或福利)。"《联邦德国宪法》第14条规定:"1.所有权和继承权受法律保护,法律规定其内容和限制。2.所有权负有义务,其行使必须同时服务于公共利益。"1978年《西班牙宪法》第33条规定:"1.宪法承认私人财产所有权和继承权;2.依据法律,这些权利承担的社会功能限制其内容;3.除非基于公益或社会利益的正当理由,并依照法律规定的程序和给予相应的补偿,不得剥夺个人财产权。"

所有权限制是当今社会的一个普遍现象。无论是在哪个法系,也无论是在哪个国家,所有权都存在或多或少的限制。所有权限制实质上反映了20世纪特别是50年代以后,公法对私法的影响和渗透。在20世纪以后的各国民法典修订或重新制定，商事法律规范扩张和农地法、矿产资源法、水法等法的颁布上，所有这些法律基本上打破了纯粹的私法公法界限，出现公法中有私法，私法中有公法的相互渗透现象。

19世纪70年代以后，私有制适应这种变化而出现了新形式：股份制和交易所。马克思及时抓住这一变化，认为股份资本为私有制向公有制的过渡提供了一种形式。这一方面是指股份资本使资本所有权分散化、社会化，从而使私人资本具有了社会资本的形式；另一方面，股份制又使资本的支配权和使用权集中化、私有化，这使大股东所有者以少量资本支配控制社会资本成为可能。这促使资本主义内部矛盾越发尖锐，为向公有制过渡创造了条件。马克思和恩格斯只是将股份制看作过渡形式，而没有视之为社会所有制的形式。

"十月革命"之后，列宁开始实践马克思和恩格斯的社会主义制度构想。他首先将国家占有作为社会主义所有制原始过渡形式。于是"十月革命"后开始剥夺"剥夺者"，建立城市生产资料的国家所有制，农村实现土地的国有化。斯大林1952年在《苏联社会主义经济问题》一文中提出的公有制基本模式为：①公有制=国家所有制+集体所有制；②国家所有制=全民所有制；③国家所有制优于集体所有制。

中国通过1949年前后的"三大经济纲领"和1952年的"一化三改"总路线，于1956年建立了公有制经济占绝对优势的所有制体制。之后的人民公社化运动彻底在农村建立了行政与经济组织合一的集体经济，而在城市逐渐也形成了两个层次的联合劳动形式——全民所有制和集体所有制企业。

20世纪70年代末，我国开始探索一条新的社会主义建设道路，在90年代初确立了建立社会主义市场经济新体制的改革方向。中国的改革开放实质上是财产制度的变革，是社会主体及其生存模式的再构造：所有权集中于国家分散到国家、企业/法人、个人手中；经济决策权由单一主体（国家）转变到国家、企业、个人等各种社会主体手中；社会主体经济绩效的衡量方式由过去的人为的评价转变为市场评价，其衡量指标由过去政治评价，转变为经济评价；社会主体之间的合作和协作由上级安排和调拨，转变为人们自主的谈判。每个人都成为自己资源配置和利用的决策者，因而所有权或产权成为界定每个经济主体利益和责任的工具，经济模式由政府经济转变为社会分散主体主宰的经济。这意味着政府从社会经济生活中撤出，还社会主体以权利，由社会主体自主解决生存发展问题。20世纪以后，世界所有权立法指导思想从个人本位转向社会本位，20世纪末期在中国所发生的，是要从过度强调社会本位转变为强调个人本位，因为建立社会主义的市场经济的改革目标提出了这样的要求。

物权立法乃至整个私法立法至少经历了两次由个人本位到社会本位的转变，第一次是从罗马法到日耳曼法到封建社会的立法，第二次是19世纪法典化时期到20世纪的转变。第一次社会本位实质上是对个人所有权制度的彻底否定，第二次社会本位则是在承认个人所有权前提基础上对社会利益的再强调；第一次的社会本位是社会历史的倒退，第二次的社会本位，则使物权立法及整个私法调整到一个正确“位置”。这一位置便是，个人利益和社会利益的兼顾，私权神圣（绝对）和社会义务兼容。因此对于在21世纪进行物权立法的我国而言，采取个人本位和社会本位相结合的指导思想。平衡物权立法和这两个价值取向是兼顾个人价值和社会利益，采取个人本位和社会本位相结合的折中的立场。2007年3月16日，十届全国人大五次全体会议通过了《中华人民共和国物权法》于2007年10月1日正式生效实施的决议，标志着中国物权法律制度的建立与完善进入一个新的时期。

思考题

1. 日耳曼法所有权制度。

2. 所有权限制产生的背景与含义。

第四章
物权的定义、效力及立法趋势

第一节　物权的定义

近现代各国民法，关于物权的概念，大抵不作定义性规定。《奥地利民法典》第307条关于物权的定义：属于个人财产之权利，得对抗任何人者，为物之物权。关于物权概念，存在各种各样的学说。梅仲协著《民法要义》指出"物权者，支配物之权利"；李宜琛著《民法总则》物指出"权者，直接支配物之权利"；洪逊欣著《中国民法总则》指出"物权者，直接支配管领物之权利"；浅井清信著《物权法论》指出"物权，乃对一定之物为直接支配之权利"；金山正信著《物权》指出"物权，乃对物直接支配为内容之权利"。上述观点是从对物的直接支配性给物权下的定义。姚瑞光著《民法物权论》指出"物权者，直接支配特定物，而享受其利益之权利"；舟桥淳一著《物权法》指出"物权乃直接支配一定之物之权利，或就一定之物，直接享受其利益之权利"。上述观点是从物的直接支配与享受利益的角度给物权下的定义。张龙文著《民法物权》指出"物权者，直接支配其物，而具有排他性之权利。"该观点是从物的直接支配与排他性的角度给物权下的定义。

《中华人民共和国物权法》第2条规定：因物的归属和利用而产生的民事

关系,适用本法。本法所称物,包括不动产和动产。法律规定权利作为物权客体的,依照其规定。本法所称物权,是指权利人依法对特定的物享有直接支配和排他的权利,包括所有权、用益物权和担保物权。我国《物权法》是从物的直接支配与排他性的角度给物权下的定义。

物权与债权的区别体现在权利性质上:物权为支配权,债权为请求权。物权人无须借助他人的行为,就能够行使其权利即直接支配其标的物,并通过对标的物的直接支配以享受其利益。债权性质上为请求权,债权人既不能直接支配债务人的人身以强制其为给付,也不能直接支配所应给付之标的物,他只能请求债务人为给付,且只有通过债务人的给付行为,债权人才能享受到债权的利益。

(1)在权利发生上的区别:物权发生实行法定主义,债权发生实行任意主义。按照物权法定主义,物权的种类和内容受法律的限制,不允许当事人任意创设新的物权,不允许当事人变更物权的内容。债权发生,当事人只要不违反法律强行性规定和公序良俗,可以通过合意任意创设债权。此所谓任意创设债权,指契约之债,此外的法定债权如侵权行为债权、不当得利债权、无因管理债权,仍受法律的限制,不允许任意创设。在权利效力所及的范围上的区别:物权为绝对权,债权为相对权。物权为可抗世间一切人的权利,权利人之外的一切人均为义务主体,均负有不得侵害其权利和妨害其权利行使的义务。因此物权之效力得向一切人主张,性质上属于绝对权或对世权。债权为相对权,其权利效力所及只限于特定的债务人,债权人只能请求特定的债务人为给付。即使因第三人的行为使债权不能获得实现,债权人也不能依据债权的效力向该第三人请求排除妨害。但是因判例确立第三人侵害债权制度,债权也有对第三人的妨害排除请求权,致对物权为绝对权与债权为相对权这一区别产生疑问。考虑到物权所具有的物上请求权,以及在对责任财产的支配权能意义上债权亦有支配权性,则所谓物权为支配权与债权为请求权这一区别已不再是区别物权与债权的明确的基准。由于第三人侵害债权被肯定,不可侵性已不是物权所固有,而被理解为权利所共有的特性。

(2)在权利效力上的区别:物权所具有的效力为支配力,债权所具有的效力为请求力。因物权所具有的支配力,使物权具有排他效力、优先效力和追及效力。因债权所具有的效力为请求力,在同一标的之上可以并存两个或两个以上的债权,各债权相互平等,均不具有排他性和优先效力。同时,债权也无所谓追及效力,当债权的标的物被第三人占有时,无论该第三人之占有是否合法,债权人均不能向该第三人请求返还。

(3)在权利有无存在期限上的区别:物权中的所有权为无期限的权利,债权为有期限的权利。所有权,只要所有物存在,所有权就存在。保障财产归属关系的所有权制度发生最早。随着人类社会由自给自足的自然经济形态逐渐发展为以社会分工为基础的交换经济形态,保障财产流通关系的契约制度因此而生。债权制度之发生晚于物权制度。而债权为获取财产之手段,亦即以获取他人财产为目的,使财产依当事人间的合意而转移,即为债权之实现。此目的一旦达到,债权关系即行消灭,即债权关系之有期限性。债权之社会作用,在于确保债权人取得财产,使财产之转移得以实现。债权的社会作用在保障动的安全,物权的社会作用在保障静的安全。

物权法定主义原则,系19世纪欧陆各国从事民法典编纂运动以来,各国关于物权立法之一项基本原则,其意义指物权的种类和内容由法律统一确定,不允许依当事人的意思自由创设。除民法及其他法律有明文规定之物权外,当事人不得任意创设物权。当事人不得创设法律所不认可的新类型的物权,当事人不得创设与物权法定内容相悖的物权。

自罗马法以来,关于物权的创设,曾有放任主义与法定主义之分别,前者指物权的创设,一任当事人之自由意思,法律不予限制,后者指物权的创设、种类及内容概由法律规定,而不容当事人任意创设。采放任主义为物权立法之基本主义者,仅为德国民法颁行前的1794年普鲁士私法。按照该法,于通常的债之关系,许当事人依占有或登记,予其使用收益权以物权的效力。

近代大陆法系各国民法物权的创设,以采法定主义为基本原则,物权,有极强的效力,得对抗一般之人,如许其以契约或习惯创设,则有害公益。物权为直接支配物之权利,享有某种物权的人,即依法律规定物权之内容,直接支配其物,并排除他人之干涉。若物权之种类,得任由当事人之意思自由创设,则所谓直接支配物之权利,将成有名无实;若物权之内容,得由当事人之意思自由创设,其结果实与得创设法定以外之物权无异。若物权得任意创设,对所有权设种种限制或负担,则必影响物之利用。私法自治之成为可能,以物权法定为其前提。在不采物权法定主义之情形,为防止在一物之上任意创设不相容的数个物权,对契约进行外部的控制是不可避免的,只有采物权法定主义,才能使契约自由得以实现。唯有物权的种类及内容法定化,一般人才有对私有财产之归属一目了然的可能。

第二节 物权的效力

物权的本质,是直接支配一定的物,并享受其利益的排他性权利。因此,物权效力的本体,在于社会性地容忍以直接支配标的物来实现其各个物权的内容,而无须他人的协助。例如,所有权人可以依其意思占有、使用、收益、处分其所有物。宅基地使用权人、国有土地使用权人可以使用该宗土地,从事自己住房或者房地产开发建设。抵押权人可以对抵押物予以拍卖或者变卖,就所形成的变价清偿其债权。如果从其他观点看,所有权直接且排他性地所把握的,是所有物的使用价值和交换价值。宅基地使用权、国有土地使用权直接且排他性地所把握的,是某宗土地的使用价值。抵押权直接且排他性地所把握的,是抵押物的交换价值。因而物权从本质上被认可了以下效力:其一,在与物权客体所存在的诸权利之间的关系上,具有优先于其他诸权利的效力;其二,在其权利内容的实现过程中,具有直接追随客体排除他人干涉的效力。物权的追及效力，即无论客体辗转流入何人之手，物权人都可以追随该客体之所在，主张物权的效力。

物权的效力，指合法行为发生物权法上效果的保障力。自罗马法以来，为确保物权人直接支配标的物而享受其利益的圆满状态不受侵害，作为物权人保护其权利的具体手段，各国法律乃赋予物权以某些特定的效力。物权所具有的这些特定效力之总体，民法理论称为物权的效力。但是由于罗马法以来各国立法并未于条文上明示物权有何种效力，理论形成了多种学说，物权的效力有优先效力与请求权效力两种；物权的效力有优先性效力、请求权效力及排他性效力三种；物权的效力不仅包括"三效力说"所指称的三种效力，而且还包括追及效力。早在罗马法，物权的排他效力即获承认。所谓"所有权遍及于全部，不得属于二人"物权排他性效力，在于保障权利人得独占地享有标的物的利益。如果否认物权的排他效力，则势必妨害权利人对于标的物之有效支配。物权的排他效力主要表现在同一标的物上，不得同时并立两个所有权；同一标的物上不得有其他同以占有为内容的定限物权存在。物权的排他效力有强弱之分。所有权最强，同一物上绝不容许有多数所有权存在。以占有标的物为内容的定限物权如基地使用权等则次之。非以占有标的物为内容的定限物权，如抵押权等，排他性效力最弱。

物权从积极权能讲，是物权人对特定物的直接支配权，体现其对一定财产利益的独立的选择权和决定权；从其消极权能来看，这种直接支配权能具有排除他人干涉的作用。直接支配特定物并排除他人干涉构成物权的本体权能，物权人直接支配特定物，同时就意味着他人不能支配，即排除他人支配，保障物权人直接支配并排除他人支配的效果力就是物权效力。所以物权效力是保障物权人支配并排除他人干涉的权能实现的法律强制力，针对在同一标的物上如果再设定同一支配内容的物权时，物权人对物的原有支配状态就受到了妨害、受到不当干涉，这时物权人就以其消极权能排除他人干涉。以法律赋予的物权的排他性效力排除同一支配内容的物权在该特定标的物上再行成立。只要排除了同一支配内容的物权再行成立,物权人就直接支配。而对物权原有支配状态的妨害不仅仅是在标的物上再设定同一支配内容的物权,还有其他多种形式的妨害,如侵占标的物、损害标的物、妨害对标的物的支配等,或者针对同一标的物,债权人向债务人主张以该标的物实现其债权,那么在这些情况下,物权人排除他人干涉就不是以物权排他效力排除,分别以物上请求权效力、物权优先效力来排除来自外部的不当干涉。由此可见,物权的排他效力与物权排除他人干涉的权能是物权效力于权能两个不同层面的问题。是否承认排他效力是物权效力的一个独立方面,学者历来有不同观点:肯定排他效力为物权的一项独立效力的观点认为,早在罗马法上,物权的排他效力就获得了承认。所谓"所有权遍及于全部,不得属于二人"的法谚,足见其由来已久。排他效力的作用在于保障权利主体能够独占支配标的物,享有物上利益,如果物权无排他效力则势必妨害权利人对标的物的有效支配。否认排他效力是物权的一项独立效力的观点,也并非不承认物权有排他效力,而只是认为没有必要将其作为一项独立效力,物权排他效力包含于优先效力之中。

在排他效力问题上,有的学者也把它强调为物权的最根本效力,出现了所谓唯一效力的观点,认为物权效力最根本的就是排他效力。孟勤国认为:中国现行法律既然还没有优先权、追及权、物上请求等说法,就没有必要引进这些事实上没有多大价值的概念,以使中国未来的物权法通俗易懂一些。只要把握了物权是一种直接支配一定财产利益并且有排他效力的权利,立法和司法就能做其应该做的事了。

物权的优先效力,其含义有宽严之分。就其"宽"而言,物权的优先效力,不过是对于物权与物权、物权与其他类型的权利在申请取得、物权成立、物权效力等方面发生关系时,排个顺序。处于前面顺序的物权,不论其后面是否存在着物权或者其他权利,都说它具有优先效力。按照"严"的标准界定,物权是否具有优先效力,即在同一个标的物上是否存在着一个特定物权就不得再存在其他物权。但是,在考虑是赋予该物权以优越法律地位,承认其存在,于该特定标的物这个意义上,仍然存在着优先效力的问题。所谓申请的优先效力,水权、渔业权、矿业权的申请场合常有其表现。从严格的意义上说,确定申请的优先效力,体现的是排他效力。

关于物权的优先效力也称物权的优先权，在传统物权理论中有三种理解:①优先权是指物权优先于债权的效力,仅限于物权优先于债权;②物权优先效力仅限于物权之间的优先效力；③通说观点认为物权优先效力不仅指物权优先于债权,也兼指物权之间的优先。可以看出物权优先的含义应是指作为同一标的物上有数个利益相互冲突的权利并存时，各权利效力的强弱问题,在一般情况下,物权具有优先于其他权利实现的效力。

从物权优先于物权的观点来看,主要有这样两种情况:一是抵押权并存的问题或同一内容的地役权如两个汲水地役权并存的效力问题，在这种情况下,认为设定在先的抵押权优先于设定在后的抵押权,设定在先的汲水地役权在水源不足时优先于设定在后的地役权；另一种情况就是先成立的物权压制后成立的物权,后成立的物权害及于先成立的物权时,后成立的物权将因先成立的物权实行而被排斥和消灭。所举的例子就是于同一土地上设定抵押权后,与该土地上又设定基地使用权而害及先设定的抵押权时,抵押权人于实行抵押之际,即可请求除去后成立的基地使用权。

先成立的物权优先于后成立之物权存在例外情形。其一,定限物权优先于所有权。定限物权为于一范围内限制所有权的权利。同一标的物上,定限物权虽成立于所有权之后,但仍有优先于所有权的效力。其二,法律规定了物权相互间的顺位时,依规定的顺位决定格物权的效力。其三,基于公益或社会政策的理由，发生在后的某些物权有优先于发生在前的某些物权的效力。如海商法上的优先权有优先于船舶抵押权的效力。

关于物权优先于债权,一般表述为三种情况:第一种情况,同一标的物上既有物权也有债权时,无论物权成立于债权之前或之后,物权均有优先于债权的效力。典型的例子就是“一物二卖”的场合,出卖人甲将其所有的物与乙订立买卖合同出卖于乙,在未交付前又以同一标的物与丙订立买卖合同,这样在同一标的物上就成立了乙丙两个债权,随着标的物的交付或登记,标的物所有权对乙成立时,丙的债权就不能实现(或者随着交付或登记丙取得标的物所有权时,乙的债权不能实现),这时就认为乙对标的物的所有权就优先于丙对标的物的债权。第二种情况,物权优先于债权的特定物虽已成为债权给付的内容,但该特定物上同时有定限物权的存在时,则无论该定限物权成立于债权之前或之后,均有优先于债权的效力,债权人不得对物权人请求交付或转移其物,也不得请求除去该物上的物权。关于物权优先于债权的第三种情况就是担保物权优先于一般债权。对于特定的担保标的物,一般债权人请求债务人以该物清偿债务时,对该物享有担保物权的物权人具有优先权,有权排除一般债权人以该特定担保物受偿债权。只有担保物权人对自己被担保物权担保的债权以担保标的物的价值受偿以后,其他一般债权人才可以担保标的物剩余价值受偿。这时担保物权之所以具有优先权,就是因为它是直接针对特定的担保标的物设定的,是对担保物的直接的价值支配权,而一般债权是针对于债务人的行为设定的,是以债务人的一般财产为其债务履行基础的,债权人只能请求债务人履行债务,在其上设定了担保物权的标的物,虽然也是债务人的财产,一般债权人可以请求债务人以该财产向其履行债务,但不能直接支配债务人的该项特定物。

担保物权就是以担保物的变价优先于其他债权人受偿其债权而设定的。受担保物担保的主债权优先于其他一般债权受偿的效力,不是来自于债的效力,而是来自于担保物权的效力。针对债务人履行债务的权利本来都是平等的,都是通过债务人的行为间接地请求于债务人的财产,而对于某特定财产之所以受该特定物担保的债权优先于其他债权实现,就是因为在担保物上为主债权人设定了担保物权。担保物权作为从权利,其优先效力通过主债权与其他债权的比较显现出来。

物权优先于债权之例外表现在：其一，买卖不破租赁。承租人之租赁权优先于后设定的物权，我国最高人民法院《关于贯彻执行〈民法通则〉若干问题的意见（试行）》第119条规定："私有房屋在租赁期内，因买卖、赠与或者继承发生房屋产权转移的，原租赁合同对承租人和新房主继续有效。"其二，基于公益或社会政策的理由，法律规定某些物权不得有优先次序。如土地增值税征收，优先于设定在先的抵押权。

物权的追及效力，又称物权的"追及效"和"追及权"效力，指物权成立后，其标的物不论辗转于任何人之手，物权的权利人均得追及物之所在，而直接支配其物之效力。例如房屋所有人就其房屋设定抵押权后，复将房屋让与第三人。如抵押权人之债权届期未获清偿时，其即可追及抵押物（房屋）并申请法院拍卖，以实现自己债权。物权的追及效力，是否为物权之一项独立效力，学者有肯定与否定两种意见。否定意见以松板佐一和郑玉波为代表。松板佐一认为，物权的追及效力"只不过是物权请求权之一侧面"，无单独列为物权效力之必要。郑玉波认为，物权的追及效力实质已为物权的优先效力所包含，故不应将它作为一种独立的物权效力。王泽鉴认为，追及性应属物权的一项独立效力，将追及性作为物权的一项独立效力后，真正物权人之权利即可因此获得充分的保障。

抵押人将抵押物让与第三人，而债务人届期又未清偿债务时，抵押物所有权虽然此时已转移于第三人，但基于物权的追及效力，抵押权人仍可径直追及该抵押物之所在，申请法院拍卖该抵押物，并从卖得价金中优先受偿。在动产，若所有人之动产被侵夺，而该动产嗣后又被转卖于第三人时，除发生善意取得的情形外，原动产所有人均可对现实的动产占有人主张其权利，请求返还其所有物。

第三节　物权立法的发展趋势

物权法有所谓所有权绝对原则，所有权优先于国家而生，国家系为保护所有权而存在，所有权为神圣不可侵犯之权利，所有权之行使应不受任何限制，此一原则发端于罗马法。法国1789年的《人权宣言》第17条："所有权为神圣不可侵犯之权利。"《法国民法典》第544条规定："所有权是对于物有绝对无限制地使用、收益及处分的权利，但法令所禁止的使用不在此限。"在18世纪及19世纪之初，所有权绝对原则，盛极一时，却产生不良影响，所有人不仅对于所有物得直接的任意支配，所有人即是财富之拥有者，在经济上处于强者之地位，欺压经济上的弱者，所有权即系绝对的权利，所有权人行使权利固有自由，其绝对权力尤有自由。至19世纪末，所有权社会化思想逐渐取代个人的所有权思想，所有权社会化思想，特别强调所有权行使的目的，不仅应为个人的利益，同时亦应为社会公共利益。进而主张所有权本身包含义务成分。至1919年德国《魏玛宪法》第153条第3项规定："所有权负有义务，于其行使应同时有益于公共福利。"此项立法使所有权社会化思想首次获得立法表现。

随着市场经济的发展，为充分发挥财产的价值，所有人不必亲自为占有、使用、收益，而将所有权的内容予以分化，将物之使用价值交由他人支配，即由他人为占有、使用、收益，而自己收取税金。这就是用益物权制度的发展。为满足市场经济发展对资金的需求，复将物之交换价值交由他人支配，即不转移占有而将财产设定担保物权，借以从金融机构获取融资。第二次世界大战以后，担保物权制度有极大的发展。于是，物权由本来注重对标的物的现实支配的实体权，演变为注重于收取代价或者获取融资的价值权，即所谓物权的价值化趋势。

但随着市场经济的发展，为确保物权的效力与交易的安全，物权法主义应运而生，物权内容也日趋统一。所有权不仅作为静态的用益对象，而且成为动态的交易客体。物权制度内容的国际化已成为立法与实践中的新特点。

思考题

1. 物权的含义。

2. 物权的优先效力。

第五章

物权变动模式与公示原则

第一节　物权变动模式

在引起物权变动的法律事实中，最重要的是法律行为，物权如何依法律行为而发生变动，为现代各国物权立法政策与立法技术上的重要课题。英、美、法有关不动产权利变动关系采“契据交付主义”。按照美国法，不动产权利之变动除让与人和受让人缔结买卖契约外，仅须做成“契据”而交付于买受人，即发生不动产权利变动之效力，受让人虽然可将“契据”拿去登记，但依大多数州法及其实践，该登记并非为不动产权利变动之生效要件而仅为对抗要件，虽然具有公示机能却无公信力。依英国法，不动产土地权利的变动须有两项要件始可发生，即“契约阶段的要件”与“严格证书”。所谓“严格证书”，与美国法所指称的“契据”有同一含义。由此可见，无论美国法或英国法，对于包含不动产物权在内的一切不动产权利之变动，都不要求有专门的物权变动之意思表示（物权的合意），登记一般为物权变动的对抗要件。

19世纪以来，大陆法系近现代民法立法对于物权变动的规制，其源流可上溯至公元前753年至公元565年的罗马法，中经君主专制时代、黑暗的中世纪及19世纪初叶开始的近代民法立法，迄至20世纪初叶，大陆法系民法立法就物权如何发生变动业已形成“三足鼎立”的规制格局。此即以《德国民法典》为代表的物权形式主义，以奥地利、瑞士及韩国为代表的债权形式主义，以及以法国、日本为代表的债权合意主义（意思主义）规制模式。二战以来的现代各国民法立法对于物权变动之规制没有再创造出新的模式，要么跟随物权形式主义（1929年的《中华民国法典》在解释上系采德国物权形式主义），要么跟随债权形式主义模式（如1958年《韩国民法典》等）。二者之中，债权形式主义为二战以后各国民事立法所广泛采用，居于有利和支配地位，代表物权变动立法规制模式的基本潮流和趋向。除现今欧陆中的奥地利、瑞士等国采取此种立法主义外，拉丁美洲各国、苏联及现代东欧各国，以丹麦为首的北欧各国及远东各国（如我国《民法通则》及1958年《韩国民法典》等），均采此种主义。这表明；债权形式主义已在当代世界民法立法中占据压倒性的支配地位，成为物权变动立法规制模式的基本潮流。

意思主义的物权变动模式，是指除了当事人的债权意思之外，物权变动无须其他要件的物权变动模式。《法国民法典》采用的就是债权意思主义的物权变动模式，该法典第711条规定：“财产所有权，因继承、生前赠与、遗赠以及债的效果而取得或移转。”第938条规定：“经正式承诺的赠与依当事人间的合意而即完成；赠与的所有权因此即移转于受赠人，无须再经现实交付的手续。”第1583条规定：“当事人双方就标的物及其价金相互同意时，即使标的物尚未交付，价金尚未支付，买卖即告成立，而标的物的所有权也于此时在法律上由出卖人移转于买受人。”第1703条规定：“互易与卖弄同，得仅依当事人双方的合意为之。”

形式主义的物权变动模式，是指物权变动除了当事人的意思表示以外，还必须具备一定的形式。形式主义的物权变动模式，有物权形式主义和债权形式主义之分。《德国民法典》所确立的是物权形式主义物权变动模式，《德国民法典》第873条规定：“为转让一项地产的所有权，为在地产商设立一项物权以及转让该项物权或者在该物权上更设立其他权利，如法律没有另行规定时,必须有权利人和因该权利变更而涉及的其他人的合意,以及权利变更在不动产登记簿上的登记。尚未登记的合意,在当事人的意思表示经过公证证明,或者该意思表示已经提交给不动产登记局,或者权利人已经将获得登记许可的证书交付给相对人时,也同样具有约束力。"第929条第1款规定:"为转让一项不动产的所有权,必须由物的所有人将物交付于受让人,以及有双方就所有权的转移达成合意。"第1205条第1项第1款规定:"为设立质押权,必须由物的所有人将物交付于债权人,以及有双方关于为债权人设立质押权的合意。"物权变动中的债权契约只能发生债权法上的权利义务关系,欲发生物权变动,还必须借助独立于债权契约而存在的物权契约。物权契约的核心是"物权的合意"。仅有独立于债权意思的物权合意尚不足以引起物权变动,还必须具备一定的形式,方可最终引起物权变动。其中,不动产须有登记,动产须有交付。如果没有登记或交付行为,即使有债权契约与物权合意,也不能发生物权变动。

《瑞士民法典》第714条第1项规定:"动产所有权的让与,应将其占有移转于受让人。"第656条第1项规定:"为取得不动产所有权,须于土地登记簿册加以登记。"从瑞士民法所确立的物权变动模式来看,是否承认有独立的物权行为,法典的态度并不明朗。通说认为,该民法典的起草者欧根·湖贝尔对动产所有权的移转有意保持沉默。他认为,现实中的各种案件,有不同的外在表现方式,有不同的利害关系,当事人的意思也千差万别,因此法律固定于某个立场的做法是不太妥当的。学者认为,瑞士民法与德国民法一样在动产权利移转时要求物权契约,但并未进一步采认无因原则。债权形式主义的物权变动模式,指物权因法律行为发生变动时,当事人间除有债权合意外,尚需践行登记或交付的法定方式。也就是说,在原则上尽管要求以交付或登记行为作为标的物所有权移转的表征,但并不承认所谓物权合意的存在,认为债权合同就是所有权移转的内在动力和根本原因。可见,债权形式主义的物权变动模式之下,物权变动法律效果的发生,并非法律行为这一单一民事法律事实的作用，而是以债权合同这一法律行为与交付或登记这一事实行为相结合为根据。

《奥地利民法典》是债权形式主义物权变动模式的代表。1811年6月1日公布的《奥地利民法典》第426条规定："原则上动产仅能依实物交付而转让他人。"第431条规定："不动产所有权仅于取得行为登记于为此项目的而设定的公共簿册中时,始生转让之效力。此项登记称为过户登记。"发生债权的意思表示即为物权变动的意思表示,二者合一,并无区别;欲使物权实际发生变动,除当事人间的债权意思表示外,还须履行登记或交付的法定方式,登记或交付为物权变动的成立要件。1958年制定的《韩国民法典》,采取债权形式主义的物权变动模式,该法第188条规定:"在不动产场合,基于法律行为的不动产物权的取得,丧失及变更,非经登记,不生效力。关于动产物权之让与,非将动产交付,不生效力。"

我国在《民法通则》颁布前,关于物权变动的立法未有明文。允许双方当事人在买卖合同中就标的物所有权作出约定。当事人无约定时,则所有权移转时间依标的物是特定物或种类物而分别确定。标的物为特定物,所有权在契约成立时移转买受人;标的物为种类物,则所有权移转时间以标的物实际交付时间为准。这是采纳了1922年《苏俄民法典》第66条的立场。从1979年起,我国开始民法起草工作,着重参考1964年《苏俄民法典》、1964年《捷克民法典》、1975年东德民法典及1978年经修订而重新颁布的《匈牙利民法典》,注意到这些民法典关于所有权移转立法方针的改变,并采纳了1964年《苏俄民法典》第135条的新规定。1981年4月《民法草案》(征求意见二稿)第73条规定,依照合同或其他合法方式取得财产的,除法律另有规定或当事人另有约定外,财产所有权自财产交付时起转移。

《民法通则》第72条是我国《物权法》实施前关于动产物权变动的基本规定。其规定,按照合同或其他合法方式取得财产的,财产所有权从财产交付时起移转,法律另有规定或当事人另有约定的除外。据此规定,基于买卖合同、赠与合同、互易合同而发生的所有权转移以交付为准。因此，当事人虽然就某项财产的买卖达成了协议（债权契约），而尚未交付，仍不发生所有权移转。交付为动产物权变动的生效要件；所有权移转不要求另有移转所有权的合意（物权的合意），而系以所有权移转直接作为债权契约的当然结果；交付的规定属于任意性规范，当事人可以通过特别约定而排除适用这一规定。由此可见，我国《民法通则》关于动产物权变动的立法主义，非属德国物权形式主义，同时也不是法国、日本债权合意主义，而是采取以奥地利民法为代表的意思主义与登记或交付之结合。

1983年颁布的《城市私有房屋管理条例》第6条规定，房屋所有权转移或房屋现状变更时，须到房屋所在地房管机关办理所有权转移或房屋现状变更登记手续。《中华人民共和国城镇国有土地使用权出让和转让暂行条例》规定：土地所有权的转让除须有转让协议（债权契约）外，尚须依法进行登记，否则不生物权变动的效力。1989年10月国家土地管理局发布《土地的登记规则》，其第25条规定："国有土地使用权、集体土地所有权、集体土地建设用地使用权、他项权利及土地的主要用途发生变更的，土地所有者、使用者及他项权利拥有者，必须及时申请变更登记。不经变更登记不具有法律效力。"我国现行法律关于不动产物权变动采认物权变动的无因构成，《中华人民共和国物权法》第9条规定："不动产物权的设立、变更、转让和消灭，经依法登记，发生效力；未经登记，不发生效力，但法律另有规定的除外。"第14条规定："不动产物权的设立、变更、转让和消灭，依照法律规定应当登记的，自记载于不动产登记簿时发生效力。" 第15条规定："当事人之间订立有关设立、变更、转让和消灭不动产物权的合同，除法律另有规定或者合同另有约定外，自合同成立时有效；未办理物权登记的，不影响合同效力。"第23条规定："动产物权的设立和转让，自交付时发生效力，但法律另有规定的除外。"第25条规定："动产物权设立和转让前，权利人已经依法占有该动产的，物权自法律行为生效时发生效力。"第27条规定："动产物权转让时，双方又约定由出让人继续占有该动产的,物权自该约定生效时发生效力。”第30条规定:“因合法建造、拆除房屋等事实行为设立或者消灭物权的,自事实行为成就时发生效力。”从以上的规定可以看出,我国《物权法》是以债权形式主义为基础,又吸收了物权形式主义,在特定的情形下,不排斥债权意思主义的有关规定。任何制度和模式的选择都是一定国家社会发展的反映,也是以一定国家的法律文化传统为基础发展起来的。

第二节 物权变动的公示原则

物权变动的公示原则,是指物权的产生、变更或消灭应当或者必须以一定的可以从外部察知的方式表现出来。物权具有的对抗第三人的排他性,使得物权的变动会对不特定的第三人的利益产生限制作用。物权变动的公示制度要求当事人将物权变动以某种便于从外部表象进行判断的方式对外界加以公示,从而使物权变动的当事人负担公示义务。只有履行了公示义务,才能有效地保全物权,否则就不能得到公认和法律的充分保护。通过公示,使第三人在参与交易时有了一个识别、判断物权的客观标准。

罗马法早期采用要式买卖时,当事人必须亲自到场(但买受人可由家子或奴隶代替,出卖人则不允许这样做),另要有五个证人和一个司秤参加。这些人必须是罗马市民中已达适婚年龄的男子,没有被剥夺作证的资格。买卖不动产或不易搬动的动产,则亲临其地或以其标志代之。最初,罗马人的买卖是以羊做媒介,后来用铜块代羊。买卖时,由司秤持秤,买受人则一手持标的物或其象征物,一手持铜块说:“按罗马法律,此物为我所有,我以此铜块与秤卖得之。”说完以铜块击秤,将铜块交与出卖人,买卖即告完成。拟诉弃权,又称法庭让与,这是用模拟确认所有权的诉权而取得所有权的方式。交易时,买卖双方假如对标的物的所有权发生争执,携带标的物或其标志到长官处争诉。长官发问时，受让人(原告)以手接触该物，主张“依罗马法律，此物为我所有”。出让人(被告)则表示同意或默认。于是长官就把该物判归原告，从未完成交易。6世纪初，查士丁尼帝主持法典编纂时，才废除了要式买卖和拟诉弃权方法，把交付作为移转所有权的一般原则。

近代以来，各国物权立法无不实行公示原则。一般于民法典物权编中以专章专节或专条规定物权的公示方法，并辅以有关单行法律、法规，而建立完善的物权公示制度。例如《德国民法典》物权编第1章“占有”和第2章“关于土地权利的通则”，就集中规定了动产物权与不动产物权的公示制度。我国1986年制定的《民法通则》第72条就所有权移转的公示问题，作出了原则规定。以此为基础，产生了我国现今有关土地、房屋登记的单行法规中，直接涉及物权公示问题的规定如《物权法》第9条规定等。在现代各国法律制度中，物权公示制度的内容包括两项:物权公示的方法与物权公示的效力。依现代各国物权法的规定，物权的公示法，因不动产物权或动产物权的不同而有所区别。不动产物权以登记和登记之变更作为权利享有与变更的公示方法，动产物权以占有作为享有的公示方法，以占有之移转即交付作为其变更的公示方法。法律赋予登记、登记变更，及占有、交付以公信力，社会公众也就可以通过登记、登记变更、占有及交付等知悉物权的享有与变更情况。以保障交易安全为目的的不动产登记制度，是见于12世纪前后德国北部城市，关于土地物权变动须记载于市政会所掌管的都市公簿上。此项制度因德国法规继受罗马法而于多数地方被废止，仅个别地方略有采行。至18世纪，由于时势的需要，该登记制度遂于普鲁士和法国抵押权中得以复活。自此以后，登记制度即于欧陆各国获得广泛推行。法国抵押权中采行登记制度，表明现代意义上的不动产登记制度正式诞生。因此,法国抵押权登记制遂行成为现代不动产登记制度的直接渊源。动产物权的公示方法，自古以来即为交付，即标的物占有的现实移转。罗马法如此，日耳曼法也莫能外。

物权公示主义的核心机能在于给物权的各种变动提供统一的、有公信力的法律基础的意义。物权的公示,对物权人而言,是物权变动获得的、法律承认的过程,亦是其权利获得法律保护的基础。公示的作用,一方面使物权变动为法律所承认,产生排他效力;另一方面社会公众借此知悉新的物权的存在,避免因物权的排他性而使第三人遭受不测损害,因而物权的公示向社会交易提供了可靠的法律基础,使社会交易得以流畅进行。公示对象之重点应置于物权变动还是物权现状,多数学者认为,公示的对象应该是物权的本体,而间接地公示其变动。

所谓公示方法,其作用在于使潜在的交易当事人能对标的物上的权利内容获得清晰的认识,公示就是为此目的而设计的制度,故而物权的现状无疑是公众的本体。不仅如此,倘使公示的本体不是物权的现状,则无法解释作为公示方法之效力的公信力问题。而公信力所要解决的正是被公示的物权现状与真实的权利状态的不一致,其所提供保护的依据是对占有的信赖而不是对交付的信赖。于是,运用简单的逻辑推理便可得知,公示的重点是物权的现实状态而不是物权的变动。而物权的变动则是透过对前后两个不同的物权存在状态而获得认知的,例如所有人甲现实地占有某一动产,此时占有这一公示方法表彰着甲是权利人,当甲将该动产卖与乙,而乙取得占有时,乙的占有便表彰着他是权利人。无论是甲的占有还是乙的占有,所表彰的都是权利现状。通过前后两个权利存在状况的表彰,人们才得知有了权利变动。只有这样公示原则与公信原则才能获得统一的理解。

公示的效力主要有以下两种不同的立法主义:

公示对抗要件主义

所谓公示对抗要件主义是指,法定的公示方法仅是物权变动的对抗要件,而非物权变动法律效果发生的要件。这一立法主义主要为法国法系所采。依此主义,当事人一旦形成物权变动的意思表示,即生物权变动的法律效果。只是在未依法进行公示前,不能对抗善意第三人。

交付的对抗效力是指,在意思主义的物权变动模式之下,基于当事人的债权意思即可发生物权变动的法律效果。但未经标的物的交付,受让人取得的物权一般没有对抗第三人的效力。《法国民法典》第1141条规定:"如对于二人负担先后给付或交付同一动产物件的债务时,二人中已取得该物交付之人,虽其取得权利在后,但如其占有为善意的占有时,应认其权利优先于另一人的权利,并认其为该物的所有人。"

登记的对抗效力是指物权变动仅由当事人纯粹的债权意思来完成,无须具备一定的形式。但只有经过登记的物权变动才具有对抗第三人的效力,在第三人的权利与登记权利人的权利发生冲突时,登记权利人的权利受法律保护。未登记的物权变动不能产生对抗第三人的效力。

登记作为公示权利关系的手段,其目的在于保护第三人。因登记,物权变动获得了对抗效力。登记一旦灭失,就缺少了主张真实权利关系的手段,从而使得取得该项不动产权利的第三人即有可能遭受损害。登记适法是登记发生对抗效力的条件;如果登记不适法,则该登记不能产生对抗的效力;而且适法登记所产生的对抗效力的维持以登记的继续存在为必要。在日本民法上,在因登记官的错误及伪造文书而为申请的情况下,既存登记被不适法涂销。由于登记的不适法涂销,使登记簿的记载无法反映真实的权利关系,此时被涂销的旧登记虽从形式上消灭,但仍应解为继续存在,其依然有对抗效力。这是登记发生对抗力必须以登记的存续为必要原则的例外。

《日本民法典》第177条规定:"不动产物权的取得、丧失及变更,除非依登记法规定进行登记,不得以对抗第三人。"物权变动未进行登记就不得对抗的第三人包括:

所有权受让人。如就甲所有的不动产,乙接受所有权的让与但未登记,对接受同一不动产所有权让与的丙,乙不能以其所有权的取得进行对抗。在丙完成登记的情况下,乙确定地不能取得所有权。

地上权人。例如乙从甲接受不动产所有权的让与但未登记,对于同一不动产上取得地上权的第三人丙,乙不得以其取得的所有权进行对抗。在丙完成登记时，乙的所有权的取得就必须接受丙的地上权的制约。在乙为地上权的取得或其他用益物权取得的场合，也同样如此。丙作为登记时，在与丙的地上权不能两立的范围内，乙的用益物权消灭。在乙取得的权利为抵押权等担保物权的场合，如果丙就地上权完成了登记，乙的抵押权必须接受丙的地上权的制约。

抵押权人。乙从甲接受所有权的让与但未登记，乙对于同一不动产上接受抵押权设定的第三人丙即无法对抗。如果丙完成登记，并于债权到期日实行抵押权，乙的所有权就归于消灭。

因拍卖而取得所有权的人及其转得者。在物权变动完成后未进行登记的，当就同一不动产为强制执行，不能对抗因拍卖而取得所有权的人。

信托让与之受让人。信托让与的受让人对于同一不动产的其他受让人得主张登记欠缺。

在共有持份让与的场合，接受让与者未为登记，对于其他共有者以及其他的共有持份的让与人、转得者不能对抗。

因所有权的复归（基于契约的解除、撤销等）而取得权利的权利回复者。例如甲向乙让与不动产但未登记，后来契约解除。此时乙将不动产让与丙，基于解除而得回复其权利的甲，得对丙主张登记欠缺。

在二重让与的场合，例如甲向乙让与不动产，但在未登记期间甲死亡，继承开始，继承人丙作为继承登记后让与丁，且完成了转移登记。于此场合，继承人丙继承甲的地位，因而前述交易视为丙自身与乙、丁所为的二重交易。早期的判例认为，被继承人甲将自己的权利让与乙，已成为无权利人，继承人丙的继承登记遂成为不当登记，从不当登记的名义人接受不动产让与的丁即不属于第三人。

虽然租赁权为债权性质的权利，但此项权利只要是关于不动产而设定的，由于租赁权的物权化，丙实质上取得了物权性质的支配地位。当有物权变动时，该租赁权与物权变动即处于相互对立的地位，对抗问题由此产生。

丙也因此应视为未登记,不得对抗第三人。

因扣押、分配加入申请等直接取得一种支配关系的债权人。得请求特定不动产移转的债权人,对该不动产直接取得一种支配关系。当存在其他的物权取得者时,特定债权人得否认其他物权取得者的权利。

未经登记即可对抗的第三人的范围,不属于《日本民法典》第177条规定的第三人，亦即即使物权变动未进行登记，实质权利人也可以对抗的第三人,一般是指,以不公正的手段,妨碍实质上权利人获得登记的第三人;或者负担协助申请登记义务的第三人以及被认为主张权利人登记欠缺有违诚信的人。

实质的无权利人及其受让人、转得者,是指虽然从外形上看好像拥有与物权人的权利不相容的权利,实际上却并没有真实权利的第三人。包括:

(1)无效的登记名义人及其转得者、转得者的扣押债权人。例如乙伪造文书而为登记，该登记为无效登记，乙对于真权利人甲不得主张其登记欠缺。对于从乙接受不动产的转得者及其扣押债权人的为同样对待。

(2)因登记手续的失误而成为登记名义人的人及其转得人。例如丙从甲处取得土地A,却错误地就土地B进行了登记。据此第三人丁进一步从丙处受让土地B并进行了移转登记。此时登记所标示的土地使用权人甲,可以对丁主张该土地属于自己所有。

(3)基于无效或被撤销的行为受让的人及其转得者。甲与乙之间进行标的物所有权的移转，未办理登记手续。后甲又将同一标的物所有权移转于丙,并已经办理登记手续。甲与丙之间的契约被认定为无效,此时乙得以所有权对抗丙。如果丙又将标的物转让于丁,乙也得以其所有权对抗丁。如果甲与丙之间的契约是被撤销，而不是被认定为无效，丙将标的物又转让于丁。此时尽管乙得以其所有权对抗丙,但在未办理登记手续前,不得对抗丁。

(4)因被担保债权的消灭而失效的抵押权登记获得者。在被担保的债权因为清偿或其他事由而消灭的情形,基于抵押权的附随性,无论是否进行登记的涂销,抵押权均归于消灭。因此对于此后获得移转登记的人,设定者尽管没有涂销登记也可主张抵押权的消灭。例如被担保债权和抵押权被甲让与丙后,当债务人乙已经对甲清偿时,如果被担保债权的让与未具备对抗要件,丙就不能否认乙清偿的效力。此时抵押权的设定人乙得就抵押权的消灭在未进行涂销登记的情况下对抗丙。

(5)以虚伪表示而取得物权者及其恶意的转得者。

公示成立要件主义

所谓公示成立要件主义,是指未经公示采用未经公示的手段时,当事人之间就不能发生物权变动的法律效果。这种立法主义主要为德国法系所采。《德国民法典》第929条第1项规定:"为让与动产的所有权必须由所有人将物交付于受让人,并就所有权的移转由双方成立合意。"第873条第2款规定:"转让土地使用权、对土地设定权利以及转让此种权利或者对此种权利设定其他权利,需要权利人与相对人关于权利变更的协议,并应将权利变更在土地登记簿中登记注册,但法律另有规定的除外。"

依据《中华人民共和国民法通则》第72条的规定:"按照合同或者其他合法方式取得财产的,财产所有权从财产交付时起转移,法律另有规定或者当事人另有约定的除外。"另依据《中华人民共和国合同法》第133条规定,标的物的所有权自标的物交付时起转移,但法律另有规定或者当事人另有约定的除外。但依据《中华人民共和国海商法》第9条第1款的规定:"船舶所有权的取得、转让和消灭,应当向船舶登记机关登记;未经登记的,不得对抗第三人。"第13条规定:"设定船舶抵押权,由抵押权人和抵押人共同向船舶登记机关办理抵押登记;未经登记的,不得对抗第三人。"我国《物权法》第9条规定:"不动产物权的设立、变更、转让和消灭,经依法登记,发生效力;未经登记,不发生效力,但法律另有规定的除外。"

《最高人民法院关于适用〈中华人民共和国合同法〉若干问题的解释(一)》第9条规定,法律、行政法规规定合同应当办理登记手续,但未规定登记后生效的,当事人未办理登记手续不影响合同的效力,合同标的物所有权及其物权不能转移。这样,就将房屋买卖合同等类似的交易关系中登记手续的要求,确认为物权变动法律效果发生的要件,而非债权合同的成立要件或生效要件。

交付制度

动产物权变动的公示方法是交付。由于动产物权的种类及其交易形态远较不动产丰富与复杂,而且动产物权的价值,很大程度体现在其流通性上,这就要求动产物权的公示方法应当简便易行,欲将动产上的权利关系全部通过登记簿予以公示难以做到。所以当代动产物权的变动仍大多以交付为其公示的方法。

现实交付是指对动产的事实管领力的移转,使受让人取得标的物的直接占有。简易交付是指交易标的物已经为受让人占有,转让人无须进行现实交付的无形交付方式。《德国民法典》第929条第2项规定:"如受让人已占有动产者,仅须让与所有权的合意,即生效力。"

占有改定是指在动产交易中转让人与受让人约定,由转让人继续直接占有动产,使受让人取得对于动产的间接占有,并取得动产的所有权。《德国民法典》第930条规定:"所有人占有动产时,让与得通过所有人与受让人约定使受让人因此取得间接占有,以代替交付。"

指示交付是指在交易标的物被第三人占有的场合,出让人与受让人约定,出让人将其对占有人的返还请求权移转给受让人,由受让人向第三人行使,以代替现实交付。《德国民法典》第931条规定:"物由第三人占有时,所有人得以对第三人的返还请求权让与受让人,以代替交付。"我国《合同法》第135条规定,出卖人可以向买受人交付提取标的物的单证,以取代标的物的现实交付,也可以看出,我国立法承认指示交付。

登记制度

普鲁士1722年的《抵押与破产法》和1783年的《一般抵押法》、1795年法国的抵押法一同奠定了近代登记制度的基本框架。

罗马法中有这样一个经典原则：任何人不能将大于自己的权利移转给他人。根据该原则,如果有人将不属于自己的权利移转给他人时,其移转行为无效。故而在实际生活中,物权受让人要有效地取得权利,必须证明自己的取得为适法,出让人为真权利人或者有出让的权利。故而交易标的物经过了辗转流动,当下的受让人必须证明物的流动轨迹,不仅要证明自己的取得为适法,还必须证明他的每一个前手也为适法取得。法国法沿袭罗马法,以占有为基础设立了取得时效和占有诉权两种制度。产业革命后,为保障频繁化的土地交易安全,许多大陆法系国家准备了登记制度,经由不动产登记公示的推定力与公信力,来保障物权交易中的安全。《德国民法典》第891条规定:“在土地登记簿中为某人登入一项权利时,应推定此人享有此项权利。在土地登记簿中注销某一项权利时,应推定此项权利不复存在。”可见,在德国法中土地登记具有潜力推定的机能。

赋予登记以法律上的推定力，减轻所有物返还之诉中所有权的证明负担,并通过该制度,维护交易安全及其不动产登记的信用。登记的形式的确定力制度又被称为形式确定主义或者形式登记主义。根据形式确定主义,仅仅将登记作为物权变动的要件,不需要当事人的合意,不动产登记簿上只要有记载,登记名义人就被推定为所有人,以此免去其取得人的复杂证明。

登记的公信力是指对于登记内容予以信赖者，法律根据信赖内容赋予法律效果。纵使登记内容与实体关系不一致,法律亦视登记内容为真正,从而发生与真实的权利状况一样的法律效果。可见,登记公信力将公示出来的形式上的权利与真实的权利关系分离开来，使其对外产生的权利与真实的权利关系一样的效力。

由于登记公信力是为解决物权变动中的权源瑕疵问题而设置，故其发挥作用的首要条件是登记内容与不动产真实的权利状况相抵牾，即存在不适法登记。此种不适法登记使登记名义人从外观上表现为真权利人,第三人可能发生误信而与其为交易。故为保护第三人法律赋予登记以公信的力量，使误信的第三人受公信力的保护；但此种不一致必须是从登记簿中不能发现，如果登记错误能由登记簿上发现，则公信力无作用余地。

公信力的本义在于，通过将登记内容拟制为真实的权利关系，向交易第三人提供保护，以实现交易安全的社会理想。因而公信力的保护对象乃交易第三人，非法律行为取得不动产，如继承等，不属于交易范畴，公信力无适用余地；同时，公信力旨在解决物权变动中的权源瑕疵，弥补物权让与人或设定人的权利欠缺，故如果因其他原因使交易行为无效，公信力则无所作为。

登记公信力的法律意义在于，经由登记所公示的物权状况被视为真实，无论登记的记载是否与实质关系相符，故而登记名义人的处分行为发生与真权利人的处分行为一样的法律后果。公信力的作用基础为推定力。根据推定力制度，只要有登记，即推定存在着相应的权利关系；如果登记被涂销，无论基于何种原因，正当与否，登记原来反映的权利关系均被视为不复存在。与此相应，登记的公信力便积极地使善意取得人取得与登记簿所记载的同一范围的权利；消极地使用取得人所取得的物权免除未登记或不当涂销的负担。

登记公信力对善意取得人之外的他人也能产生一定效力。误信登记名义人为真权利人而向其为给付的，适用向债权准占有人为清偿的规定，给付有效，此种其有无过失，都将丧失不当登记所记载的物权。真权利人只能向处分人行使损害赔偿请求权。如果不当登记是由登记机关的疏漏而造成，则成立国家赔偿责任。

契据登记制度

契据登记制度首创于法国，它是指不动产物权的得丧变更，经当事人订立契据(契约书)，即已生效。但非经登记，不得对抗第三人。登记机关在登记时，依照契据所载的内容，予以登记。

法国的古代法继承罗马法的传统，要求权利的转让必须通过明显的外部方式以使之有形化。1975年，法国颁布了法律，首次建立了较为完善的不动产公示制度以保护抵押权人。法国各地都设立了抵押登记机关,隶属于财政管理部门。权利公示通过在两种不同的登记簿上注册进行:一是为注册登记簿,适用于抵押权和优先权;一为产权转移登记簿,适用于其他不动产物权的设定行为或转移行为。唯有不适宜设定抵押权的一些主物权如使用及居住权、地役权等,才可以不予登记。根据这一时期的法律,前述权利的设定及转让如不具备公示形式,将导致其不得对抗第三人的法律效果。《法国民法典》仅规定了协议抵押权的公示,而已婚妇女及被监护人的法定抵押权及更为重要的不动产所有权有偿转让行为,则仍可不经公示在当事人之间秘密进行。1855年颁布的法律,它规定一切设定物权的行为均须公示,甚至某些债权也须公示。不动产物权不经公示,即无对抗效力。1935年改正法律令的出台,对1855年的法令进行了完善。而1955年的不动产公示制度的改革法令对不动产物权变动的公示大规模地进行了实体法和手续法上的改革,它将不动产公司范围扩大适用于涉及不动产的一切有关行为。

登记制度的登记内容:登记官吏对于登记的申请,只进行形式上的审查,至于契据上所载权利事项有无瑕疵,则不予过问。登记公信力,已登记的权利事项,如有人出面主张权利,应依实体法确定权利的归属。交易第三人无法享受登记成立主义向人们提供的保护利益。土地权利登记与否,由当事人斟酌决定,法律并无强制规定。契据登记制登记簿编成不以土地为准,而以土地权利人登记次序的先后证成。登记完毕仅在契约上注记经过,不发权利书状。登记不动产物权的现在状态,也登记物权变动事项。

权利登记制度

权利登记制度是指不动产物权的得丧变更,仅有当事人意思表示一致尚不生效力,必须经过登记机关实质审查确定,并践行法定登记的形式,才发生效力,以德国为代表。

德国关于不动产登记的法律,主要有1897年生效的《土地登记条例》;1935年生效的《〈土地登记条例〉施行法》和《土地登记设施法和施行法》,

1936年生效的《土地登记官职责条例》,1951年生效的《以土地登记规则处理住宅所有权事宜法》。这些法律虽然制定已久,但至今没有大的修改。

权利登记制度除德国采行外,采行者还有瑞士、荷兰、奥地利等国。该制度的主要内容有:登记官吏对于登记案的申请,有实质审查权。公众可以信赖已经登记的权利,登记关于权利状态的表示有绝对的效力。不动产物权的取得、设定、变更、丧失非经登记不生效力。德国法的登记制度以不动产为中心构成内容,依土地地段、地号先后次序编造而成。登记完毕,不发权利证书,仅在契约上注记登记的经过。登记簿先办理登记的土地权利的现在状态,再及于土地权利的变动情形。

托伦斯登记制度

托伦斯登记制度为托伦斯爵士于1858年在南澳洲所创。托伦斯原为海关税务员,嗣后任南澳洲登记长,在初次登记不动产时,登记机关依一定的程序确定不动产的权利状态,制成地券。让与不动产时,当事人之间作成让与证书,连同地券一起交给登记机关,经登记机关审查以后,在登记簿上记载权利的移转。对于受让人则交付新地券,或在原地券上记载权利的移转,从而使第三人能够从该地券上明确不动产的权利状态。除澳大利亚外,英国、爱尔兰、加拿大、菲律宾以及美国的加利福尼亚、马萨诸塞、伊利诺伊等十余州采用这一制度。

托伦斯登记制度的内容:土地申请登记,由当事人自行决定。但土地一经申请第一次登记,日后如有土地移转或变动,非经登记不生效力。登记官吏对于登记申请有实质审查的权限。土地一经登记,即有不可推翻的效力。为登记人应该享有的权利确定凭证,已登记的土地上如有抵押权设定等地项权利时,应办理他项权利设定变更登记。登记如有遗漏或错误,致真正权利人遭受损害时,登记机关负赔偿责任。

思考题

1. 大陆法系与英美法系在物权变动模式上的区别。

2. 物权变动公示原则的法律意义。

第六章

不动产物权登记制度

第一节　不动产物权登记模式

不动产登记即经权利人申请国家专职部门将有关申请人的不动产物权的事项记载于不动产登记簿的事实。根据各国立法体例，不动产物权登记在理论上有形式主义登记和实质主义登记两种情况。所谓形式主义登记，指的是登记对不动产物权变更的行为只具有确认或者证明的效力，而没有决定其能否生效的效力。这种立法体制是《法国民法典》创立的，后来为《日本民法典》等所继承。所谓实质主义登记，即不动产物权依法律行为的设立、转移、变更和废止等事项非经登记不得生效的立法体制。这就是说，关于物权的一切法律行为，都必须在具有双方当事人的意思表示一致的条件之外，而且还必须将该意思表示予以登记，并自登记时起该法律行为方可生效，即当事人要设立、转移、变更和废止不动产物权的行为方可有效。这种体例为《德国民法典》所建立，为《瑞士民法典》等所采纳。

法国法模式与德国法模式在不动产物权理论上的差别：依双方法律行为创设、移转、变更、废止物权时，法国法与日本法认为该行为仍然是契约或者合同，不认为该种契约与一般债权法的契约有本质的不同。而德国法与我国旧民法把该种行为规定为两种契约:一种是目的在于建立、变更或解除债的法律关系的契约,就是债法上的合同;另一种是以物权的创设、移转、变更、废止变动为目的而成立的契约,这种契约是物权契约。在德国民法中,这两种契约有着本质的不同。依法国法与日本法的规定,物权变动的双方法律行为以双方当事人意思表示一致为生效的唯一要求;依德国法与我国旧民法的规定,当事人的物权合意的生效除要求双方当事人对物权各项变动意思表示一致外,还要求必须将其合意进行不动产物权登记。

对双方法律行为引起的物权变动,法国法与日本法认为它是债的合同的当然结果,因此债的合同的无效必然会导致物权变动行为的无效;而德国法与我国旧民法认为它与债的合同无关,作为原因行为的债的合同的无效不能导致物权变动的当然无效,因为物权变动被认为是物权合意的结果,它是当事人之间的另一个有效协议,即物权契约。

受到了罗马法尤其是《法学阶梯》学说的影响,罗马法的这一流派对物权变动与债权变动没有严格的区分,对动产和不动产的法律规定也没有区别,其法律行为的成立有效只源于当事人的意思表示,从而排斥意思表示之外的其他形式条件的作用。德国民法是在中世纪德国法学家所编撰的《实用法规汇编》以及由此发展而来的《德国普通法学》的基础上发展而来的。德国法学家发现了在不动产物权依双方法律行为变更时,当事人的意思表示一致与标的物的转移不能同一、标的物的转移和物上权利的转移是两个事实而非同一事实这一财产法的基本原理。萨维尼提出了“物权行为理论”。该理论认为,当事人在标的物的转移和物上权利的转移这两个事实上表达了两个意思表示,或者说这两个事实表现了当事人的两个意思表示,所以这两个事实实际上是两个合同,前者为当事人建立债的关系的债务合同,后者为物权契约,即专门以物权变更为目的而成立的,与债没有关系的另一个契约。

第二节　不动产物权登记效力

一、物权公示效力

因为物权属于绝对权、对世权，故物权的任何变动均应进行公示。对法国法与日本法来说，登记的公示效力能够达到一种“自愿强制”的后果。因为依其立法，是否登记属当事人的自愿，法律并未采纳强迫登记的原则，但非经登记之权利虽然可以有效，但是不得对抗第三人。

二、物权变动的根据效力

对德国法和我国旧民法也许应当说，登记有对第三人的公示对抗作用，决定当事人的不动产物权能否按照当事人的意愿设立、变更与废止的作用。登记的对抗第三人的效力是登记的消极作用，而登记对物权变动的决定效力是它的积极作用。

三、权利正确性推定效力

权利正确性推定效力，指的是以不动产登记簿所记载的当事人的权利内容为正确不动产权利的效力。不动产上之物权应与实际的不动产物权一致，这是正常的不动产秩序的基本要求。但是也不可否认，在当事人有过错或者登记机关有过错时，不动产登记簿上记载的权利与当事人的实际权利并不一致。但无论是权利人、相对人的过错，或是不动产登记机关的过错，登记对任意第三人来说都应该是正确的登记，登记的权利与权利人实际权利都应该是一致的。《德国民法典》第891条规定："(1)在不动产登记簿中为某人登记一项权利时,应推定,此人享有此项权利。(2)在不动产登记簿中涂销一项被登记的权利时,推定,此项权利不存在。"这一规定在法律规定上称为"法律推定"。

登记物权推定正确的效力依法理不及于对登记物权有过错的权利人，以及恶意第三人。《德国民法典》第892条第1项规定："不动产登记簿的内容，为取得一项土地上的权利以及在此权利之上的权利人的利益,应视为正确，但如果不动产登记簿中登记有针对此权利的异议或者权利取得人已知权利不正确时不受此限。"对因权利人自己的过错而为的错误登记,法律允许经利害关系人申请而改正,对因登记机关误登记而造成的错误登记,法律也允许经利害关系人申请而改正,或者是允许登记机关自己改正。恶意第三人明知登记错误而为的法律行为不生效。可见,登记权利的正确性推定,效力只及于善意第三人,这是该原则的相对性。

四、善意保护效力

在信赖登记的善意第三人取得登记的不动产物权时，其正当权利不会因为因有错误的登记而被追夺，因此一种客观公正的社会交易秩序才能得到维护。

五、警示效力

登记提供给社会的法律讯息为全面的讯息，当然可能既包括对利害关系人有利的内容,也可能包括对其不利的内容。在德国法中,登记中对权利人不利的内容,如"异议抗辩登记""权利限制登记"等。其目的,是作为不动产风险的警示。

第三节　不动产登记的类型

一、实体权利登记与程序权利登记

所谓实体权利登记，就是指对于当事人所享有的实体权利登记。依据物权法定主义原则，对于应当纳入登记的物权，法律需要作出明确的规定。在德国法上，依法应予登记的不动产物权有：所有权、住宅所有权与部分所有权、地上权与住宅地上权、支配权限制、物权性的先买权与买回权、可预登记的所有权取得请求权、用益权、役权、长期居住权与长期使用权、特别使用权、实物负担、抵押权、土地债务、不动产质押权等。所谓程序权利登记，在不动产法上就是指顺位登记，一切不动产客体上均可承担性质各不相同的多个不动产物权。这些权利的权利人是否能够全部实现其权利，则完全取决于他们的权利所处于的登记顺位。比如，依民法物权法原理，在实现抵押权时，先于抵押权成立的用益物权（如上述两种用益权和地役权）和租赁权不得涂除，而后于抵押权成立的用益物权和租赁权则应该涂除。

二、所有权登记与他项权利登记

在不动产物权实质登记之间区分所有权登记与他项权利登记的意义，在于不动产的所有权登记具有一个特别的登记程序，即初始登记，有的也称之为总登记。它是指不动产的所有权人依法在规定的时间内对其权利进行的第一次登记。初始登记的原因一般既可能是因为新的不动产登记法付诸实施时需要对全部的不动产所有权进行登记，也有可能是对新产生的不动产,如新建设成的建筑物的所有权或新出现的土地的所有权的登记。因为是第一次登记,其权利对以后的不动产物权变动具有原始根据的意义,故法律对该登记一般均规定有特别的申请程序和申请条件。所有权登记之外的其他登记一般称之为他项权利登记。它们是在不动产所有权确立之后因对所有权的各种变更，或者说是所有权人对其不动产的各种处分而产生新的物权形态而必须进行的登记。它包括:创设物权登记,如在不动产上创设使用权、用益权、地役权、抵押权,以及设立有物权化倾向的租赁权的登记等;移转物权登记，即已完全成立的物权作为独立财产在民事主体之间进行转让而进行的登记;变更物权登记,指在不涉及其他人的情况下权利主体对自己的权利内容的变更;废止物权登记,包括权利人抛弃其不动产物权的登记和不动产因自然灭失而为的登记等。

三、终局登记与预登记

终局登记又称本登记，是指直接使当事人所期待的不动产物权变动发生效力的登记。在进行终局登记之后,当事人所要设立的物权即刻设立,所要变更、废止的物权即刻发生变更、废止的结果。终局登记是在当事人所具备的实质要件即有关当事人实体权利义务关系的要件，以及形式要件即不动产登记机关需要的申请程序条件都已经具备时，登记机关按当事人意愿进行的登记。预登记是在当事人所期待的不动产物权变动所需要的条件缺乏或者尚未成就时,也就是说权利取得人只对未来取得物权享有请求权时,法律为保护这一请求权而为其进行的登记。

四、预备登记制度发端于早期普鲁士法所规定的异议登记

以1872年5月5日的所有权取得法和土地登记法为中心，前期的普鲁士法，分为固有异议登记和其他种类的异议登记。所谓固有异议登记，目的在于保全物的请求权。它首先具有保全权利的消极效力，例如，1783年12月10日的《抵押法》第2部第289条的规定："任何人在主张无过失，妨害即时行使不动产上物之请求权时，得申请异议登记。"其中所谓"物之请求权"，除了已经成立的物权外，还包括物权设定的请求权。其他种类的异议登记可区分为：为保全抗辩的异议登记、禁止处分的异议登记和禁止事后记入的异议登记。为保全抗辩的异议登记是基于抵押权诉讼，债务人为保全其抗辩所使用的登记。例如在因消费贷款而设定抵押权时，如果设定抵押的债务人并没有受领贷金，在抵押权登记后38天内，债务人可以以没有受领贷金为由，在抵押登记簿上，记入异议登记。该时限超过后，债务人对于取得已登记债权的第三人，不得以未受领贷金的理由提出抗辩。禁止处分的异议登记或禁止事后记入的异议登记，主要包括假扣押登记、破产宣告登记、强制拍卖登记、禁治产宣告登记以及对于领主的农民规制登记等。

后期普鲁士法，即1872年5月5日的所有权取得法以及土地登记法，并承认两种类型的预告登记：其一，为保全已经成立的物权的预告登记。例如为保全物权登记的请求权，或权利不成立，消灭的涂销登记请求权。这种预告登记又被称为物权保全的预告登记，即登记簿存在有误载，其登载的内容与真实权利状态不符时，对于真实权利人有丧失权利的危险，所采取的保护手段。在普鲁士法上，尽管没有完全承认登记簿的公信原则，但对于有偿取得登记簿上权利的取得人而言，只要相关事项未记入登记簿，且未为取得人知悉，就不得向取得人主张。所以真实的权利人为了排除取得人的善意取得，仍有进行预告登记的必要。其二，为保全物权移转、消灭的债权请求权的预

告登记，进行本登记需要取得登记义务人的承诺。登记义务人不为承诺时，权利人必须对义务人提出请求为承诺意思表示的诉讼。但诉讼旷日费时，如果登记义务人在此期间对于第三人为权利处分，即使登记权利人此后获得胜诉判决，也没有实际意义。债权请求权保全的预告登记就是针对这一情况设置的保护手段。

第四节　德国民法的预告登记制度和异议登记制度

预告登记规定在《德国民法典》第883~888条，其实质是限制现实登记的权利人处分其权利。作为为保障以不动产物权变动为标的的登记请求权而设立的预备登记制度，第883条第1款规定："为保全目的在于转让或废止一项土地上的物权的请求权，或土地上负担的物权请求权，或者变更这些物权的内容或其顺位的请求权，得在土地登记簿中为预告登记。被保全的请求权附条件或者附期限时，也准许为预告登记。"《德国民法典》第885条规定："预告登记，根据假处分的指令，或者根据预告登记所涉及的各项土地物权的权利人的同意，而纳入登记。法院发布的假处分指令，无须证实应保全的请求权已受到危害。""在登记时，为了详细说明应保全的请求权，可以引用假处分或者登记许可证。"根据《德国民事诉讼法》第935条的规定，假处分是指在诉讼过程中，关于诉讼物现状的变更，当事人认为存在着将来不能实现其权利或难以实现其权利的危险时，而对诉讼物进行的一种处分。其目的是为了防止在将来胜诉时无法执行标的物，而对其作出的一种限制处分行为。但根据《德国民法典》第885条规定，为了预告登记而作出的假处分命令，与民事诉讼法上的假处分略有不同，它无须说明被保全的请求权有不能实现之虞。故而，预告登记假处分命令的作出无须当事人证明请求权处于危险，恐以后难以执行，只需证明存在着得为预告登记的请求权即可，但得提供担保金。

为保全债权的请求权所作的预告登记，在德国民法上具有保全顺位的效力。《德国民法典》第883条第3款规定："以转让某项权利为请求权的标的时，该项权利的顺位按预告登记日期加以确定。"预告登记本身并无独立的效力，只是在本登记时，才具有意义，因此预告登记的命运与效力完全依赖于日后本登记是否可以作成。经由预告登记，被保全的权利之顺位被确定在预告登记之时。例如甲出卖土地于乙，此时乙对甲的所有权移转的请求权尚未成就。但其担心甲复将土地让与第三人，而被第三人抢先登记，致使自己的请求权无法实现，于是作预告登记。待日后所有权移转请求权的条件成就而为本登记时，本登记的效力溯及于预告登记作成之时。这样预告登记便防止了第三人的介入，保全了本登记的顺位，使所有权移转请求权得以顺利地实现。正是因为预告登记具有保全本登记顺位的效力，因此预告登记在本登记前对于第三人有预告的意义。第三人不得无视预告登记的存在，对于日后有本登记可能的认识，不得以善意而为抗辩。保全权利的效力。《德国民法典》第883条第2款规定："在对土地或权利为预告登记后所为的处分，在妨害前项请求权的全部或一部的限度内无效。"在预告登记后，就不动产权利，义务人仍得以处分。不过在预告登记权利人与第三人之间，在妨害预告登记权利人请求权的范围内，义务人的处分行为无效，即仅对于预告登记权利人的关系而言，相对地无效。因此，如果预告登记权利人的请求权不存在或其请求权嗣后消灭，或预告登记权利人对义务人的处分表示同意，那么义务人对第三人的处分行为便绝对地有效。例如甲出卖土地给乙，乙为所有权移转的预告登记后，甲将该土地所有权让与丙并办理移转登记。此时该处分因侵害乙的预告登记请求权，对于乙的关系，为无效。即甲仍为所有人，乙得请求甲为所有权的让与。《德国民法典》第883条第2款后段规定："以强制执行或者假扣押方式所为的处分，以及由破产管理人所为的处分，亦同。"在预告登记后，本登记前，非登记义务人所为的行为，如强制执行、假扣押、破产等登记，均应将之与登记义务人的法律行为作相同的处理；在此类处分不妨碍本登记请求权的限度内,仍属有效,得与本登记并存;在妨碍本登记请求权的限度内,则失其效力。

依预告登记而受保全的请求权,如没有义务人的中间处分,预告登记权利人需要为本登记时,须经义务人的协助而完成。如义务人不肯协助,预告登记权利人得经由诉讼令其协助,而后基于判决为之。预告登记并不影响所有权移转请求权的限制和效力,预告登记于原则上与该请求权同命运。假使请求权附有抗辩权,在请求同意之诉时,第三人得加以援用。又如甲出卖土地与乙,乙为预告登记后,甲就该土地为丙设定限制权且办理登记,此时乙得请求甲为所有权移转,同时得请求丙为涂销该限制物权的登记。这两种请求得以一诉合并进行,也可分别提起诉讼。《德国破产法》第24条规定:“为保全破产人的土地权利,或破产人所为登记的权利让与、消灭,或权利内容、顺位变更请求权,在登记簿内记入预告登记时,债权人对破产管理人得请求履行。”可见预告登记还具有在相对人陷入破产,但请求权的履行期限尚未到来或者履行条件并未成就时,排斥他人而保障请求权发生指定的效果。这一效力,同样适用于相对人死亡、其财产纳入继承程序的情形,即继承人不得以继承为由要求涤除预告登记。异议登记的目的,在于对抗现实登记的权利的正确性,即中止不动产登记权利的正确性推定效力及公信力。

《德国民法典》第899条第1款规定:“有第894条的情形时,对抗土地登记簿的正确性的异议,可以纳入登记。”《德国民法典》第894条规定:“土地登记簿内容,关于土地上的权利、权利上设定的权利,或第892条第1项对处分权的限制,如与事实不一致,致使权利人未计入、未正确记入、登记不存在之负担或限制,而受损害时。受损害人得请求涉及的权利人同意,在土地登记簿上为更正。”据此规定,异议登记发生于物权的合意不存在,或物权的合意为无效、被撤销的场合;因登记人员的过失而为错误登记的场合。异议登记是为防止第三人借公信力取得受让人利益,而对第三人产生一种对抗的效力,即对抗第三人对登记物的取得。因此在登记原因的无效、被撤销,不得对抗善意第三人的场合，异议登记无作用余地，自不得为异议登记。《德国民法典》第899条第2款规定："异议抗辩的登记，根据假处分的原因，或者根据因对不动产登记簿的更正涉及利益的人的同意进行之。对假处分登记的许可，不必查明异议抗辩所涉及的权利已经受损害的事实。"依据《德国民法典》第892条的规定："为权利人取得人的利益，关于以法律行为取得土地的物权或土地物权之上的物权的情形，土地登记簿的内容应为正确，但是如土地登记簿上记载有对抗此项权利的正确性的异议抗辩时，或者取得人明知此项权利不正确时除外。"异议登记有阻却土地登记公信力的效力。在异议登记的情形下，土地权利人仍得处分其权利，但如与异议登记所保全的权利相抵触，在抵触的范围内其处分行为为无效，第三人纵为善意，也不得援用土地登记的公信力。

第五节　中国民法的预告登记制度

中国古代不动产登记，是由政府将土地的权利制作成正本和副本，但是此正本和副本均制作在一页纸之上，然后将此文本从中间撕开，政府保留其正本，权利人保存其副本即"地契"，作为权利的凭证。土地权利人可以将地契作为自己的权利证明，在其处分其土地如出卖土地、抵押土地时，可以用地契的交付表示土地使用权的移转、表示土地抵押关系的成立等。土地所有权人交付地契即可表示物权的变动。这种登记体例的特点，是用地契的移转来表示土地权利的变动，登记本身不参与土地物权变动的过程。这种登记模式，在中华人民共和国成立后一段时间内仍然采用。

1922年，当时的北京政府颁布了《不动产登记条例》，其中第7条规定了暂行登记，其目的在于预备为保全土地权利的移转、消灭，或土地权利内容或次序的变更。1935年，当时的南京国民政府颁布《土地施行法》，该法第27

条规定，为保全关于土地权利移转或使其消灭的请求权；为保全土地权利内容或次序之变更之请求权，得申请为预告登记。对于附有条件或将来的请求权，也可申请预告登记。经预告登记后，土地权利人对于土地权利所为的处分，有妨碍第一项请求权的，无效。第29条规定："预告登记或异议登记，因假处分或经土地权利登记名义人之同意为之。"该法系效仿德国民事立法，规定预告登记及异议登记。1946年，当时的南京国民政府地政属又发布《土地登记规则》，其第96条、第98条的规定与前述《土地施行法》第27条、第29条的规定没有差异。

1949年到1956年我国也曾建立有不动产登记制度，但是后来不幸中断三十多年。到20世纪90年代恢复登记制度时，登记只是作为不动产行政管理部门进行管理的一种手段，或者是行政管理部门对土地物权变动进行监督管理的手段。法律明确我国的不动产登记不是不动产物权变动的公示手段，因此这种登记和民法上的不动产物权变动没有法律上的联系。

我国香港地区建立的不动产登记制度，为契约登记或者合同登记。依香港《土地登记条例》，凡涉及不动产的一切交易的合同均应登记，包括物权变动的登记和债权关系的登记，如租赁关系也应该登记。当然，对先纳入登记的交易即合同，法律给予充分保护，使其可以排斥在时间上先生效的合同。这种不动产登记虽然不是典型的物权变动登记，但是通过这种登记，可以赋予其他的不动产权利具有物权的效力。比如，对一宗不动产的买卖合同的两个买受人而言，登记在先的合同买受人，可以比订立在先的合同买受人优先取得指定不动产。此时登记发挥的作用，类似于德国法的预登记或者预告登记。

1975年我国台湾地区修正公布了土地方面的相关规定，此次修正，奠定了我国台湾地区相关领域预备登记制度的基础。其一，删除了异议登记，理由在于："异议登记须因假处分或经土地权利登记名义人之同意，为登记程序上之要件。然实际上异议登记经土地权利登记名义人同意者，极为罕见，而大多诉请法院以假处分裁定后为之。假处分为民事诉讼法保全程序中强制执行方法之一,保全程序之强制执行,须将其争执权利之法律关系定暂时状态,使其维持现状,以便执行。否则若土地或建筑物权利移转,并经登记确认。故现行法令即以法院假处分之嘱托登记代替异议登记。”其二,删除了强制之预告登记。预告登记的记入方式有两种:一是取得权利人的承诺;二是假处分。删除强制之预告登记,就是删除第二种方式,理由在于:申请保全请求权的预告登记,如不取得登记名义人的同意书,就表明当事人之间的债权债务关系尚有争执,为维护登记名义人已登记权利的安全,仍以先行协调订立特约,再行预告登记,较为妥适。但如果经过法院的假处分,仍得由法院嘱托办理假处分查封登记。依据我国台湾地区土地、土地方面的相关规定第79条,得以通过预告登记保全的请求权包括:第一,关于土地权利移转或使其消灭的请求权。所谓土地权利移转,是指土地或建筑物所有权及他项权利的让与、当事人设定的地上权或抵押权,因这些权利的让与或设定而产生的登记请求权均得为预告登记。所谓消灭请求权,系指涂销权利的请求权,如债务清偿而生的涂销抵押权的请求权;对于抵押权人约定消灭其次序在前的抵押权时,抵押权人对于债务人就次序在前的抵押权,请求消灭的权利等。第二,关于土地权利内容或次序变更的请求权。所谓土地权利内容变更,如地上权存续期间的变更、地役权范围的变更、抵押权所担保的债权范围的变更等,诸如此类的请求权均可为预告登记。而土地权利次序的变更,如第一顺位的抵押权人甲,对于第二顺位抵押权人乙的承诺,让与其优先顺序,则乙对甲有优先顺位让与的请求权。为保全其让与请求权,得申请为预告登记。第三,附条件或附期限的请求权,附有条件的请求权或将来的请求权均可申请预告登记。换言之,凡为保全以土地权利的移转、消灭或变更为标的的请求权,无论其是否附有条件或期限,皆可为预告登记的客体。

我国台湾地区相关的民事规定,并未如同《德国民法典》以及日本《不动产登记法》,明文规定预告登记保全顺位的效力。但解释上,仍然认可此项效力。肯定预告登记的预警效力。对于预告登记保全权利的效力,其一,中间处分行为为法律行为时，一旦预告登记推进为本登记，在抵触本登记权利的范围内，中间处分行为为失其效力。例如乙在所有人甲的不动产上为所有权移转的预告登记，后甲又将不动产所有权移转登记于丙。嗣后当乙的预告登记推进为本登记时，乙的本登记预告登记而获得保全。丙所取得的所有权，对乙失其效力。其二，在中间处分为非法律行为时，我国台湾地区土地方面相关规定与《德国民法典》和日本《不动产登记法》的规定有所不同，明确确认预告登记对于因征收、法院判决或强制执行而为的新登记，没有排除的效力。

我国现行房地产管理法、担保法，人民法院的司法解释均坚持了物权依法律行为发生变动时的公示原则。《物权法》第9条规定：不动产物权的设立、变更、转让和消灭，经依法登记，发生效力；未经登记，不发生效力，但法律另有规定的除外。第14条规定：不动产物权的设立、变更、转让和消灭，依照法律规定应当登记的，自记载于不动产登记簿时发生效力。第19条规定：权利人、利害关系人认为不动产登记簿记载的事项错误的，可以申请更正登记。不动产登记簿记载的权利人书面同意更正或者有证据证明登记确有错误的，登记机构应当予以更正。不动产登记簿记载的权利人不同意更正的，利害关系人可以申请异议登记。不动产物权因法律行为发生的变动，包括设立、移转、变更和废止等，只能在登记时发生物权变动的后果，不经登记，法律不认为发生了物权变动。

我国物权法从物权的基本性质出发规定物权变动的效力必须取决于公示，我国传统的土地登记、香港法中的房地产登记等，因为没有和物权变动的内在联系，因此对这一规则没有认可；而法国法与日本法，由于不承认物权变动与债权变动的区分，所以也不承认这一原则。我国所接受的大陆法系法学体系，明确承认物权与债权的基本划分，承认物权变动与债权变动的基本区分。对不动产登记簿记载的权利瑕疵有恶意而取得该项权利者，法律不予以保护。发生不动产登记有瑕疵而提出异议抗辩，并将这一抗辩纳入不动产登记簿，以防止损害自己利益的经过发生。起到善意保护的效力。即对信任不动产登记簿记载的权利为正确权利而取得该项权利的第三人，法律认可其权利取得有效而予以保护，禁止原权利人予以追夺的效力。这就是说，即使物权变动中的原因性行为可能无效，但是不能因此而追夺善意第三人因不动产登记而取得不动产物权。这也是不动产交易的客观公正原则的要求。在不动产的司法实践中，因为建立了不动产登记制度，而且因为不动产登记是国家机关的行为，根据国家行为具有一般公信力的意义，所以德国法等坚持登记实质主义登记的立法中，对传统法律的善意取得制度进行了积极的扬弃，将善意标准一般建立为对登记的信赖。如果权利取得人信赖国家建立的不动产登记簿，并且根据该项登记取得了一项不动产物权，则该权利人的权利即受到法律的保护，不许可他人追夺。

我国《物权法》实施前的不动产登记制度并不是根据物权公示原则，而只是为了满足行政管理的需要。一些部门自己制定的不动产登记法规不但散乱而且制度内容多有矛盾，而要害的问题是大量的制度内容仍然是按照计划经济的要求制定的，而不能满足不动产进入市场经济交易的需要，不能满足依据物权公示原则和物权交易的客观公正原则对物权交易进行保护的需要。目前，我国没有统一的不动产登记法，实践中有一些涉及不动产登记的具体部门即不动产的管理部门按照不同的管理体制，对土地、建筑物（包括房屋）、森林、水面、滩涂、道路等各项不动产，分别制定了部门规章意义的不动产登记规则。这些登记规则不但散乱而且法律效力严重不足。世界上大多数国家和地区的不动产登记法或者土地登记法，都是由国家的国会即最高立法机关制定的。我国这些管理部门自己制定的这些登记规章，在司法上基本没有价值。不动产登记机关，在德国为属于地方普通法院系统的土地登记局；在日本为司法行政机关法务局、地方法务局及其派出所；在瑞士，大多为各州的地方法院。这种做法，是以土地登记直接或间接地决定权利人的实体权利，故登记应建立与司法系统直接的关系。如在德国，不动产物权登记的争议直接进入诉讼程序，当事人在此程序中已经不必起诉，而是向上级法院直接上诉。

我国历史上制定民法之初也曾采用法院统一登记的做法，但后来因为民国初期司法的混乱而改为属于行政机构的地政局统一登记。此法在我国台湾沿用至今。总之,考察世界各地的不动产登记制度可以发现,关于不动产的登记机关有两个规则性的特点:①不动产登记机关一般是司法机关,②登记机关的统一性。这两个特征都是物权公示原则所决定的。不动产登记机关不统一,造成不动产登记簿不统一;而不动产登记簿不统一,意味着不动产物权的法律基础不统一。不动产物权的核心是土地的物权;非直接针对土地的不动产物权也必然是以土地物权为基础的,比如在大陆法系国家,一般来说,独立的房屋所有权必然建立在地上权之上。现行体制中不动产登记机关非常分散,而且纷纷试图脱离土地登记而独立的情况,既不合法理,也严重妨害不动产市场经济体制的建立。

思考题

1. 不动产物权登记模式异同的法律表现。

2. 不动产登记的不同类型。

第七章
动产善意取得制度

第一节　动产善意取得制度的一般规定

该制度系指动产占有人以动产所有权的移转或其他物权的设定为目的,移转占有于善意第三人时,即使动产占有人无处分动产的权利,善意受让人仍可取得动产所有权或其他物权的制度。善意取得制度,为近代以来大陆法系与英美法系民法一项重要法律制度,其涉及民法财产所有权的静的安全与财产交易的动的安全之保护问题。

罗马法奉行"后手的权利不得优于前手"的原则,如买主从卖主处买的物品时,所取得的所有权的权利不得超过卖主原有的权利,而只能等于或小于卖主的权利。因而在动产占有人无权处分动产时,仅是一般地规定处分行为无效,动产所有人可以基于"发现我物之处,我取回之"的法律原则,取回动产。罗马共和国末年,为适应商品经济发展,罗马法认可短期取得时效制度。《十二铜表法》规定,善意受让人得就其受让的动产主张时效取得,只不过取得时效期间较短,仅为一年。

日耳曼法依据其原因区分为非经由自由意志的占有脱离和基于自由意志的占有委托。在占有委托的情况下,如果占有人将其占有的动产让与第三人，或者被第三人抢夺而去，基于“以手护手”观念，“你将你的信赖置于何处，就应于该处寻之”，动产的所有权人只能依据“所有人任意让他人占有其物者，只能对该他人请求返还”的原则，向占有人请求返还占有物。如占有人将财产移转给第三人时，权利人不得向第三人主张所有物返还请求权，而只能向转让人请求赔偿损失。

一般认为，动产善意取得制度就是近代以来以日耳曼法的这一制度设计为基础，又吸纳了罗马法上短期取得时效制度中的善意要件，从而得以产生发展起来的。法国早期的古代法在所有人与动产受让人之间出现利益冲突时，奉行“动产无追及力”的法律原则，排斥了动产的返还。但是这一规则包含一种例外，即如果动产属于遗失物或盗窃物，在证明其所有权的条件下，所有人可以从占有人手中重新获得该物。但到了15世纪至17世纪，动产的返还又被法律所允许，奉行的法律原则也相应地转变为“动产无抵押权的追及力”，所有人可以就动产提起要求返还之诉。从18世纪起，动产的返还请求权在狭小的有限的范围内被许可，即仅在动产属于遗失物或盗窃物的情况下，所有人方有权在三年内请求返还。

《法国民法典》第2279条第1款的规定“对于动产，自主占有具有与权利证书相等的效力”，是关于动产善意取得制度的一般规定。同时，第2款是关于动产善意取得制度适用的例外情况的规定，第2280条则是关于第2279条第2款例外情况的例外规定。在罗马法上，承认短期诉讼时效制度的初衷，是出于证据法的考虑，早期罗马法奉行“后手的权利不得优于前手”的法律原则，导致在所有权纠纷中，当事人欲证明自己的所有权合法，就必须证明前手所有权的正当；但由于前手还有前手，这就需要依此递进，直至原始取得为止，为此大法官规定，出卖人只要证明自己在一年（动产）或二年（不动产）内曾持续占有某物，即认定他为该物的合法所有人，而不论其前手的权利是否正当，这样就避免了所有人举证的困难。与之相似的是，《法国民法典》第2279条第1款的规定也包含有从证据法的意义上认可自主占有人所有权的意蕴。法国学者马洛里和埃勒斯认为,该款规定可以具有两种不同的含义:①它表示,动产的自主占有与所有权的证书是等值的,占有如同权利证书,当事人可用以证明其所有权的存在;②自主占有是一项所有权的证书,当占有人未被予以真正所有人的同等对待时,自主占有使占有人成为所有人。其中第二种含义就是人们通常所认为的法国民法上动产善意取得制度的法律依据,它是经由证据法则的运用实现善意第三人所有权取得的正当化。

德国在日耳曼法时期，对无权处分即奉行与罗马法不尽相同的法律原则。基于丧失占有即导致所有权效力减弱的法律观念,它采取了限制所有权追及效力,也即限制原所有人回复请求权的法律政策。1795年的《巴伐利亚民法典》承认在一般情形下,原所有人对于无权处分行为中的标的物,仍有追及权。仅在几种特殊的情形下,这种追及权才不被承认,动产受让人由此取得动产所有权。1794年的《普鲁士一般邦法》一方面不承认动产善意取得制度,另一方面又认可如果动产的取得人系善意且有偿取得标的物时,无论该标的物为占有委托物或占有脱离物,请求返还该标的物的原所有人,都应向取得者支付相应的代价,否则取得人得拒绝返还。同时,该法还规定了须对动产取得者予以保护的特殊情形,在此特殊情形下,原所有人对标的物的追及权不再被承认,动产占有人由此取得动产的所有权。这些特殊情形限于取得人从国库、公共拍卖场所、基尔特商人处取得的动产,以及以善意、有偿方式取得的金钱或有价证券。

《德国民法典》明确承认了动产善意取得制度。将动产所有权善意取得制度的一般规定包含在物权第3章“所有权”的第3节“动产所有权的取得和丧失”里。表明了动产善意取得制度系属所有权取得的一种特殊方式,在物权形式主义的物权变动模式下,物权变动系物权行为直接效力的体现,与作为其变动原因的债权行为并无直接关联。债权行为成立并生效时,物权变动并不发生,而仅是产生债的请求权。《德国民法典》第932条第1项第1款的规定:“物虽不属于让与人，受让人也得因第929条规定的让与成为所有人,但在其依此规定取得所有权的当时为非善意者,不在此限。"该法典确认无权处分行为原则上是效力待定的行为,不发生所有权的移转。

英美法早期,采行日耳曼法"以手护手"的交易观念和原则。18世纪晚期,"以手护手"原则,改采"原所有人对动产有无限的追及权"的交易原则。于是,"没有人可以转让不属于他所有的商品"就成为普遍法的一项规则。

英国《1893年货物买卖法案》于1954年和1979年的两次重要修改,形成了关于无权处分行为效力的一般规定:即当出售者不是货物的所有人,而且他并非根据货物所有人的授权或同意出售货物时,买方所取得的权利不能超过该出售人原来所有的权利。但如货物所有人通过其行为表明并不否定出售人出售该货物的权利者除外。

其一,当货物是在公开市场上出售时,按照市场的习惯,如果买方的购货行为是诚实的,并且对出售者方面存在的所有权上的瑕疵或缺陷并不知情时,那么他可取得有关该货物的完整的所有权。

其二,如果某人在出售货物之后,继续占有该项货物,或者继续占有该项货物的所有权证件,而他本人或其商业上的代理人,再通过出售、抵押或其他处置行为,将货物交付或将所有权证件移转他人,只要后者接受货物或所有权证件时是诚实的,而且对以前的买卖并不知情,则该项货物或证件移转的效力,就如同是受货物所有人明白授权一样。如某人已经购买或同意购买一批货物,并经过卖方的同意,取得了对该货物或其所有权证件的占有,则由他本人或其商业上的代理人通过出卖、抵押或其他处置行为,将货物交付或将所有权证件移转给其他人,只要后者接受货物或证件时是诚实的,而且对原来的卖方对货物享有的留置权或其他权利并不知情,则该项货物交付或证件的移转的效力,就如同它是由货物所有人所同意的占有该项货物或其所有权证件的商业代理人所作出的一样。

其三,一项对货物强制执行的传票或其他有关执行的传票,从送达当地的司法行政官员时起,将对债务人对货物享有的财产权产生约束力(即将限制债务人对于财产的处分权)。任何人如果诚实地和对等有偿地取得一项货物,则任何上述传票都不应影响他对货物的所有权。但如该人在取得所有权时已经了解到某项会使得债务人的货物又被没收或被扣留的传票已经送到司法行政官员手中而且尚未执行者除外。

此外,在英国的实务中,还认可动产为金钱或有价证券时,受让人以善意有偿方式受让占有的,可取得所有权。

美国《统一商法典》第2403条就动产交易安全保护制度也设有明确规定,该条认可:

其一,当货物是以买卖交易的形式交付时,善意受让人得取得货物所有权,即便"1.转让人弄错了购买人的身份……4.所交之货物是通过欺骗手段取得的,根据形式应按偷窃罪论处"。

其二,如果货物的占有权委托给经营该种货物的商人,该商人有权向正常营业中的买主转让委托人的一切权利。此处的委托包括任何形式的交付或者对留置占有权的默许,而不论双方在交付或默许时商定的条件,也不论委托物的取得或占有人处分货物根据刑法规定是否构成偷窃。

此外,在美国法上,动产为金钱或有价证券的场合也可适用动产交易安全保护制度。

我国现行的《民法通则》尚未确认动产善意取得制度,依最高人民法院《关于贯彻执行〈中华人民共和国民法通则〉若干问题的意见(试行)》第89条的规定:"共同共有人对共有财产享有共同的权利,承担共同的义务。在共同共有关系存续期间,部分共有人擅自处分共有财产的,一般认定无效。但第三人善意、有偿取得该项财产的,应当维护第三人的合法权益……"在司法审判实践中,该条所言的"应当维护第三人的合法权益"主要是指第三人可以取得该项财产的所有权。我国的司法实践首先承认特定情形下动产善意取得制度的适用。

我国《物权法》在其第9章所有权取得的特别规定中,在我国的民事法律中首次规定了“善意取得”制度。第106条规定:无处分权人将不动产或者动产转让给受让人的,所有权人有权追回;除法律另有规定外,符合下列情形的,受让人取得该不动产或者动产的所有权:

(1)受让人受让不动产或者动产时是善意的;

(2)以合理的价格转让;

(3)转让的不动产或者动产依照法律规定应当登记的已经登记,不需要登记已经交付给受让人。

受让人依照前款规定取得不动产或者动产的所有权的，原所有权人有权向无处分权人请求赔偿损失。

从我国《物权法》上述规定可以看出,不动产适用善意取得制度,这与一般国家的有关规定是不同的。在《物权法》第107条规定了遗失物的有关内容，该条规定与目前世界上有关立法规定精神基本上是一致的，但是我国《物权法》并未排除盗赃之物在善意取得制度的适用问题,这也引发了有关的理论争议。

第二节　动产善意取得制度构成要件

动产善意取得制度体现了现代交易法侧重保护交易安全，维护社会公共利益的价值判断。动产善意取得制度的适用条件具体构成,体现在以下四点上。

一、受让人经交易从转让人取得财产

《德国民法典》第932条第1项第1款关于动产善意取得制度的一般规定，规定在“动产所有权的取得和丧失”一节的“让与”目下,依据体系解释的方

法确认动产善意取得制度适用于交易行为。交易类型包括买卖、互易、赠与、出资、特定物的遗赠、作为消费借贷合同成立要件的金钱物品的接受、清偿债务的给付行为，以及其他以动产物权的移转或设定为目的的合同行为等，对于当事人因先占、继承、盗窃、抢夺、抢劫、贪污、挪用公款公物而取得财产的情形，都无动产善意取得制度的适用余地。既然动产善意取得制度的适用强调受让人与转让人之间须存在交易行为，那么受让人与转让人自然不能同一民事主体，因而对于法人与法人分支机构间、公司与其分公司间、同一法人的分支机构间的财产流转行为，都不存在动产善意取得制度的适用问题。

史尚宽认为，交易行为（如买卖合同）的有效，是善意受让人主张适用动产善意取得制度的基本前提。王泽鉴认为，动产的善意取得，不以交易行为的有效为要件，因为主张动产善意取得制度的适用以交易行为的有效存在为前提，于法无据。债权行为与物权行为的区别及物权行为的无因性，系我国台湾地区相关规定的基本原则，在动产善意取得制度上也同样适用。动产善意取得制度在对法律关于无权处分行为效力的一般规定——即效力待定创设例外，至于原因行为是否存在，则属于受让人取得权利是否有法律上原因的问题。有效原因行为存在时，善意受让人取得动产所有权，具有法律上的原因。不存在有效的原因行为时，则善意受让人取得动产所有权无法律上的原因，应依不当得利规定负返还义务。此项法律状态与善意取得制度的精神并无违背之处。

转让人与受让人之间的交易行为是否须有偿？对此，各个国家和地区立法的态度不一。在英美法系的代表国家英国和美国，对动产善意取得制度一般规定的立法化，是通过《1893年货物买卖法案》和《统一商法典》等关涉商事交易的立法来完成的，受让人的财产取得当然为有偿取得。《德国民法典》第932条第1项第1款关于动产善意取得制度的一般规定中并无受让人须有偿取得的规定，从而表明了受让人无偿取得动产时，亦可适用动产善意取得制度。但为了平衡所有权人和无偿取得人的利益，在受让人无偿取得动产时,适用该法典第816条第1项第2款,即无偿受让人作为因无权处分行为而直接收受法律上利益的人,应向所有权人承担返还不当得利的义务。

我国台湾有关规定在受让人系无偿取得时，尽管也承认动产善意取得制度的适用,但在法典上却未设如同《德国民法典》第816条第1项第2款的规定,就所有权人对于无偿受让人的不当得利返还请求权。史尚宽对此持否定态度,他认为,依德国民法,取得基于无偿行为者,应返还其得利。王泽鉴对此肯定所有人得对于无偿受让人主张不当得利返还请求权，认为其理由在于:第一,对原权利人有保护的必要,且无偿受让人负返还义务,并不违背公平原则;第二,无偿受益人与其他权利人的重大利益发生冲突时,应予适当让步,是为我国台湾有关规定所肯认的一项基本价值判断,无偿受让人负返还不当得利的义务符合此项价值判断。王泽鉴认为，我国台湾有关规定第183条系规定不当得利的受让人,以其所受,无偿让与第三人,而受领人因此免负返还义务的,第三人于所免返还义务的限度内负返还责任,其适用前提与动产善意取得制度中应予肯认的所有人对于无偿受益人的不当得利返还请求权有所不同,因而后者只能类推适用前者,而不能直接适用前者。

把受让人对动产的占有作为动产善意取得制度的构成要件，得到了各个国家和地区民法典的一致认同,《法国民法典》将受让人对动产的占有作为动产善意取得制度的构成要件，是因为该法典将取得时效制度作为动产善意取得制度的逻辑前提，而动产时效取得制度的适用又以权利人取得对动产的占有为前提;《德国民法典》将受让人对动产的占有作为动产善意取得制度的构成要件,是因为在该种物权变动模式下,占有的移转本身就是法典所认可的动产权利取得的要件。

各个国家和地区的民事立法或司法实践普遍承认的交付方式有：现实交付、简易交付、占有改定和指示交付。学界对于受让人基于上述四种交付方式所取得的动产的占有是否都可适用动产善意取得制度,存在着分歧。分歧的焦点是,受让人经由占有改定方式所取得的对动产的间接占有,能否发生动产善意取得制度的适用。

《德国民法典》第933条规定："依第930条，让与的物虽不属于让与人，如此物由让与人交付于受让人，受让人成为所有人，但受让人在当时为非善意者，不在此限。"从该规定不难看出，采占有改定方式交付动产时，不发生动产善意取得制度的适用，仅在让与人将动产现实交付于受让人时，方有动产善意取得制度的适用余地。关于此项制度设计的理由，德国学者认为，采占有改定的方式交付动产，意味着受让人与真正所有人对无权让与人同样信赖，不能厚此薄彼，只有当受让人受让动产的交付，从而完全排除让与人的占有时，其占有地位才最终稳固，才应受到保护。

对于采占有改定的方法进行动产的交付，仍发生动产善意取得制度的适用问题。我国学者史尚宽、郑玉波、王泽鉴等都持同样见解。第一，本国或本地区的民法典上并无类似《德国民法典》第933条的规定，自然不能脱离本国或本地区法典的实际，作出与设有明文的《德国民法典》相同的解释。第二，动产善意取得制度中，动产占有的受让本来就并非该制度的适用条件，而只不过是动产物权变动的成立要件，占有改定本身即是占有移转的方式之一，当然不能排除在外。更何况动产善意取得制度本身就是基于对转让人占有的信赖，而保护善意受让人，以实现对交易安全的保护，不能因受让人受让占有时，占有移转方式的不同，使善意受让人面对不同的法律效果。

持折中说者认为，原权利人的所有权，在让与人仍继续占有动产期间，并未确定丧失，嗣后若原权利人先取得该动产的现实占有时，受让人的所有权即告丧失；反之，受让人先取得该动产的现实占有时，便确定地取得所有权，而原权利人也就确定地丧失其所有权。第一，占有改定的公示力较弱，因而当重复为之或者相竞合时，通常在当事人间仅产生相对的效力，须与现实交付相结合，才发生确定的效力。第二，衡诸社会常情，假设甲将其动产寄托于乙处，乙以占有改定，将之让与丙，对此不知情的甲，接受乙的动产返还。如认为丙已取得动产所有权，丙自可基于其所有权向甲主张返还。由于甲、乙间此时并无交易行为存在,甲不得主张相对于丙的动产善意取得。而乙、丙间极有可能恶意串通,谎称已有交易行为及基于占有改定完成了交付行为,从而对甲造成极为不公平的后果。有的学者认为在受寄人将标的物以占有改定方式让与第三人时,一般仅考虑所有人静的安全与受让人动的安全,何者应予保护的问题。基于动产善意取得制度侧重保护动的安全的意旨,应采肯定说;但在双重让与,即让与人先以占有改定方式将标的物让与甲,又以占有改定方式让与丙时,则以采折中说为宜。

有人否定将占有改定作为交付方式时动产善意取得制度的适用,其主张的理由是:动产善意取得制度的根据"不仅仅单方面基于让与人占有的公信力而使受让人取得其权利,而且也是受让人的占有受到占有的效力保护使然"。准确地说,善意取得的成立既要求让与的相对方有"客观"的外部事实值得信赖,也须于交易相对方之外的所有他人也有受让人占有的"客观"存在。否则,何以要求其他人尊重受让人善意取得的所有权,何以此时的所有权有对世的效力。也正因为如此,德国联邦法院强调"善意取得的权利表征,不在于让与人的占有本身,而在于受让人取得占有的实现",相当多的国家和地区的立法和司法实践认可否定说。日本的司法实践即采此说,该理论认为就原来的占有状态,在一般外观上并无任何改变的占有改定,如承认受让人因此亦得善意取得,就过于忽略所有权人的利益,也不符合《日本民法典》第192条所要求的自开始已取得动产的占有。

二、受让人取得的标的物限于动产

《法国民法典》第2279条第1款规定:"对于动产,自主占有相当于权利证书的效力。"《日本民法典》第192条规定:"平稳且公然开始占有动产的人,为善意且无过失时,即时取得在其动产上行使的权利。"对于货币和不记名的有价证券,各个国家和地区的民法或认其为特殊的动产,或直接规定得适用动产善意取得制度。如《日本民法典》第86条第3项规定:“不记名债权,视为动产。”不动产的出产物,各个国家和地区的立法一般都认其为不动产的组成部分。如《法国民法典》第520条第1款规定:“尚未收取的收获物,以及尚未摘取的树上果实,均为不动产。”《德国民法典》第94条第1项规定:“1.土地的主要组成部分,为定着于土地的物,特别是建筑物及与土地尚未分离的出产物。2.种子自播种时起,植物自栽种时起,为土地的主要组成部分。”《德国民法典》对动产善意取得制度适用范围有例外规定,一种是由民法典上的常设性规范所确定的例外规定;一种是通过特别法令上的临时性规范所确定的例外规定。由民法典上的常设性规范所确定的例外不适用动产善意取得制度的动产的范围,有宽狭之分。其中,瑞士民法上例外规定的适用范围较为广泛。根据《瑞士民法典》第934条第1项的规定:“因动产被盗窃或丧失或因其他反于自己的意思而丧失占有的,得……对取得人请求返还。”例外规定既适用于盗窃物和遗失物,又适用于其他非基于所有权人意志而丧失占有的物,即适用于一切占有脱离物。法国民法上例外规定的适用范围较为狭窄。根据《法国民法典》第2279条第2款的规定:“但占有物如系遗失物或盗窃物时,遗失人或受害人……得向占有人要求返还其物……”例外规定的适用范围仅限于遗失物和盗窃物。《德国民法典》第935条第1项规定:“1.从所有人处盗窃的物、由所有人遗失或因其他方式丢失的物,不存在于基于第932条至第934条的规定而取得所有权。2.所有人仅为间接占有人时,物为占有人所丢失者,亦同。”可见,德国民法例外规定的适用范围既包括盗窃物、遗失物,又包括所有人因其他方式丢失的物。

赃物即由走私、盗窃、抢夺等方式取得的物,我国理论界对赃物能否适用动产善意取得制度,曾有不同认识。一种观点认为,就赃物的物理属性与商品属性而言,仍是允许自由流通的一般商品,与其他商品没有什么区别,若不适用善意取得,不利于保护交易安全。否定说认为因为保护所有权人的利益与保护交易安全同属现代法治国家应当遵循的法律原则,没有对于所有权人利益的保护,就不可能有正常的交易行为。相较于交易安全的保护,保护所有权人的利益具有在先性。

通过特别法令上的临时性规范确立例外规定，法律应根据特定时期的社会状况和社会目标,来具体确定动产善意取得制度的适用范围。比如在和平时期,或者社会治安较好的时期,就可以有目标地扩张其适用范围。在动荡时期或社会治安恶化时,就可以有目标地限制其适用范围。

法国,基于第二次世界大战及其所引起的社会动荡,颁行了1945年4月21日法令,规定在一定时期,动产被掠夺的当事人可以要求返还。对于不适用动产善意取得制度的动产,原权利人享有回复请求权。得行使回复请求权的原权利人，既包括原所有权人，又包括基于其他物权或债权占有动产的人。原权利人应向动产的现实占有人，即动产的善意受让人行使回复请求权。回复请求权的行使,得在一定期限内为之。就此期限,《法国民法典》规定为三年,《瑞士民法典》规定为五年,《日本商法典》规定为二年。在回复请求权人行使权利之前,动产所有权的归属,各个国家和地区认识不尽一致。《德国民法典》第935条第1项的规定,系直接将到赃物、遗失物及所有人因其他方式丢失的物排除在动产善意取得制度的适用之外。所以在回复请求权人行使权利之前,善意的受让人并未取得相应的动产权利,原所有人仍有动产的所有权。《瑞士民法典》第933条明确将动产善意取得制度的适用范围限制为占有委托物。从而使得该法典第934条关于占有脱离物的规定成为一项类似于《德国民法典》第935条第1项的排除性规定。

引用我国《物权法》第107条规定:“所有权人或者其他权利人有权追回遗失物。该遗失物通过转让被他人占有的,权利人有权向无处分权人请求损害赔偿，或者自知道或者应当知道受让人之日起二年内向受让人请求返还原物,但受让人通过拍卖或者向具有经营资格的经营者购得该遗失物的,权利人请求返还原物时应当支付受让人所付的费用。权利人向受让人支付所付费用后,有权向无处分权人追偿。”这是我国民事法律首次规定对于不适用动产善意取得制度的动产,原权利人享有的回复请求权。

有关国家和地区的民事立法,在例外地规定盗赃、遗失物及其他占有脱离物不适用动产善意取得制度的同时，规定了一定情形下占有脱离物的有偿回复制度和特定类型占有脱离物不得回复的制度。所谓占有脱离物的有偿回复制度，系指对于善意受让人在特定场所或经由特定方式所取得的占有脱离物,原权利人非支付相应的代价,不得回复其对动产的权利。《法国民法典》第2280条规定:"现实占有人如其占有的窃盗物或遗失物系由市场、公卖或贩卖同类物品的商人处买得者，其原所有人仅在偿还占有人所支付的价金时,始得请求回复其物。"《瑞士民法典》第934条第2款规定:"……动产被拍卖或经市场或经专营商人转卖的,对第一位及其后的善意取得人,非经补偿已支付的价格,不得请求返还。"我国《物权法》第107条规定有同样的立法含义。所谓特定类型的占有脱离物不得回复制度,系指对于金钱、有价证券等物品,即使为占有脱离物,仍得适用动产善意取得制度。如《德国民法典》第935条第2项规定,对金钱、无记名证券以及公开拍卖方式让与的物,不适用该条第1项关于动产善意取得制度适用范围的例外规定设有类似规定。

有偿回复制度对于衡平善意受让人和原权利人之间的利益，兼顾动的安全与静的安全,是一种较佳的制度设计;而特定类型的占有脱离不得回复制度,以货币和无记名证券属于现代市场经济的基本支付手段,以及拍卖作为特种买卖的自身特性为认识前提。公司债券、大额可转让存单及各种票据,其中无记名的或无须办理登记手续的,在民法上视同动产,得成为占有的主体,发生动产善意取得制度的适用。对于已证券化,却是记名的或需要在特定机关登记的债券,因有其他途径可以彰示权利的归属,不存在占有的公信力问题,也无动产善意取得制度的适用。对于尚未证券化,但有体化的债权,如债权以债权证书或其他足以表彰债权存在的文书、字据,如存折及其相应的印鉴、债权让与字据等形式存在的,以及尚未有体化的债权,学界一般否认动产善意取得制度的适用。我国有学者认为,有体化的债权能为受让人实际占有和支配,故得适用动产善意取得制度。对于办理了预告登记手续的债权,因其以登记作为公示的手段,故不发生动产善意取得制度的是适用问题。不动产公示采登记的方法,是为各个国家和地区的通例。不动产的善意取得制度是借助登记的公信力原则来实现维护交易安全的目的的。我国《物权法》第106条规定中已明确规定不动产适用善意取得制度的相关条件。

作为动产担保物权的留置权,能否由第三人善意取得,法国和意大利民法不承认留置权为物权,仅认其为双方契约上同时履行抗辩权的一种;在德国民法上,根据《德国民法典》第273条第1项规定:"债务人根据与其债务发生的同一法律关系,对债权人有已届清偿期的请求权时,以债的关系无其他约定者为限,得在履行其应得的给付之前,拒绝清偿其债务。"可见,德国民法并不承认留置权为物权,仅认其为债权的一种特别效力。在这些国家,自然也就不存在所谓的作为一种动产担保物权的留置权能否由第三人善意取得的问题。《瑞士民法典》第895条第3款明确认可了留置权的善意取得。我国《担保法》规定:留置,是指"债权人按照合同约定占有债务人的动产,债务人不按照合同约定的期限履行债务的,债权人有权依照本法规定留置该财产,以该财产折价或者以拍卖、变卖该财产的价款优先受偿"。我国立法关于留置权的规定,认可留置权为担保物权。对于债权人所有的非属于债务人所有的动产,债权人即使为善意,也不得取得留置权。

动产抵押权能否由债权人善意取得,各个国家和地区的立法上皆未设明文。对动产质权的让与能否有动产善意取得制度的适用,否定说认为:动产质权的让与在各个国家和地区的立法上皆规定须与其所担保的债权一并转让。在此前提下,设定质押人的身份是一目了然的,受让人完全可以经由对质权设定人的查询,确知动产权利的真实状况。基于和动产质权不能适用动产善意取得制度同样的理由,留置权也不得适用动产善意取得制度。考虑到动产抵押权以登记而非占有作为公示的手段,排除动产善意取得制度的适用乃理所当然。

三、处分人须为无处分权人

处分人为无处分权人,处分人仅是财产的承租人、借用人、受寄人等。处分人本有处分权,但嗣后因各种原因丧失了处分权。例如处分人基于法律行为取得了财产的所有权,但在其就该财产为处分行为后,得以取得所有权的法律行为被撤销,因法律行为自始不发生效力,这就使得处分人自始成为无处分权人。处分人虽有处分权,但处分权受到了限制。如所有人的财产被查封、扣押后,所有人即成为无处分权人。

四、受让人须为善意

善意取得,以受让人之有善意为其成立前提。如受让人无善意,则自不生善意取得之问题。何谓善意,有三种见解:其一,指不知让与人无让与权利,有无过失,在所不问;其二,指不知让与人无让与的权利,是否处于过失,固非所问,但依客观情势,于交易经验上一般人皆可认定让与人无让与之权利的,应认为系恶意;其三,所谓善意,指明知或可得知让与人无让与的权利。各说基本差异,在于受让人因"过失""明知",或"可得而知"让与人无让与的权利而受让动产时,善意,不以无过失为必要,但衡诸善意取得制度在于兼顾所有人利益及交易安全之保护的立法目的,受让人对于让与人是否有让与权利,也应负一定程度的注意义务,《德国民法典》第932条规定,将善意解为非重大过失而不知让与人无让与的权利。受让人只有在此场合下受让动产之占有,始受保护。对受让人善意的认定,采推定善意的方法,由受让人举证证明自己并无重大过失,否则不发生动产善意取得制度的适用。包括:受让人受让物品的价格,与同类物品的当地市场价比较;转让人是形迹可疑的人;受让人与转让人之间有恶意串通的可能;其他依受让人的知识和经验足以发觉转让人有可疑情况的情形。

受让人须不知物的占有人无处分权。物的占有人在传统民法上包括物的直接占有人、间接占有人、占有辅助人等,若第三人误信物的占有人以外的人为有处分权人,不能适用动产善意取得制度。对于委托代理,本人及代理人二人中有一人为恶意或有重大过失,即不能适用动产善意取得制度。对于法定代理,依我国《民法通则》第12、13、14、16、17条的规定,法定代理中的本人为意思能力有欠缺的人,因而此时的善意应就其代理人而为判断。善意的准据时点,指确定受让人是否善意的具体时期,一般认为应视受让人动产占有的情形而定。就现实交付而言,系指交付之时;就简易交付而言,系指履行期届满时;就指示交付而言,系指指示交付之时。占有改定作为交付方式,不存在动产善意取得制度的适用问题。对于附停止条件或附始期的法律行为而言，动产的交付与权利的移转在时间上并不一致，对受让人何时为善意,存有争议。有的人认为应于动产交付之时;有的人认为应于权利移转之时;有的认为,受让人为善意,就动产所有权的善意取得而言,应于权利移转之时,就期待权的善意取得而言,则应于动产交付之时。

第三节　善意取得的法律效果

善意取得的法律效果,指善意取得构成要件具备时产生的法律后果。基于物权配置与民法对等正义原则,一旦具备善意取得的构成要件,即生相应之法律效果。

关于善意取得动产所有权的性质,有以下三种见解:①原始取得说,认为善意取得动产所有权因系基于法律的直接规定而发生,故为原始取得。自近代以来,此说一直居于通说之地位。②继受取得说。认为善意取得中的受让人取得动产所有权非因占有的效力,而是源于法律行为所发生之效力,故受让人善意取得动产所有权,属于继受取得。③善意取得或继受取得之争无意义说。此为日本学者好美清光提出之学说,他认为争论善意取得为原始取得或继受取得,并无实益。因为由两种学说导出的结果均相同,即受让人取得动产所有权及动产上的旧有负担消灭。善意取得之构成要件一旦具备,除生以物权变动的效果外,尚发生所谓债之关系。善意取得一旦具备构成要件,受让人即取得动产所有权。由于受让人系基于法律的直接规定取得动产所有权,其受让利益,具有法律上的原因,因此不构成不当得利。同时,受让人因基于法律规定而取得他人动产所有权,系阻却违法,因此也不构成侵权行为。但是在受让人无偿取得动产所有权时,若仍使受让人得终局性地取得动产所有权,纯粹属于以牺牲原所有人的利益为代价来保护无偿之受让人利益。故通说认为,此种场合受让人应不受保护,即不能取得动产所有权。一般认为,原所有人于受让人善意取得其动产所有权而受损害时,其对让与人可选择行使以下权利:其一,原所有人与让与人间若有债权关系(如使用借贷关系、租赁关系及保管关系)者,原所有人可依债务不履行制度,向让与人请求损害赔偿;其二,让与人处分原所有人之动产,为无权处分,构成侵害所有权的行为,原所有人可依侵权行为制度,向让与人请求损害赔偿;其三,让与人有偿处分原所有人动产时,让与人取得的对价为原所有人动产所有权消灭的对价。此对价由让与人取得,原所有人因此受到损害,且取得对价与受到损害之间有因果关系,故构成不当得利。

思考题

1. 动产善意取得制度的适用条件。
2. 善意取得动产所有权的性质分析。

第八章

物权行为理论

第一节　物权行为理论的意义

在近代民法史上，自1896年《德国民法典》公布以来，物权行为即成为大陆法系中的德国民法及受德国民法影响的某些民法的一项重要概念。距今三千多年前的罗马契丹约法及遗嘱法虽然存在着现代法律行为的若干具体类型，如“适法行为”“一方行为”，及“有偿行为”等，但始终未建立起对一切表意行为普遍适用的统一的法律行为概念，1805年德国自然法学派及其承前启后的著名学者胡果出版的《日耳曼普通法》一书中首先提出“法律行为”概念，用以解释罗马法上的“适法行为”概念之内涵。他写道：法律行为即具有法律意义的一切合法行为。

赋予法律行为概念以意思表示之本质，从而真正建立起近现代意义的法律行为概念理论的，是德国海德堡大学的民法学者及法官海瑟。在广泛采用了海瑟关于法律行为的一般意义、类型及成立要件概念理论的基础上，德国历史法学派创始人、著名的罗马法学家萨维尼在《现代罗马法体系》一书中进一步将法律行为概念和理论予以精致化。萨维尼创立了与法律行为概念有属种关系的物权契约（物权行为）概念。早在1820年的大学讲义中，萨维尼已经谈到，为履行买卖契约或其他以移转所有权为目的的契约而践行的交付,并不是一种单纯的事实行为,而是包含一项以转移所有权为目的的物权契约。其后,在1840年出版的巨著《现代罗马法体系》一书中,萨维尼进一步阐述了物权契约的概念。他写道:"私法上的契约,以各种不同制度或形态出现,甚为繁杂。首先是基于债权关系而成立的债权契约,其次是物权契约,并有广泛的适用。交付具有一切契约的特征,是一个真正的契约,一方面,包括占有的现实交付,另一方面也包括移转所有权的意思表示。此项物权契约常被忽视,例如对买卖契约来说,一般人只想到债权契约,但却忘记交付之中包括一项与买卖契约完全分离,而以转移所有权为目的的物权契约。"按照萨维尼的主张,在基于买卖契约而发生的物权交易中,同时包含两个法律行为——债权行为与物权行为(物权契约),而且后者的效力不受前者之影响。萨维尼这一思想极大地影响了其后的继承者,德国民法典的制定因此而受影响。立法者认为,在财产领域,确立债权契约与物权契约这一显著对立的概念应是德国民法的基本原则。1896年的《德国民法典》正式采纳了物权契约概念及理论。

物权行为,指的是以物权的设立、移转、变更和废止为目的的法律行为。19世纪初萨维尼在讲学中论述了这一思想：以履行买卖合同或所有权转移的合同为目的的交付,并不仅仅是一个纯粹的事实的履行行为,而是一个特别的以所有权转移为目的的"物的契约"。在《当代罗马法制度》一文中他写道:"私法契约是最复杂最常见的……在所有的法律制度中都可以产生契约。而且它们是最重要的法的形式。首先是在债法中,它们是债产生的最根本的根源。这些契约人们称之为债务契约。此外在物权法中它们也同样广泛地应用着。交付是一种真正的契约,因为它具备契约概念的全部特征:它包括双方当事人对占有物和所有权转移的意思表示……仅该意思表示本身作为一个完整的交付是不足够的，因此还须加上物的实际占有取得作为其外在的行为，但这些都不能否认其本质是契约……该行为的契约本质经常在重要的场合被忽略了,因为人们完全不能把它与债的契约分开,那些行为常常是随时伴随来的。比如一幢房屋买卖,人们习惯上想到它是债法买卖,这当然是对的;但人们却忘记了,随后而来的交付也是一个契约,而且是一个与任何买卖完全不同的契约,的确,只有通过它才能成交。"

按照萨维尼的观点,交付是一个独立的契约。因为交付行为本身既具有意思表示,又具有外在行为,其目的是完成物权的设立、变更、移转或者废止等,因此交付已经具备作为一个独立合同的条件。既然交付是一个独立的合同,那么它就不可能与其原因行为是一个法律关系,而是其原因行为之外的另一个法律关系。

按照萨维尼的设想,一般人所谓的买卖过程可以分解为:①债的买卖合同即债权行为,它使得出卖人承担交付出卖标的物的义务而买受人承担支付价款的义务,在这一阶段买受人尚不能成为所有权人;②双方当事人达成合意并为不动产登记或者动产交付,完成所有权的移转行为;③买受人向出卖人支付价款。其中萨维尼对买卖过程的独特认识即第二点,他将这一所有权移转的行为称为"物权行为"。物权行为,简单地说就是关于物的处分的行为,即当事人关于设立、变更、废止物权的达成一致的意思表示。在以物权变动为目的的交易中,物权行为就是关于物权变动的合意。按萨维尼的观点,物的合意并不仅仅存在于买卖合同和其他的移转所有权的合同之中,而是存在于一切双方或者多方的关于物权移转的法律行为之中,因为这些法律行为之中都存在着物的合意。但是有些直接以土地债务的设立契约,它们不因债的关系而生,所以本来就没有债的或其他的原因,而是直接地表现出以上所述的物权行为的特征。

德国法将权利主体移转标的物的交付义务的法律行为(一般为债法上的契约或称之为合同)与其完成物权的各种变动的行为作为两个法律行为,而不是一个法律行为,前者为原因行为,后者为物权行为。因为这两个行为各自有其独立的意思表示和成立方式,因此它们是分离的两个不同的法律事实。依此分离原则,德国民法实现了物权法与债权法及其民法制度在法学理论上的彻底明确的划分,因为物权从此有了自己独特的设立、变更和终止的法律依据,即“合意”。所谓合意,指的是民事权利主体创设、移转、变更、废止物权而达成一致的意思表示,即萨维尼在上述引文中从买卖中分析出的物权行为。该概念是德国民法专门创造的,目的在于将物的合意与债权中的合同明确地区分开来。

物权行为在其效力和结构上不依赖其原因行为而单独成立,即原因行为的无效或者撤销不能导致物的履行行为的当然无效和撤销。这就是说,物的履行的效力已经从债务关系的效力中被“抽象”出来。抽象原则是依据分离原则进行推理的必然结果,因物的履行根基于物的合意,而不是根基于原因行为(如债的合同),所有物的履行行为是物的合意的结果,而不是原因行为的结果。故物的履行行为(比如动产的支付)的效力只与物的合意成因果关系,而不与债务关系成因果关系。所以根据抽象原则,当原因行为被撤销时(比如一个买卖合同被宣布无效时),依此原因行为的物的履行行为(比如出卖人将标的物交付给买受人的行为)却不能当然无效,因为当事人之间的物的合意并未失效,物的取得人因此而取得之物权不能随之撤销。萨维尼对此的论断是:“一个源于错误的支付也是完全有效的。”这一点在德国民法学中被称为物权的抽象性,而我国的学者一般称之为物权行为的无因性。但是,根据抽象原则并不能当然地认为物权取得人可以无根据地取得他人的财产,因为当事人仍然可以依法撤销其原因行为;在原因行为被撤销之后,已为物的交付的当事人可以向物的取得人提起不当得利的返还之诉。

因为物的合意乃是对物的交付行为中存在的意思表示的抽象,所以必须有一个具有公示性的行为来表达或者说是记载这一物的合意;而且该公示行为不仅应该具有物权一般的对抗第三人的效力,更应该具有表示该物的合意成立的效力,即没有该公示行为,物的合意不能成立,物权的设立、变更、移转和废止即为无效。德国民法典贯彻这一原则,为动产选择了交付这一公示方式，为不动产选择登记这一方式。德国民法典将公示行为作为生效要件的做法，与法国民法典和日本民法典将公示作为对抗要件的做法形成了鲜明的对照。依法国和日本的做法，物权的设立、移转、变更和废止自当事人意思表示一致时生效，公示对物权变动不起决定作用，但无公示不可以对抗第三人；而德国民法典的做法是公示对物权变动起决定作用，无公示者物权的设立、移转、变更和废止无效，但是其原因行为如债和合同关系仍可以成立，当事人仍因债的关系承担责任。

所谓物权行为之有因或无因，是指立法和理论如何解决作为原因的债权行为与物权行为的关系问题，即物权行为的法律效力是否受债权行为的影响。如果物权行为之成立和有效不受债权行为的影响，即为无因；反之，即为有因。按照德国民法，直接发生物权变动的物权行为与作为原因的债权行为系各自独立的两个行为，物权行为的效力并不受债权行为的影响。例如，买卖在交付标的物之后，买卖契约因意思表示有瑕疵或内容违反公序良俗而致无效或者撤销，而物权行为的效力却并不受影响，买受人对于接受的标的物仍保有所有权。丧失所有权的出卖人只能依据不当得利的规定，请求返还。此即所谓物权行为的无因性理论。

萨维尼最早提出物权行为理论是在1820年于柏林大学的讲学。1840年和1853年，他分别出版了《现代罗马法体系》（第3卷）和《债权法》（第2卷）两部著作。在这些著作中，他全面地阐述了物权行为的无因性理论。

他首先将物权与债权从体系上加以明确分离，指出罗马法即开始区别物权与债权之不同，并将二者置于不同领域加以独立把握。其后，他区别了作为原因的债权行为与作为结果的物权行为之不同，认为私法上契约常常以各种不同制度或形态出现，甚为繁杂。首先是基于债之关系而成立的债权契约，其次是物权契约，交付本身是一个真正的契约，即物权契约，这一契约必须与先行存在的债权契约相区别。关于所有权让与的交付这一物权契约，作为原因的债权行为只不过是其“动机”。在对债权行为与物权行为作了如此区别后，萨维尼进一步主张物权行为必须无因化，使它与作为基础的债权行为相分离。他认为一方当事人本为履行买卖契约而交付某物，但对方当事人误认为赠与而受领时，这种错误对物权契约之效力（即所有权的移转）不产生影响。

从物权与债权的分离上看，物权行为无因性理论首先是潘德克吞法学体系形成的表现；其次，在普通法学上，无因性理论与不当得利请求权理论具有相当的整合性，此表明无因性理论与不当得利请求权理论之间存在某种关联性。这一理论虽然受到一部分普通法学者的坚决反对，但因萨维尼当时强大的影响力，及受温德夏特与耶林等人的支持，其最终成为德国普通法学的一个"通说"，一些熟悉潘德克吞法学的法学家将这一理论移植到普鲁士法和奥地利民法上，并从法的构成与解释论上说明这些法律关于所有权与制度的规范意旨。1888年，以5卷的宏大篇幅公开出版的《德国民法典第一草案立法理由书》，使物权行为无因性理论的影响达到了顶峰。在这种形势下，无因性理论也就迅即传播开来，并直接影响了普鲁士1872年的所有权取得法及德国民法典的编纂。

根据1783年普鲁士一般抵押令与1794年普鲁士一般邦法，在1872年以前的普鲁士，不动产登记实行实质审查主义。登记官吏为不动产登记时的审查权限不仅及于引起物权变动的物权行为本身，而且还及于作为基础的债权关系即债权契约。就审查方式而言，不仅要审查登记申请书是否符合特定的形式要件，而且对申请书本身背后的事实关系也须加以稽查。如果登记官吏因审查不周而作成"不正登记"时，登记官吏须负损害赔偿责任。此种实质审查主义，虽有助于防止和减少登记遗漏或错误，提升物权登记真实性水平，但同时也产生了严重弊害，即由于登记官吏对于"不正登记"须负损害赔偿责任，因而为避免承担责任，他必须时刻注意登记审查的全过程乃至每一个细节。其结果，登记官吏为避免承担责任遂不断扩大审查范围，即使对于同不动产交易风马牛不相干的登记申请人之私事也要加以审查。这样，不动产登记的实质审查主义对于市民社会中的私的关系造成了严重侵害。在这种背景下,改革现行的登记实质审查主义制度,也就成为普鲁士社会的一项急迫要求。而作为改革登记实质审查主义制度之理论基础的,正是物权行为无因性理论。

1872年,直接采用物权行为无因性理论而制定的普鲁士所有权取得法出台了。由于采用物权行为无因性理论,登记实质审查主义对于私人生活关系之干涉得以排除。因为依物权行为无因性理论,物权变动的效力应与作为基础关系的债权行为相分离。登记官吏的审查范围由此也就仅限于直接发生物权变动的物权行为。这种仅审查物权行为的登记制度,史称登记的形式审查主义制度。

第二节　物权行为理论对德国民法典的影响

萨维尼的物权行为理论被德国民法典的立法者所接受,并成为该法典的立法理论基础,因此该理论也被称为"德意志法系的特征"。物权行为理论对德国民法典总则编最大的影响,应该说是关于法律行为理论的创立。

法律行为理论的建立及其在德国民法典中完善的规定是大陆法系民法学发展的一个顶峰,德国民法典之后的大陆法系的民法立法,大多都接受了法律行为理论,并把它规定在民法典的总则之中。法律行为概念能够被抽象出来并规定在民法总则中,其根本原因是民法分则各部分必须包含有具体的法律行为,这些具体的法律行为,就是德国法学家所指出的"物权法的法律行为""债权法的法律行为""亲属法的法律行为""继承法的法律行为"等。

在亲属法和继承法中,基本的法律规范是法定规范,能够允许当事人用意思表示来决定的法律关系实属罕见。如所谓亲属法的法律行为,实际上只是指收养契约或称为收养协议;而继承法的法律行为,实际上只是指遗嘱行为。对这些单一行为进行抽象概括实在没有多少理论价值,所以作为法律行为理论的支柱的,其实只是物权法的法律行为即物权合意,以及债权法的法律行为即合同。英美法系的学者认为,法律行为及其制度的创设并没有多大的意义，因为合同法中关于要约与承诺的规则已经能够解决该概念及其制度要解决的全部问题。如果没有法律行为制度,民法总则中就只剩下民事主体制度；而如果只规定这么一个制度，那么总则的存在可以说是不必要的了。契约或者合同的一般规则被规定在德国民法典的总则中,这是因为德国民法典中的契约不但包括债权法上的合同，而且也包括物权契约或者物的合意,甚至也包括人身权法上的契约和收养合同等。这一点和我国《民法通则》对合同的规定不同。我国民法中的合同是狭义的合同,它只是债法上的合同,不包括物权合意,也不包括人身法中的收养协议。

《德国民法典》的物权编基本上完全受到该理论的支配,《德国民法典》第873条第1款规定:“为转让一项地产的所有权，为在地产上设立一项物权以及转让该项物权或者在物权上更设立其他权利,如法律没有另行规定时,必须有权利人和因该权利变更而涉及的其他人的合意，以及权利变更在不动产登记簿上的登记。”这一原则既适用于不动产所有权的移转行为,也适用于限制物权,如地上权、地役权、抵押权、土地债务的设立等。第873条第1款所说的法律另行规定,即第873条第2款。其内容是:尚未登记之合意,在当事人的意思表示经过公证证明,或者该意思表示已经提交给不动产登记法院,或者权利人已经将获得登记许可的证书并付给相对人时,也同样具有约束力。如此规定的目的，是为避免不动产登记机关或多或少的马虎大意出现的延误登记，或者当事人已经有明确的物权合意而一方当事人提出撤销合意而使另一方当事人受损的现象。依一般的看法,这一规定的适用有严格的前提限制(不动产登记机关延误登记之事项),并非一切合意不经登记即可生效。

《德国民法典》第929条第1款要求具有所有权转移的合意并同时有物的交付。在一项动产上设立担保物权也必须具有设立该担保物权的合意并同时具有物的交付的行为。这些规定确立了德国民法典关于动产物权的“合意+交付”取得原则。如果权利人已经占有了物,那么仅有合意即可。

由于物权行为理论的作用,不动产的登记与动产的交付,决定着物权能否按照当事人的意愿设立、移转、变更与废止。《德国民法典》第873条和第875条的规定,不动产物权的设立、变更与废止均以登记为生效,而动产物权的设立及其他变更也因占有的交付而成立,物权公示具有决定当事人的实体权利的效力。《德国民法典》第891条规定:“(1)在不动产登记簿中为某人登记一项权利时,应推定,此人享有此项权利。(2)在不动产登记簿中涂销一项被登记的权利时,应推定,此项权利不存在。”关于动产,《德国民法典》第1006条规定了依占有作为正确权利标志的推定原则。这就是以公示之物权为正确之物权的原则,但是登记物权推定正确的效力依法理不及于对登记物权有过错的权利人以及恶意第三人。《德国民法典》第892条第1款规定:“不动产登记簿的内容,为取得一项土地上的权利以及在此权利之上的权利的人的利益,应视为正确,但如果不动产登记簿中登记有针对此权利的异议或者权利取得人已知权利不正确时不受此限。”对错误登记,法律允许经利害关系人申请而改正,但恶意第三人明知登记错误而为的法律行为不生效。可见,登记权利的正确性推定,效力只及于善意第三人,这是该原则的相对性。

物权行为理论的作用在德国民法典的债务关系编中,关于债权让与,即使原因的法律行为即转让合同有缺陷时,被转让的债权的受让人也可以成为该债权的持有人。同时关于债的免除,依法理也有同样的效力和结果。在这里,债权让与契约和债务免除契约有类似于物权契约的效力和结果。

第三节　物权行为无因性理论批判

在德国普通法时期,包括无因性理论在内的全部物权行为理论即受到了一部分普通法学者的批判和质疑,德国民法制定时,学者基尔克被认为是这一时期对无因性理论批判的代表。他指出:“如果我们勉强将单纯的动产让与分解为相互完全独立的三个现象，这的确会变为学说对实际生活的凌辱。到商店购买一副手套,当场付款取回标的物者,今后也应当考虑到会发生三件事情:其一,债权契约,基于此契约发生当事人双方的债权债务关系;其二,与此债权契约完全分离的物权契约,纯为所有权的让与而缔结;其三,交付的行为完全是人为的拟制，实际上只不过是对于单一的法律行为有两个相异的观察方式而已。今捏造两种互为独立的契约,不仅会混乱现实的法律过程,实定法也会因极端的形式思考而受到妨害。”20世纪30年代中期,德国著名学者赫克基于利益衡量方法论对物权行为无因性所作的批判，被认为是迄今对无因性理论所作的最具决定意义的批判。

物权行为无因性理论及立法的最大缺点在于其严重损害出卖人利益,在交付标的物之后发现买卖契约未成立、无效或被撤销,因物权行为之无因性,不受债权行为影响,买受人仍取得标的物所有权,出卖人仅能依不当得利的规定请求返还。于是出卖人由所有人变为债权人,不能享受法律对物权的特殊保护,其地位十分不利。第一种情况,如果买受人已将标的物转卖,第三人即使属于恶意也能取得所有权。出卖人不能对第三人行使任何权利,他只能向买受人请求返还转卖所得价金。第二种情况,如果买受人已在标的物上设定担保物权,因担保物权法律效力优于债权,出卖人不能请求返还标的物,只能向买受人请求赔偿。第三种情形,如果买受人的其他债权人对该标的物为强制执行,则出卖人不能依法提出异议之诉。第四种情形,如果买受人陷于破产,出卖人不能依所有权行使别除权从破产财团中取回标的物,他只能同其他债权人一起,按债权额比例受清偿。第五种情形,如果非因买受人的过失标的物毁损灭失,买受人可以免责。

赞成物权行为理论的观点主要有：①该理论使得民法的体系更加富有逻辑性;②该理论加强了对交易安全的保护,为保护善意第三人提供了最切实的理论基础;③该理论最终解释了物权公示的“公信力”,即物权为什么必须公示并能在公示后取得对抗任意第三人的效力的问题。

关于物权行为的争论，主要集中在该理论如何使用在动产所有权移转的问题上。虽然法律可以明确规定,不采取物权行为理论而通过善意取得制度交易利益至少可以部分地得到保护，但是如果放弃抽象原则而仅仅依靠善意取得保护的原则,那么此时善意如何确定有许多疑难问题,为解决这些问题法律需要重新确定一系列准则,在抽象原则下这些问题很容易解决。如果没有抽象原则，在保护物权秩序时法律将被迫把债法的原理运用到不是债法行为的法律行为中(如抵押权和地上权的设立契约等),这种理论上的牵强既损害物权制度也损害债权制度。所有权保留和担保让与这些现代化的担保方式必须依靠抽象原则理论才能更容易更适宜地建立起来。抽象原则的一个很大的优点是它的很高的优越的区别性，它比起统一调整更适合复杂的生活需要和经济需要。

思考题

1. 物权行为理论的内涵。

2. 物权行为无因性理论的含义。

第九章
共有制度

第一节　近代之前的共有制度

在人类历史上,并不是所有的立法均建立在个人本位的基础上。共有在不同的历史时期存在不同的含义。历史上曾形成了两种最典型的共有制度,这便是罗马法上的共有和日耳曼法上的共有。

罗马法中共有的突出特征是,共有客体和权利是可分割的,共有人对共有财产权利的份额一开始就是明确的,或者说共有只是几个财产权利的一种临时合并状态。因此罗马法上仅存在按份共有,共有财产是绝对可分割的。盖尤斯曾在《论行省告示》第7卷论述道:"人们是因合伙,还是非因合伙共有一物并不重要,因为无论在哪种情况下都存在共有物分割之诉。"各共有人对共有物之所有权,与单独所有权并无不同,唯前者并无"量"的分割,而后者发生"量"的分割。对所有权予以"量"之分割的结果即形成"应有部分",各共有人对共有物均有应有部分,得自由处分该应有部分及随时请求分割共有物。各共有人对共有物均有管理权与使用收益权,唯标的物单一,因而其行使不能不受限制。这是因为罗马社会很早地确立了个人主义的权利概念,主要承认个人权利。共有被看作一种临时或附属状态,或者将共有看作个人所有权的例外状态。因此罗马法赋予共有人(对共有物)非常有限的权能,共有制度在罗马法并不发达。最主要的有:合伙契约,共同继承或受遗嘱,因客观原因而发生物的混合。

罗马是古代社会最早完成由原始共有制向个人所有过渡的社会。罗马的个人所有长期建立在家父一人所有基础上,家庭共有、夫妻共有等当今社会最主要的共同共有形式便没有建立起来,罗马法的共有是建立在个人意志基础上的共有关系。完全依赖共有人选择——共有可以转化为个人所有。这也就意味着罗马法的共有不包括公有物,罗马法的共有体现了罗马法的个人主义特色。

日耳曼社会创制了独特的总有制度,其实质是马尔克公社体制中耕地团体所有、分散利用状况的概括。这种共有不是以共有人拥有土地所有权为前提的,而是以其成员根本不可能拥有所有权为前提。在总有体制下,所有权名义上归全体成员享有,实际上所有权主体已经被抽象化为独立于成员的团体(只是没有人格);其成员也许拥有份额,但这种份额永远不能转化为个人所有权。这种份额只表现为用益权,它不能请求分割耕地将之转化为个人所有权。因此日耳曼共有制度最典型的特征是不可分割性,或者从本质上说它是一种公有的特殊形式,不允许个人取得耕地的所有权。成员的用益权是基于团体成员之资格而享有之权利,不得离开其成员资格而存在,其得丧变更与其成员之资格同命运。这样,这种份额也就没有独立财产产权之性质,也不能让与。除了动产为个人所有外,不动产均采取社区性的共同所有形式,在这里归成员共同利用的财产和归个人利用的财产,都统一纳入"共同所有"名义下,共同所有包括了共有所有和个人所有。

日耳曼共有即是一种财产所有权形式,也是一种社会组织形式。它是基于生存于特定区域的生活共同体(集体),只要取得该共同体成员资格,即有权享用或使用共同体的共同财产。因此它是人的共同体而不是财产共同体,这种共有形式实质上不具有财产特征。欧洲封建社会的所有权制度建立了以某个领主或贵族为权力核心的社会基本生活单位(封建领地、大庄园)。这些社会共同体是一种集政治、经济、军事和司法为一体的小“主权国家”。从财产制度设计上看,动产与不动产之间有很大的区别。对于动产,基本上实行的是完全的个人所有权;而对于不动产的权利,则是一种融入政治—社会结构之中的非个人、非经济性的权利。土地所有权在国王、领主和实际利用人之间进行了层层分割,在同一个共同体范围内存在着大量的没有明确权利归属的集体财产或共同财产。居住用地、已开垦的耕地有明确的所有主体或占有利用主体,而大量的荒地、草地、林地、水资源等均为一定共同体范围的人们共同利用的财产,没有发展出不动产的公共所有和个人所有概念。共同所有基本上包容了现代社会归个人利用和归公共利用的两类财产——公共所有和共同所有没有严格的区分。

西班牙及曾为其殖民地的拉美国家都存在最基本的社会组织——自治市(Municipio)即由一定人口组成的具有独立财产和自治权力的社会共同体。关于自治市的起源,有两种观点。一种观点认为,它是罗马社会的自治市的延续(西班牙曾为罗马帝国的一部分);另一种观点认为罗马的自治市建制随着日耳曼人的入侵而消失,它是中世纪产物,也是日耳曼人的一种体制。在两者的间隙中曾存在共同财产,只是后来这种共同财产成为具有法人资格的自治市的财产。自治市实质上是一定地域范围内的一定人口经国王特许组成的自治共同体,通常由村镇议会自我管理和代表。这种自治共同体拥有自己的(实际上是全体居民的)财产,尤其是对其范围内的土地拥有“主权”;并拥有司法管辖权。每个自治市的市民全体组成联合体或共同体取得法人资格,以作为与封建领主并行的一种社会组织形式而存在。属于全体市民的财产大致分为四类:第一类公共所有或使用的财产,如城墙、街道、桥梁、水源等;第二类是可称为财产或为个人所有的财产,包括建筑,构成自治市收入的租金、公益金和罚款,土地、森林和草原;第三类为属于共同体本身的财产,这可能是共同体具有法人资格后的事情;第四类为共同使用的某领主或教堂的财产。

自12世纪始,这种等式被法人人格理论所打破,具有法人资格的自治市取代了原来的市民共同体。但是这种代替是不完全的,因为自治市的范围小于原来的市民共同体,它不包括市民本身,其人格也存在于市民之外。于是产生了市民共同体,等于自治市加市民。具有法人资格的自治市拥有了自己的财产,并将之作为收入来源。但它没有穷尽原来所有的共同财产,为市民共同利用的财产和仍称为共同财产的财产仍然存在。这一时期的财产关系是共同体财产等于自治市自由财产加共有财产和公共财产。这样原来全体居民所拥有共同财产即从一个整体分为三部分:自治市所有的财产、公共财产和共有财产。这种分类一直延续,但其权利归属则不断被调整和明确;1935年的自治市法第183条最终将第三类财产明确为自治市的财产:"自治市的财产分公共所有的财产和(私法上)财产。公共财产为公众利用和服务的财产;财产包括自由财产和共同财产。"这也就是说自治市的财产权分为两大类,一类是公有财产权,一类是私有财产权。而私有财产又可以分为两种,一种是自治市自有财产,即自治市所有的用于实现公共服务或满足自治市法人本身需要的财产;一种是共有财产。

西班牙历史上的共有财产存在两个主体:一方面,自治市拥有共有财产所有权,因此共有财产意味着自治市自己的财产,只是为所有市民利益而拥有所有权;另一方面,共有财产又属于市民,而托付自治市来经营,由此形成了自治市和市民共同分享同一客体权利的状况。两者对共同财产都享有权利,两者都是已消灭的市民共同体的权利承受人。这意味着自治市与全体市民资格分离的不彻底,共有财产由同时存在的两种权利组成:自治市的所有权和市民的利用权。导致两种市民共同体的产生:一个是公共(政治)色彩的自治市;另一个是私人性质的市民社团(继续拥有共有财产)。新加入市民是自治市成员而不是市民(所有权人)社团的成员。新市民享有公共财产权利,但不享有共有财产的权利,这是因为后者属于私权。这种共有财产安排实际上形成自治市和市民相互分享、相互连接的一种产权形式，而不是单独属于任何一方，但他们之间可能产生内部冲突。因为市民将客体视为共同财产并享有共同利用的权利，而自治市则视之为类似自由财产，采取行政手段管理，于是发生行政性的而不是产权性质的冲突。这种法律上为自治市所有，为市民所利用的共同财产，在西班牙历史上称为典型共同财产；其余未纳入该范畴的称为非典型共同财产。非典型财产包括为村镇居民共同利用的广场、街道、公路、水源、市场等，为全体居民使用的建筑，及公共山川、公地、公共牧场及其之上的自然动植物。实际上，非典型共同财产就是今天人们所说的公共财产。它的所有权不属于自治市，而属于省或国家。典型共同财产，虽带有“公”的味道，但它属于私法性质的财产；非典型共同财产权，属于公法性质的所有权，主要由行政法等公法调整。

第二节　法国民法典共有制度的确立及其影响

法国大革命对财产制度的变革，主要集中于不动产，一方面确认原来直接利用领主土地的农户的所有权（由使用权提升为所有权），另一方面将原来共同利用财产和没收教会和侨民的财产进行分配或出卖，形成完全的个人不动产所有权。资产阶级革命确立了个人所有和公共所有的二元所有权体制，原来产权模糊的共同所有从此消失了。《法国民法典》根据“财产与其占有人的关系”划分出公共财产和个人财产，并不是说《法国民法典》没有规定共同财产。《法国民法典》所确立的共同财产或共有是属于个人所有范畴的一种财产存在状态，或是个人财产之间的某种结合状态。也就是说，《法国民法典》没有将共同所有作为一个独立的所有权类型，而将之归类为两个以上的人共同拥有和行使一个所有权。它是建立在个人财产所有制度上的共同财产制，日耳曼共有、自治市共有、封建社会的共有等均是以分割所有为特征的。这种共有根本上是以否定个人所有权为基础,因此区别于个人所有权为基础的共有。也就是说,近代法典化之前的共有是一种独立的财产归属和利用形态,是一种独立物权形态。

法国民法典对共有的规范,是分散式的。该法典在物权或财产编中并没有专门规定财产共有,只是在家庭或夫妻财产、继承、民事合伙等处作了零散的规定。《法国民法典》仍然沿袭罗马法的制度,没有严格区分按份共有和共同共有。共有基本上指分别共有,即按份共有。在19世纪的民法典中大多在物权或财产或所有权编中专门规定了财产共有,如《西班牙民法典》《意大利民法典》《日本民法典》及拉美其他国家民法典。即使这些国家对共有作了独立规范,但是它所规范的共有基本上是按份共有,只有《古巴民法典》提到了共同共有。它仅用一条规定,共同共有仅指婚姻中的共同财产。1900年生效的《德国民法典》,在债编和物权编中各有一节规范共有。《德国民法典》规定了两类按份共有,而没有明确规定共同共有。1907年的《瑞士民法典》明确规定了共同共有,该法典规定的共同共有主要是数人依法律规定或契约结成一种以财产为基础的共同体,要分割财产必须解散共同体或以共同体解除为条件的一种共有关系。在这里,各共有人的权利一般没有份额,且及于全物。

罗马法意定共有或合同性共有不被看作财产共有或财产所有权形式,而是合伙。合伙即不被看作独立的财产,也不视为财产共有。自愿结合的财产就是合伙。当时的共有仅指法定共有,即独立于当事人意思的共有,不承认合伙有独立于合伙人的主体地位,罗马法不承认有独立于共有人的社团意思,社团意思无非是全体合伙人的意思,因此合伙关系实际上是按照“共有”原则处理的。但是在当时合伙被视为一种意思一致的合同关系,一种两个以上的人为了合法的目的或共同利益相互负有集并一定财物的债务关系。意定共有被视为一种合同关系或债,而不是视为一种所有权形式或物权。大多数大陆国家承认合伙与财产共有是交叉关系,承认合伙财产也是一种共有形式。那么在财产共有和合伙之间有什么区别呢?一种观点认为,共有和合伙是两个不同的制度,其区别是明显的;另一种观点认为它们在性质上有本质的联系,没有共有就不存在社团;第三种观点认为,合伙和共有的关系如同两圆相交,拥有共同部分,也各具独有的特征。

埃斯蒂文斯认为社团不是共同拥有某物,而是为了做一件共同的事情。在社团中财产是手段,而在共有中,共同财产本身则是共有的目的。社团更注重参与人的意志,从社团的成立到之后的经营,包括之后对财产份额的处分,都是全体参与人意思的结果或受共同意志的支配。而在共有中,共有财产的形成可以不以当事人的意志为转移, 共有人对自己份额的处分和退出共有关系都有相当大的自主权。古罗马确立了团体人格制度,即法人制度。罗马法取得主体资格的团体多是地方自治团体。国家(全体罗马人集合体)、城邦、自治市、市镇和乡村,帝国后期的行省,都拥有权利能力。这可能与罗马法较早地确立了人格观念有关,凡权利主体必须具备权利能力或人格。这样在确立私人主体资格的同时必然设法使各级公共机构获得独立于市民的人格,以便于管理公共事务和从事必要的交易活动。在古罗马,各级政府除了具有管理公共财产的职能外,还可以拥有私产,而法人资格正是赋予政府参与商事活动,以私产所有主名义进行交易的资格。

罗马法由于对个人所有权的绝对强调,使得团体取得独立人格,目的主要是明确财产归属和便利交易,罗马法对于财产主体明确的合伙团体,始终不承认其法人资格。1804年《拿破仑法典》没有规定法人,其主要原因一是在法国革命时期曾认为社团是对个人自由的否认, 二是对团体持有财产的恐惧。《德国民法典》是资本主义制度建立之后第一个确认法人制度的民法典。《德国民法典》基本上区分了两种社团法人——因登记而成立的社团和因政府许可而成立的社团。一般登记社团很少用于商业目的,凡以营利为目的的社团都应是因许可而成立。因此德国对于营利性社团采取的是许可主义,并确立了合伙人不是法人的原则。19世纪之后,各种社团大量出现,只有依靠政府许可才能获得法人资格逐渐不能满足社会需要。法人资格标准不断放宽,许多国家对法人成立遂改为登记主义,其理论基础是法人实在说。该理论认为法人是真实的或客观存在的实体,而与组成它的人无关。根据该理论的倡导人吉尔克的观点,这种团体之所以被认为是真实的,就是因为这种团体集合财产和人的行为与意志为一体,实现了超越个人利益的共同(集体或团体)利益,它或者因为历史社会事实或因人的意志而自然的出现,独立于国家的干预,因此团体如同自然人一样也是社会的有机体,有其固有的生命和意思;团体享有法人资格是理所当然的。有学者也认为相对于个人而言的集体利益的独立存在其本身就导致了法人观念的出现;法人要求存在一个组织机关(就如同人的身体和大脑一样)以集中成员的力量和利用共同财产,以实现集体利益目标。法人实在说的本质在于它承认团体有独立的利益和目的,有独立的存在价值和功能,正因此法律才像对待个人那样,赋予团体以法人资格,以保护团体独立的利益和目的。大陆法国家不断地赋予各种团体以法人资格,以民事立法放宽法人资格标准的一个最明显的变化是1978年修改后的《法国民法典》,它赋予除隐名合伙以外的所有合伙人以法人资格。在西班牙和拉美国家也表现出同样的趋势。《西班牙民法典》第35条列举了两类法人,一类是为公共利益的公司、团体和基金;另一类为个人利益团体,不管是民事的、商事的还是工业的团体。而根据第36条规定,个人利益团体,由相关社团合同规范,说明这里的团体包括合伙。这种团体人格扩展趋势,符合罗马法传统。

第三节 公共财产与国家财产

公共财产,属于既定范围内社会成员全体,而不属于任何个人的财产。凡属于该共同体的成员都可以利用,但不能排他利用,更没有处分权利。在一定意义上,社会共同体的权威或代表机构也不能随意转让或处分公共财产。原始共有制度,有满足公共生活的财产,但没有公共财产概念。因为如果没有个人财产,就没有公共财产。公共财产最早出现在古罗马(称公有物),罗马人根据物可否为个人所有,将物区分为公有物和私有物。古罗马法学家盖尤斯在他的《法学阶梯》中有过经典的表述:“那些由人法支配的物品或者是公有的,或者是私有的。”“公有物被认为不归任何人享有,实际上它们被认为是全体的或共同体的。私有物是归个人所有的物品。”据此,公有物不为任何人所有,而为某个社会共同体的全体成员所共有的物;而为全体人所有物,实际上不归任何人所有,因此它是公共性质的。私有物即归社会共同体成员的个人所有物,这种物完全置于个人意志支配之下,服务于个人利益,因此属私有。公有物归全体人民所有只是从利用的角度,即赋予每个人利用公有物的权利。但这种利用不具有排他性,更没有对任何一部分公有物有处分的权利,也就是全民中的个体谁也不享有所有权。这样,公有物就存在一个管理、维护和利用秩序的问题。这一职责自然落到了公共管理机关身上。在古罗马和现代社会,这种公共管理机关即为国家。但国家是公有物的管理者而不是所有者。

欧洲中世纪封建财产所有权制度使以前罗马社会存在的所有权——无论是个人的还是公共的——消失和模糊了。罗马法中的公有物一方面被纳入封建领主所有权或为共同所有权所吸收;另一方面,纳入国王所有权中。一切财产所有权既融入公权又包含私权，是既属公又属私的一种公私不分的权利。《法国民法典》一方面确立了个人主义所有权的同时,也确立了公共所有权。《法国民法典》在财产分类一章中的“财产与其占有人的关系”一节,基本上区分出属于私人的财产和不属于私人的财产。不属于私人所有的财产分为公共所有财产和区、乡公有财产。法典第538~541条确定了公共所有的财产范围。其公共财产的范围除了罗马法归入共用物中的个别物（如空气)外,基本上与罗马法的非交易物相吻合。但《法国民法典》没有明确公共所有的财产是否可以转让交易,只是规定:“不属于私人所有的财产,依关于该项财产的特别规定与方式处分并管理之。”(第537条第2款)这意味着公共财产被纳入与民法典(私法)规范不同的法律规范中。《法国民法典》重新恢复了罗马法财产——权利“公”和“私”的划分制度,将所有财产划分为公共的和私人的,将对之的权利区分为公共所有权和私人所有权,因此以《法国民法典》为代表的资本主义法律不仅是对罗马法所建立的个人所有权制度的恢复和发展,而且也是对公有物制度继承和发展。国有财产,即国家所有的财产。国有财产属于法律上私有范畴,而公共财产则属于公有范畴。但是,由于公共财产往往也掌握在国家手中,因此人们把它视为国有财产。

罗马社会初期,罗马国家就是指罗马人生存共同体。国家和社会(全体罗马人)不分,因为国家与社会的分离需要一种抽象的观念,即将国家视为脱离市民而存在的主体。因此在形成“共和国”这一抽象概念之前,国家具体表现为“罗马共同体”,这种组织在城邦之中的民众共同体就是市民法的共同体。在国家与社会分离完成后,国家即演变为政治主体,称为“政治国家”,而市民共同体逐渐失去独立存在属性,成为一种纯粹理论上的概念。主体上的分化,必然导致财产分立的发生。一开始,所有不归个人所有的财产均归全体罗马人所有,这些财产包括公用物、公共土地、金库等,政治国家出现并日益脱离市民社会,政治国家具有了独立的主体资格,国家拥有自己的财产的观念也就形成了。于是,国家除了作为社会公共管理机关管理公有物外,还拥有自己的财产。罗马很早即确立了属于全体市民的公共金库和属于皇帝(恺撒)的国库的区别。最初,国库属私法调整,金库属公法。到了后期,国库开始脱离私法,纳入行政管理程序。国王可以独立处置国库财产,但他不是以私人身份,而且死后子女不得继承。(后来出现了与国王王位无关并可由其继承人继承的国王私产,以与国库相别。)随着帝国的发展,国库吸收了金库。但同时,它同君主的人身分离,并被视为一笔财产和一个独立的实体。国库被赋予许多特权,其中便是经常地代表国家参与民事关系。

马耳西安的《法学阶梯》第3卷有这样的论述:“城市的剧院、体育场和类似之物以及城市的其他共用物，为市所有，而非为私人所有。所以城市的公奴不被视为按份为私人所有，而是为市所有。”罗马社会在人类历史上较早地确立公共机关这种公、私分立的财产体制，小到市镇、大到国家的公共机关除执行公共事务管理和维护公共秩序外，还拥有可交易的私产，以使国家能够参与市民生活。这种国家掌管公有物的同时，还拥有独立可交易财产的做法，为以后公共财产与国家财产的分离奠定了基础。

欧洲的封建社会，政治与经济、公权与私权、财产权与统治权被融合在一起，使得公共所有物和国家所有区分失去了基础。现代国家在政治或主权意义上，国家对外（外国）享有主权，对内具有管辖或治理权，而且具有民事主体资格（法人资格），可以从事一定民商事活动。全民和国家是重叠的，全民需要一个组织机构来代表，这个组织机构便是国家。法律上只承认国家主体资格，不承认全民具有主体资格。许多国家民法典明确地将全民财产划分为两部分，一部分为公共或全民使用的财产，另一部分国家私有财产或国库财产。例如《西班牙民法典》第338条规定：“财产要么为公共所有，要么为私有（私产）。”第339条明确了公共所有的范围（分为公共使用的物和国家所有但用于公共服务或属于全民所有的财富，如自然资源、国防设施等），而第340条规定前条规定以外的国家所有的财产具有私产或私人所有。第343条同样将省和村镇的财产划分为公共使用的和私产性质的两种财产。在全民财产与国家财产之间作出区分或将全民财产区分为公共使用财产和国家财产。

思考题

1. 法国民法典共有制度的影响。
2. 公共财产与国家财产的含义。

第十章
物权的种类

物权是指权利人依法对特定的物享有的直接支配和排他的权利，包括所有权和他物权(用益物权和担保物权)。或者说,指自然人、法人直接支配不动产或者动产的权利,包括所有权、用益物权和担保物权。不动产指土地以及建筑物等土地附着物,动产指不动产以外的物。

第一节　所有权的一般理论

欧洲各国早期曾有过两种具有代表性的所有权制度，即罗马法与日耳曼所有权制度,这两种所有权制度无论于构造或内容上均互相对立。罗马法早期具有全面性、整体性特征的所有权制度始终未获承认,法律仅承认以家族为单位的所有权制度。随着罗马经济的逐渐发展,以家庭为中心的个人主义具有全面性和整体性特征的所有权概念始获确立。罗马法所有权为一种完全的物权性权利,所有人得对标的物为自由的占有、使用、收益及处分。所有权为对于物的单一的、一般性的抽象性支配权利。其内容恒定,不因时间、地点之不同而生差异。所有物上虽可设定他物权,但他物权一经除去,所有权立即恢复其原来的圆满状态,所有权的分割为量的分割。罗马法所有权为一种对于物的全面的支配权,基于需要,所有权虽可因他物权的设定而受限制或成虚有化,但此限制一旦除去,所有权便立即恢复其圆满状态。

日耳曼法物权观念与物权制度全不发达，甚至近现代意义上的所有权概念也未真正形成,有关物之归属于利用的关系委之占有法体系调整。在此占有法体系之下,占有与本权系不可分的结合体,在日耳曼法体系下不存在离开对物的现实支配或现实占有而成立的本权,人对物之享有所有权,须以该人对标的物为实际的占有作为表征,否则该人对标的物不享有所有权。反映于动产物权交易上,即以标的物之移转占有为物权变动的生效要件。社会的、封建的身份关系浸透于物权关系的各个方面。从具体的事实关系出发,依财产利用的不同形态而承认各权利。无所有权与他物权的分别,各种权利都具有同样的效力,所有权的分割为质的分割,分割的所有权与不分割的所有权,性质完全不同。所有权具有浓厚的团体主义与身份关系色彩。18世纪以来,因受启蒙思想的影响,罗马法个人主义思想勃兴,天赋所有人对权利标的物以完全支配的绝对权。1789年法国《人权宣言》宣示所有权神圣不可侵犯,此一观念成为近代民法三大原则中的所有权绝对原则。19世纪末,个人的所有权思想渐被社会的所有权思想所取代。1919年德国《魏玛宪法》规定,所有权负有义务,其行使应同时有益于社会公益。

时至近代,随着各国有关物之归属的所有权制度之建立,所有权制度,不仅成为一个国家经济体制的法的基石，而且也是个人人格独立于社会伦理健全发展的前提。所有权制度,成为支撑一个国家市场经济体制的法的基石。奠基于财产权私有和社会分工基础之上的近现代市场经济,生产手段与生产物的私的所有获得广泛承认。各生产者自由进行生产活动并生产出商品,然后以货币为媒介与他人发生商品交易关系。这样,生产获得持续进行的同时,社会的新陈代谢,尤其是社会成员的生存亦因此得到保障。这一切皆是建立在于财产私有制度确立基础之上的。所有权制度为现代私法秩序之基本,所有人于一定界限内对于所有物享有完全的支配权。所有权为近现代社会经济结构与社会秩序的基石，社会成员的个人人格的自我实现与发展，也必须有其可以支配的物质。任何法律人格之建立无不建立于所有权之上，无所有权也就无所谓人格；同时，所有权制度由于旨在保障个人对社会财富之拥有，因而其结果更可激发个人对财富的追求，由此促进整个社会财富总量增长。个人财富之增长，反过来又必将促进个人的全面发展，进而最终促成民主社会的真正形成。

所有权，为所有人就标的物为全面支配的物权。但所有人对于标的物之支配并不止于抽象的存在，而通常表现为若干具体形式，这些形式即所有权的权能。所有权的不同权能通常表现为所有权的不同作用，我国《民法通则》第71条规定，所有权是所有人对其财产依法享有的占有、使用、收益和处分的权利。学说上称此为所有权的积极权能。另依通说，所有权尚有消极权能，即排除他人干涉的权能。此消极权能，我国《民法通则》未设明文，但在解释上应采肯定主义。

所有权为物权制度之基本形态，其理论根据主要有：

(1)神授说。认为地球系由神所授予，因而人类对于地球上之一切，自得各有其所有权。

(2)先占说。最早于罗马时代，其后为荷兰学者格劳秀斯所倡。人以其意思与体力对某物加以先占，则该人对该物即产生特别关系，他人遂不得对该物加以侵夺。

(3)劳力说。为英国学者洛克所倡。认为个人以其劳作所得之物，则该个人对该物即有所有权。

(4)自然权说。认为所有权乃自然权，其基于天赋而与生俱来，因此为天赋人权之一部分，任何人不得侵夺。

(5)社会说。为德国法理学者拉德布鲁赫所倡。认为所有权的根据不应仅从个人主义利益中去寻求，而应向社会公共福利上着想。个人所有权系一种附有条件并可以限制的权利，其应为公益而存在，所谓所有权神圣不可侵犯纯属幻想。

(6)法定说。认为所有权因法律之发生而发生,因法律之消灭而消灭,故所有权乃法律之产物,此说仅能说明所有权成立的原因,而不能说明所有权存在的正当理由。

作为民事权利之一的所有权具有观念性,即不以对所有物的现实支配为必要。封建时代,以物权为中心的静态生活成为社会经济生活的主流,物之利用关系与所有关系通常属于一致,劳动者既是生产的手段,亦为生产的主体,即便偶尔利用他人从事生产,也是建立于身份关系之上。此以中世纪日耳曼社会中的村落共同体与其成员之间的关系为典型。在中世纪之日耳曼,所有人以家长、领主、主人或师傅之身份,分别对其家属、农奴、奴仆或学徒予以支配,家属等人成为支配之客体。近代所有权的客体虽然一般都为有体物,本质乃是观念上的价值,但货币本身的价值极其微小。因市场经济社会,一般之物带有商品的性质，而商品是以价值加以衡量，其价值在于交换价值。故货币所有权不过是价值所有权,其所有的实体不过是观念的产物而已。

第二节　产权的理论内涵

产权作为一个反映客观经济关系的理论范畴,首先出现在法学中。不同的经济学家对产权的具体含义有不同的理解，但其共识是产权反映的不是人与物的关系,实质是人与人的经济利害关系。由于产权的客体的内涵和外延在不断地变化,存在形态多样化,产权的外延或划分也具有动态性,它不再只是支配有形物的权利,而是与利益相关的权利。对所有财产的产权,理论上都可以抽象为狭义的所有权即归属权、占有权、支配权和使用权。其中任何一项产权都由权能和利益组成。正因为产权由权能和利益组成,产权的不同分配格局才成为不同的权力和利益格局。

产权是构成社会经济制度的基础性元素，是市场交易有序运行的基本前提,产权的界定、结构和安排不仅直接决定了一个国家的社会经济制度的结构和性质,而且影响着该国资源配置及制度运行的成本和效率。科斯在《社会费用问题》一文中首先讨论了产权,他说:"个人拥有的包括义务和特权在内的权利将在很大程度上由法律决定。结果,法律制度就对经济体系的运行产生深远的影响,在某些方面可以说起着控制作用。"他认为产权是一个社会所强制实施的选择一种经济品使用的权利。私有产权的强度由实施它的可能性与成本来衡量,这些又依赖于政府、非正规的社会行为以及通行的伦理和道德规范。

罗马法详细规定了五类产权:所有权、邻接权、用益权、使用权以及抵押权,其中所有权包括使用权、资产用益权、处分权和转让权。产权是一个广义、狭义并用的概念,既可同时涵盖所有权、财产权、债权,乃至使用者权益等权利,又可单指某一项权利与权利主体的关系。普通法传统国家的产权就是财产权,在西方产权理论中,法律形式具有决定性意义,产权首先是一个法权概念,法权关系决定经济关系。西方现代产权理论认为,产权关系是建立在以成本收益分析为核心的新古典理性经济人假定基础之上的,西方产权理论对产权经济绩效的评价主要是以交易费用的高低为依据的。

我国民事法律关系的所有权通常在三种意义上使用:财产所有权法律制度,财产所有权关系,所有人对其物享有的权利。我国民法学者对所有权在民法上的概括为:在法令限制范围内,对所有物为全面支配的物权;我国《民法通则》对财产所有权的概念采取列举的方式进行了归纳,财产所有权是指所有人依法对自己的财产享有占有、使用、收益和处分的权利。在学术上,有一种观点认为,产权是关于财产的权利,产权等同所有权;另一种观点认为,产权就是财产权。但是有时候产权、所有权、财产权在一部法律规范中同时使用。当财产和人身对称时,使用财产权概念与人身权相对称;当强调财产和特定人身相联系的社会价值时,使用产权概念;当强调财产的归属时,使用所有权概念,多与使用权、经营权相对称,归纳起来我国现行立法体系的产权概念既包括财产权也包括财产的使用权。从我国《民法通则》的立法体例来看，财产所有权和与财产所有权有关的财产权、债权、知识产权、人身权是同一序列的民事权利概念。同时，我国立法也肯定了财产权的独立存在，财产权包括财产所有权，外延比财产所有权更宽泛。

我国《民法通则》第71条规定，财产所有权是指所有人依法对自己的财产享有占有、使用、收益和处分的权利。我国法学界和司法实践对所有制、所有权和产权、财产权在概念认识上是不统一的，而上述概念在我国立法体系中都使用。我国立法对所有权、产权、财产权的内涵指代不清，造成法律体系自身的矛盾。按照产权的含义，产权既包括财产所有权，也包括财产使用权等权力系统，在立法中使用产权概念可以解决所有权理论不能解决的产权不清、所有权主体虚置、客体不周延、所有权和使用权矛盾的问题。

第三节　用益物权的一般理论

用益物权，是物权的一种，是指非所有人对他人之物所享有的占有、使用、收益的排他性的权利。比如土地承包经营权、建设用地使用权、宅基地使用权、地役权、自然资源使用权（海域使用权、探矿权、采矿权、取水权和使用水域、滩涂从事养殖、捕捞的权利）。《物权法》中规定了四种用益物权，即土地承包经营权、建设用地使用权、宅基地使用权和地役权。所有权和用益物权同属于物权，区别在于所有权是“完全物权”，它的主体是所有人。而用益物权的主体是非所有人，因而是一种其他物权，其支配范围受到一定限制，是“限制物权”。

用益物权是所有权与其权能相分离的必然结果。这种分离适应了商品经济要求扩大所有权、扩展财产使用价值的需求，自从《汉谟拉比法典》出现永佃权的萌芽以来，经过罗马法及受罗马法影响的《法国民法典》和《德国民法典》的发展,用益物权已经形成了完备的体系。随着人们对财产控制能力的增强和对财产利用程度的加深,不仅导致产生新的用益物权,而且也使用益物权的权能发生变化,呈现不断扩大的趋势。从各国物权法的规定来看,由于各国的国情不同,因而物权法规定的用益物权的种类亦不尽相同。在罗马法中,用益物权包括役权、永佃权、地上权。其中役权分为地役权和人役权,人役权又包括用益权、使用权、居住权和奴畜使用权。《法国民法典》规定了用益权、使用权和居住权、地役权,这种规定沿袭了罗马法中的用益物权的分类,即把役权分为人役权和地役权,前三种用益物权都属于人役权的范围。《德国民法典》规定的用益物权包括:地上权、先买权、土地负担、役权,其中役权包括地役权、用益权和人的限制役权。《瑞士民法典》只规定了役权及土地负担,役权的具体种类包括地役权、用益权、居住权、建筑权、对泉水的使用权利。

在中国古代法中,用益物权包括地上权、地役权、地基权、永佃权、典权,在清末起草的《大清民律草案》中,规定了地上权、永佃权和地役权三种用益物权。之后,北洋政府和国民党政府的民法都规定了地上权、永佃权、地役权和典权四种用益物权。中华人民共和国成立后,我们在法律上只承认所有权,而否认他物权,1986年《民法通则》的颁布,它以"与财产所有权有关的财产权"概念代替了用益物权的概念,规定了属于用益物权的国有土地使用权、农村土地承包经营权、国有资源使用权、采矿权、国有企业经营权、相邻权。除《民法通则》规定的用益物权外,中国的其他特别法中还规定了渔业捕捞权、狩猎权、水权等用益物权。最高人民法院的司法解释中还确认了典权和地上权的制度。中国的民事立法,一直没有使用过物权及用益物权的用语。在中国《民法通则》中,涉及用益物权的规定少得可怜,被认为是用益物权规定的条文只有4条。

从罗马法,一直到《德国民法典》,尽管各国设置的用益物权种类不尽相同,但各国民法都有自己完备的用益物权体系,中国《民法通则》虽然规定了一些用益物权，司法解释中也确认了某些用益物权，但中国的用益物权尚没有形成一个科学、完整的体系。如何构造中国的用益物权体系，具有代表性的意见，主要有：

第一，包括经营权、承包经营权、地上权、典权、采矿权、地役权；

第二，包括地上权、地役权、用益权、永佃权、典权；

第三，包括经营权、承包经营权、地上权、地役权（相邻权）、典权、采矿权、租赁权；

第四，经营权（国有企业经营权、农村集体组织成员的承包经营权）、国有自然资源使用权（国有土地使用权、水面滩涂养殖使用权、草原使用权、水使用权、采矿权）、地上权、地役权、典权。

用益物权具有用益性，所谓用益性是指用益物权是以物的使用和收益为目的而设立的物权。用益性是用益物权的基本属性，用益物权侧重于物的使用价值，用益物权又称为使用价值权，由于用益物权的目的在于对物的使用和收益，用益物权不涉及以用益物的价值清偿债务问题，也不涉及用益物灭失后以其他物代替的问题。用益物权的用益性因用益物权的种类不同而存在着范围和程度上的差别。用益物权不以他权利的成立为成立前提，不随他权利的让与而让与，亦不随他权利的消灭而消灭。物权是一种支配权，用益物权和担保物权都是如此，但用益物权和担保物权的支配形态不尽相同。用益物权的内容在于使用收益的实体，即对物的使用价值的用益，因而它必然以物的实体上的有形支配，即实体占有为必要。

第四节　担保物权的一般理论

担保物权是指在借贷、买卖等民事活动中，债务人或债务人以外的第三人将特定的财产作为履行债务的担保，债务人未履行到期债务时，债权人依照法律规定的程序就该财产优先受偿的权利。担保物权包括抵押权、质权和留置权。

(一)抵押权

抵押权是债务人或第三人向债权人提供不动产或动产，作为清偿债务的担保而不转移占有所产生的担保物权。当债务人到期不履行债务时，抵押权人有权就抵押财产的价金优先受偿。他可以申请法院变卖抵押财产抵偿其债权；如有剩余应退还抵押人，如有不足仍可向债务人继续追索。但对不能强制执行的财产不能设定抵押权。

(二)质权

质权是指债务人或第三人将动产或一定的财产权利移交给债权人作为担保，当债务人不履行到期债务或发生当事人约定的事由时，债权人可就该动产或财产权利优先受偿的权利。其中，以动产出质的为动产质权，以财产权利出质的为权利质权。

(三)留置权

留置权是债权人对已占有的债务人的动产，在未清偿前加以留置作为担保的权利。

担保物权除具有物权一切法律特征外，它随着债权的存在而存在，随着债权的转移而转移，并随着债权的消灭而消灭。担保物权是在他人的所有物上设定的，即担保物的所有人是债务人或其他第三人，对于债权人来说都是他人的所有物，因此是他物权。担保物权以确保债务的履行为目的。担保物权的设立，是为了保证主债债务的履行，使得债权人对于担保财产享有优先受偿权。

担保合同是主债权债务合同的从合同。主债权债务合同无效，担保合同无效，但法律另有规定的除外。担保合同被确认无效后，债务人、担保人、债权人有过错的，应当根据其过错各自承担相应的民事责任。担保物权的担保范围包括主债权及其利息、违约金、损害赔偿金、保管担保财产和实现担保物权的费用。当事人另有约定的，按照约定。

担保物权是在债务人或第三人的特定财产上设定的权利。担保物权的标的物，必须是特定物(抵押物可以为不动产，质权、留置权则为动产)，否则就无从由其价值中优先受清偿。担保期间，担保财产毁损、灭失或者被征收等，担保物权人可以就获得的保险金、赔偿金或者补偿金清偿。债权一部分消灭，如清偿、让与，债权人仍就未清偿债权部分对担保物全部行使权利；担保物一部分灭失，残存部分仍担保债权全部；分期履行的债权，已届履行期的部分未履行时，债权人就全部担保物有优先受偿权。被担保的债权既有物的担保又有人的担保，债务人不履行到期债务或者发生当事人约定的实现担保物权的情形的，债权人应当按照约定实现债权；没有约定或者约定不明确，债务人自己提供物的担保的，债权人应当先就该物的担保实现债权；第三人提供物的担保的，债权人可以就物的担保实现债权，也可以要求保证人承担保证责任。提供担保的第三人承担担保责任后，有权向债务人追偿。

在中国，按照担保物的不同，担保合同的生效要件有所不同：法律规定应当登记的特定财物必须登记，否则担保合同不具有法律约束力。法律规定自愿登记的财物，虽然不登记不会影响担保合同的效力，但是却不能对抗第三人。

中国担保法规定下列财产应当办理登记，担保合同自登记之日起生效：

(1)以土地使用权、不动产、林木、航空器、船舶、车辆、企业的财产抵押的。

(2)以记名股票和知识产权质押的。

前述财产以外的其他财产抵押的，可以自愿办理登记。未经登记的抵押合同不能对抗善意第三人。例如债务人将已经抵押给债权人的电脑，在抵押后转让给其他人的，如果办理过抵押登记，债权人有权请求法院依法确认转让行为无效。但是如果没有办理过登记的,也没有证据证明债务人与第三人恶意串通的,则债权人的权利难以实现。

按照担保物的不同,办理登记的部门不同。办理抵押物登记的部门如下:

(1)以无地上定着物的土地使用权抵押的,为核发土地使用权证书的土地管理部门;

(2)以城市房地产或者乡(镇)、村企业的厂房等建筑物抵押的,为县级以上地方人民政府规定的部门;

(3)以林木抵押的,为县级以上林木主管部门;

(4)以航空器、船舶、车辆抵押的,为运输工具的登记部门;

(5)以企业的设备和其他动产抵押的,为财产所在地的工商行政管理部门;

(6)其他财产抵押的,可以自愿办理抵押物登记,抵押合同自签订之日起生效。

当事人办理抵押物登记的,登记部门为抵押人所在地的公证部门。

办理质押物登记的部门如下:

(1)以记名股票出质的,向证券登记机构办理出质登记。

(2)以依法可以转让的商标专用权,专利权、著作权中的财产权出质的,向其管理部门办理出质登记。

第五节　产权分类

一、家庭财产

在古代社会,私人财产主要是以家庭为单位拥有的。古罗马社会的个人财产制度也只是到了查士丁尼皇帝时期,才真正得以确立。法典化时期,家庭不再被看作一种独立的社会单位，不拥有民事主体资格，只被视为个人的集合。由此家庭财产也被认为是个人财产的集合，各国民法典通常将家庭财产分为两部分—— 一部分为纯个人财产，另一部分为可分割的共同财产。

1907年《瑞士民法典》规定的夫妻特有财产，即有了一些独立家庭财产意思。1942年《意大利民法典》在家庭财产制一节中设一分节确立的“家庭财产基金”制度，实质即是一种独立的家庭财产制。这种家庭财产基金所有权一般属夫妻，但具有一定独立性和特殊性。比如，它有特定的目的（专门用于家庭需要），它的转让和设定负担受到限制（证明有必要、比如未成年子女还需法官许可等），如果有未成年子女，婚姻关系终止，则家庭财产基金延续至最后一名子女成年时为止。1963年修订的《危地马拉民法典》是这样定义家庭财产的：“家庭财产是划定一定财产专用于家庭的生息的一种社会——法律制度，用以构成家庭财产的是：住宅、耕种土地、工商业企业（划定时不超过1万）。家庭财产的设立可以是父或母亲自己的财产，或夫妻的共同财产或第三人赠与的财产。”家庭财产的主要特征是不可分割、不能转让、不能查封，除地役外不能设定或被设定任何负担。所有家庭成员有权居住或利用（获取）农地或工商业企业（的收益），在构成家庭财产的不动产仅以家长名义登记的情况下，被认为是维持夫妻、未成年或无能力者及有权依赖此生活的人的生活。家庭财产的设立需要法官的认可并进行特殊的登记。家庭的法定代表人为家庭财产的管理人，在任何场合代表所有受益人。家庭财产并不具有永久性，它一般以受益人不需要依赖此生活，财产灭失或被征用（补偿构成新的家庭财产）或设定一定期限届满等为终止条件。在家庭财产终结后，其所有权复归原设立人或其继承人，如归受益人，可以对家庭财产进行分割。由这些规定可以看出，家庭财产只是为了保护未成年和其他需要抚养的人的利益而在一定期限内保留的特殊财产。

二、农地使用权

农地使用权是在欧洲大陆法系国家和拉美国家的法律体系中出现的一种非常重要的所有权类型。农业用地被用作一种单独类型的所有权,并产生相应的规范——农地法。西班牙法学家哈尔盖对农地使用权的解释是,农地使用权是一种积极的参与性的功能性权力,赋予权利人以权能、义务和限制。赋予权利人的权力有如下特征:①在与他人关系中有利于权利主体的法定权力(源自国家,法律可以对其取得、行使和消灭予以规范)。②为实现自己的目的,权利人的权力——权能与义务,无论其形式还是其内容,是一种非常广泛的、自治的或自主的权利,不履行义务即意味着放弃权利。③它是一种受宪法保障的权力。④它是以可耕种的土地为客体的一种权力。⑤它是具有生产、稳定和发展三种功能的权力,也就是说这种权力必须履行三种义务:从事农业生产——为社会提供充足的食品;保障社会稳定——保障自己和同伴与社会其他行业人员享受同样的生活,维持社会的平衡发展;促进社会发展——合理有效地利用土地,增加社会供给数量和品种。⑥和谐地服务于所有权人和社会共同体。农地使用权不是外在于社会共同体和一种权利,其权能构造和行使必须与社会的需要相适应,它的功能在于自我利用或收益的同时也有益于所有人。

三、城区土地使用权

城区土地使用权是与农地使用权同时产生的一种特殊所有权类型。在功能理论的影响下,法律不仅确认和保护所有权人的利益,而且确认和保护非所有权主体的利益——邻居及社会整体的利益。城区土地使用权被认为是受限制的具有义务的功能性权利,城区土地使用权的社会功能主要是促使城区土地的合理利用和城区环境的美化等，城区土地使用权不再是所有权完全自主的主观权利，他必须服从城市规划等其他法律确定的功能或义务。地产所有权人成了功能执行人,其权能的行使不仅专为自己,而且也为公共或社会利益。作为所有权的一个种类,法律赋予权利人确定的相对于其他人的特权,但不是绝对的或反社会的,社会整体需要的便是所有权人行使赋予的权利所应尽的义务。

四、水源所有权

多数国家将水源以一定的标准区分为公共或国家所有和个人(地主)所有。一般做法是以列举的方式明确归公共或国家所有的水源,其余水源归地主所有。公共或国家所有的水源一般是:可航河流和湖泊及可用于发电等能源利用的水源以及较大的或跨不同地界的水源。而地下水、雨水、池塘其他位于个人土地之上的水源归个人(地主)所有,还规定了一个一般原则——“能力”标准,即凡是具有或能够满足公共秩序或利益需要的水源都属于公共水源。这样实际上大部分水源被纳入公共财产的范畴之中。对水源的所有权都是相对的，水源的公共或国家所有是为了保障能够使更多的人更合理地利用水源,而个人所有的水源,也不能排除邻居或其他人合理的利用(有偿或无偿的)。也就是说,水源所有权是一种典型的受限制或承担义务的功能性所有权。

五、矿产所有权

土地使用权人是地下矿藏的所有权人。这项制度起源于罗马,封建特权所有。矿产同土地一样归属于国王或分封的领主王侯。先占人所有。在资本主义初期,矿产曾被认为是无主财产,谁首先发现或开采归谁所有。现代国家所有或公共所有。法国大革命以后,将矿产与土地脱离,地下矿产一律归国家或公共所有。现代大多数国家采取的是这种体制,即不问土地的归属,一律将所有矿产,特别是重要的矿产宣布为国家所有。也有个别国家赋予地主对个别矿产或少量矿产的所有权或优先开采权,或者采取地主和发现人共同所有的体制。大多数国家的矿产归属和利用制度一般都受宪法、民法典和矿产法三个层次的法律调整。

六、建筑物的区分所有权

建筑物的区分所有权是20世纪创立的一个重要法律制度,主要用于解决在有限的居住空间有限的条件下,如何使更多人共同居住并享有各自的产权问题。1907年的《瑞士民法典》所规定的楼层所有权(第712条之一至之十九)和1942年《意大利民法典》所规定的建筑物共有(第1117~1139条)即是我们今天所说的区分所有权较早的法律规范。区分所有权的特殊性在于这种权利客体的特殊性。即它由两部分组成:个人部分,权利主体可以独立地排他利用;共用部分,为全体所有权人的不可分割的共同财产。共有部分的存在主要是为了便于各个部分的使用,任何一个所有权人都没有排他的使用权。

七、有期产权

有期产权是通过有期共享购买定式合同生产的一种不动产权形式。这种定式合同赋予购买人在事先确定的期限排他性地使用特定不动产的权能;通常是由许多人长期或短期相继和轮换使用同一部动产,且这种权利可以在生前或死后转让。一般认为它起源于旅店的分部租赁。它的产生也多与快艇、旅游设施、计算机程序、工业标识和其他可以分享的客体的商业化有关。使用期产权人可以轮换不同的地方,享用相应期限的不动产及设施的使用权。通过有期共享购买形成的有期产权也称多重所有权，或轮换所有权。在美国，不仅许多州都制定了规范多重所有或有期所有的法律；而且存在统一的法律，如“统一不动产有期产权法”。在大陆法国家存在的争议是这种多重所有或有期产权是一种物权还是债权。西班牙作者马丁内斯在其著作《不动产多重所有权》一书中倾向于将它看作一种物权。他认为：多重所有权的法律性质是建立在这样的观念基础上的，针对相同客体同时并存相等的几个权利。这种权利并存必然产生利益冲突。解决方法不是把实际利用权利交给某一个人或其他主体，而是分配客体物所能提供效用的享用时间。之后，调整时间单位以协调利益的冲突。由此产生同量权利的并存，实际上这是分配拥有该权利的每个人以直接客体，在特定期间享用既定不动产的权利。葡萄牙首开先例，以通过立法将多重所有权视为有限物权，这里的有限物权不是他物权意义上的有限，这种有限性只在于时间受到限制。有期产权或多重所有是在既定组织体制下存在的在特定时间内对不动产的使用权利，这种权利针对的是同一空间的不动产，只是每个权利人享用的时间不同；时间在这里对权利的实际享用起到限制的作用，在所分配的时间内权利人享有对客体物完全的排他使用权。另外，由于这种产权是存在于既定组织或团体中，权利主体可以转让其权利，但不能改变事先确定的用途（如旅游或其他目的）。这意味着，权利主体不具有实物上的处分权。通过这两种限制产生一种特殊的不动产权，达到让更多人享用不动产的目的或使既定不动产发挥更大效用。

八、地上权

地上权是某人对于建筑在他人土地上或地下的建筑物使用、收益和处分的权能，德国学者称之为“相似所有权”，它是以他人之土地为标的物而成立的、以在他人土地上设立建筑物或工作物为目的一种权利。对他人地上建筑物的权利一般限定在20~50年,到期之后地上权即消灭,除非重新约定继续新一轮的权利期限。在期限终止后土地的所有权人重新恢复原有的权利状况，成为完全权利拥有人。此时土地使用权人无须向地上权人作任何补偿,即成为建筑物的所有权人,除非有相反的约定。在地上权人出卖建筑物时,土地使用权人有优先购买权,有的民法典还规定,如果未经土地使用权人认可而转让,土地使用权人可以以相同的价格赎回所有权。

在民法典或其他法律上确认地上权的国家有德国(民法典)、意大利(1942年民法典)、瑞士、葡萄牙、西班牙(1956年土地和居住体制法)、阿根廷(1985年民法第十号法令)。另外,对于该制度确立有重要意义的事件是1984年在马德里召开的第六届注册性权利国际会议。

九、人格财产

人格财产通常认为是指家宅、结婚戒指、肖像、传家宝、家庭相册、日记、宠物、骨灰盒、墓地等,有人主张人的身体也是人格财产,也有人主张只有在人的组织如血液、头发或器官脱离人体后它们才是人格财产。不仅个人有人格财产,而且团体也有。

人格财产用财产规则保护,可替代财产用责任规则保护。这两种规则的区分是根据对财产的国家干预的程度和转让时的价格确定方式作出的,是耶鲁大学教授圭多·加拉布雷西和道格拉斯·梅拉梅德律师的工作成果。财产规则是要求相对人获得财产必须向所有人偿付其主观评定的价值的规则,在财产规则运作的情形,国家只限于确定所有人对财产的初始所有权,对转让财产的价格不作干预；责任规则是在所有人不愿出售的情况下也可以通过偿付某些外在确定的价金(所谓的市场价)取得财产的情形,在责任规则运作的情形,国家不仅可以决定财产的归属,而且也可以决定其价格。显然可见,适用财产规则的财产受到保护的程度高,之所以对人格财产适用这一规则,乃基于其适用对象的难以替代的性质,责任规则的适用基于其适用对象可以从市场获得替代物的属性。

十、使用财产和权利财产

使用财产和权利财产是英国社会学家和哲学家霍布雷豪斯作出的区分。前者是权利人自己控制和享用、作为他自己劳动的基础和他命令的活动的舞台的财产;后者是权利人控制他人,使其以此等财产为基础劳动或作为他命令的活动的舞台的财产。他认为财产权有两个功能:其一是给予自由和安全,其二是通过控制给予所有者以权力。前一种财产是对物的第一个功能的运用,后一种财产是对物的第二个功能的运用。而这种财产分类证明所有权在对人方面并非总是以消极的方式表现出来,通过控制物可以控制人,此时,本来只有消极义务的"世人",有些通过债的关系转化为承担积极义务的人。传统理论对物权的两个方面的描述比较适合使用财产,但不适合于权力财产。这种分类说明了财产是不平等的,正是基于这种认识产生了共产主义思想。如果认为这种二元现象不合理,应通过征税减少第二种财产的范围,这是西方国家作出的选择。这种分类表现了财产法的阶级性。

十一、生存财产和奢侈财产

生存财产是为维持所有人最低限度的生存所必要的财产，奢侈财产是满足这种最低限度的生存需要以外的财产。最高人民法院自2005年1月1日起施行的《关于人民法院民事执行中查封、扣押、冻结财产的规定》规定了法院不得查封、扣押、冻结的被执行人的财产,包括:①被执行人及其所扶养家属生活所必需的衣服、家具、灶具、餐具及其他家庭生活必需的物品;②他们必需的生活费用;③他们为完成义务教育必需的物品;④未公开的发明或者未发表的著作;⑤上述认为弥补身体缺陷必需的辅助工具、医疗物品;⑥被执行人所得的勋章及其他荣誉表彰的物品;⑦中国政府同外国、国际组织缔结的条约、协定规定免于查封、扣押、冻结的财产等。以上以外的财产都是奢侈财产。

十二、普通财产、身体财产和私生活利益

普通财产是人的身体以外的或不以人的身体为来源的财产,身体财产是人的可以转让的身体脏器或其脱离部分,私生活利益是人的不可以转让的身体脏器或其脱离部分。

当代美国法学家斯提芬·芒泽认为,人对于自己的身体享有有限的财产权,"有限"表现为法律限制人们对自己的身体为所欲为。人们对自己身体的权利并不同如他们对一张桌子或一辆汽车的权利,而受到如下限制:第一,法律禁止人们自卖为奴并在活人之间转让任何为维持生命不可或缺的器官;第二,法律限制人们自杀或自残;第三,法律禁止卖淫。以上为证明人们对自己的身体处分权有限的因素。"财产权"表现为人们对自己的身体享有一定的积极的或消极的处分权:第一,在不损害他人的前提下,人们有权按其希望的方式使用自己的身体,例如在生存时出售或赠与自己的某些组织或器官,通过遗嘱或合同将其遗体转让给医疗机构;第二,人们可以阻止他人强奸或殴打;第三,人们有权免于债务监禁或被剥夺其身体的任何部分。

私生活与财产的界限往往根据以下原则:作为整体的人的身体是私生活,作为部分的人的身体是财产;供体活着时的身体往往是私生活,供体死亡后的身体多为财产。在人身关系中的人的身体为私生活,在客体关系中的人的身体为财产。例如,我国和其他国家一样,禁止买卖人的器官,这是禁止人的器官成为财产关系的客体,但父母若把自己的肾捐给自己的儿女,是可以的。

在扬州市有人打算创办“奶妈公司”，以规模化的方式出售人奶时，反对者认为这是对人的物化，把人当作奶牛。他们认为，人处于主体地位的身份决定了人不能以自己的某种“属性”（包括乳房和乳汁）来满足他人或市场的需要，不能直接地、简单地以自身作为价值对象供人“消费”，而只能是作为主体，作为社会和人类中的一员，通过劳动和其他活动为他人和社会提供价值、创造价值。承认奶妈公司会把人分为作为主体的部分和作为客体的部分，而且会牺牲奶妈自己的婴儿。这种批驳隐隐把人奶定性为私生活，否认它作为财产的可能。

精液和受精卵。这两个东西合称为“配子”，都属于人的生殖物质。在美国发生的关于精液的案例如下。威廉·凯恩将其事先储存在加利福尼亚冷库中的15小瓶精液赠给其女友德伯拉·赫希特后自杀。赫希特主张按照遗嘱条款这些精液应作为财产属于她，但凯恩的两个成年子女把这些精液看作私生活，反对把它们判给赫希特。他们辩称，如果这些精液是财产，他们可根据一个分割遗产的协议得到其至少80%。如果不是财产，他们主张销毁这些精液以保护其家庭的私生活权，阻止后生的子女闯进现存的家庭，并阻止对家庭产生额外的感情、心理和经济上的压力。在初审判决中，加利福尼亚上诉法院持精液财产说，把它们列为遗产的一部分。3年后，同一法院推翻了自己的判决，把剩余的12瓶精液判归赫希特专有。关于受精卵的案例如下。田纳西州的戴维斯夫妇，两人受不孕症之苦，于是安排自配子人工受孕，获得了7枚受精卵。正当此时，他们闹起了离婚，由此发生这些卵子的归属问题。法院考虑到它们成为人的潜在可能，把这些卵子断为既非人又非财产的私生活，判处丈夫的不为基因意义上的父亲的权利优于妻子的把多余的受精卵捐赠给他人产生孩子并养育的权利。精子和卵子的案例说明，人与财产的二分法不够用，需要两者的中间地带私生活的概念。

十三、虚拟财产

虚拟财产是一种以电磁记录为载体存在于网络虚拟空间的私人财产，它是不以人的意志为转移的客观存在的物。虚拟财产是客观存在的，因此"虚拟"不是指这种财产的价值是虚幻的，更不是指此种财产的法律性质是虚幻的，而是为了与传统的财产形成明确的区分，表明虚拟财产是因网络虚拟空间而存在。虚拟财产是存在于网络空间中的财产：一是网络游戏的玩家们的游戏账号、通过游戏获胜或购买取得的"宝物""武器""级别""段位"等；二是网民在网站上发表的帖子、照片等；三是自然人或法人购买或免费获得的邮箱及其内存信息等；四是经注册的域名。就第三种虚拟财产，在美国发生了案例。2004年11月，美国军人贾斯汀·埃尔斯沃斯在伊拉克阵亡，其亲属向雅虎网站要求其儿子的电子邮件账号，因为他们将之视为贾斯汀的遗物或财产，但雅虎以保护用户的私生活（通信私生活）为由拒绝，结果被贾斯汀的亲属告上法庭。他们的律师布赖恩·戴利认为，银行拥有储户的存款账户，并不代表银行拥有账户内的存款。此说的宗旨在于主张网络活动的参加者对自己在网络上留下的活动结果享有所有权，此等权利不应属于网络平台的提供者。韩国、我国的台湾和香港都制定了法律保护上述虚拟财产。

综观各国各地立法，有关虚拟财产的专门法律还较为鲜见，但韩国及我国台湾、香港等地均已出台了相关规定或司法判例，肯定了虚拟财产法律上的价值。学术界就此问题形成了否定说、物权说、知识产权说、无形财产说、债权性权利说以及区别说六种学说，但又有着颇多争议，尤其是具体适用于各类网络争议时总存在着这样或者那样难以自圆其说的地方。

我国法院在审理虚拟财产案件时，大部分是参照适用《宪法》《民法通则》以及2000年底全国人大常委会制定的《关于维护互联网安全的决定》的笼统规定，《消费者权益保护法》虽然规定了消费者的多达九项权利，但是游戏者对其网络虚拟财产的权利并没有包括在内。虽然游戏者和网络游戏运营商的关系也是一种消费关系，但是依靠该法并不能有效保护游戏者的权益，而且网络虚拟财产被侵犯不仅涉及网络游戏运营商和游戏者，还常常涉及第三方，也因而超出了该法的调整范围。《中华人民共和国物权法》第5条规定"物权的种类和内容，由法律规定"，使得那些事实上存在，但是没有被法律所承认的网络虚拟财产失去了《物权法》的保护。目前我国相关的立法现状不尽如人意。虚拟财产引发的主要问题为：虚拟财产的法律属性不确定，虚拟财产主体的权利义务不明确，虚拟财产的价值难以评估，虚拟财产案件中的举证责任不明。应加强我国对虚拟财产的法律保护，应该尽快由立法机关制定相应的法规，规范和指引虚拟财产主体的行为，要加大对恶意第三人的惩处，预防第三人侵权及犯罪，明确分配虚拟财产中的举证责任，建立健全的虚拟财产法律保护体系。

思考题

1. 产权的理论内涵。
2. 担保物权的种类。
3. 如何构造中国的用益物权体系？

第十一章

物权请求权与时效制度

第一节 物权请求权制度的性质

民法物权请求权制度,源于罗马法。罗马法时代,尽管无物权请求权这一概念,且物权请求权制度与罗马法观念也不相容,但现代意义上的物权请求权制度之基本内容,如基于所有权受侵害得提起的所有权返还之诉、所有权保全之诉,基于役权妨害得提起所有权返还之诉等,已大体形成。1804年《法国民法典》未能将其确立为一项独立的制度,对物权的保护主要委之诉讼法完成。1896年通过的《德国民法典》正式确立物权请求权,建立了较为完善的物权请求权制度,如基于所有权的返还请求权制度、除去侵害请求权制度、不作为请求权制度,及基于占有的物上请求权制度等。以《德国民法典》有关物权请求权制度的规定为蓝本,1907年的《瑞士民法典》及1958年的《韩国民法典》等,莫不确立了相应的物权请求权制度。我国自1956年生产资料私有制的社会主义改造完成,民法理论上始终未有物权请求权概念。1986年颁布《民法通则》后,民法理论开始涉及物权请求权问题。

物权请求权,指物权的圆满状态受到妨害或有被妨害之虞时,物权人为恢复其物权的圆满状态,得请求妨害人为一定行为或不为一定行为的权利。

物权请求权为罗马法以来近现代大陆法系民法上的一个重要概念，是物权法的重要组成部分之一。近现代各国民法，如德国民法、瑞士民法及1958年韩国民法等，均建立了明文的物权请求权制度。日本民法虽仅规定了占有之诉制度，但经判例的解释与学说的协力，现今也构筑起了完善的物权请求权制度体系。物权请求权，为基于物权而生的一项独立请求权。因此从理论上言，无论所有权或他物权，均发生物权请求权。基地使用权和邻地利用权等用益物权虽为定限物权，非属对于物进行全面支配的权利，但也具有对物进行部分支配的性质，且在其存续的时间和空间上，其支配性质也包括对物的所有人的对抗和排斥。因此在基地使用权人和邻地利用权人的权利受到妨害时，同样得提起返还之诉、妨害除去之诉及妨害防止之诉。

大陆法系各国民法典确立的留置权制度，除德国、法国及意大利民法的留置权制度为债权性质的留置权制度外，多数国家如瑞士、日本等国民法的留置权制度均为物权性质的留置权制度。我国现行留置权制度系采与多数国家同样的立场。由于留置权以债权人（留置权人）对于留置物之占有为其成立与存续要件，因此如债务人提供相当担保或因清偿债务而使留置权消灭时，留置权人应立即返还留置物于债务人，同样也就丧失留置物之占有，此时留置权人当然不能基于本权请求返还留置物，也不得提起占有之诉，请求返还占有。但是，留置物因被侵夺而丧失占有时，留置权人得基于本权——留置权而提起物权请求权，请求返还留置物。质权，以将债务人或第三人提供的质物移转债权人占有为其成立与生效要件。因而质权人于丧失质物占有、质物受到妨害或有被妨害可能之时，提起质物妨害排除请求权及妨害预防请求权，以保全质权的圆满状态。

关于物权请求权的性质有以下观点：

第一种观点认为，物权请求权是物权作用的体现，因此可以将物权请求权视为物权的消极的权能（简称物权作用说）。物权之权能有积极权能和消极权能之别。对积极权能来说，物权人有对物的占有、使用、收益和处分的权利;对消极权能来说,物权人则有排除他人干涉的权利,物权请求权即为此所谓消极权能之表现。此观点认为,物权请求权不是一种独立的权利。权利有被侵害性,而物权请求权的"被侵害性"不存在,物权请求权是作为物权的救济手段出现的。物权请求权本身既无利益,也无内容。从各国的立法规定和司法判例来看,也很难得出物权请求权就是一种独立的权利的结论。

第二种观点认为, 物权请求权是一种既与物权有密切联系又类似于债权,或者说是一种既不同于物权也不同于债权的独立的请求权类型(独立请求权说)。就物权请求权与物权的联系与不同而言,尽管物权请求权是基于物权而产生的,而且与物权不可分离,但它不同于物权本身,这表现在物权请求权只能发生在特定的当事人之间上, 在性质上仍然是以请求相对人为一定的行为与不为一定的行为的权利。物权请求权是一种相对法律关系,它和作为绝对权的物权是有区别的。就物权请求权与债权的相同点而言:它们都是关于特定主体间的法律关系,法律关系类型无异。就不同点而言:首先,物权请求权以物权的存在为前提,债权请求权以债权的存在为前提;其次,物权请求权具有消极性,债权请求权具有积极性;再次,物权请求权的目的在于恢复物权的圆满状态,债权请求权的目的在于补偿损害;最后,基于物权的优先效力,当物权请求权与债权请求权并存时,物权请求权有优先的效力。

第三种观点认为,物权请求权并非物权的作用,而是物权受到侵害后产生的债权,因此应当适用债权的规定(债权说)。该观点认为,债权是对一类请求权的概括, 就债权而言, 凡为特定民事主体之间请求为特定财产行为者,均应属债权。至于债权产生的根据、目的等,均不影响其权利本身的性质。物权请求权是物权受到侵害后产生的债权,是请求权,属于侵权行为之债的一种并完全可以被侵权请求权所容纳吸收。

第二节　时效制度的理论问题

时效，是指一定的事实状态持续经过一定的期间即产生一定法律效果的法律事实。民法上的时效分为取得时效和消灭时效:因占有他人财物的事实状态持续经过法律规定的期间而取得该财产的权利,称为取得时效;因不行使权利的事实状态持续经过法律规定的期间而丧失权利,称为消灭时效。

取得时效是物权取得的方式,而消灭时效则是请求权消灭的原因。自德国民法将取得时效和消灭时效分别规定以来，取得时效和消灭时效更加被看作两种不同的制度,其间并不存在制度上的联系。但是,另一种情形是将取得时效与消灭时效简单地嫁接起来，认为消灭时效完成后可以通过取得时效解决物的权利归属问题,取得时效被赋予解决消灭时效“遗留问题”的功能。这种见解已成为主张我国应规定取得时效制度的主要理由。2002年全国人大常委会法工委提出的《中华人民共和国民法》(以下简称草案和民法草案)关于取得时效的规定正是反映了这种见解。草案总则编第105条规定:“权利人不行使权利,致使诉讼时效期限届满,占有人以所有的意思,公开、持续占有他人不动产经过5年的,取得该不动产的所有权。”第106条规定:“权利人不主张权利,致使诉讼时效期限届满,占有人以所有的意思,公开、持续占有他人动产经过2年的,取得该动产的所有权。”

消灭时效完成不会导致所有权的消灭，消灭时效期限届满不会导致占有物的所有权关系的改变，只是所有权人因时效完成其请求返还的权利可能遭受占有人的拒绝,因此无法恢复所有权的圆满状态。当占有人依据时效而拒绝返还时，就会形成所有权人虽对物享有任何权利但不能恢复其占有状态，而占有人对物不享有任何权利却可以占有该物而不用归还所有权人这种极为尴尬的法律状态。

取得时效,指无权利人以行使所有权或其他财产权利的意思公然、和平地持续占有他人的所有物,经过法律规定的一定期限,即依法取得其财产所有权或其他财产权的法律制度。自罗马法以来,各国民法莫不承认取得时效制度。而法律所以承认此项制度,乃在于维护因一定事实状态持续达一定期限而建立的新的经济生活秩序,以期能尽速确定当事人间的法律关系。在古代罗马社会,取得时效制度仅在两个方面发挥作用:第一,弥补在物的转让方式方面出现的缺陷(比如,对要式物实行让渡);第二,弥补转让人在权利方面的缺陷(比如,出卖人不是所有主)。"其适用范围是很有限的,仅限于在民事流转过程中因受让物存在法律上的瑕疵的场合,而不适用于所有占有他人财物的场合,例如窃取的物或武力夺取的物从来就不能适用时效取得。因此在罗马法上,取得时效制度的意义仅在于弥补交易的瑕疵,而非通常获得取得所有权的"有效方式"。近代以来,虽然各国民法都规定了取得时效制度,但取得时效作用日益减弱,主要是由于善意取得制度和不动产登记制度的确立,使得取得时效的适用范围变得狭小。

关于所有权取得时效的构成要件,罗马法与近现代各国法的规定未尽一致。日本民法将取得时效分为普通取得时效(长期取得时效)与特殊取得时效(短期取得时效),基此对二者规定了不同的要件。但在德国民法和法国民法中,则无此区别,而一律要求占有人占有须为善意占有,否则不发生时效取得所有权的问题。所有权取得时效构成要件:①占有人对动产和不动产的占有须为自主占有、和平占有及公然占有。自主占有,指占有人以自己所有的意思占有标的物,为时效取得所有权的核心要件。大凡基于占有媒介关系而占有他人之物的,如承租人、保管人、借用人、基地使用权人、质权人及留置权人等对物进行的占有,均属于他主占有,除此以外的占有,多为自主占有。他主占有因非以所有的意思而占有标的物,故无论经过多长时间,都不发生时效取得所有权问题。和平占有,指非以暴力或胁迫手段取得或维持的占有。公然占有,指不带隐秘瑕疵的占有,对标的物予以占有的事实向社会公开，不加隐瞒。②占有之始是否须为善意，德国、瑞士及法国法采肯定立场，认为唯占有之始为善意，始可发生时效取得所有权，否则根本不发生时效取得所有权之问题。而日本则采否定立场。按照日本民法，占有之始无论善意与否，均可发生时效取得所有权。但同时又规定，如果占有人占有之始为善意并无过失的，其取得不动产所有权的时效期限为短；反之，占有之始若为非善意的，则时效取得不动产所有权的期限为长。③占有必须达到法定期限，期限的经过是取得时效的构成要件之一。只有占有达到一定的期限，取得时效才能完成。为此，只规定取得时效制度的国家和地区，均规定了取得时效的期限。当然，取得时效期限的长短，应该根据财产权利的种类和性质而定。

《德国民法典》规定，动产的取得时效期限为十年，不动产的取得时效期限为三十年。取得时效一经中断，已经过的期限即失去效力，须再具备取得时效的要件时，始能重新开始起算取得时效。但其效力是对一切人发生还是仅对特定人发生，则因中断事由之不同而有所不同。在取得时效因占有丧失、占有意思变更而中断时，其中断的效力具有绝对性，从而对一切人均得发生，取得时效因起诉、请求、承认而中断时，其中断的效力则具有相对性，仅在有关当事人间发生。主张时效取得所有权人，就其对标的物有占有关系，负有举证责任。占有人对标的物之占有，推定为自主占有、和平占有及公然占有。

《法国民法典》第2230条前段规定，占有人在任何时候均应推定以所有人名义为自己占有。所有权以外的财产权，不仅包括他物权，而且包括债权、继承权及知识产权中的财产权。这些财产权能否成为取得时效之客体，日本通说认为，与取得实效之本旨不合的权利不得为其客体，不继续的地役权如吸水地役权和不表现的地役权如不作为地役权等，不得为取得时效的客体。此外，基于法律的直接规定而成立的权利，如留置权、优先权，以一定身份关系为前提的权利，如受抚养的权利，及一次行使即归消灭的权利，如取消权、解除权、买回权等，也不得为取得时效的客体。在德国，依民法典规定，唯以物之占有为要素的限制物权始可为时效取得之客体，而除此以外的财产权不可以。

人格权与身份权。由于与权利主体的人格、身份有不可分离的关系，不发生时效取得问题。法律规定不得适用取得时效的权利。地役权依法律直接规定而成立的权利，如留置权、优先权等也不得为取得时效的客体。因一次行使即归消灭的权利，例如撤销权、解除权、买回权、选择权等形式权以及以一次之给付为标的的债权，无从继续性地加以行使，故不得为取得时效的客体。基于身份关系而发生的专属财产权，例如受抚养的权利、受领退休金的权利，夫对妻的财产的用益权等，不得为取得时效的客体。抵押权，不得为取得时效的客体。须支付一定对价始得成立的权利，如租赁权、永佃权等，不得为取得时效的客体。

关于消灭时效效力的立法例，有实体权（债权）消灭、请求权消灭和胜诉权消灭三种。日本采取实体权（债权）消灭说，《日本民法典》第176条第1款规定："债权，因十年间不行使而消灭。"德国采取请求权消灭说，《德国民法典》第194条第1款规定："要求他人作为或不作为的权利（请求权），因时效而消灭。"苏俄民法采取胜诉权消灭说，1923年的《苏俄民法典》第44条规定："起诉权，逾法律规定的期限而消灭。"该"起诉权"实际上是指实体意义上的诉权，即胜诉权，而非指形式意义上的诉权。我国《民法通则》第135条规定"向人民法院请求保护民事权利的诉讼时效期限为2年"，采取的是胜诉权消灭说。

时效的适用只是在权利人行使请求权之时，如权利人不请求，自无时效适用的必要。因此时效总是针对请求权的，或者说时效的客体应是请求权，而不是其他权利。但是并非所有的请求权都适用消灭时效，请求权因其基础法律关系不同，大致可分为债权请求权、物权请求权和身份上的请求权。债权以请求权为内容，基于债的关系而产生的请求权应适用消灭时效，债权人因债务人不履行义务而产生的损害赔偿请求权（即第二次请求权）也适用消灭时效。身份上的请求权包括夫妻同居请求权、亲属之间的扶养请求权、退休金请求权、抚恤金请求权等。只要这种身份关系存在,其请求权就存在;倘若身份关系归于消灭,其请求权也随之消灭。原则上不应适用消灭时效。如果此种请求权单纯以财产利益为内容,则可适用消灭时效。

理论上争议较大的是物权请求权能否适用消灭时效的问题。有的学者主张物权请求权不应适用消灭时效；有的学者主张物权请求权应适用消灭时效;而有的学者则区分不同的物权请求权,主张部分适用。例如,有的学者主张返还原物请求权和恢复原状请求权适用消灭时效，排除妨碍请求权和消除危险请求权不适用消灭时效；也有的学者主张已登记的不动产物权所生的请求权不适用消灭时效，但未登记的不动产物权和动产物权所产生的请求权则应适用消灭时效的。

主张物权请求权适用消灭时效的主要理由是，物权请求权也是独立的请求权,既然债权请求权适用消灭时效,物权请求权就没有理由不适用消灭时效。主张物权请求权不应适用消灭时效的主要理由则是,物权请求权与物权不可分离,它与物权共命运;既然物权不适用消灭时效,则物权请求权也不能适用。

法、德等国,物权请求权的消灭时效期限长,甚至超过取得时效的期限。如果发生占有人以所有的意思长时间占有他人财物的情形,一方面占有人大多可以依据取得时效而主张所有权取得;另一方面,如占有人不主张时效取得,也可依据消灭时效对抗所有权人的权利主张。在这种非所有权人几十年占有他人财物的情况下,不论是援用取得时效还是援用消灭时效,维护几十年占有形成的新财产秩序。我国在现行民法体制下对物权请求权适用消灭时效不合理的主要原因在于诉讼时效期间太短,适用诉讼时效有违时效制度的宗旨。依《民法通则》第135条规定,一般诉讼时效期限为2年,如财物被他人占有仅仅超过2年的期限,所有权人即丧失请求返还的权利是不合理的。

物权请求权原则上应可适用消灭时效。关于停止侵害请求权,其作用在于消除侵权人正在实施的侵权行为。如果行为人的侵害行为已经停止,物权人自无请求停止侵害之必要，因此停止侵害请求权根本上就无适用消灭时效之可能，关于排除妨碍请求权和消除危险请求权，如妨害或危险已经消除,自然也就不发生排除妨害请求权或排除危险请求权,因此排除妨碍请求权和消除危险请求权也不存在适用消灭时效问题。实际上只有返还原物请求权和恢复原状请求权适用消灭时效。

各国民法都将消灭时效期限分为普通消灭时效期限和特殊消灭时效期限。物权请求权的时效期限一般都比(多数)债权请求权的时效期限长。法国民法典将物权请求权归入普通消灭时效的范围,时效期限为30年;而有关损害赔偿请求权、工资报酬请求权、租金请求权等债权请求权,其时效期限则为10年、5年、2年、1年甚至仅为6个月。

德国民法修改后的规定更为明确，有关返还原物请求权的时效期限为30年,与土地有关的请求权的时效期限为10年;而关于一般债权尤其合同债权的请求权的时效期限为3年,期限区别非常明显。在日本,债权的消灭时效最长为10年,而关于他物权的时效期限为20年,关于债权请求权的时效偏向债务人,关于物权请求权的时效偏向物权人,某些合同之债的时效期限比其他债权请求权的时效期限要短。

法国民法规定一般请求权的时效期限为30年,但关于教师授课报酬、酒店费用、医疗费、律师费、工资、房地产租金等特定合同债权,其时效期限为6个月、1年、2年或5年。德国民法原规定一般请求权的时效期限为30年,但关于商人对非商人提供商品或劳务所产生的货款或费用、运费、酒店费用、租金、工资报酬、医疗费、律师费等特定合同之债请求权,规定了2年的短期时效期限。2001年修订后,虽将一般请求权的时效期限改为3年,但废除了上述关于短期时效的规定,使得适用短期时效的上述债权请求权变为一般债权,仍适用3年的短期时效。日本民法规定一般债权的时效期限为10年,但关于医疗费用、工程报酬、律师费、商人销售产品的货款、短期受雇的报酬、运费、房屋租金、酒店费用等特定合同的债权，其时效期限为3年、2年或1年。

依我国《民法通则》规定，普通诉讼时效期限为2年（第135条），特殊诉讼时效期限为1年；上述时效期限从权利人知道或应当知道权利被侵害之日起计算，但从权利被侵害之日起超过20年的，其胜诉权也归于消灭。我国关于诉讼时效期限的规定简单，时效期限短，没有区分债权请求权和物权请求权，时效制度的根本意义不在于限制权利本身，而在于维护业已形成的与原有的法律关系对抗的新的秩序。只有当权利人不行使的事实持续经过较长的期限时，才使得由此形成的社会关系具有确定性和稳定性。

请求权形式多样，其时效期限起算也各有不同。请求权的内容可分为以请求相对人为一定行为（作为）的请求权和以请求相对人不得为一定行为（不作为）的请求权。前者的时效应自请求权可行使时起计算，后者则应以义务人为该行为之时起计算。关于合同之债请求权，有约定履行期限的，时效期限应从债务到期时起计算；未约定履行期限的，时效期限应从债权成立时起计算；采取分期付款方式的债权请求权的时效期限，只能从最后一期款项期限届满时开始计算。关于损害赔偿请求权，时效期限应从权利人知道损害发生及赔偿义务人之时起计算。关于不当得利之债请求权和无因管理之债请求权，时效期限应从不当得利之债或无因管理之债成立时起计算。关于返还原物请求权和恢复原状请求权，时效期限应从财物被不法占有或损坏之时起计算。关于单纯以财产利益为内容的身份上的请求权，时效期限应从请求权成立之时起计算。

消灭时效中断的事由可分为两种：一是行使权利。如权利人行使权利，时效发生中断，已经过的时效期限归于无效，待中断的事由消除后，时效期限重新起算。请求权行使的方式包括向法院提起诉讼、申请支付令、申报债权、申请仲裁、向有关部门申请调解，以及直接以书面或口头的形式要求义务人履行义务等。二是义务的确认。在时效进行过程中，如果义务人对其义务予以确认,则使得请求权关系得以再一次地确定,应发生中断。确认义务的形式包括义务人以书面或口头的形式确认其义务、义务人部分履行义务(包括支付利息、支付违约金)、义务人或第三人提供担保以及当事人双方重新订立协议等。

取得时效中断的事由也可分为两种:一是丧失占有。如果丧失占有,不论是由于何种原因,取得时效即丧失得以适用的基础,应中断进行。二是占有状态的变化。在取得时效制度中,占有人须以所有的意思,公开、和平地占有,时效方可进行。占有人承认所有人对占有物的所有权,或因所有人的请求而达成租赁协议时,占有状态即从以所有的意思而占有转化为非以所有的意思占有,取得时效应中断进行。占有人在时效进行过程中,如转变为以隐蔽或暴力的方式占有,也应发生时效中断。

在发生不法占有时,如所有人行使请求权,要求占有人返还原物,则所有人的消灭时效因权利行使而中断。此时是否同时引起占有人的取得时效中断呢?《德国民法典》第941条规定:"对自主占有人在法院主张所有权请求权,或者在间接占有的情况下,从占有人处受让占有权的占有人主张同样请求权时,取得时效中断;但此种中断仅在对导致中断的人有利时始发生效力。"法国民法、日本民法将取得时效和消灭时效的中断一起规定,请求是导致时效中断的事由之一,因此也应认为所有人行使返还原物请求权同时导致取得时效的中断。

使权利人承担消灭时效完成的不利后果,是因为权利人怠于行使权利,但如果权利人并非怠于行使权利而是因为客观障碍不能行使权利,时效期限应中止计算,待中止的事由消除后,时效期限继续计算。导致消灭时效中止的事由是妨碍权利人行使权利的客观障碍。只要占有人的占有符合法律的规定,在时效期限届满时,即发生所有权取得的效力,当所有人因客观障碍而不得行使返还原物请求权导致消灭时效中止时,如取得时效不暂停计算,必将导致消灭时效中止制度丧失其意义。因此,返还原物请求权的消灭时效发生中止问题有待深入研究。

思考题

1. 物权请求权的内涵。
2. 取得时效中断事由。

第十二章
私法自治契约自由与公序良俗的理论与实践

第一节　私法自治契约自由的立法与实践

一、私法自治

私法自治是私法的最高原则,自治是私法的根本价值。私法自治的含义是:在私域的范围内,只要不违反法律,当事人的意思表示就在当事人之间发生法律效力,法律应尊重当事人的意思表示,不得非法干预。地位平等是私法主体的一种不可缺少的价值追求,它排除了性别、财产、籍贯等差别和身份等的限制,私人生活内容极其丰富,范围极其广泛,种类极其繁多。民法只需从私人生活的规律中抽象、归纳出一般规则和一般制度来对此加以调整。法律的主要功能不是执法干预人民的行为,而是赋予人民完成的行为具有某种法的效力。

从古罗马法发展至今,私法具有内在的法律行为的调整机制,具有一套完整的规则体系,私法具有内在的价值评价体系,保障了私法主体在具体法律关系中的公平、平等。私法具有独有的制度体系,如民事权利能力制度、民事行为能力制度、交易安全制度等，有效地维护着私法主体的自治。私法具有独有的责任体系，确保私法主体能够在私法关系中有效地实行自治，保护私法主体通过自治而取得的权利和利益。因为私法以主体地位平等、机会平等为其确立的前提；以竭力保障权利、救济权利的权利本位观为其基础；以契约自由为其核心内容；以维持有效竞争为其主要功能。以自治为特征的私法当为市场经济的必然选择。

私法自治的内涵包括私权神圣、身份平等、意思自由及过错责任等内容。所谓私权神圣，即民事权利受到法律的充分保障，非依法定的程序，任何人或任何机关不能予以限制或剥夺。私权神圣的核心是人格权神圣与财产权神圣。身份平等，即民事权利能力的平等。意思自由，这是私法自治的核心，表现为遗嘱自由、契约自由及设立团体的自由，其中最重要的是契约自由。过错责任即行为人在有过错的情况下才对自己的行为承担责任，行为人对其自由意志支配下的行为承担责任，这是私法自治的当然要求。

19世纪末和20世纪初以来，资本主义进入垄断时期，使支持个人的自己责任的社会、经济伦理发生动摇。大多数大陆法系国家通过立法或判例改变了传统的"所有权绝对、契约自由、过错责任"的基本原则，而代之以"所有权行使应受限制、契约自由受到干预、无过错责任"的原则。契约自由限制，不应表面化理解为就是限制契约自由，而应理解为对那种异化的契约自由的限制，也即限制优者强者胜者的单方面的契约自由。限制他们支配劣者、弱者、败者的自由，这种限制实质上是创立了人们的平等地位，平衡了人们的缔约能力从而真正实现了契约自由。在法律思想方面出现了社会连带主义，否定个人权利，强调权利的社会性和个人义务的思想。权利之行使应有限制观念，权利不得滥用原则应运而生。

1855年，法国科尔玛法院创立了禁止专为损害他人而行使所有权的判例。侵权法从过错责任到无过错责任转变，标志着加害人从一般的注意义务到较高的注意义务递升。应看到无论契约自由受限制、权利滥用的禁止、责任承担方式的转变,都没有实质上的改变,民法规范大部分是任意性规范,没有改变私法自治之精神,其实质是个人利益与社会利益的协调。

二、契约自由

所谓契约自由，是指订立合同的当事人可以决定是否订立合同以及考虑什么条款对他有利的自由。亚当·斯密在他的《国富论》一书中表示支持自由贸易的主张,反对当时实行的经济保护政策,合同自由已被提出作为典范而进入古典经济学理论。契约自由的哲学基础是欧洲的人文主义思想。人文主义产生于14世纪的意大利，是资产阶级启蒙运动中针对天主教神学统治而倡导的一种人生观和世界观。个人主义、个性发展则是与自由主义相伴而生的孪生兄弟,启蒙思想家认为,只有自己才对本人的利益关切最深、了解最透,因而个人有支配自己意志和行为的绝对自由,此乃天经地义的事情。而从个人行为出发是人类整体经济和政治活动的出发点，社会作为个人的集合体,没有个人的充分发展就没有社会的存在。

启蒙思想家关于人格独立、自由、平等、权利的理念奠定了私法自治、意思自治、契约自由等理念和原则的哲学基础。人也完成了“从身份到契约”的转换。亚当·斯密首先肯定了市场主体在市场中的自我地位和价值,将市场主体假设为“经纪人”。作为经纪人,会不断努力地为他自己所能支配的资本找到最有利的用途。每个人根据利益驱动机制完全可以促进个人利益最大化,并进而最终促进社会财富和利益的最大化。

契约自由思想的萌芽虽然始于以平等和私法自治为终极关怀的罗马法,但很大程度上只是作为罗马法的一种理想境界而存在。因为在有皇帝和臣民、主人与奴隶、贵族与平民的等级社会中,真正实现契约自由是不可能的。启蒙思想家们以非凡的想象力将契约自由理论引入政治社会,针对“君权神授”论提出了充满智慧的“社会契约”理论。“在自然状态下每个人虽然可以悠然自得地享有自由和财产，但是却没有能力为这些权利提供安全的保障，于是人们就订立契约结合在一起，建立一个由政府统辖的国家，让国家来为每一个缔约者提供保障。”

在法国，其合同制度是以罗马法为基础的。《法国民法典》包含2281条，近一半的篇幅规定合同法律制度。法典给合同下了一个概括性的定义：“合同为一种合意，依此合意，一人或数人对于其他一人或数人负担给付、作为或不作为的债务。”法典规定，合同在当事人间具有相当于法律的效力。整个《法国民法典》充分体现了合同自由原则。根据这个学说，只要不违背法律、道德和公共秩序，每个人都享有订立合同的充分自由。它不仅可以自由决定是否缔结合同，还可以就合同的全部条款进行讨价还价。合同已经订立，当事人就绝对地受合同约束。合同所规定的当事人的义务，在任何情况下均不许免除。

在德国没有一部统一的合同法，关于合同主要是由《德国民法典》第2编（债的关系法）来调整。此外，有关合同的最重要的一部法律就是《一般交易条件法》，还有《商法典》和一些专门调整某种合同关系的单行法。这些法律构成德国的合同法律体系。在德国的任何法律中都找不到合同自由的字眼，但德国大多数学者都比较一致地认为，合同自由这一无可争辩的权利主要是从基本法第2条自由发展个性权引申出来的。

私法是认可私人的合法处分权的。私人自治（也是权利自治），是指在私人领域自己决定、自己负责地处理自己的事务。在私人自治范围内所作的决定，与立法者所立的法律具有相同的法律作用，它对所有当事人都具有约束力。在发生争议时，对法官也具有约束力。民法典中的大量条款是非强制的规定，当事人双方可作出与之不相符的约定来取代这些规定，但是当事人双方的任何决定都不得与法律禁止性的规定相冲突，不得违反善良风俗。《德国民法典》总则第138条规定：“违反善良风俗的法律行为，无效。”不得违反诚实信用原则。《德国民法典》第152条规定：“合同的解释，应当遵守诚实和信用的原则,并考虑交易上的习惯。""债务人应依诚实和信用,并参照交易上的习惯,履行给付。"根据英国法律,所谓合同自由原则,是指合同当事人就任何条款发出协议,法律承认其效力。但是该原则受以下三种限制:

一是默示条款。默示条款不是当事人双方协议达成的,而是来自法律或者商业习惯。1979年的英国《货物买卖法》、1982年和1994年的《货物及服务提供法》规定合同必须包含以下默示条款:"①货物必须具备合理的质量;②货物必须符合其出售的合理的一般用途;③如果货物是通过说明书出售的,必须与说明书的描述一致;④如果货物是通过样品出售的,必须与样品一致;⑤提供服务必须有相应的技术,行使合理的注意。"

二是不公正条款。如果协议中存在不公正条款或免责条款,法律可以限制这些条款的效力。在这方面的立法主要是1977年的《不公正合同条款法》和1994年的《消费者合同不公正条款规则》,其包含基本原则如下:①任何旨在免除人身伤亡的责任的条款无效。②任何旨在限制违反默示条款的责任的约定将受到限制。

三是合同形式要求。1977年的英国条款法规定担保合同必须有书面证据。

1999年3月15日第九届全国人民代表大会第二次会议通过的《中华人民共和国合同法》第4条明确规定:"当事人依法享有自愿订立合同的权利,任何单位和个人不得非法干预。"就该条订立的原则,学术理论界中分别有三种不同的界定,一种认为,该条确定是自愿原则;第二种认为是自由原则;第三种认为是相对自由原则。

第二节 公序良俗的理论与实践

公序良俗是公共秩序和善良风俗的合称。在德国的有关判例中,公序良俗表述为一切公平和正义的思想者之礼仪感。公序良俗包括“公序”和“良俗”两个方面的内容。公序即公共秩序，指国家社会的一般利益，而良俗，即善良风俗，学界一般认为系指为社会、国家的存在和发展所必要的一般道德，是特定社会所尊重的起码的伦理要求。最先对公序良俗作出规定的是1804年的《法国民法典》，该法典第6条规定：“个人不得以特别约定违反有关公共秩序和善良风俗的法律。”此后德国、日本等国民法典都对公序良俗问题作了明确规定。我国《民法通则》第7条规定：“民事活动应当尊重社会公德，不得……扰乱社会经济秩序。”

德国公序良俗制度主要规定在民法典中。根据《德国民法典》第138条的规定，①违反善良风俗的法律行为无效；②特别是法律行为系乘他人的强制状态，无经验、判断力欠缺或显著意志薄弱，使其对自己或第三人的给付作财产上利益的约定或提供，而此种财产上的利益对于该给付显失均衡者，该法律行为无效。德国法的这条规定只有良俗概念而无公共秩序的概念，把有关暴力行为的规定明文化。那么是什么原因导致德国法没有公共秩序概念呢？德国学者认为，法国法中的公共秩序概念具有不确定性，这与德国法所推崇的法律概念的严谨性和准确性是不相符的。在德国的判例中，良俗的违反一般以“公平和正义的思想者之道义感”为标准，由裁判官进行自由裁量。按照德国的司法判例，律师约定收取胜诉所得金额的一定比例是违反职业道德的。此外，通过法律行为设立性交义务的行为，如有偿从事性交行为为内容的合同，即如卖淫行为，以展示性行为为业的行为等；行为人故意诱导债务人不履行其法定义务的行为；双方为消费借贷或其他信贷约定了特别高的利息，销售暴利行为，租赁暴利行为；助逃合同、涉及环境侵害的合同、诱使他人违约的行为，夫妻之间的订立的附条件抚养合同、残疾人遗嘱、借腹生子合同、无效的保证行为等，皆属违反良俗的行为。

法国对于公序良俗的规定是将公序和良俗相并列。《法国民法典》第6条规定：“个人的约定不得违反有关公共秩序和善良风俗的法律。”第1133条规定，如原因为法律所禁止或违反公序或良俗时是为不法原因。第1131条规定,基于不法原因的债不发生效力。法国公序良俗理论的最大特点是以公序为中心来设计整个公序良俗制度,公序有两种存在形态,即政治公序和经济公序。政治公序是站在对于个人而言的社会的优越地位的立场上,防卫无限制的契约自由对社会主要组织、国家和家族利益的侵害的公序。这类公序又可具体分为:①关于国家利益的公序,②关于家族利益的公序,③关于道德的公序。其中关于道德的公序又包括:违反人格尊严的合意,如禁止结婚和再婚的契约;谋取不法利益的合意,如赌博契约、以开设妓馆为目的的房屋买卖或租赁契约;违反性道德的合意,如非法同居协议,姘居男女的赠与协议等。

经济公序则是为了调整契约当事人的契约关系对经济自由进行适当限制的公序。其表现形态是国家介入个人间的契约关系。对经济公序,从国家介入的目的来分可分为“指导型公序”和“保护型公序”。指导型公序是与统治经济相联系的概念,以贯彻一定的国家经济政策为目的,将个人契约有条件地纳入国家的宏观经济政策之内。典型的是价格规制公序。保护型公序是为了对劳动者、租借人、消费者、高利贷债务人进行保护的公序。例如,对高利贷的规制、对商事信用的规制、对消费者知情权的规制等。由于指导型公序所追求的是整个社会的利益而保护型公序所追求的是部分个人(弱者)的利益，因此法国的学说中多把政治公序和经济公序中的指导型公序的违反视为无效的行为来处理,这样一来更有利于对弱者的充分保护。

在英国,与公序良俗相当的概念是公共政策(Public Policy),这一概念最早出现在契约法上,其主要目的是为了讨论契约的不法性。18世纪后半期,以公序良俗(或与之相当的概念)为理由而否定契约上的救济的判例大量出现,其基本的表述是“不法的约定”、对法的一般原则的违反、对善良风俗的违反等,以上这些契约不具有法律效力。这些构成英国公序良俗概念的基石。19世纪以后,随着英国契约法的逐步体系化,波洛克把认定契约不法性的原因分为三种类型:①违反实定法,②违反道德和善良的风俗,③违反公共秩序。后来的学者又进一步把公序良俗的具体内容进行了类型化，英国法上的公序良俗的类型与大陆法国家大体相同。其主要不同之处在于,在现代英国契约法中,暴利行为和其他不当契约条款并没有规定在公序良俗概念里面,而是归入普通法上的“强迫”概念和制定法上的“不当影响”,及由此而整理出的“非良心性”概念或“交易交涉力的不平等性”概念,或者是依据普通法和制定法说所共同具有的“虚假陈述”或“不实表示”的概念来进行处理。

思考题

1. 私法自治契约自由的含义。
2. 公序良俗的含义。

第十三章
合同效力制度的演变

第一节　合同成立与合同生效的理论内涵

《合同法》实施之前，我国的合同法律制度没有对合同成立制度、合同效力制度作出详细规定，造成司法实践中，无论是未成立的合同，还是无效的合同，一律作无效合同处理。我国合同法设专章规定了合同效力（第3章），并有专门的条款规定缔约过失责任（第42条）。

一、合同成立

所谓合同成立，是指当事人就合同的内容达成一致的意思表示。合同主体是双方或多方的。按我国《合同法》第2条的规定："……合同是平等主体的自然人、法人、其他组织之间设立、变更、终止民事权利义务关系的协议，"当事人的意思表示一致，即合同是当事人就民事权利义务关系达成的合意，理论上的分歧是合同成立必须在哪些条款上达成明确具体的合意。立法与实践合同没有标的或数量条款，则当事人之间的权利义务关系不确定，合同事实上不能履行。与此有关的是，标的虽有明确约定，但该标的事实上不存在，或者订约时存在，订约后灭失或毁损，以至标的不能交付。此类合同是否成立？王泽鉴认为：标的约定明确但不能交付的，可分为两种类型四种情形：两类是指自始不能和嗣后不能；四种情形是指自始客观不能、自始主观不能、嗣后客观不能、嗣后主观不能。"自始""嗣后"是以合同成立的时间为标准的，"主观""客观"则以交付不能之事由为分界线。但无论任何情形，均认为合同成立，只是法律效果不同，除自始客观不能为无效合同以外，其他三种皆为有效合同。

我国《合同法》第44条规定："依法成立的合同，自成立时生效。"正是因为这一原因，我国法律和司法实践中，长期以来没有区分合同成立与生效的问题。区分合同的成立与合同的生效具有重大意义。从两者的概念和构成要件来看，合同的不成立是指当事人未就合同的主要条款达成合意，或未就法定的必须采取书面形式的合同达成书面的协议。而合同的无效是指合同在内容上违反了法律、行政法规的强行性规定以及公序良俗。从合同解释方法的运用来看，由于合同的成立主要体现当事人的意志，因此在合同当事人对合同的主要条款规定有遗漏或不明确而当事人又不否认合同的存在的情况下，应当允许法院通过合同解释方法，探求当事人的真实意思，确定合同的具体内容。如果合同的内容不符合法律规定的生效要件，则只能依据合同生效制度确认合同无效。合同即使未成立，但当事人已作出履行，则可以认为当事人通过实际履行行为达成了合意。

对于无效合同来说，因其在内容上违反了法律或行政法规的强制性规定和社会公共利益，因此合同具有不得履行性。如果当事人未就合同是否成立的问题在法院或仲裁机构提起诉讼或请求，而自愿接受合同的拘束，法院或仲裁机构不必主动审查合同是否已经成立。但由于无效合同具有违法性，因此对无效合同应实行国家干预的原则，无须经当事人是否主张无效，法院或仲裁机构可以主张审查合同的效力，如发现合同属于无效合同，应确认该合同无效。合同一旦被宣告不成立，那么有过失的一方当事人则应根据缔约过失责任制度，赔偿另一方所遭受的利益的损失，如果当事人已经作出履行,则应当各自向对方返还已接受的履行。对于无效合同来说,不仅要产生民事责任(如缔约过失责任,返还不当得利责任),而且将可能产生行政责任甚至刑事责任。

二、合同生效

所谓合同效力，即法律是否承认当事人的约定具有法律上的约束力以及效力从何时发生,具体包括合同有效、合同无效和合同生效。合同有效,则合同对双方当事人具有法律上的约束力,是法律对当事人约定的承认,当事人非经法定程序,不得变更或解除合同;合同无效,则是指当事人的约定因出现法律规定的情形为法律所否定;合同生效,是指依法成立的合同具备了法律规定或双方约定发生法律约束力的要件,自此,当事人双方必须严格履行各自的合同义务,否则要承担不利的法律后果(违约责任)。合同成立,注重的是当事人形成合意的事实过程,体现了法律对当事人意思的尊重;而合同效力则是合同的法律评价，体现了一国法律对合同自由的限制和对国家利益、社会公共利益的尊重,以防当事人滥用合同自由损害国家利益或社会公共利益。

在相当长的历史时期,我国合同法对于合同效力采取二分法:要么有效,要么无效。有效合同,进入履行阶段,当然允许当事人协议变更或解除,债务人不履行的,产生违约责任。无效合同,从订立的时候起就没有法律约束力。受此约束及影响,这一时期的司法解释、部门规章、地方性法规和地方规章也都规定了较为广泛的合同无效的原因。实践证明,合同无效过滥,增加了社会成本,造成了社会财富的浪费,不利于促进交易。

《民法通则》对民事行为的效力采取了有效、无效、可撤销、效力待定诸项制度各有明确的分工且相互衔接的模式。对于无效的原因,《民法通则》第

58条第1款予以较为详细的规定。为了使《民法通则》规定清偿明确，具有操作性，《最高人民法院关于贯彻执行〈中华人民共和国民法通则〉若干问题的意见（试行）》直接规定民事行为无效的，共有9个条文。1999年10月1日实施的《合同法》确立了有效、无效、可撤销、效力待定并有制度，限制无效的范围，在合同效力的制度设计上取得进步。

第二节　合同有效条件

一、当事人适格

作出意思表示达成合意的双方当事人必须具备法律规定的合同主体的资格，否则，其所订立的合同无效。限制民事行为能力人和无民事行为能力人可以成为合同权利的享有者、合同义务的承担者，他们当然可以成为合同主体。上述两类人一般不具有行使合同权利的资格，也不具有独立履行合同义务的资格，他们的权利义务由其法定代理人代为行使和履行。无民事行为能力人、限制民事行为能力人可以订立其纯获益的合同，如接受赠与、接受颁奖等。

二、合同不得违反法律的强制性规范

当事人订立合同的目的、合同中确定的条款、合同形式以及合同的程序等，均不得违反法律的强制性规定。法律规范依据强制程度的不同，可以分为强制性规范（包括义务性的作为规范和禁止性的不作为规范两种）和任意性规范，当事人不遵循任意性规范，不会导致合同无效，只有违反强制性规

范,才会导致合同无效或不生效。

必须违反了全国人大及其常委会制定的法律和国务院制定的行政法规,才能直接导致合同无效。最高人民法院1999年《关于适用〈中华人民共和国合同法〉若干问题的解释(一)》第4条规定:"合同法实施以后,人民法院确认合同无效,应当以全国人大及其常委会制定的法律和国务院制定的行政法规为依据,不得以地方性法规、行政规章为依据。"必须是违反了法律和行政法规的强行性规定。强行法规可分为强制规定与禁止规定二种:强制规定者,指命令当事人应为一定行为之法律规定;禁止规定者,指命令当事人不得为一定行为之法律规定。而禁止规定可再分为取缔规定及效力规定,前者仅系取缔违反行为,对违反者加以制裁,以禁止其行为,并不否认其行为之私法上效力,禁止性规定与强制性规定是不一样的,必须是违反了强行性规定中的效力性规定。按照王利明的观点,在认定合同效力时,有必要在法律上区分何为取缔规范何为效力规范。具体来说可以采取以下标准:第一,法律法规明确规定违反禁止性规定将导致合同无效或不成立的,该规定属于效力规范;第二,法律法规虽没有明确规定违反禁止性规定将导致合同无效或不成立的,但违反该规定以后若使合同继续有效将损害国家利益和社会公共利益,也应当认为该规范属于效力规范;第三,法律法规虽没有明确规定违反禁止性规定将导致合同无效或不成立的,违反该规定以后若使合同有效并不损害国家利益和社会公共利益的,而只是损害当事人的利益,在此情况下该规范就不应属于效力规范,而是取缔规范。例如,关于预售商品房的登记主要关系当事人的利益,法律设立该制度的目的是保护买受人的利益。所以要求办理预售登记的规范,应属于取缔规范,非效力规范。没有办理登记不应导致合同无效。一般来说,只有违反了效力性规定的合同才作为无效的合同,而违反了取缔性的规定,可以由有关机关对当事人实施行政处罚,但不一定宣告合同无效。这就需要区分违法和合同无效的概念。违法从广义上说包括了违反效力性和取缔性规范的行为,但无效一般只限于违反效力性规范的合同，只有部分违反取缔性规范的合同才有可能成为无效的合同。

对动机的违法是否无效的问题，学者看法不一，王利明认为，在一般情况下，动机不应当影响到法律行为的效力，不宜简单地以动机违法宣告合同无效。但在如下情况下，应当以动机违法宣告合同无效，即违法的动机被作为条件加以表示，或者成为合同的内容，或者相对人知道动机的违法等，才能宣告无效。

在我国合同法理论中并不存在相对无效的概念，谈到合同无效一般认为是指绝对无效。绝对无效和相对无效的区别主要表现在：绝对无效合同具有违法性，实行国家干预。对相对无效来说，是否主张合同无效可以由当事人特别是受害人决定。《德国民法典》第135、136条规定，所谓相对无效的制度，即这项行为可能仅仅相对于某个特定的人才不生效力，相对于其他一切人则是发生效力的。无效合同具有不得履行性。但对于相对无效的合同来说，是否主张继续履行可以由受害人自己决定。相对无效的合同需要经过当事人的请求，并经过法院的裁判予以认定。

三、当事人意思表示真实

合同是当事人双方内在意思的一种表现形式，但大陆法系和英美法系在意思表示是否真实的标准上，历来存在争议。大陆法系奉行主观主义或曰意思主义，即意思表示必须与当事人的内在意思一致，否则合同无效；英美法系则主张客观主义或曰意思表示主义，即当事人的意思表示如若不是在他人欺诈或胁迫，也不是在重大误解情况下作出的，即可认定意思表示真实。我国合同法主要吸收了英美法的观点。

在大陆法中，只要错误是根本的或重大的，表意人即可撤销已作出的错误表示，法律一般不考虑错误是仅仅由表意人一方的原因造成的，还是因双方当事人共同的原因或相互的原因造成的。法律同时规定,表意人行使撤销权须对相对人给予适当赔偿。与大陆法不同,普通法中的错误在制度构造上被划分为两个类型,即错误与虚假陈述。前者主要指非故意发生的错误,具体包括三种形态:双方错误、共同错误和单方错误。根据普通法,订约一方的错误原则上不能影响合同的有效性，只有当错误的发生引致双方当事人之间根本无一致的意思表示时,才能使合同无效。因此非故意发生的错误,不存在一方当事人的信赖保护问题。虚假意思表示,刚开始主要是指有意发生的错误,根据表意人对虚假事实认识的轻重,虚假意思表示一般被分为欺诈性虚假意思表示和疏忽性虚假意思表示两种情况，判例后来又发展出无意的虚假意思表示。虚假意思表示的基本规则是,一方当事人在订约中故意、过失或无意地给予对方当事人。

根据《德国民法典》第122条的规定,意思表示因错误和因传达不实而可撤销的,在应向他人进行表示时,表意人应向该他人,在其他情形,应向任何第三人,赔偿该他人或第三人因其信赖表示有效而遭受的损害,但不得超过该他人或第三人在意思表示有效时所具有的利益的数额。受害人明知无效或可撤销的原因,或因过失而不知(应知)的,不发生损害赔偿义务。

错误行为的撤销权由表意人享有,在撤销错误的意思表示时,表意人无须考虑相对人或第三人对表意人的意思表示是否发生了信赖；相对人或第三人无过失地信赖意思表示的有效只是其获得赔偿的条件，而不是撤销的条件。表意人应对善意信赖的相对人或第三人负损害赔偿责任,该责任并不以表意人的过失为要件。赔偿限于信赖利益,当信赖利益超过期待利益时,以期待利益为限。

在普通法中,当事人一方的行为如构成过失或无意的虚假意思表示,受害方可撤销意思表示,并可请求损害赔偿。英国《1967年虚假意思表示法》第2条第1款规定，一方当事人在对方对其作出虚假意思表示后签订合同并因此遭受损失的,尽管其意思表示不是欺诈性的,对方当事人应承担损害赔偿责任，除非其能够证明，其有合理的理由相信并在签订合同时也确实相信，其所为意思表示的事实是真实的。《美国侵权法重述》对过失与无意虚假意思表示的赔偿责任也有明确的规定，根据其第552条第1款的规定，在营业、职业、雇佣或其他有金钱利益的交易过程中，而提供作为他人交易之引导之不实消息者，如有怠于合理注意或无合理能力而取得或传达消息，就该他人之合理信赖该消息之金钱损失，应负责任。其第552C条第1款将无意的虚假意思表示界定为：买卖、租赁或互易的一方当事人，为了诱使他方当事人信赖其说明而作为或不作为，就重要事实作出虚假意思表示的，即便其作出虚假意思表示没有故意或过失，也应就他人当事人合理信赖该虚假意思表示所遭受的金钱损失承担赔偿责任。

在英美法中，表意人承担的是一种无过失的赔偿责任；损害赔偿责任可以违约或侵权为由向法院提起；强调表意人的诱使与相对人的信赖之间具有因果关系。大陆法中，撤销权属于表意人，法律之所以要求表意人承担对相对人的赔偿责任，主要原因不是在于对相对人合理信赖的保护，而是借着对相对人的信赖保护以尽量弥补撤销意思表示对交易安全造成的不良影响；在英美法上，撤销权属于受害人，即意思表示的受领人（相对人），表意人的赔偿责任主要在于保护交易中的合理信赖；虚假意思表示中的虚假，是指事实的虚假，不包括意见、意图或者允诺的虚假或前后不一；大陆法虽然不讨论错误的内容是否必须是一种事实，但根据常识，错误应限于事实。

大陆法民法上的欺诈是一内容广泛而又较为复杂的问题，欺诈行为有侵权法上的欺诈与法律行为制度中的欺诈之分；在法律行为制度内部，与欺诈有关的行为又有欺诈行为、受欺诈的表意行为和基于欺诈意图的意思表示行为之别。由于侵权法上的欺诈主要涉及违法行为责任问题，而表示行为中的欺诈则主要关系到行为的效力。

我国民法理论中有些学者曾笼统地将意思表示有瑕疵的行为称为“欺诈的民事行为”“胁迫的民事行为”“用胁迫方式进行的法律行为”“以欺诈方

式进行的法律行为"等。

法律行为制度中所说的欺诈行为具有特定的含义。各国民法均对欺诈行为设有这样的构成要求:一方面当事人故意告知对方虚假情况,或者故意隐瞒真实情况,诱使对方当事人作出错误意思表示的,可以认定为欺诈行为。可见,对于欺诈行为(即"知的表示")本身来说,完全不存在无效问题或可撤销问题。

因受欺诈而为的意思表示,则与欺诈行为截然不同。因欺诈之意思表示,谓依他人之欺骗行为陷于错误而为之意思表示,它们本质上是一有瑕疵的法律行为。尽管对此种不符合生效条件的法律行为在理论上也不妨称之为不合法行为或违法行为,但此种合法性标准与非表示行为为领域的违法性标准不可同日而语。法律对受欺诈的受害人显然仅应给予救济。正是基于这一考虑,多数国家的民法对此类行为人非但不课以责任或惩戒,反而赋予其撤销权的特殊保护。

虚假意思表示行为在传统民法中又称为"非真意思表示""虚伪表示"等,按照传统民法理论构成单方虚假意思表示须符合三个条件:其一,行为人"须有意思表示",与以虚假事实陈述为内容的欺诈行为具有本质区别;其二,行为人具有故意过错;其三,该非真实表意因素仅存于当事人一方,而对方不知表意人的表示与真意不符,否则将构成双方虚假行为或"有通谋的虚假表示",并产生不同的法律效果。大陆法多数国家的民法规定:法律行为人"故意隐匿其心中之真意,而表示了与其真意不同意义之意思表示"时,"其意思表示并不因之无效",学说中将这一规定也称之为"强制有效规则"。单方虚假表示行为的欺诈意图往往在履行阶段才表现出来。如果在法律上无视当事人行为时并无误解的事实,而在履行或纠纷阶段又允许欺诈人证明其意思表示与真意不符,证明受害人承诺属于"误解"或受欺诈,这实际上使虚假表意人对该法律行为的效力取得了选择权。各国民法中对于单方虚假表意行为的强制有效规定显然有利于强化虚假表示人的义务和责任,而使此类行为归于无效或可撤销则无异于放任欺诈行为。

恶意抗辩，是指当事人违反诚信原则，而针对对方的请求提出的抗辩。在审判实践中，一方当事人单独主动以其行为违法为由，要求确认合同无效，对于这种主动承认自己违法并承认自己行为无效的做法是否应当在法律上予以肯定？如甲在银行乙贷款，其提供的担保是虚假的，甲在欠款到期以后，拒不向银行乙还本付息。银行在法院提起诉讼，要求其还款。甲则称其在订约时提供了虚假的担保，已构成欺诈，要求法院确认该合同无效，并认为合同无效后，其不应该承担偿还利息的责任。王利明认为，应当区分如下三种情况处理：第一，应当区分合同是绝对无效还是相对无效，如果是绝对无效，则恶意抗辩人也可以主张无效，如果是相对无效，则对恶意抗辩人的主张不应予以支持；第二，要区分合同的违法性程度，考虑该行为违反的是效力性的规定，还是取缔性规定，如果违反了效力性规定，则应当直接认定合同无效；第三，要区分合同是否已经履行，如果已经履行，即使违反了取缔性规定，合同也应当作为有效合同对待，但要追究违法行为人的行政责任。

四、形式合法

合同形式即当事人采用的意思表示的形式。我国合同法并没有将书面形式作为合同的一般形式，而是充分尊重当事人的意思自治，允许当事人在书面形式、口头形式和其他形式中加以选择，只是对某些合同要求采用书面形式：第一，合同法和其他法律规定的不动产和价值较大的动产（如飞机、轮船、汽车等）的转让合同、抵押合同等，应当采用书面形式；第二，当事人约定采用书面形式。这是对当事人选择权的尊重，因此双方可以对任何合同约定采用书面形式，法律一律予以认可。实践中对于未采用法定或约定形式的合同，只要当事人双方订立的合同具备合同成立的要件，无论法律对形式有何规定，均应认定合同成立。但是合同形式对合同效力的确存在较大影响，如果法律将批准或登记手续作为合同生效要件的，则当事人必须补办手续，否则合同履行的后果得不到法律的认可。

第三节 无效合同的一般理论

无效合同，是指一方以欺诈、胁迫的手段订立合同，损害国家利益；恶意串通，损害国家、集体或者第三人利益；以合法形式掩盖非法目的损害社会公共利益；违反法律、行政法规的强制性规定。合同依法成立，便具有法律效力。依法成立的含义，不仅包括合同订立过程应符合法律规定，而且包括已经成立的合同应当符合法律规定的生效要件。凡不符合法律规定的要件的合同，不能产生合同的法律效力，从而属于无效合同。所谓无效合同是相对于有效合同而言的，是指合同虽然成立，但因其违反法律、行政法规、社会公共利益，被确认为无效。可见，无效合同是已经成立的合同，是欠缺生效要件，不具有法律约束力的合同，不受国家法律保护。无效合同自始无效，合同一旦被确认无效，就产生溯及既往的效力，即自合同成立时起不具有法律的约束力。

《合同法》第52条有下列情形之一的，合同无效：①一方以欺诈、胁迫的手段订立合同，损害国家利益；②恶意串通，损害国家、集体或者第三人利益；③以合法形式掩盖非法目的；④损害社会公共利益；⑤违反法律、行政法规的强制性规定。

一、按照全部还是部分不具有法律效力划分

1. 全部无效合同

(1)订立合同主体不合格，表现为：①无民事行为能力人、限制民事行为

能力人订立合同且法定代理人不予追认的，该合同无效，但有例外：纯获利益的合同和与其年龄、智力、精神健康状况相适应而订立的合同，不需追认，合同当然有效；②代理人不合格且相对人有过失而成立的合同，该合同无效；③法人和其他组织的法定代表人、负责人超越权限订立的合同，且相对人知道或应当知道其超越权限的，该合同无效。

（2）订立合同内容不合法，表现为：①违反法律、行政法规的强制性规定的合同，无效；②违反社会公共利益的合同，无效；③恶意串通，损害国家、集体或第三人利益的合同，无效；④以合法形式掩盖非法目的合同，无效；善意取得。

（3）意思表示不真实的合同，即意思表示有瑕疵，如一方以欺诈、胁迫的手段订立合同，损害国家利益的，无效。

2. 部分无效合同

部分无效合同是指合同的部分内容不具有法律约束力，合同的其余部分内容仍然具有法律效力。

二、无效合同与效力待定合同的区别

效力待定的合同与无效合同的区别主要表现在：效力待定的合同虽欠缺法律关于合同的生效要件，但经过权利人的追认可以生效，在追认之前，合同的效力处于待定状态。效力待定不仅保护权利人的利益，而且兼顾了相对人的利益。而无效合同因其具有违法性，所以是自始无效的，不能经过任何人的追认而生效。无效合同不因当事人的追认而发生法律效力是它与效力待定合同的基本区别。

三、无效合同和可撤销合同的区别

第一，二者产生的原因不同。可变更、可撤销合同产生的原因主要有重大误解、显失公平及乘人之危、欺诈胁迫且不危害国家利益；而无效合同产生的原因主要有以合法形式掩盖非法目的、损害社会公共利益、违反法律强制性规定等。

第二，认定程序的启动不同。可变更、可撤销合同中，是撤销权人决定是否变更、撤销合同，其他机关、团体、个人都无权干预；而无效合同中，人民法院和仲裁机关有主动干预权。

第三，可变更、可撤销合同并非当然无效，其在未被撤销前是有效的；而无效合同是当然无效、自始无效，且不能变更。

第四，对于可变更、可撤销合同，撤销权人行使撤销权必须符合法律规定的期限，超过行使期限，合同有效，不得行使撤销权；而无效合同，不存在期限的限制。

四、合同被认定无效后的法律后果

(1)返还财产。返还财产是指合同当事人在合同被确认为无效或者被撤销以后，对已经交付给对方的财产，享有返还财产的请求权，对方当事人对于已经接受的财产负有返还的义务。返还财产有以下两种形式：

第一，单方返还。单方返还是指有一方当事人依据无效合同从对方当事人处接受了财产，该方当事人向对方当事人返还财产；或者虽然双方当事人均从对方处接受了财产，但是一方没有违法行为，另一方有故意违法行为，无违法行为的一方当事人有权请求返还财产，而有故意违法行为的一方当事人无权请求返还财产，其被对方当事人占有的财产，应当依法上缴国库。单方返还就是将一方当事人占有的对方当事人的财产，返还给对方，返还的应是原物，原来交付的货币，返还的就应当是货币；原来交付的是财物，就应当返还财物。

第二，双方返还。双方返还是在双方当事人都从对方接受了给付的财产，则将双方当事人的财产都返还给对方。接受的是财物，就返还财物；接受的是货币，就返还货币。如果双方当事人故意违法，则应当将双方当事人从对方得到的财产全部收归国库。

（2）折价补偿。折价补偿是在因无效合同所取得的对方当事人的财产不能返还或者没有必要返还时，按照所取得的财产的价值进行折算，以金钱的方式对对方当事人进行补偿的责任形式。

（3）赔偿损失：根据《合同法》第58条规定，当合同被确认为无效后，如果由于一方或者双方的过错给对方造成损失时，还要承担损害赔偿责任。此种损害赔偿责任应具备以下构成要件：①有损害事实存在；②赔偿义务人具有过错，这是损害赔偿的重要要件；③过错行为与遭受损失之间有因果关系。

如果合同双方当事人都有过错，依《合同法》第58条的规定，双方应各自承担相应的责任，即适用过错的程度，如一方的过错为主要原因，另一方为次要原因，则前者责任大于后者；此所谓过错的性质如一方系故意，另一方系过失，故意一方的责任应大于过失一方的责任。

因合同无效或者被撤销，一方当事人因此受到损失，另一方当事人对此有过错时，应赔偿受害人的损失，这种赔偿责任是基于缔约过失责任而发生的。这里的“损失”应以实际已经发生的损失为限，不应当赔偿期待利益，因为无效合同的处理以恢复原状为原则。

（4）非民事性后果合同被确认无效或被撤销后，除发生返还财产、赔偿损失等民事性法律后果外，在特殊情况下还发生非民事性后果。《合同法》第59条具体规定了合同当事人恶意串通，损害国家、集体或者第三人利益的，发生追缴财产的法律后果，即将当事人恶意串通损害国家、集体或者第三人利益所取得的财产追缴回来，收归国家或返还给受损失的集体、第三人。收归国有不是一种民法救济手段，而是公法上的救济手段，一般称为非民法上的法律后果。

思考题

1. 合同成立与合同生效的理论内涵。

2. 合同被认定无效后的法律后果。

第十四章
合同解释理论

第一节　合同解释的学说

合同解释的学说传统源于罗马法，自罗马法以来主要有三种特别解释规则:一为误载不害真意,二为言行不一的矛盾行为不予尊重,三为有疑义时应作不利于条款规定人解释。1804年《法国民法典》确立契约自由原则标志着当事人意思在支配民事法律关系的建立上具有神圣的地位，因此以探求当事人意思为唯一目的的合同解释制度应运而生，成为法国合同制度的重要部分。《法国民法典》的关于合同解释的规定最为详细,共9条,确立了整体解释、目的解释、习惯解释等解释规则。《德国民法典》第157条规定:“契约应顾及交易习惯及依诚实信用原则解释之。”确立了合同解释的“诚实信用解释”规则。英美法上在司法实践中确立了精细的解释规则,其主要的解释规则与大陆法类同。

一、大陆法的合同解释

合同解释是事实问题还是法律问题,大陆法有三种学说,事实说认为,违反交易上一般观念的解释是违法,证书文字的解释是法律问题,除此之外的合同解释均是对事实的确定,因此合同解释一般是事实问题,日本司法实践中多持此说。法律说认为合同解释不是对事实的确定，而是运用解释规则,对合同文字、交易习惯、交易目的等事实进行法律判断,对当事人的意思表示合理明确和补充,确定表示行为在社会上所应有的合理,因而合同解释是对意义的确定,是法律问题。折中说把合同解释分为两类:一类解释仅就合同的意思表示的事实的客观性进行判定,是事实的问题;其二是对合同意思表示的法律价值作出判断,以决定是否给予法律保护救济,此类解释是法律问题。

法律解释的目的是要使抽象的法律规范经由解释而创造性地适用于具备相同要件的法律行为；合同解释的目的在于使法律条款具体的合同条款明确,得以适用相应的法律规范。法律解释的结果必须符合法律公平正义精神,而合同解释结果可能使合同条款不合法而归于无效。

大陆法合同解释理论是法律行为意思表示解释理论的一部分或具体化。意思表示首先应区分为内心意思和外在表示两段,内心意思通常包括目的意思和效果意思两项。目的意思又称基础意思,是对于经济上一定效果的欲望;效果意思又称法效意思,是希望目的意思具有法律上效果的意思。目的意思与效果意思区分在合同解释中的意义在于，合同的区别主要是目的意思(经济上的目的)的区别,不同合同在效果意思内容上往往相同,所以合同解释对象的内容主要是目的意思的内容解释,效果意思解释仅具有从属性。

大陆法关于解释对象的理论依据注重于内心意思或外在表示有意思主义与表示主义的分歧。意思主义理论源于德国18世纪的理性法学派,于19世纪成为德国主流学说。该学说认为合同作为法律行为,其核心是行为人的意思,意思被视为是产生、变更、消灭权利义务的实质性因素,而表示仅起从属作用,因此解释的目的是探求当事人“真意”,解释的对象应是当事人的内心意思,在解释技术上注重当事人订约时的主观想法。此观点为萨维尼及其他学者所主张。19世纪末,德国法学界对法律行为真意探求的意思主义争论而形成表示主义理论,其代表为目的法学派的耶林,20世纪表示主义成为主流学说并为各国立法所接受。该理论认为合同作为法律行为的实质是行为人外在表示而非内心意思,解释的对象应是当事人的表示意思,解释技巧上注重从订约时或订约后的客观情况去推定,以相对人足以合理客观了解的表示内容为准,以保护相对人的信赖利益。

二、普通法的合同解释

19世纪中期之前,普通法国家法院一直采用主观解释方法,合同解释应探究当事人,如果当事人赋予合同语句不同的含义,则合同不成立。1881年,霍姆斯认为法院应在合同解释采纳“外在理论”,理由有二:一是主观理论使合同履行很困难;二是外在理论更公平,因为表意者总是期望他的语言在通常含义上被他人理解。威林斯顿在其主持出版的《合同法重述》第一版中提出了系统的客观解释理论,认为“意志的合意”通常是由行为人外部行为中抽象出来的,在主观理论下无法精确地说明已经确立的契约规则,除非坚持主张构成契约的必要要素只能是完全外在的。解释合同不能依赖于当事人任何一方的主观意图,而应依照熟悉该事项情况的理智之人的标准进行解释。

现代普通法的合同法,采纳了折中的客观主义。科宾教授首先注意解决两个问题:①哪一方在意图控制合同的解释?②该方的意图是什么?法院应该运用包括主观意图在内的所有相关证据来证实并回答这两个问题。如果法院认为合同应依双方都不主张的意思解释之,则很可能法院相信,合同双方事实上都有此意图,或者至少一方有此意图而另一方有理由知道对方有此意图。合同解释的目的是判定合同语言的含义。如果当事人双方赋予合同条款相同意思,那么应依此意思解释,即使此意思与理智之人的解释不同,也在所不问;但如果当事人双方赋予合同条款不同的意思,应依合同订立时一方当事人知道的或应知的另一方当事人赋予合同的意思解释之，除此之外,任何一方不受对方意思的约束,即使是其结果可能导致合意不成立。

国际统一私法协会于1994年5月通过的《国际商事合同通则》第4.1条规定:“(1)合同应根据各方的共同意思予以解释;(2)如果该种意思不能确立,合同应根据各方当事人具有同等资格的理智之人在处于相同情况时对该合同所应有的理解来解释。”该《通则》明确说明解释的对象是共同意思而非单方意思，从而排除了对单方内心意思的采用，增强了采纳解释表示意思的倾向。确定合同意思时优先考虑当事人的共同意思,其结果是合同条款被赋予的含义可能不同于所用语言的字面意思，也不同于一个理智之人所理解的意思,但这种不同是当事人订立合同时共同意思所决定的。《通则》第4.1条第2款确立了作为双方争议仲裁者身份出现的“与各方当事人具有同等资格的理智之人”,以该人处于相同情况下时对合同应有的理解来解释双方共同意思。

第二节 合同解释的方法

文义解释指根据合同条款语句的通常含义进行解释。合同解释的目的是探求当事人共同的真实意思,早期文义解释是严格解释,主张严格依合同语词解决合同纠纷,不同其他,19世纪始,文义解释被其他许多解释规则所限制。在现代社会中,对合同意思表示严格作文义解释较为少见。在文义解释时,取语词通常含义是指,除合同上下文、交易习惯等赋予其他含义外,词语是一般用语的,取其一般含义;词语是专业用语的,则取其专业意义。在确定词语的通常含义时,法院一般依词典含义确定词语的通常含义,如果词典含义有多项,如一项通常含义和一项特殊含义,则依文义解释规则取通常含义,除非另有证据证明当事人取其特殊含义。

整体解释指将词语或条款放置在整个合同文本中进行解释，不应被割裂、孤立而断章取义。《法国民法典》第1161条规定:“契约的全部条款得相互解释之,以确定每一条款在全文整体上获得的意义。”特殊列举词语与不能尽举的一般概括词语连在一起，概括性词语外延应视作仅包括与特殊列举事物相类同的事物。特殊条款和词语特殊含义是一般条款和词语一般含义的例外。如果合同中两个条款相互不一致,而且其中之一是一般条款,其内涵是包容特殊条款的,那么特殊条款应视为是对一般条款的例外,从而使特殊条款有效。手写或打印条款效力优先于印刷条款,如果书面合同中同时有手写或打印条款和印刷条款不一致,则手写或打印条款效力优先。分合同条款的意思与总合同条款不一致时,分合同条款优先。

习惯解释是指当合同条款语句有疑义或疏漏，且当事人并未明示排斥习惯时,可依习惯进行解释。《法国民法典》第1160条规定了习惯解释:“习惯上的条款,虽未载明于契约,解释时应用以补充之。”习惯解释所谓习惯是指事实上的习惯而非习惯法。对合同的习惯解释是将事实上的习惯视作当事人间共同的意思表示,有优于任意法的效力。而习惯法对合同的解释与当事人意思无关,无优于任意法的效力。习惯依其范围,分为一般习惯、特殊习惯和当事人习惯。当事人间习惯优于特殊习惯,特殊习惯优于一般习惯。但如果当事人一方仅仅有一般习惯而另一方有特殊习惯，或当事人来自不同地域或群体而有不同特殊习惯，一方将特殊习惯于合同订立时或订立后告知对方,对方未提出反对的,则依双方明知的习惯解释;一方虽未积极通知,另一方理应知道该方特殊习惯的,则从应知的习惯解释,若双方均不知对方的特殊习惯,或一方不知或不应知他方法人特殊习惯,则从一般习惯解释而不适用特殊习惯。

当事人间的习惯尚可分为前行交易习惯和前引履行习惯。前行交易习惯指当事人间多次为同种交易,有争议的合同之前得到合同行为;前引履行习惯是指对于一个多次履行的合同,有争议的履行发生前的履行行为。前行履行习惯应优于前行交易习惯。《国际商事合同通则》认为,对于一个特定的合同,当事人间业已建立的习惯自动产生约束力,除非当事人明确表示排除其适用。但某一特定习惯做法能否被认为已在当事人间建立,须视具体情况而定，在当事人间先前交易或履行中仅出现过一次的做法显然不足以视为当事人间的习惯。

目的解释即指依照当事人所欲达到的经济的或社会的效果而对合同进行解释。合同解释应注意为当事人实现愿望服务，因此如果当事人达成合意,那么就应该尊重他们所合意的目的。目的解释的困难在于如何发现当事人的目的。合同目的分成抽象目的和具体目的,抽象目的是当事人订立合同时有使合同有效的目的，如果合同条款相互矛盾有使合同有效和无效两种解释,那么应从使合同有效的解释。具体目的是指合同本身所欲追求的具体的经济或社会效果,如果合同条款文字含义与当事人明示的目的相背离时,应以合同目的解释之,不应拘泥于文字。目的应是合同订立时双方于合同中共同意思表示而确定的目的。双方内心所欲达到的目的不一致时,则从双方均已知或应知的表示于外部的目的。目的解释的功能在于印证文义解释、整体解释、习惯解释的结果是否正确。如果目的解释效果与其他解释效果基本一致,则不必寻求目的解释方法解释,但可作参照,如果合同目的模糊,通常会寻求文义等解释方法。

公平作为民法的原则是以利益衡量作为其立意出发点，即应以利益作为价值标准来协调民事主体间的关系,从而确定民事权利义务。立法例上多未规定公平解释规则,仅有《法国民法典》第1162条体现公平的解释规则,“契约文义有疑义时,应作不利于债权人而有利于债务人的解释”。法国学者卡尔波尼埃认为,如果合同对某一问题未作出明确规定,由于债权人一般是债权条款的提出或拟定方，那么债权人对合同条款的歧义或模糊有主观过失,所以法官应对该种条款作有利于债务人的解释。他还认为,由于双务合同中,双方当事人互为债权债务人,所以“有利于债务人”解释规则不能适用于双务合同。对于双务合同应适用另一规则,即作“不利于条款提供者”的解释。法国司法实践已突破了《法国民法典》第1162条的规定,法院不作有利于债务人的解释,而作不利于条款提供者的解释。

诚实信用解释,与其说是解释方法不如说是合同解释的方向,是现代合同法从形式正义转向兼顾实质正义的体现。诚信解释要求注重解释的合理性,运用各种解释方法,如文义、整体、习惯、目的等规则进行解释,而由诚信观念检验之。检验诚信解释的标准或方法有二种:其一是主观标准,即合同解释结果能为双方当事人从内心感到满意,这种标准通常仅适用于私人间涉及伦理的民事合同;其二是客观标准,即解释结果是能使理智之人认为合理可行的,这个标准通常适用于商事合同和公用事业合同。

格式条款是当事人为了重复使用而预先拟定,并在订立合同时未与对方协商的条款。格式条款也称定式条款、标准条款。《国际商事合同通则》第2.19条(2)给标准条款下的定义是:标准条款是指一方为通常和重复使用的目的而预先准备的条款,并在使用时未与对方谈判。合同中常见的格式条款分为两种情况:一种是合同中的部分条款是格式条款;另一种是整个合同的条款都是格式条款,此种合同又称之为格式合同、标准合同或定式合同。

《法国合同法》也对标准合同,特别是附和合同作出特别的规定和限制。所谓附和合同,是指一方当事人对于另一方当事人事先已确定的合同条款只能表示全部同意或不同意的合同。法国对附和合同,特别是消费者给予了特别保护。责令经营者承担向消费者提供必要的消费信息的义务,实行合同订立过程中的"强制持续"的程序,即收到合同文本后经过法定期限之后的签署才具备法律效力,赋予当事人以"反悔权",即在合同订立后一定期限仍允许其反悔且不承担法律责任;即凡属于违背法律的特别规定基于滥用经济权利而强加给消费者的,或者给予滥用经济权利的一方以不正当利益的,均因滥用权利而归于无效。

我国《合同法》第39条规定:采用格式条款订立合同的,提供格式条款的一方应当遵循公平原则确定当事人间的权利和义务,并采取合理的方式提请对方注意免除或者限制其责任的条款。所谓采用合理的方式是指所采用的方式能够引起对方的注意。如采用加粗或变色黑体字或变化免责条款字体,在免责条款下加着重号、划线等,或直接在合同重要位置提示当事人注意免责条款。告知注意的义务产生于合同生效前,提供格式条款的一方应当于当事人订立之前提示,以便其注意其所处的地位,如果合同已有效成立或履行完毕,那么告知注意义务的履行则是不适当的。《国际商事合同通则》第2.20条规定:①如果标准条款中某个条款是对方不能合理预见的,则该条款无效,除非对方明确地表示接受;②在确定某种条款是否属于这种性质时,应考虑到该条款的内容、语言和表达方式。我国《合同法》第39条未明确规定不提示对方注意和不按照对方要求说明的法律后果,从其立法的意图上分析,提供格式条款一方违反其法定义务,应导致格式条款的无效。

我国《合同法》第40条:提供格式条款一方免除其责任、加重对方责任、排除对方主要权利的,该条款无效。只要提供格式条款的一方在格式条款中有免除己方责任、加重对方责任或者排除对方主要权利的,该格式条款无效。定式合同的解释一般遵循普通合同的解释规则,但由于定式合同限制了合同一方当事人的意思表示自由,同时另一方可以精确计算成本、风险、期限等,相形之下,意思表示弱势方处于不利的地位,使合同平等、公平原则丧失;更有甚者,在定式合同中写入不当免责等有失诚实信用的条款。所以公平和诚实信用原则及其解释规则对定式合同的解释有重要意义,由此可以发展主要适用于定式合同的特殊解释规则。我国《合同法》第41条规定,对格式条款的理解发生争议的,应当按照通常理解予以解释。对格式条款有两种以上解释的,应当作出不利提供格式条款一方的解释。格式条款和非格式条款不一致的,应当采用非格式条款。实质上,即使对格式条款和非格式条款理解都无争议,当格式条款与非格式条款规定不一致,由此产生矛盾或冲突,非格式条款排斥格式条款的适用。《国际商事合同通则》第2.21条规定:"若标准条款与非标准条款发生冲突,以非标准条款为准。"

合同解释规则上升为法律规范，是与解释学及法学理论的发展紧密相关的。合同解释制度的设计目的不外乎两个方面:一是限制法官审判中的自由心证,二是为法官确定当事人真实意思表示提供方法和途径。合同解释制度增强了法官作为意思表示裁判者的角色，本质上是对法官司法裁量权的制度限制,而非拓展。在私法裁量的领域,法官通常有很广泛的自由心证的权力,这不仅体现在私法上任意规范和不确定规范的大量存在,而且根植于法官对作为解释文本的案件具有较为宽泛的解释权，无公法上严格的程序控制。解释学和自由法学运动使人们对解释本身产生浓厚兴趣,成为法学研究和法官审判的基本方法,并因此对控制法官任意解释合同有了内心自觉。

19世纪后期,大陆法国家纷纷修订民法典,确立意思表示解释制度的法律地位。英美法上也经由著名判例确立了合同解释系统规则。英美法国家的法官裁量权貌似宽泛,其实被他们自己所罗织的规则之网所束缚着;而大陆法国家的法官在事实上享有很广泛的自由裁量权。在合同法上确立合同解释制度和规则以制约自由心证是有必要的。

思考题

1. 大陆法系合同解释学说评析。

2. 合同解释的方法。

第十五章
违约责任的性质与构成要件

第一节　违约责任性质的理论

违约行为，是指当事人一方不履行合同义务或者履行合同义务不符合约定条件的行为。违约行为的主体是合同当事人,违反合同的行为只能是合同当事人的行为。如果由于第三人的行为导致当事人一方违反合同,对于合同对方来说只能是违反合同的当事人实施了违约行为，第三人的行为不构成违约。违约行为的认定以当事人的行为是否在客观上与约定的行为或者合同义务相符合为标准,而不管行为人的主观状态如何。违约行为侵害的客体是合同对方的债权。

一、违约行为的分类

(1)不能履行,是指债务人在客观上已经没有履行能力,或者法律禁止债务的履行。在以提供劳务为标的的合同中,债务人丧失工作能力,为不能履行。在以特定物为标的物的合同中,该特定物毁损灭失,构成不能履行。

不能履行以订立合同时为标准,可分为自始不能履行和嗣后不能履行。

前者可构成合同无效,后者是违约的类型。

不能履行还可分为永久不能履行和一时不能履行。前者是指在合同履行期限或者可以为履行期限届满时不能履行;后者指在履行期限届满时因暂时的障碍而不能履行。永久不能履行若属于嗣后不能履行,则可为违约责任的构成要件。

不能履行还可分为全部不能履行和部分不能履行。全部不能履行若属嗣后不能履行的,可构成违约责任的要件。部分不能履行若属嗣后不能履行时,当然构成违约责任的要件;若属于自始不能,在能履行部分而不为履行时,构成违约责任。

(2)延迟履行,指债务人能够履行,但在履行期限届满时却未履行债务的现象。

合同明确规定有履行期限,采"期限带人催告"原则,如期限已过,债务人便当然陷于履行迟延。如果约定的是一段时间,则期间的末尾具有确定期限的意义。合同履行期限不明确:合同未约定履行期限或者约定不明,而且无法根据法律规定、债务的性质、交易习惯等情事中确定履行期限的,债务人可以随时向债权人履行义务,债权人也可以随时要求债务人履行义务,但应给予对方必要的准备时间。

(3)不完全履行,是指债务人虽然履行了债务,但其履行不符合债务的本旨,包括标的物的品种、规格、型号、数量、质量、运输的方法、包装方法等不符合合同约定。

(4)拒绝履行,是债务人对债权人表示不履行合同。这种表示一般为明示的,也可以是默示的。

(5)债权人延迟,是指债权人对于已提供的给付,未为受领或者未为其他给付完成所必需的协力的事实。

二、违约责任的形式

我国《民法通则》第111条和《合同法》第107条作了明文规定。《合同法》第107条规定："当事人一方不履行合同义务或者履行合同义务不符合约定的，应当承担继续履行、采取补救措施或者赔偿损失等违约责任。"据此，违约责任有三种基本形式，即继续履行、采取补救措施和赔偿损失。当然，除此之外，违约责任还有其他形式，如违约金和定金责任。免责条款是指当事人在合同中约定免除将来可能发生的违约责任的条款，其所规定的免责事由即约定免责事由。对此，《合同法》未作一般性规定。免责条款必须在合同中明示做出，并且其构成合同的组成部分是合同有效的前提之一。免责条款不能排除当事人的基本义务，也不能排除故意或重大过失的责任，免责条款必须不得违背法律规定和社会公益，也就是不能违背公序良俗，以免造成对相对人的不利。免责条款无效的一般情形包括：①一方以欺诈、胁迫手段将免责条款订入合同，损害国家利益的；②双方当事人恶意串通，免责条款损害国家、集体、第三人利益的；③免责条款损害社会公共利益的；④免责条款违反法律、法规强制性规定的；⑤免除故意或者重大过失所生责任的条款无效；⑥免除根本性违约所生责任的条款无效。

三、关于违约责任性质的观点

(1)担保说。责任乃是对债务履行的担保。债务人对因不履行债务所产生的责任，应当以其全部的财产来承担；债权人可以申请法院强制执行债务人财产，以实现其债权。担保说在大陆法国家是极为流行的观点。

(2)制裁说。违约责任是对违约行为的一种法律制裁，因为民事责任与民事制裁的外延是同一的。民事责任就是民事主体依照民事法律规范对因未尽到其应负的法律上义务，所应该受到的制裁。

（3）补偿说。从民法的平等和等价原则出发，违约责任应具有补偿性，亦即违约责任在性质上旨在弥补或补偿因违约行为所造成的损害后果。违约责任是有过错的一方当事人按照经济合同的约定和法律的规定，用给付违约金和赔偿金等方法来承担给付对方造成的经济损失的责任。

（4）法律后果说。违约责任乃是违约当事人所承担的不利后果，即违约当事人在不履行合同时，所应承担的法律后果。民事违法行为是不履行民事义务的行为，民事责任也就是不履行民事义务的法律后果。

违约责任不等同于合同责任。合同责任，是指合同上的民事责任，"它是指追究各种合同关系所承担的民事法律后果，包括变更和解除合同的民事责任、无效合同的民事责任、违反合同的民事责任、合同担保的民事责任、合同代理的民事责任等"。违约责任主要是指违反了有效合同的责任，而合同责任不仅包括违约责任，而且也包括缔约责任。

缔约上的过失责任产生于德国法。由于德国法上的合同责任是以给付义务为中心的，其范围以给付不能与给付迟延两者为限，因此过于狭窄，不能解决大量的民事争议，并为受害人提供合理的补救。所以自21世纪以来，德国法产生了缔约上的过失责任。按照许多学者的观点，缔约上的过失责任乃是合同责任在时间上和范围上的扩张，缔约过失责任应适用合同法的原则。耶林在1861年《耶林法学年报》第4卷上发表的《缔约上的过失、契约无效与未臻完全时之损害赔偿》中指出，从事契约缔结的人，是从契约义务外的消极义务范畴，进入契约上积极义务的范畴，其因此而承担的首要义务系于缔约之际善尽必要的注意。法律所保护的，并非仅是一个业已存在的契约关系，正在发生的契约关系亦应包括在内，否则契约交易将暴露于外，不受保护。缔约一方当事人不免成为他方疏忽或不注意的牺牲品。根据耶林的观点：交易的双方因欲订立契约而产生特定的关系——信赖关系，他方的疏忽或不注意完全可能造成损害，就这种疏忽或不注意，责任方应承担法律责任。然而《德国民法典》的起草者们并未完全接受耶林的理论,并未将其作为一个一般责任要件加以规定，只是对某些情形的缔约过失责任作了较狭隘的规定。

如《德国民法典》第122条第1项规定,意思表示因缺乏真实或意思表示内容有错误而被撤销时，如其表示系应向另一方作出，表意人应赔偿另一方,其他情况为赔偿第三人因相信其意思表示为有效而受到的损害,但赔偿数额不得超过另一方或第三者于意思表示有效时所受利益的数额。该法典第307条规定:“在订立以不能的给付为标的的合同时,明知或者可知其给付为不能的一方当事人，对因相信合同有效而受损害的另一方当事人负损害赔偿义务，但赔偿数额不得超过另一方当事人在合同有效时享受的利益的数额。另一方当事人明知或者可知其不能的,不发生赔偿义务。”《国际商事合同通则》第2.15条规定:“(1)当事人可自由进行谈判,并对未达成协议不承担责任;(2)但是,如果一方当事人以恶意进行谈判,或恶意终止谈判,则该方当事人应对因此给另一方当事人所造成的损失承担责任;(3)恶意,特别是指一方当事人在无意与对方达成协议的情况下,开始或继续进行谈判。”国际统一私法协会对该条的解释为:“当事人自由地进行谈判，决定所谈判的条款,这一权利并非没有限制,它不得与第7条规定的‘诚实信用和公平交易’原则相冲突,本条第3款所明确指出的恶意谈判,其典型情况是,一方当事人在无意与对方达成协议的情况下,开始或继续进行谈判,其他情况为,一方当事人有意或由于疏忽使对方当事人对所说合同的性质或条款产生误解,或通过歪曲事实,或是通过隐瞒反映当事人或合同本意的应予披露的事实。”

违约责任不等同于违约补救。违约补救一词来源于英美法律,美国《统一商法典》第1201条第34项规定,“补救”是指受损方通过或不通过法院而取得救助的权利。同条第36项特别指出权利包括救济。违约补救是法律赋予受害人在一方违约时另一方可以依法实施一定行为以保护自己的利益，以消除或减少因违约造成的损失或实现违约方的订约的目的。如果双方当事人均违反合同,各自都可以获得相应的补救。而违约责任尽管也注重对受害人的补偿,但其在性质上不仅赋予一方享有保护自身利益的权利,而且要求违约当事人承担后果及责任。违约责任不仅是对对方当事人的责任,同时也是对国家的责任。《统一商法典》第2706条规定,在买方违约的情况下,卖方有权将有关货物和未交付的货物转卖,在卖方违约的情况下,买方有权将有关货物和未交付的货物转卖;并且,买方有权购买替代货物。以上这些情况,均属于自助。补救主要包含三种措施,即实际履行、损害赔偿和接触合同,前两种方式属于责任形式。合同解除既可以作为补救方式,又可以作为违约责任对待。

违约责任不等同于债务不履行的责任，所谓债务不履行的责任是对债务人不履行债务的违法行为的一种法律制裁。债务在类型上包括合同之债、侵权之债、不当得利之债、无因管理之债、缔约过失所生之债。违反这些债的规定,都将发生债务不履行的责任。违约责任只是债务不履行责任的一种,而不能与债务不履行的责任的概念相等同。

违约责任不等同于风险责任，风险责任就是指出现意外风险以后造成合同债务不能履行的责任。一般来说,由于违约责任实行严格责任原则,意外风险即使阻碍了合同的类型，也不应当免除违约当事人所应承担的全部违约责任。从各国的立法来看,对风险责任的分配主要采用了三种学说:①所有人主义，标的物的所有人承受标的物因不可归责于双方当事人的原因而毁损灭失的损失。②债务人主义,即在出现标的物毁损灭失的情况下,由债务人承担不能履行的风险，债权人的对待给付义务被免除。③债权人主义,即在发生标的物毁损灭失的情况下,债权人仍应为对待给付,不能履行的风险由债权人负担。

我国《合同法》第149条规定:“标的物毁损、灭失的风险由买受人承担的,不影响因出卖人履行债务不符合约定,买受人要求其承担违约责任的权利。”由此可见,我国严格区分了风险责任与违约责任。风险责任解决的只是在当事人双方无过错的情况下，标的物发生意外的毁损灭失应当由谁来承担的问题,而违约责任解决的是在一方违约的情况下,违约方向非违约方所应承担的责任问题。

债权的请求权主要包括合同上的请求权,基于无因管理的请求权,不当得利返还请求权,基于侵权行为的请求权,如果将缔约过失作为一种独立的债的发生原因,那么缔约过失也产生一项独立的请求权。上述各项债的请求权在行使过程中常常是密切联系在一起的,在许多情况下,数种债权请求权发生同时并存和相互冲突现象。基于违约的请求权是合同上的请求权的组成部分，合同上的请求权包括因合同有效成立时的给付请求权和因不履行合同债务而产生的损害赔偿请求权。基于违约的请求权与债权的其他请求权共同构成了债权请求权体系。债务不履行的行为通常导致多种债权请求权的并存或相互冲突现象,王泽鉴认为,各种债权的请求权在同一案件中同时并存或发生冲突时,应该确定各项请求权在行使上的先后顺序,以形成一种体系的观念。

一般来说,合同上的请求权应优先于无因管理上的请求权。无因管理是指无法律上的原因,包括无法定的义务或约定的义务为他人管理事务。如果管理人和本人之间事先存在着合同关系，管理人是依照约定管理他人的事务,则管理人负有管理的义务,不构成无因管理。合同上的请求权应当优先于不当得利返还请求权。无法律上的根据是不当得利构成的前提要件,如果当事人之间事先存在着合同关系,则一方因他人的履行而受利益,可以认为具有法律上的原因,不构成不当得利,所以当事人之间存在着合同关系足以否定不当得利的存在。在某种法律关系中,如果一方提出合同上的请求,而另一方基于侵权要求对方赔偿损失,在此情况下,合同上的请求权可以优先于基于侵权的请求权加以考虑。因为侵权行为乃是指因过错侵害他人财产和人身的行为,如果行为人从事某种行为具有合法的依据,则虽造成对他人的损害也不负侵权行为的责任。合法依据包括侵害人和受害人之间事先存在合同关系,且此种合同关系在内容上并不违反法律和公共道德。在此种情况下,行为人依据事先存在的合同从事一定的行为。

第二节　违约责任构成要件

违约责任的构成要件是指合同当事人应具备何种条件才应承担违约责任。违约责任构成要件可分为一般构成要件和特殊构成要件。所谓一般构成要件,是指违约当事人承担任何违约责任形式都必须具备的要件;所谓特殊构成要件,是指各种具体的违约责任形式所要求的责任构成要件。我国《民法通则》并没有在责任制度中规定民事责任的一般构成要件,我国所倡导的民事责任的四个要件，乃是以假定损害赔偿作为两类责任的主要形式为前提。在两大法系中,损害赔偿一直是违约责任的基本形式,因此将实际损害及因果关系作为违约责任的构成要件,是不无道理的。这种观点确实准确反映了适用赔偿损失的责任方式时应具备的条件，但是违约行为的发生并不能同时产生违约责任和损害赔偿之债，违约责任和损害赔偿之债的构成要件仍然是有区别的。一方当事人违反合同规定的义务,并不一定必然给另一方带来实际损害，因此实际损害并不是各种合同责任形式所共同要求的责任构成要件，而只是违约损害赔偿这种特殊的责任形式所要求的责任构成要件。

违约行为是指合同当事人无正当理由违反合同债务的行为。我国法律通常使用不履行或不完全履行合同的概念来表述违约行为的概念，严格地说,违约和不履行是有区别的。德国学者茨威格特指出:“违约比不履行更为可取,因为它具有弹性,并在大多数法系中有此含义,而且它最佳地涵盖了债务人承担不履行责任的通常情况。”

违约行为只能在特定的关系中才能产生。违约行为发生的前提是当事人之间已经存在着合同关系,如果合同关系并不存在(如尚未成立,或已被解除,或被宣告无效),则不发生违约行为。违约行为在后果上都导致了对合同债权的侵害。违约行为在绝大多数情况下都会造成一定程度的损害后果,使债权人依据合同产生的期待利益和信赖利益不能实现,并给债权人造成其他损害,但违约行为并不会给债权人造成实际损害。

违约行为是违约责任的构成要件之一,并且是违约责任发生的首要条件,对此,各国立法都有规定。大陆法大多将违约行为与主观过错区分开来,认为违约行为仅指违反债务的客观事实,而不包括主观因素。违约当事人的主观过错是独立于违约行为之外的另一个构成要件。而英美法则常常在违约概念中包含了过错因素,即违约行为本身表明当事人是没有正当理由的。由此,一些学者将违约行为分为两类,即无过错的违约和过错的违约。

在英美法国家,一种流行的观点认为,违约形态的划分是不必要的,因为无论在何种情况下,违反合同义务都将构成违约并应承担责任。由于在合同关系中,一方负有多种义务,而另一方享有相应的权利,因此一方违反义务必然导致另一方获得补救的权利,从而实现其相应的权利。这样,根据违约形态的分类来确定各种补救是没有意义的。

违约形态的分类最早始于罗马法。罗马法将违约形态分为给付不能和迟延履行两种。所谓给付不能,在罗马法中有两种含义:一是指实际上无给付的可能,此为狭义的给付不能;另一种是指虽然给付是可能的,但给付的结果在当事人之间显失公平,也属于给付不能,这属于广义的给付不能。所谓迟延履行,在罗马法中也分为两种,即债权人的受领迟延和债务人的给付迟延。依据罗马人的观念,债务不履行的产生有两种原因:要么是由于债务人拒绝履行(债权人完全能履行),要么发生了履行不能。罗马法将合同债务不履行行为区分为不履行给付确定物的严法之债、不履行其他类型的严法之债和不履行依不确定程式提起诉讼的债务。1804年《法国民法典》,受罗马法的影响也规定了违约形态。该法典第1147条规定:“凡债务人不能证明其不履行债务系由于不应归其个人负责的外来原因时，即使在其个人方面并无恶意，债务人对于其不履行或迟延履行债务，如有必要，应支付损害赔偿。”德国法学家麦蒙森等人根据对罗马法的解释，提出将违约形态分为履行不能和迟延履行，尤其是对履行不能的形态又作了进一步的区分，并在履行不能这一概念中包含了范围广泛的违约行为。《德国民法典》将违约形态分为两种。

对于如何建立违约形态体系，第一种观点认为，应将违约形态分为不能履行、逾期履行、不完全履行、拒绝履行、受领迟延五种；第二种观点认为，应将违约形态分为“履行不能，履行拒绝，履行迟延，履行不当”；第三种观点认为，应将违约形态分为履行迟延、不适当履行、不完全履行、拒绝履行、因债务人原因而导致履行不能；第四种观点认为，违约形态应分为根本违约和部分违约，部分违约又包括不适当履行或不完全履行。这种区分的主要目的在于，在根本违约的情况下，受害人可以解除合同；在部分违约的情况下，受害人不能解除合同。

根据我国《合同法》对违约行为的分类：

1. 预期违约与履行期到来以后的违约

从狭义的违约概念看，违约仅限于实际违约，不包括预期违约。而预期违约也涉及交易的秩序和债权人利益，我国《合同法》第108条规定：“当事人一方明确表示或者以自己的行为表明不履行合同义务的，对方可以在履行期到来之前要求其承担违约责任。”预期违约包括明示毁约和默示毁约，两者都构成违约。

2. 根本违约和非根本违约

所谓根本违约，是指一方的违约致使另一方订约目的不能实现。所谓非根本违约，是指一方的违约并没有导致另一方订约目的不能实现，或者使其遭受重大损害。根本违约和非根本违约的区别主要在于以下内容。《合同法》第94条规定：“当事人一方迟延履行债务或者有其他违约行为致使不能实现合同目的，另一方可以解除合同。”而在非根本违约的情况下，非违约方可以要求对方承担违约责任，但不能解除合同。《合同法》第148条规定：“因标的物质量不符合质量要求，致使不能实现合同目的的，买受人可以拒绝接受标的物或者解除合同。”而在非根本违约的情况下，非违约方不能拒绝接受标的物。

3. 因当事人的原因违约与因第三人的原因违约

因当事人的原因是指违约是由当事人一方或者双方的原因造成的，所谓因第三人的原因造成违约是由第三人的原因造成的。我国《合同法》在第121条中规定：“当事人一方因第三人的原因造成违约的，应当向对方承担违约责任。当事人一方和第三人之间的纠纷，依照法律规定或者按照约定解决。”

4. 违反法定义务、违反附随义务及违反约定义务

所谓违反法定义务，是指违反了法律、行政法规等所设立的义务。如《合同法》第118条规定在发生不可抗力的情况下，一方应当及时通知对方，以减轻可能给对方造成的损失。

附随义务是从诚实信用原则中产生的义务。《合同法》第60条规定：“当事人应当遵循诚实信用原则，按照合同的性质、目的和交易习惯履行通知、协助、保密等义务。”在很多情况下，违反附随义务将会给另一方造成重大损害，甚至可构成根本违约。如不告知产品的使用方法，使买受人蒙受重大损害。附随义务是依法产生的，属于法定义务的范围。但与给付义务相比，附随义务不是在合同成立时起便已经确定的，而是随着合同关系的发展而不断演化和发展的。

5. 违反后契约义务

我国《合同法》第92条规定：“合同权利义务终止后，当事人应当遵循诚实信用原则，根据交易习惯履行通知、协助、保密等义务。”违反此种义务无疑应承担责任。后契约义务也是合同中应当包含的默示义务。后契约义务也包含了保密义务，这种义务虽然不是在合同中明确规定的，但依据诚实信用原则应成为合同中的默示义务。违反这些义务也构成违约。在合同终止后，

可以由法官自由解释合同中包括的默示义务，则给予了法官过大的解释合同的权利。此种义务作为后契约义务，是在合同关系终止后，依据诚信原则而确定的，由于违反后契约义务是在不存在着有效的合同关系的情况下的违反义务的行为，对此种义务的违反不构成违约，也不能适用合同责任。

6. 违反强制订约义务

大陆法系，强制订约义务主要是指有关法律对一些为公众提供服务的大公司规定了强制订约义务，以保护广大消费者。在英美法系，也有同样的规定。如在美国，法律为反垄断、保护正当的竞争、反种族歧视等，也规定了强制订约义务。我国《合同法》第289条规定："从事公共运输的承运人不得拒绝旅客、托运人通常、合理的运输要求。"这就对提供公共运输的承运人规定了强制订约义务。在违反强制订约义务的情况下，合同毕竟并没有订立，只能认为当事人可能构成缔约过失。过错是否作为责任构成要件，两大法系的规定不同。大陆法系采纳了过程责任原则，即过错作为责任构成要件，在英美法系中并没有明确将过错作为责任构成要件。在英国的一个案例中，法官曾指出："因违约产生的损害赔偿责任的请求与过错没有关系。一般来说，被告未能履行其注意义务对责任后果无关紧要，被告也不能以其已尽到注意义务作为抗辩事由。"但实际上，普通法并没有完全排斥过错概念。普通法中的过错是与违约的概念联系在一起而不是与补救联系在一起的。《美国合同法重述》第1版第314条规定："凡没有正当理由"不履行合同义务，构成违约。此处所说的无正当理由，实际上是指当事人没有过错。《美国合同法重述》第2版第260(2)条规定，在履行期限到来时不履行都构成违约。这个定义并没有排斥过错的概念，即是否构成不履行，有时也要考虑当事人主观上的过错的问题。

过错的概念存在着两种不同的学说。①主观过错说，是19世纪大陆法国家民法的主导观点。此种观点认为，过错并不包括行为人的外部行为，因而过错和行为的违法性是两个不同的归责要件。主观过错说认为，每个具有意志能力和责任能力的人都具有意志自由，因此应对自己行为选择的后果负责。在确定民事责任时应查明债务人的心理状态,从行为人本人的状况出发看他应否预见行为的后果来判断他是否具有过错，并由此决定行为人的责任和责任范围。②客观过错说。此说认为,应从某种客观的行为标准来判定行为人有无过错。过错并非在于行为人的主观心理态度具有应受非难性,而在于行为具有应受非难性,行为人的行为若不符合某种行为标准即为过错。自20世纪以来,适应归责客观化的需要,客观过错说得到了较大的发展,并成为西方国家侵权法中的主导学说。客观过错说又可以分为违反义务说。此说认为,凡违背了事先存在的法定义务即为过错;或认为过错是指违背了某种法定的注意义务,不符合合理人的行为标准的行为,以及对债权的侵犯,即债务人违反合同义务侵害了债权人的债权并造成损害,即为过错。客观过错说认为,过错和行为的违法性应合二为一,成为一个归责要件。判断违反注意义务的标准是客观的,应以外在的行为作为判定标准,而不应根据债务人的主观状态作为依据。

以客观标准认定过错的方法起源于罗马法。在罗马法中,过失是指应加注意而怠于注意,未尽“良家父”的注意则为过失。罗马法所确定的“良家父”标准对现代大陆法国家的立法有较大影响。按照法国法学者的观点,“良家父”的行为是社会对个人提出的行为要求,也是人们能够或者应当实施的行为,因此应以“良家父”的行为来认定过错。德国法主要采纳了“交易中必要的注意”和“与处理自己的事务为同样注意”的标准来衡量过失。“交易上必要的注意”或“善良管理人的注意”虽然是一种抽象的标准,但绝不是一个统一的模式,而应根据不同的交易情况来考虑。

过错形式之一是故意。所谓故意,是指债务人预见到自己的行为会造成违反合同的后果,仍然希望或放任结果的发生,在确定故意时,没有必要考虑行为人的动机。故意为债务人典型的主观过错,但对故意的判定应注重对债务人的违约行为状态及其行为引起的后果进行综合考虑，对主观故意的认定要通过对债务人的违约行为的检验来完成。过错形式之二是过失。过失是指债务人没有尽到足够的注意义务,以至于发生了违约的后果。

在大陆法系,根据债的性质、利益关系及认定责任的需要而将过失分为如下二种:一是重大过失。重大过失是指完全不注意,或者是指“缺乏技术或注意达到惊人程度”。在罗马法中,如果一个行为极为明显地不合法并有损于他人,即使一个疏忽之人也能加以避免,行为人就这种注意也没有尽到,就构成重大过失。二是轻过失。为抽象的轻过失和具体的轻过失。具体来说,抽象轻过失是指欠缺某种法律上的注意。这是按照普通人在一般交易中的观念和认识来判断过失的。具体轻过失是指欠缺“与处理自己事务为同一的注意”。一般来说,一个合理的、普通的债务人在处理自己的事务时,总是比处理别人的事务更为谨慎、小心,所以在某些交易中,法律要求当事人应具有比“交易上必要的注意”或“善良管理人的注意”更高的注意义务,这就是与处理自己的事务一样的注意。如果债务人未尽到此种注意义务,则具有轻过失。许多大陆法国家以债务人对抽象的轻过失负责为原则。在例外的情况下,要求债务人应对具体轻过失负责。

大陆法区分各种不同的过失,乃是根据合同的不同性质所决定的。由于合同性质不同,债务人应尽的注意义务也不同,因此其应负的责任也不同。罗马法曾根据债务人有无利益及受利益的程度,而分为三种不同的责任:对债权人和债务人都能获得利益的债务关系来说,债务人应就具体的轻过失负责;只有债权人获得利益的债务关系,债务人应就抽象的轻过失负责;对于债务人能够获得利益的债务关系,债务人就重大过失负责。近代大陆民法主要采取了抽象轻过失和具体轻过失的概念,也有一些国家的法律规定债务人应就一般的过失负责,但责任范围可依各种合同债务的具体情况,而由法官酌定,瑞士民法采纳此种方法。

在合同责任中,广泛运用了过错推定的方式来确定过错,即根据已知的事实,对未知的事实所进行的推断和确定。过错推定起源于罗马法,罗马法中有一些规定极类似于特殊过错推定，例如《十二铜表法》第8条中规定："让自己的牲畜在他人田地里吃食的，应负赔偿责任，但如他人的果实落在自己的田地里而被牲畜吃掉的，则不需负责。"查士丁尼《法学总论》中也提道："拙劣无能也同样算做有过错。"1804年《德国民法典》第1147条规定："凡债务人不能证明其不履行债务系由于不应归其个人负责的外来原因时……应支付损害的赔偿。"该规定实际上是采取过错推定的方法。1900年《德国民法典》第282条也规定："关于给付不能是否由于债务人的过失有争执时，债务人负举证的责任。"在法律规定过错推定以前，德国法院已采取推定方式确定责任。一些案例表明，德国在普通法时代就已经采纳了事实上的过失推定理论。1877年德国帝国法院曾一度对此加以废止，但以后又逐步恢复。事实上推定的对象，包括所谓"定型的事实经过"、故意、过失及因果关系。其中，过错的推定极为重要。

思考题

1. 违约行为的分类。
2. 违约责任构成要件。

第十六章
我国侵权责任法的体系构建

第一节 侵权责任法的历史演变

在人类社会初期，对个人所加的侵害行为只会引起受害者及其血亲的复仇。举行这种复仇是受害人及其血亲的权利，它受习惯法保护。按照习惯法复仇必须公开进行，或者以某种方式使人明白。秘密复仇是不允许的。古代成文法时期，法律禁止私人复仇，而赋予受害人及其家属要求损害赔偿的请求权。汉谟拉比法典规定了因疏忽而使他人田地被水淹没、践踏庄稼及偷砍他人树木和公牛触伤他人等侵权行为各应赔偿多少粮食和银子。罗马帝国286年颁布的亚奎利亚法规定了各类侵权行为赔偿责任的计算标准。杀他人之奴隶或四足家畜者，以该奴隶或家畜最后一年内的最高价格为赔偿标准。

至查士丁尼制定罗马法典时，各种具体的侵权行为依其性质而分为“私犯”和“准私犯”。所说“私犯”包括盗窃、强盗、对财产权的侵犯、对属人权的侵犯。所说“准私犯”包括：①事实审判官加给他人的损害；②自屋内向外投掷物体时对他人之损害；③于大路旁堆放或悬挂物体对他人之损害；④奴隶对他人之损害，牲畜咬伤他人之损害。后期的罗马法对侵权行为的责任严格实行过失责任原则。

近现代法时期的侵权法开始于1804年的《拿破仑民法典》。该法典中对侵权法的规定以自然法学派的鼻祖格劳秀斯的理论为基础，认为人必须对他的过错造成的损害负赔偿责任，这是自然的法则。该法典第1382条规定："任何人使他人受到损害时，因自己过失而使损害发生之人，对该他人负赔偿责任。"1900年的《德国民法典》采用了类似的原则，从而确立了过错责任原则在侵权法中的主导地位。现代法时期的侵权法对侵权行为进行了具体的分类，这在英美法中体现得十分明显。在普通法国家，法官有权根据实际案例创造新的侵权行为。

中国古代侵权行为法有着一个固定的格局，是一个相当稳定的体系，这就是中华法系的侵权行为法体系。中国古代侵权行为法的发展历史，可以概括地划分为三个阶段。第一阶段，是唐以前，以秦代的侵权行为法作为标志，中国古代侵权行为法体系在这一时期已经建立起来了。第二阶段，是唐代的侵权行为法律制度的确立。《唐律》是中国古代法律的典范。第三阶段，是宋代至清代，这一阶段的古代侵权行为法建设向着日益完善的方向发展。清代的侵权行为法就是这一制度的顶峰。

备偿是中国古代侵权行为法的主要赔偿制度。备偿之备，既有"赔"义，亦有"全、完全"之意；备偿，与今天的全部赔偿原则字义相同。偿所减价，是指原物受损以后，以其实际减少的价值作为赔偿的标的，赔偿实际损失。偿所减价只适用于牛、马等畜产遭受损害的场合，不适用于其他财产的损害。折剉赔偿是明代出现的赔偿责任形式。赔偿的基本标准，是将犯人的全部财产折为银数，按受害人数额（以家为单位）分为几份，其中不分官、民，"品搭均偿"。一主者全偿，即将犯人的财产全赔一主，可能赔多，也可能赔少；数主者分偿，赔多可能性极小。追雇赁钱，这种赔偿制度，只适用于私借财务给他人使用，侵害物之所有人的使用权。赔偿的标准，就是按照使用的日期计算，如数赔偿，但不得过本价。着落均赔还官，就是因其掌管的工作，由于过失而造成官府在财产收入上的损失,均应由造成着落之人赔偿这种损失。这是一种财物损害赔偿,义务主体应是掌管一定的为官府收入进项之责的官员,其赔偿的是应收与实收之间的差额。还官、给主,这是中国古代侵权行为法最为常见,适用最为广泛的财产损害赔偿制度,大体上与现代的返还原物相同,即赃物见在者,还官、给主;赃物转卖后,持有赃款者,仍为见在,亦要依例追征,还官、给主;另外,原物的花利等孳息,亦应还主,这就包括间接损失亦应返还。

赎铜制是我国古代律令的一个重要的刑罚制度,为赎刑。《清律》将赎刑分为三种,即纳赎、收赎、赎罪。在一般情况下,赎金受归国有。但也规定了若干条文将赎金给受害人及其家属,以为赔偿,称之为"收赎给主",作为对人身伤害的赔偿。适用的范围,主要有动物致人损害、因公驰骤车马致死和庸医杀伤人。断付财产养赡,主要适用于残酷的恶性杀人、重伤等情况,将侵权人的财产责令给付被害人之家,用以赡养被害人或被害人的家属。中国古代律典中的保辜制,应当是一种刑事法律规范。《清律·刑律·斗殴》"保辜"条注云:"保,养也;辜,罪也。保辜谓殴伤人未致死,当官立限以保之。保人之伤,正所以保己之罪也。"这就把保辜制的立法意图说得十分清楚。其意旨是:殴人至伤,区分不同的情况,立一辜限,限内由侵害人即罪犯支付医疗费用治疗,辜限内治好可以减轻处罚,辜限内医治无效,致死、致残,各依律科断刑罚。

1907年清廷委派沈家本等三人为修订法律大臣,参考各国立法,体察中国民情,修订《大清民律》。《大清民律草案》全稿于宣统三年(1911年)八月完成,未及颁行,清朝已亡。这部法律虽然没有正式颁行,但是它的制定,却在中国民法的立法史上,具有开创性的功绩。从内容上看,《大清民律草案》对于侵权行为的规定基本上是完备的。在中国历史上第一次确立了过错责任原则的法律地位,在侵权行为法的第二部分,立法者规定了7种特殊侵权行为:一是官吏、公吏以及其他依法令从事公务的职员致害他人的侵权责任;

二是规定共同侵权行为,既规定了共同侵权行为的赔偿责任,又规定了共同危险行为人即准共同侵权行为的赔偿责任，还规定了教唆人和帮助人的共同加害人的法律地位;三是规定了法定监督人的赔偿责任;四是规定了雇佣人的致害责任,亦规定适用过错推定责任;五是规定了定作人指示过失的致害责任;六是规定了动物占有人对动物致人损害的赔偿责任;七是规定了瑕疵工作物致人损害的赔偿责任。在侵权行为法的第三部分,规定了主要的侵权损害赔偿的确定和具体方法。确定对伤害身体者、受害人可以请求赔偿定期金。于侵害身体、自由或者名誉者,得请求赔偿精神损害的制度。在侵害财产的侵权救济中,可以适用返还原物的责任形式;在毁损他人之物时,加害人得向受害人赔偿其物之减价额。规定共同侵权行为的共同加害人承担联带赔偿责任。在侵权行为法的第四部分,规定了侵权损害赔偿请求权的诉讼时效。1911年中华民国政府成立以后,大体沿用前清的律令。

中华人民共和国成立至改革开放,我国的法制不健全,甚至无法可依,侵权损害赔偿多年靠民事审判政策,人身损害几无法规定,发生之后也多靠行政手段解决,1979年2月2日,最高人民法院制定了《关于贯彻执行民事政策法律的意见》,规定:“赔偿问题,一般应由当事人所在单位或有关部门处理。”1984年8月30日,最高人民法院重新发布《关于贯彻执行民事政策法律若干问题的意见》,基于社会改革及经济发展的情况,规定:“对造成损害的,应追究侵权行为人的民事赔偿责任”,对造成人身损害的,赔偿“误工工资”“医疗治疗费”、护理人的“误工补助”、急需送医院抢救或必须转院治疗的受害人的“交通费和住宿费”。由于出现了城乡专业承包户和个体经营户,《意见》还规定对此类人员的误工损失,原则上“应以当地个体同行业、同等劳力当月的平均收入为准”。

1986年4月12日通过,1987年1月1日起实施的《中华人民共和国民法通则》,第119条规定:侵害公民身体造成伤害的,应当赔偿医疗费用,因误工减少的收入,残废者生活补助等费用,造成死亡的,并应当支付丧葬费,死者生前抚养的人必要的生活费等费用。第120条第1款规定：公民的姓名权、肖像权、名誉权受到侵害的，有权要求停止侵害，恢复名誉，消除影响，赔礼道歉，并可以要求赔偿损失。《民法通则》首次明确规定：残废者生活补助费、死者生前抚养的人必要的生活费及精神损害赔偿。1987年6月29日，国务院发布了《医疗事故处理办法》，对医疗事故定型化，将医疗事故分为三个等级，即造成死亡的为一级，造成残疾的为二级，造成功能障碍的为三级，并且规定：确定为医疗事故的，可根据医疗事故的等级、情节和病员的情况给予一次性经济补偿。补偿标准由省、自治区、直辖市人民政府规定，"有的省规定对三级事故分别赔偿3000元，2000元，1000元"。

1991年9月22日，国务院发布了《道路交通事故处理办法》，该办法第37条规定的赔偿范围为：医疗费、误工费、伙食补助费、护理费、残疾者生活补助费、残疾用具费、丧葬费、死亡补偿费。对误工费，规定按本人误工减少的收入计算，超过事故发生地平均生活费3倍的，按3倍计算；无固定收入的，按事故发生地国营同行业平均收入计算。对残疾者生活补助费，规定自定残之日起赔偿20年，50岁以上的，每增加一岁减少一年，最低不少于10年；70岁以上的按5年计算。对死亡补偿费规定按事故发生地平均生活费计算，补偿10年，不满16岁的，每小一岁减少一年；70岁以上的，每增加一岁减少一年，最低不少于5年。死亡补偿费，是对其他赔偿项目之外的损害补偿，包括其他项目不足以补偿的，如不死亡在生命余岁可积累，及近亲属的精神损害等。

1993年10月31日通过的《中华人民共和国消费者权益保护法》第41条规定，经营者提供的商品或服务，造成消费者或其他受害人人身伤害的，应当支付医疗费、护理费、误工减少的收入，残疾者自助具费、生活补助费，残疾赔偿金及由其抚养的人必需的生活费。第42条对造成死亡的规定，支付丧葬费、死亡赔偿金及死者生前扶养的人必需的生活费。这一法律的新规定是增加了残疾赔偿金，死亡赔偿金（类似死亡补偿费）。

2002年2月20日，国务院重新制定了《医疗事故处理条例》，从2002年9月

1日起施行。该条例将医疗事故分为四级:造成患者死亡、重度残疾的为一级;造成患者中度残疾、器官组织损伤导致严重功能障碍的为二级;造成患者轻度残疾、器官组织损伤导致一般功能障碍的为三级;造成患者明显人身损害的其他后果的为四级。条例规定的赔偿范围包括:医疗费、误工费、住院伙食补助费、陪护费、残疾生活补助费、残疾用具费、丧葬费、被抚养人生活费、交通费、住宿费、精神损害抚慰金。其中,最有意义的是残疾生活补助费和精神损害抚慰金。对残疾生活补助费,规定根据伤残等级,按事故发生地居民平均生活费计算,自定残之日赔偿30年,60周岁以上的不超过15年,70周岁以上的不超过5年。对精神损害抚慰金,规定按事故发生地居民平均生活费计算,造成死亡的,赔偿不超过6年,造成残疾的,赔偿不超过3年。另外,对被扶养人生活费,规定按户籍所在地居民最低生活保障标准,不满16周岁的,抚养到16周岁,16周岁以上的无劳动能力的抚养20年,60周岁以上的不超过15年,70周岁以上的不超过5年。2001年3月8日,最高人民法院关于确定民事侵权精神损害赔偿责任若干问题的解释规定,自然人因生命权、健康权、身体权等人格权遭受诽谤侵害,有权向人民法院起诉请求赔偿精神损害,中国精神损害赔偿范围在立法和司法上的扩张已成趋势。

《中华人民共和国侵权责任法》已由中华人民共和国第十一届全国人民代表大会常务委员会第十二次会议于2009年12月26日通过,自2010年7月1日起施行。侵权责任法出台之前,在侵权案件的法律适用上,司法机关只能适用民法通则及相关的司法解释。侵权责任法的出台使公民的宪法权利得到保障,有利于维护法律的统一性与严肃性。但其在侵权行为的基本类型的划分上,应以侵权责任归类原则作为标准,覆盖所有侵权行为,将侵权责任法定位在特别法,明确其是否具有溯及力,以期其更具有现实意义及可操作性。

按照王利明的观点,我国侵权责任立法有七大发展趋势:

趋势一:侵权行为法保护对象扩大——从主要保护物权向保护人格权、知识产权等扩张。由于知识产权多是通过专门的知识产权法进行调整,因而在民法典中对侵权行为直接调整涉及比较多的是人格权的问题。王利明提出,人格权和侵权的关系是很密切的,人格权最初的发展是对具体人格权的保护,以后才逐渐发展为一般人格权的保护。我国《民法通则》只规定了具体人格权,没有规定一般人格权。许多学者认为《民法通则》是一个封闭性的体系,当出现新的人格利益时,没有办法保护。例如,《民法通则》没有规定隐私权,我国又没有一般人格权的规定,而最高人民法院司法解释规定对侵犯隐私权类推适用名誉权的方式,显然是不合适的。人格权的内容比较复杂,对于民法典中究竟要列举式规定具体人格权,还是同时规定一般人格权,也存有争议。王利明认为,一般人格权主要是人格平等,人格尊严等方面的权利。如果民法典中规定了一般人格权,则对司法实践中许多争议,如性骚扰案件是否应适用侵犯贞操权的争议,就可以通过一般人格权的规则得到解决。

趋势二:侵权行为法在民法典中独立成编。王利明认为,考察世界各国侵权法立法,即使在大陆法系国家,侵权法也逐渐从债法中独立出来,与物权法并列,凸显出侵权法的重要性,现代社会是一个风险较高的社会,所有危险都需要通过侵权法来救济,这也是侵权法为什么越来越重要的原因。

趋势三:侵权行为法保护范围扩张——从保护权利向保护利益的方向发展,王利明指出,权利和利益是不一样的,权利是具有公示性的,权利人和义务人都知道权利的范围,并且由法律界定行为的标准。但是合法利益本身没有一个法律上确定的标准,行为人在从事某种行为的时候并不知道哪种行为受到保护,什么利益是合法的,什么利益不受保护,常常是法官在个案中才能做出的评价。如果合法利益太过于宽泛,则行为自由就会受到限制,因此在保护个人的合法利益时,也要充分保护个人合法范围内的行为自由。侵害合法利益,在侵权的构成要件上应当有严格限制。

趋势四:过错责任内涵不断发展。王利明认为,过错责任存在的发展变化表现在以下三个方面:一是过错概念和标准发生变化。19世纪受到刑法罪过概念的影响,将过错看成主观上的问题,这对受害人是非常不利的。民事责任不同于刑事责任,民事责任不在于对行为人的制裁,而是对受害人的补偿。因此过错的标准发生了变化,司法上放弃主观过错的概念,采用了客观说的标准,也即合理的谨慎的人的标准。在案件中可以由当事人举证,也可以由法官进行判断,是否按照合理谨慎的人的做法那样去行为。如放鞭炮的时候还没有放完就让小孩上去,结果受伤,法官在案件审理的时候就可以判断行为人有过错。现在对过错的判断又出现了很多标准,经济分析方法中效率的标准乃是其一,如汉德公式即用效率的分析方法来界定过错。效率的引进使得过错越来越客观化,两大法系对过错的证明也越来越客观化。

二是共同侵权概念的变化：过去，共同侵权要求必须有共同的意思联络,即共同的故意,但这对受害人举证比较困难。于是,共同侵权概念首先发生了变化,即将共同过失也称为共同侵权。并被广泛运用到专家侵权、证券责任、建筑责任等。其次是团伙责任的发展。团伙责任的类型很多,如黑社会性质的社会组织、非法人组织造成损害构成团伙责任,即团伙中成员造成他人损害,即使其他人不知道也要承担责任。王利明强调,过错责任的客观化是一个趋势,但是这并不是意味着连主观的过错都不要了,否则就会造成不合理的结果。

三是共同危险行为的发展:共同危险行为有两种形态:第一,数个行为,只有一个行为造成损害,但是不能确定是哪个行为;第二,数个人的行为造成损害结果发生。数个行为都有可能造成损害发生,但是不知道是谁。具体而言，过去一直认为每个行为人只需要证明自身行为与损害结果没有因果关系,或没有过错,则可以免责。但是现在行为人不仅仅证明自己没有过错,还需要证明谁是真正的侵害人。也就是说,共同危险行为发生后,法律推定都有责任,必须要证明谁是真正侵权人才能免责,也符合过错责任原则。共同危险行为理论主要是为了保护受害人,现在其适用范围也越来越为广泛。

趋势五:归责原则的多元化。王利明认为,现在侵权法实际上是多元的归责原则。大多数国家规定了严格责任或者危险责任,其主要适用于加重责任的情况。严格责任的严格体现在对证明责任的转移和对免责事由的限制，但并不是不考虑过错。还有公平责任，有人称为财产产生的责任。最初是产生在无民事行为能力人致人损害的情况。例如，一个富有的精神病人致人损害，按照过错责任的规定，因为其没有过错，就应当被免除责任。但是这个案例受到广泛的批评：侵害人是富人，受害人是穷人，如果受害人得不到赔偿，这显然是不公平的。其结果产生了公平责任的概念。从保护受害人角度考虑，富人应当拿出财产来保护受害人的权利。

在讨论民法典的时候，对于从高楼上抛掷物品致人损害，又找不到加害人的情况，专家们一致认为需要找到一个归责原则统一的判例。对此，王利明主张应采用公平责任，由高楼中可能造成损害的人承担适当的补偿责任，而不是全部的赔偿。其理由如下：

首先从侵权法中的重要理论——损失分担内涵看，当不幸的损失发生以后，将受害人与行为人分担损害的能力进行比较，这时候不考虑过错的问题，而考虑由谁承担是公平合理的。将受害人与责任人放到一起，单个的受害人与全体业主的分担能力大小是显而易见的。

其次从公共安全的理论角度看，侵权法应当负有维护公共安全的职能，实际上体现的是社会全体成员的利益。所以当公共安全的维护与某几个人的利益发生冲突的时候，首先应当考虑公共安全利益。公共安全利益受到威胁，同时也会侵害到全体业主利益。让全体业主承担责任，实际上也是维护他们的权益。

最后从预防损害发生的理由看，侵权法考虑谁应当预防损害发生时，应当考虑谁最接近损害发生，这才是最有效率的。如上所述，受害人与责任人的比较中，只有全体业主才会有效地防止损害的发生。

趋势六：从自己责任原则发展到违反保护义务。19世纪时贯彻自己责任原则，现在发展到违反保护义务。保护义务从最近发生的多个案例中可以看出。如住旅店被杀、住校学生被强暴，找不到侵害人，告旅店、学校；吃饭被打，找不到人，告饭店；银行存钱被抢，告银行。银行、学校、旅馆感到比较冤枉，这就提出了违反保护义务责任的问题。最高人民法院有关司法解释曾对此作出了规定，可谓补充了空白。王利明认为问题在于：其一，义务的主体限于从事经营活动的主体，但是该解释提到了其他社会活动，没有准确界定，比较宽泛；其二，应界定保护义务的对象，如果是经营者，只能针对客户来提供安全保护；其三，对权益保护的范围也是有限制的，这主要是对人身权益的保护；其四，要注意义务保护的特定场所，比如说经营者只能对经营场所内的顾客进行保护，离开经营场所，则是公安的责任。应该强调的是，违反保护义务责任只是一种补充责任.如果能够找到真正行为人，就应该让其赔偿，而不适用这一责任。

趋势七：侵权行为赔偿方式的多样化。过去对侵权行为主要实行的是财产赔偿。现在增加了精神损害赔偿，美国近来出现了惩罚性损害赔偿。例如，老太太在咖啡店嘴唇被烫，法院判决咖啡店很高的赔偿，王利明指出，惩罚性损害赔偿具有合理性：一般性赔偿遵守等价的原则，但是在一个贫富分化的社会中，这种一般赔偿不能够对富人形成有效的限制。只有惩罚性赔偿才能对行为人产生警示的作用，才能预防下次行为的发生，惩罚性损害赔偿的产生是一般性预防与特殊性预防的结合。对一些特殊侵权行为如打人、性骚扰等，适用一般损害赔偿并不足以遏制这种行为，因此可考虑引进惩罚性损害赔偿。

第二节　我国侵权责任法的结构体系

2009年12月26日，《中华人民共和国侵权责任法》经中华人民共和国第十一届全国人民代表大会常务委员会第十二次会议审议通过，于2010年7月1日起施行。《侵权责任法》的最终通过，标志着我国民商事法律体系得到最终完善,向最终完整民法典的目标进一步迈进,标志着中国法制化进程的加快,建设社会主义法治国家的目标得到进一步贯彻实施,标志着民事侵权专门法的最终诞生,有利于更好维护公民合法权益。

《侵权责任法》仅有92个条文,最基本的逻辑结构,是"一般条款+特别规则",其标志性的条文是第2条:"侵害民事权益,应当依照本法承担侵权责任。"所谓"一般条款",既不同于具体的法律规则,也不同于一般的法律原则,而是对侵权责任请求权基础的高度概括规定。第1章至第3章属于"总则",第4章至第11章属于"分则",其中"总则"三章,主要是关于归责原则、责任构成要件、责任方式、赔偿项目、责任减免的"列举性"规定;"分则"八章,是关于各种最常见、最重要的侵权行为的"类型化"规定。

这部侵权责任法与发达国家和地区的侵权法不一样。例如德国、日本等国侵权法,只规定过错侵权责任,只有过错责任下原则一个归责原则,为了减轻受害人的举证负担,在若干情形下采用了过错推定。发达国家和地区也并不是没有无过错侵权责任,一是它们的无过错侵权责任规定在特别法,二是无过错侵权责任局限于危险责任,适用范围很窄,只是"例外规则"。

我国的立法突破传统民法理论和立法例,采取过错责任和无过错责任"二元归责",同时并行规定过错侵权责任和无过错侵权责任。过错侵权责任与无过错侵权责任之间,不是"一般与特殊""原则与例外"的关系,而是"并立、并行、并重"的关系。我国《侵权责任法》第7条关于无过错责任原则的规定,与第6条第1款关于过错责任原则的规定,是并立关系,明示本法采取"二元归责"。发达国家和地区的侵权法并没有规定无过错责任原则的条文,因为它们的侵权法上无过错责任只是"例外"规定,过错责任才是原则。其次,我国《侵权责任法》第7条仅是关于无过错责任原则的"宣示",必须适用对该侵权类型规定无过错责任的具体条文。本法对无过错侵权责任采用"类型化"立法,除第5、6、8、9、10、11章规定无过错责任的六大类型外,第4章还规定了监护人责任(第32条)、使用人责任(第34、35条)、安全保障义务(第37

条)等无过错侵权责任类型,但不同的侵权类型在"类型化"程度上也有差别。例如,监护人责任(第32条)、安全保障义务(第37条)、使用人责任(第34、35条),仅设概括性的规定,每个类型一两个条文,而其他无过错侵权责任类型,每个类型由一个原则条文与若干具体规则构成一个"体系"。尤其第9章高度危险责任,在原则规定(第69条)之下,进一步分设七个"小类型",本法关于过错侵权责任的规定,也有采用"类型化"方法的,例如第7章医疗损害责任;另外,在关于无过错侵权责任类型的规定中,也有过错责任或推定过错责任的规定"穿插"其中,例如第5章产品责任,其中销售者的责任(第42条)、运输者、仓储者的责任(第44条)属于过错责任;再如第11章物件损害责任,其中建筑物管理瑕疵责任(第85条)、堆放物倒塌损害责任(第88条)、林木折断损害责任(第90条),属于推定过错责任。基于利益衡量的考虑,本法对高度危险责任(第9章)设立了特别规则,第72条占有使用高度危险物损害和第73条高度危险活动损害,规定了不可抗力免责,第70条核事故损害仅限于通常不可抗力事件中的"战争等情形"可以免责,此外的高度危险损害行为不适用不可抗力免责。

我国《侵权责任法》是在民法通则关于侵权责任的规定(第6章民事责任的第1节一般规定、第3节侵权的民事责任、第4节承担民事责任的方式)的基础上,重新立法,重新制定条文,因而本法一经生效,民法通则关于侵权责任的规定就全部作废。我国现有四十多部单行法对相关侵权责任有特别规定,诸如物权法、农村土地承包法,知识产权三法,婚姻法、继承法,公司、海商、票据、保险、证券等商事法,道交法、铁路法、民用航空法,产品质量法、消费者权益保护法、药品管理法、食品安全法,环境保护各法,等等。这四十多部单行法关于侵权责任的特别规定,应优先于本法适用。

最高人民法院《关于人身损害赔偿的解释》(2003)第17条关于人身损害赔偿项目的解释规则,已经被《侵权责任法》第16条所取代,就只能适用《侵权责任法》第16条,不能因为第16条未规定"被抚养人生活费",就再根据解释第17条判给"被扶养人生活费"。《侵权责任法》否定"被扶养人生活费"的理由是,《侵权责任法》中,残疾赔偿金和死亡赔偿金,虽然定性为精神损害赔偿,却因采用了发达国家和地区法院计算"遗失利益赔偿"的方法,而具有精神损害赔偿和遗失利益赔偿的双重功能。另外,《侵权责任法》第16条未规定"营养费",是因为"康复支出的合理费用"一项已经包含了"营养费"。置《侵权责任法》第16条关于人身损害赔偿项目的规定于不顾,而仍然适用解释第17条,或者同时并用《侵权责任法》第16条和解释第17条,都将构成法律适用错误。

第三节　侵权责任的归责原则

归责原则既是侵权行为之债法的核心问题,也是《侵权责任法》的核心问题。《侵权责任法》规定的多种责任方式是对德国式侵权行为之债法的损害赔偿之债的继受和变革。传统民法上没有责任方式概念,我国《民法通则》第6章第4节名曰承担民事责任的方式,自此才有了责任方式概念。《侵权责任法》第2章的题目也使用了责任方式概念。何谓归责原则?王泽鉴分析说:"任何国家的侵权行为法皆面临一个基本问题:因权益受侵害而生的损害究竟由被害人承担,抑或使加害人负损害赔偿责任?关于此点,各国法律多采相同原则,即被害人须自己承担所生的损害,仅于特殊理由时,始得向加害人请求损害赔偿。"归责原则是《侵权责任法》中承担责任的基本规则。归责在法律上的本意是指责任承担的依据,归责原则是确定侵权人承担侵权损害赔偿责任的一般准则,它是在损害事实已经发生的情况下,为确定侵权人对自己的行为所造成的损害是否需要承担侵权赔偿责任的原则。

在古代,侵害他人民事权益造成损害的,即应承担责任。近现代学者将此称为结果责任。古代没有归责事由和归责原则的概念和意识,随着法学理论的发展，民法上出现了过错责任，学理上才有了归责事由和归责原则概念。过错是侵权行为的唯一构成要件，而且是与结果责任相比较而言的，即使有损害而行为人无过错，也不构成侵权行为，行为人不承担侵权责任。20世纪上半叶出现了过失责任的客观化现象，判断侵权人是否有过错，不是以其个人的主观判断能力为标准，而是采客观的认定标准，英美法上拟制了"合理人"标准，我国民国时期的判例采"善良管理人"标准。《侵权责任法》规定的多种侵权责任方式，针对的是多种违反民事义务的民事法律关系。赔偿损失和恢复原状一般适用过错责任，法律有特别规定的，适用过错推定或者无过错责任。停止侵害、排除妨碍、消除危险与返还财产适用无过错责任。赔礼道歉、消除影响、恢复名誉适用过错责任。《物权法》规定的民事权益救济方法与《侵权责任法》规定的多种侵权责任方式有重合之处，既可解释为其内涵不同，二者发生竞合，也可以解释为其内涵相同，适用《侵权责任法》的规定。后一种解释反映了《侵权责任法》质的飞跃，有利于节约司法成本，更有利于保护民事权益。

所谓归责原则是指据以确定侵权民事责任应由行为人承担的理由、标准或者说最终责任归属决定性的根本要素。而侵权的归责原则，实际上是归责的规则，它是确定行为人的侵权民事责任的依据和标准，也是贯穿整个侵权行为法之中，对规范各个侵权法起着统帅作用的立法指导方针。《侵权责任法》共有12章92条，第1~4章属于总则部分，主要围绕过错原则来规定和展开；第5~11章主要围绕严格责任和过错推定责任来规定和展开。可见《侵权责任法》的体系就是按照归责原则构造起来的，侵权责任形态也是按照归责原则构建起来的，侵权免责事由的适用，减轻责任事由的适用也是按照归责原则构建起来的。《侵权责任法》第6条：行为人因过错侵害他人民事权益，应当承担侵权责任。根据法律规定推定行为人有过错，行为人不能证明自己没有过错的，应当承担侵权责任。第7条：行为人损害他人民事权益，不论行为人有无过错，法律规定应当承担侵权责任的，依照其规定。由此可见我国的侵权责任法,在确定以何种根据追究侵权行为人的民事责任时,要么考虑行为人过错,以行为人存在过错作为追究其民事责任的根据;要么不考虑行为人过错，以行为人的行为与损害后果之间存在因果关系作为追究其民事责任的根据,共同构建起我国《侵权责任法》的归责原则体系。

由于侵权法规范对象的复杂性和多层次性，世界各国的侵权法的归责原则都呈现多元化的趋势。侵权的归责原则体系,主要有三种观点:①过错责任归责原则说,这种主张将过错延展为侵权责任之唯一归责原因。②二元归责原则体系，有三种观点：其一为过错责任与无过错责任的二元归责体系;其二是由过错责任和严格责任原则构成,认为过错推定是过错原则中的一种程序性规则,而非一项独立的侵权归责原则;其三是由过错责任原则与公平责任原则构成。③多元论:其一,有人主张多元的归责原则,包括过错责任原则、危险责任原则和公平责任原则三种;其二,归责原则就是过错责任原则、过错推定原则和无过错责任原则三个归责原则构成,多元归责体系,即以过错责任和严格责任作为两项基本的归责原则相并列，而以公平责任原则为补充,以绝对的无过错责任为例外。归责原则构建了侵权类型,即过错责任、过错推定责任、严格责任类型。归责原则对应着侵权责任的基本分类,三种归责原则对应了各种侵权责任的具体类型,它们在构成要件、免责事由等方面都存在差异。过错责任、过错推定和严格责任对行为人所强加的责任是有区别的,就行为人来说,严格责任最重,过错推定次之,过错责任最轻。对受害人的保护也不相同,从受害人的角度考虑,在责任的选择上应选择对其最为有利的责任。

传统的侵权行为的归责原则以损害事实的发生为前提，不同性质的违法行为需要承担不同类型的法律责任，不同类型的违反民事义务的行为需要承担不同的民事责任，不同的侵权责任方式反映违反民事义务的行为的性质有所不同。根据《侵权责任法》的规定,一个侵权行为可以适用两种以上的责任方式,适用不同的归责原则。例如,侵占他人的物并造成损害的,赔偿损失一般适用过错责任，返还原物适用无过错责任。我国《侵权责任法》规定了多种侵权责任方式，责任方式是与归责原则和责任构成要件密切联系在一起的，在侵权诉讼中，原告提出诉讼请求总是和责任方式联系在一起的，如请求返还财产、赔偿损失、恢复名誉等，侵权责任法规定归责原则就是确定责任归属的标准和根据，一定的归责原则直接决定着侵权责任的构成要件、举证责任的分配、免责条件及范围、责任的形态和损害赔偿的范围，《侵权责任法》的全部规范都奠基于归责原则之上。《侵权责任法》规定了过错责任原则、无过错责任原则两个归责原则，其中过错责任是常态。

侵权责任的归责原则，就是据以确定侵权民事责任由行为人承担的理由、标准或者说最终决定性的根本要素。掌握归责原则的具体适用情形及其实务操作规则，对于正确认定侵权行为的种类、构成要件、举证责任的承担、免责条件、损害赔偿的原则和方法等具有决定性意义。

一、过错责任原则

过错原则作为《侵权责任法》的基本归责原则，适用于一般的侵权行为，只有在法律明确规定的情况下，才适用其他归责原则。我国《侵权责任法》第6条规定："行为人因过错侵害他人民事权益，应当承担侵权责任。根据法律规定推定行为人有过错，行为人不能证明自己没有过错的，应当承担侵权责任。"《民法通则》第106条第2款规定："公民、法人由于过错侵害国家的、集体的财产，侵害他人财产、人身的，应当承担民事责任。"按照过错责任原则，过错是决定过错责任是否成立的必不可少的主观要件。过错的判断标准，通常要结合主观（心理状态）和客观（行为）两个方面。可以用主观标准来认定过错的，就无需运用客观标准。只有当无法用主观标准确定故意的场合，则用客观标准来认定过错。所谓客观标准即一般人的注意标准，如果行为人只要尽到轻微的注意即可预见某种情形，但其未注意，即为有过失。

一般侵权行为的构成要件包括:加害行为、损害事实、加害行为与损害事实之间的因果关系、行为人主观过错四个方面。

1. 加害行为

加害行为又称致害行为，是指行为人作出的致他人的民事权利受到损害的行为。任何一个民事损害事实都与特定的加害行为相联系,亦即民事损害事实都由特定的加害行为所造成。没有加害行为,损害就无从发生。从表现形式上看,加害行为可以是作为,也可以是不作为,以不作为构成加害行为的,一般以行为人负有特定的义务为前提。

2. 损害事实

所谓损害,是指由一定行为或事件造成人身或财产上的不利益,即不良后果或不良状态。损害不仅包括财产损害,还包括非财产损害,如人身损害、精神损害。《侵权责任法》第2条第2款对民事权益作出了规定,民事权益包括生命权、健康权、名誉权、肖像权、隐私权、婚姻自主权、监护权、所有权、用益物权、担保物权、著作权、专利权、商标权、发现权、股权、继承权等人身、财产权益。损害事实依其性质和内容,可分为直接损害和间接损害、财产损害和人身损害、物质损害和精神损害。

3. 加害行为与损害事实之间有因果关系

因果关系,是指社会现象之间的一种客观联系。若一种现象在一定条件下必然引起另一种现象的发生,则该种现象为原因,后一种现象为结果,这两种现象之间的联系,就称因果关系。侵权行为只有在加害行为与损害事实之间存在因果关系时,才能构成。如果加害人有加害行为,他人也有民事权益受损害的事实,但二者毫不相干,则侵权行为仍不能构成。

4. 行为人主观过错

过错,是行为人决定其行动的一种心理状态。行为人是否有过错直接关系到对其行为性质的认定。过错包括故意和过失两种形式。行为人明知自己的行为会发生损害他人民事权利的结果,并且希望或放任该结果发生的,为故意。行为人应当预见自己的行为可能损害他人的民事权利但因为疏忽大意而没有预见,或者虽然已经预见但轻信能够避免,结果导致他人的民事权利受到损害的,为过失。衡量行为人是否有过失,应根据具体的时间、地点和条件等多种因素综合进行确定。过错是指某种行为在法律和道德上有一种可归责性。对过错的评价和衡量主要应该根据客观标准来判断。这个客观标准在两大法系基本上都是指一个合理谨慎的行为人的标准,这就是说,判断一个行为人是不是有过错,就是要把他的行为和一个合理谨慎的人的行为作比较,一些特殊的职业要具有比一般的合理谨慎的注意义务更高的标准,这就是专家的义务。侵权法要对专家的注意义务、内容以及审慎程度提出更高的要求。比如专家本身是医生或律师等,从事这个职业的话有一个职业准入的资格,你获得这个资格以后社会公众就会对你产生一种信赖,就是说相信你是具备了这种特殊的技能的。在安全保障义务责任里面,判断行为人是不是尽到了安全保障义务,要考虑对未成年人应该具有特别的义务。对未成年人特别是无行为能力人,要有更高的注意义务要求。对未成年人自身来说,我们也不能按照一般人的标准来要求他,应该以低于一般人的标准来要求他。

过错程度对责任承担产生影响,侵权行为人所应负的责任应与其过错程度相一致。如《侵权责任法》第12条规定:"二人以上分别实施侵权行为造成同一损害,能够确定责任大小的,各自承担相应的责任;难以确定责任大小的,平均承担赔偿责任。"什么叫"相应"呢?"相应"的含义就是根据责任人对结果的发生所起的原因力以及过错的程度来确定他应当承担的份额,要确定补充责任的范围,在确定了补充责任的范围之后,再进一步确定在整个责任中相应的比例是多少,最后来确定最终的责任,这就是相应的补充责任。是否产生过错是确定行为人承担侵权责任的核心要件,过错责任原则中,不仅要考虑行为人的过错,往往也会考虑受害人的过错或者第三人的过错。如果受害人或者第三人对损害的发生也存在过错的话,则要根据过错程度来分担损失，因此可能减轻甚至抵消行为人承担的责任。过错程度决定责任范围。第37条规定了“相应的补充责任”。首先要由实际加害人承担全部的责任，实际加害人如果全部承担责任以后，那么补充责任就为零了，就没有责任了。补充责任是对实际的加害人承担了责任之后剩下的部分的责任；侵权责任成立，补充责任才成立，如果侵权责任根本就不能成立的话，那么补充责任也就不存在了。

过错推定的构成要件与一般过错责任归责原则下的构成要件相同，即损害后果、因果关系、行为的违法性和过错。只不过在过错推定情形下，受害人将前三项要件举证后，法院即可推定行为人有过错，除非行为人能举证证明其主观上没有过错，否则，推定的过错成立，行为人因此必须承担侵权责任。过错责任原则，是以过错为价值判断标准，判断行为人对其造成的损害应否承担侵权责任的归责原则。过错责任原则适用于一般侵权行为，不适用于特殊侵权行为。《侵权责任法》第6条第1款规定：“行为人因过错侵害他人民事权益，应当承担侵权责任。”据此，在一般侵权行为引起的损害赔偿案件中，主观上存在过错的一方应当承担赔偿责任，如侵权人无过错，即使符合侵权责任的其他要件，也不承担责任。凡是法律、法规没有规定适用过错推定责任、无过错责任的情况，原则上都应当适用过错责任。过错推定责任原则和无过错责任原则是特殊的归责原则，《侵权责任法》第6条第2款和第7条关于过错推定和无过错责任的规定，都使用了“法律规定”四个字。从文义解释来看，所谓法律规定，主要是指《侵权责任法》的规定，也就是说，《侵权责任法》有规定的才适用该归责原则。在法律没有特别规定的情况下，不能适用该归责原则。

过错责任原则以行为人主观上有过错为承担民事责任的充分必要条件，即行为人仅在有过错的情况下，才承担民事责任；没有过错，就不承担民事责任，以过错为责任的构成要件，即行为人只有在主观方面有过错的情况下，才可能承担民事责任。以过错作为决定行为人承担民事责任的理由、标准或者说最终决定性的根本要素,无过错即无责任。贯彻“谁主张权利、谁提供证据”的原则,受害人在请求加害人承担民事责任时,应对加害人在实施侵权行为时主观上有过错负举证责任。如果不能举出证据证明加害人在实施侵权行为时主观上有过错,加害人就可以不承担民事责任。而加害人无须证明自己没有过错。过错程度与责任相一致，即过错程度决定着责任的形式、范围、减免等。

二、过错责任原则适用情形

(1)一般侵权行为责任。《侵权责任法》第6条第1款:“行为人因过错侵害他人民事权益,应当承担侵权责任。”

(2)劳务派遣单位责任。《侵权责任法》第34条第2款:“劳务派遣期间,被派遣的工作人员因执行工作任务造成他人损害的，由接受劳务派遣的用工单位承担侵权责任;劳务派遣单位有过错的,承担相应的补充责任。”

(3)个人劳务责任中提供劳务一方因劳务致使自己受到损害的责任。《侵权责任法》第35条后半段:“提供劳务一方因劳务自己受到损害的,根据双方各自的过错承担相应的责任。”

(4)网络用户与网络服务提供者的网络侵权责任。《侵权责任法》第36条:“网络用户、网络服务提供者利用网络侵害他人民事权益的,应当承担侵权责任。网络用户利用网络服务实施侵权行为的,被侵权人有权通知网络服务提供者采取删除、屏蔽、断开链接等必要措施。网络服务提供者接到通知后未及时采取必要措施的,对损害的扩大部分与该网络用户承担连带责任。网络服务提供者知道网络用户利用其网络服务侵害他人民事权益，未采取必要措施的,与该网络用户承担连带责任。”

(5)限制民事行为能力人在教育机构受到损害的责任。《侵权责任法》第39条:“限制民事行为能力人在学校或者其他教育机构学习、生活期间受到人身损害，学校或者其他教育机构未尽到教育、管理职责的，应当承担责任。”

（6）因第三人侵权导致学生伤害事故中的学校等教育机构的责任。《侵权责任法》第40条：“无民事行为能力人或者限制民事行为能力人在幼儿园、学校或者其他教育机构学习、生活期间，受到幼儿园、学校或者其他教育机构以外的人员人身损害的，由侵权人承担侵权责任；幼儿园、学校或者其他教育机构未尽到管理职责的，承担相应的补充责任。”

（7）销售者对被侵权人承担的产品责任。《侵权责任法》第42条第1款：“因销售者的过错使产品存在缺陷，造成他人损害的，销售者应当承担侵权责任。”

（8）产品生产者与销售者之间就产品责任的追偿责任。《侵权责任法》第43条第2款、第3款：“产品缺陷由生产者造成的，销售者赔偿后，有权向生产者追偿。因销售者的过错使产品存在缺陷的，生产者赔偿后，有权向销售者追偿。”

（9）运输者、仓储者等第三人承担的产品责任。《侵权责任法》第44条：“因运输者、仓储者等第三人的过错使产品存在缺陷，造成他人损害的，产品的生产者、销售者赔偿后，有权向第三人追偿。”

（10）机动车之间发生交通事故的侵权责任。《侵权责任法》第48条：“机动车发生交通事故造成损害的，依照道路交通安全法的有关规定承担赔偿责任。”《中华人民共和国道路交通安全法》第76条第1款第（一）项：“机动车之间发生交通事故的，由有过错的一方承担赔偿责任；双方都有过错的，按照各自过错的比例分担责任。”

（11）医疗损害责任。《侵权责任法》第54条：“患者在诊疗活动中受到损害，医疗机构及其医务人员有过错的，由医疗机构承担赔偿责任。”第55条：“医务人员在诊疗活动中应当向患者说明病情和医疗措施。需要实施手术、特殊检查、特殊治疗的，医务人员应当及时向患者说明医疗风险、替代医疗方案等情况，并取得其书面同意；不宜向患者说明的，应当向患者的近亲属说明,并取得其书面同意。医务人员未尽到前款义务,造成患者损害的,医疗机构应当承担赔偿责任。”第57条:“医务人员在诊疗活动中未尽到与当时的医疗水平相应的诊疗义务,造成患者损害的,医疗机构应当承担赔偿责任。”第62条:“医疗机构及其医务人员应当对患者的隐私保密。泄露患者隐私或者未经患者同意公开其病历资料,造成患者损害的,应当承担侵权责任。”第63条:“医疗机构及其医务人员不得违反诊疗规范实施不必要的检查。”

(12)被侵权人起诉第三人承担环境污染责任。《侵权责任法》第68条前半段:“因第三人的过错污染环境造成损害的,被侵权人可以向污染者请求赔偿,也可以向第三人请求赔偿。”

(13)污染者向第三人追偿环境污染责任。《侵权责任法》第68条规定:“因第三人的过错污染环境造成损害的,被侵权人可以向污染者请求赔偿,也可以向第三人请求赔偿。污染者赔偿后,有权向第三人追偿。”

(14)所有人对交由他人管理的高度危险物致害责任应承担的连带责任。《侵权责任法》第74条规定:“遗失、抛弃高度危险物造成他人损害的,由所有人承担侵权责任。所有人将高度危险物交由他人管理的,由管理人承担侵权责任;所有人有过错的,与管理人承担连带责任。”

(15)须按管理规定饲养的动物损害责任。《侵权责任法》第79条:“违反管理规定,未对动物采取安全措施造成他人损害的,动物饲养人或者管理人应当承担侵权责任。”

(16)因第三人的过错致使动物造成他人损害,动物饲养人或者管理人赔偿后向第三人追偿的责任。《侵权责任法》第83条后半段:“因第三人的过错致使动物造成他人损害的……动物饲养人或者管理人赔偿后,有权向第三人追偿。”

(17)建筑物、构筑物或者其他设施及其搁置物、悬挂物脱落、坠落致人损害,所有人、管理人或者使用人赔偿后,向其他责任人追偿的责任。《侵权责任法》第85条后半段:“所有人、管理人或者使用人赔偿后,有其他责任人的,有权向其他责任人追偿。”

(18)建筑物、构筑物或者其他设施倒塌,建设单位、施工单位赔偿后,向其他对倒塌负有责任的人进行追偿的责任。《侵权责任法》第86条第1款后半段:“建设单位、施工单位赔偿后,有其他责任人的,有权向其他责任人追偿。”

(19)完全因第三人的原因导致建筑物、构筑物或者其他设施倒塌致人损害责任。《侵权责任法》第86条第2款:“因其他责任人的原因,建筑物、构筑物或者其他设施倒塌造成他人损害的,由其他责任人承担侵权责任。”

三、过错推定责任原则

过错推定是介于过错责任和无过错责任之间的责任，没有无过错责任那样的条件存在,而适用过错责任就过分加重了被侵权人的举证负担,在这种情况下就采用过错推定。1804年颁布的《法国民法典》第1384条规定:“任何人不仅对其自己行为所致的损害，而且对应由其负责的他人的行为或在其管理之下的物件所致的损害，均应负赔偿的责任……证明其不能防止发生损害的行为者,免除之。”这是早期民法上规定的过错推定。过错推定责任是指法律事先规定,一旦加害人实施了某种加害行为,法律就推定加害人有过错,被告即应承担损害赔偿责任,但如果加害人能证明自己无过错,其责任即可豁免。过错推定采取举证责任倒置的证明方式,如果行为人未能有效证明其没有过错,则人民法院最终得以认定其具有过错,并据此确立侵权责任。在早期的成文法中,侵权责任归责原则上采取加害原则,也称结果责任原则,即行为人致他人损害,无论其有无过错,只要有损害结果的存在,就都应负赔偿责任。因此,过错责任原则的产生并替代加害责任原则无疑是社会的一大进步和发展。

过错推定原则是从推定行为人有过错的角度出发来确定行为人具有过错,从而迫使行为人承担责任的一种归责原则。这种推定过错,是通过法官依据事实和法律来进行的。其实质不是行为人是否有过错,而是被动的被确定为有过错。过错推定原则的历史源头同样久远，也可以追溯到罗马法时代。在《十二铜表法》第8表第7款中规定:“让自己的牲畜在他人田中吃食,应负赔偿责任；但如他人的果实落在自己的田中而被牲畜吃掉的，则不需负责。”这里说的其实就是过错推定。

直到17世纪,法国法官多马特才创造了过错推定理论。在该原则下发生举证责任的倒置,侵权行为人须做的是举证自己无过错,否则法官就以推定的方式来推出侵权行为人具有过错。只有当侵权行为人不能证明自己无过错,并且受害者也同时举出证据证明要侵权者有违法行为、自己有损害事实和后果，而违法行为与损害事实和后果之间有法律上的因果关系这三个方面,才能推定侵权行为人有过错,过错推定就是根据一定的基础事实,直接推定行为人有过错,并采用举证责任倒置的方法。如果行为人不能反证证明自己没有过错,那么就应当承担责任。《侵权责任法》第58条规定,如果医疗机构“违反法律、行政法规、规章以及其他有关诊疗规范的规定;隐匿或者拒绝提供与纠纷有关的病历资料;伪造、篡改或者销毁病历资料”,那么就不需要由受害人来证明过错,就可以直接推定医疗机构有过错了。它要实行过错的举证责任倒置,这个举证责任倒置是针对过错的举证责任倒置,你要反证自己没有过错是很困难的,其实就是加重了行为人的责任。

过错推定属于例外的、特别的规定,只有在法律有特别规定的情况下才能适用,凡是在法律没有特别规定的情况下,法官不能直接类推适用过错推定。最高人民法院关于证据规则的司法解释实际上是允许法官类推适用过错推定的,根据公平原则法官也可以适用,但在《侵权责任法》上是不行的,侵权法上的过错推定以及举证责任倒置,法官不能随便适用。凡是要适用过错推定的都要在侵权法上找一个特别规定。过错推定原则只能适用于法律有特别规定的情形,即《侵权责任法》上述规定的特殊侵权行为。法无明文规定的,不得适用过错推定原则。

过错推定是过错责任原则的一种适用方法，具体做法是面对待处理案件，受害人起诉应当举证证明三个要件，即违法行为、损害事实、因果关系。这三个要件的举证责任完成之后，法官直接推定加害人具有主观过错，不要求受害人去寻求行为人在主观上存在过错的证明，不必举证，而是从损害事实的客观要件以及它与损害行为之间的因果关系中，推定加害人主观上有过错。如果加害人认为自己在主观上没有过错，则需自己举证，实行举证责任倒置，证明自己没有过错，证明成立的，推翻过错推定，无需承担民事责任；如果加害人不证明或者不能证明自己不存在过错，则认定其有过错并结合其他构成要件而承担相应的民事责任。可见，过错推定仍然以加害人的过错为责任的根据或标准，它是过错责任原则适用中的一种特殊情形，因此不可将其与过错责任相提并论，更不可将其作为我国侵权责任的归责原则之一。

过错推定原则，是指在法律有特别规定的场合，从损害事实本身推定侵权人有过错，并据此确定侵权人损害责任的归责原则。过错推定责任适用于法律明文规定的一部分特殊侵权行为。《侵权责任法》第6条第2款规定："根据法律规定推定行为人有过错，行为人不能证明自己没有过错的，应当承担侵权责任。"据此，在侵权诉讼中，受害人如果已经举证证明损害事实、违法行为和因果关系三个要件的存在，而侵权人不能证明自己对损害的发生没有过错，那么法官就应当从损害事实本身推定侵权人在致人损害的行为中有过错，并承担赔偿责任。

四、过错推定原则适用情形

(1)共同危险行为责任。《侵权责任法》第10条："二人以上实施危及他人人身、财产安全的行为，其中一人或者数人的行为造成他人损害，能够确定具体侵权人的，由侵权人承担责任；不能确定具体侵权人的，行为人承担连带责任。"

(2)暂时丧失心智致人损害责任。《侵权责任法》第33条:"完全民事行为能力人对自己的行为暂时没有意识或者失去控制造成他人损害有过错的，应当承担侵权责任；没有过错的，根据行为人的经济状况对受害人适当补偿。完全民事行为能力人因醉酒、滥用麻醉药品或者精神药品对自己的行为暂时没有意识或者失去控制造成他人损害的,应当承担侵权责任。"

(3)违反安全保障义务责任。《侵权责任法》第37条:"宾馆、商场、银行、车站、娱乐场所等公共场所的管理人或者群众性活动的组织者,未尽到安全保障义务,造成他人损害的,应当承担侵权责任。因第三人的行为造成他人损害的，由第三人承担侵权责任；管理人或者组织者未尽到安全保障义务的,承担相应的补充责任。"

(4)无民事行为能力人在教育机构受到损害的责任。《侵权责任法》第38条:"无民事行为能力人在幼儿园、学校或者其他教育机构学习、生活期间受到人身损害的,幼儿园、学校或者其他教育机构应当承担责任,但能够证明尽到教育、管理职责的,不承担责任。"

(5)医疗技术过失的推定责任。《侵权责任法》第58条:"患者有损害,因下列情形之一的,推定医疗机构有过错:(一)违反法律、行政法规、规章以及其他有关诊疗规范的规定;(二)隐匿或者拒绝提供与纠纷有关的病历资料;(三)伪造、篡改或者销毁病历资料。"

(6)非法占有高度危险物造成他人损害时的所有人、管理人承担的连带责任。《侵权责任法》第75条后半段:"所有人、管理人不能证明对防止他人非法占有尽到高度注意义务的,与非法占有人承担连带责任。"

(7)动物园的动物损害责任。《侵权责任法》第81条:"动物园的动物造成他人损害的,动物园应当承担侵权责任,但能够证明尽到管理职责的,不承担责任。"

(8)建筑物、构筑物或者其他设施及其搁置物、悬挂物脱落、坠落致人损害责任。《侵权责任法》第85条前半段:"建筑物、构筑物或者其他设施及其搁置物、悬挂物发生脱落、坠落造成他人损害，所有人、管理人或者使用人不能证明自己没有过错的，应当承担侵权责任。”

(9)堆放物致人损害责任。《侵权责任法》第88条:“堆放物倒塌造成他人损害，堆放人不能证明自己没有过错的，应当承担侵权责任。”

(10)在公共道路妨碍通行致人损害责任中，道路管理部门的管理瑕疵责任。《侵权责任法》第89条:“在公共道路上堆放、倾倒、遗撒妨碍通行的物品造成他人损害的，有关单位或者个人应当承担侵权责任。”

(11)林木致人损害责任。《侵权责任法》第90条:“因林木折断造成他人损害，林木的所有人或者管理人不能证明自己没有过错的，应当承担侵权责任。”

(12)地面施工、地下设施致人损害责任。《侵权责任法》第91条:“在公共场所或者道路上挖坑、修缮安装地下设施等，没有设置明显标志和采取安全措施造成他人损害的，施工人应当承担侵权责任。窨井等地下设施造成他人损害，管理人不能证明尽到管理职责的，应当承担侵权责任。”

五、无过错责任原则

无过错责任，又称严格责任，是指在法律有特别规定的情形下，不以行为人的过错为要件，只要其行为造成他人民事权益的损害，行为人就应承担侵权责任的归责原则。无过错责任适用于法律特别规定的一部分特殊侵权行为。无过错责任原则是侵权归责体系中的一个独立的归责原则。以已经发生的损害结果为价值判断标准，不论行为人是否存在过错，只要法律有特别的规定就要承担责任。《侵权责任法》第7条规定:“行为人损害他人民事权益，不论行为人有无过错，法律规定应当承担侵权责任的，依照其规定。”据此，在侵权诉讼中，受害人如果已经举证证明损害事实、违法行为和因果关系三个要件的存在，而侵权人举证证明的不是自己无过错，而要证明损害系由受害人故意或重大过失所引起。否则，侵权人应当承担赔偿责任。

无过错责任主要是基于工业生产给人们的生命安全带来的危险而产生的,故又称危险责任。法律规定高度危险作业、环境污染、产品缺陷以及法律特别规定的其他情况,适用无过错责任原则,其中关于各种不同危险源的特别规定,就是各种不同的归责事由。19世纪资本主义国家进入了社会化大生产,由于社会化的大生产导致了大量工业事故的出现,工人的生命和健康受到严重的威胁。在当时工业事故主要适用过错责任原则,工人必须举证证明资本家存在过错才能获得赔偿。更不公平的是,资本家还可以引用共同过错来免除自己的赔偿责任,为了缓解资本家和工人的矛盾,对工业事故逐渐采用无过错责任原则。无过错责任原则在英美法系国家被称为严格责任,严格责任这个概念是美国学者巴兰庭于1916年在《哈佛法律评论》上发表的一篇关于交通事故责任的文章中最先提出来的。

无过错责任原则适用的前提是损害结果的存在,有损害结果,无论侵权行为人主观上是否有过错,不影响其承担侵权责任。受害人在主张权利时,对加害人主观上有无过错不负举证责任。加害人也不能以自己没有过错为由而主张抗辩。法院在处理有关纠纷时也无须根据具体案情对是否存在过错问题作出判定。加害人承担的责任,并非绝对责任,加害人也有权依照法律规定的抗辩事由而主张抗辩。在无过错责任原则中,责任的确定主要从受害人一方的损害程度来考虑,并且对这种责任往往规定有最高赔偿限额或限制赔偿范围。法律作出这种规定的目的在于适当限制无过错责任承担者的责任程度,减轻他们的负担。

无过错责任原则的适用方法主要是基于"不考虑加害人有无过错",而免除原告对加害人过错的举证和证明责任。加害人也不得以证明自己没有过错的方式主张免责抗辩。但是,原告仍需证明侵权行为、损害后果以及二者之间的因果关系。适用无过错责任原则的举证责任,也存在由被告承担,实行举证责任倒置的规则。具体的规则是:①被侵权人即原告应当举证证明违法行为、损害事实和因果关系三个要件。对此,侵权人不承担举证责任。②

在被侵权人完成上述证明责任以后，如果侵权人即被告主张不构成侵权责任或者免责，自己应当承担举证责任，实行举证责任倒置。被告所要证明的不是自己无过错，而是要证明被侵权人的故意是致害的原因或者构成法律规定的其他免责事由，这也是无过错责任原则与过错推定原则的一个重要区别。③被告能够证明损害是由于被侵权人的故意所引起的或者构成法律规定的其他免责事由，即免除赔偿责任。④被告对上述举证责任举证不足或者举证不能，侵权责任即告成立，被告应承担侵权责任。

在适用无过错责任原则时，一般由法律设定若干免责事由。免责事由包括两个方面：一是一般的免责事由，如不可抗力、受害人故意、第三人过错等，此种免责事由也并不是在任何情况下均可适用，如果法律有特别规定时也不能作为免责事由，如《侵权责任法》第71条关于民用航空器致人损害责任就排除了不可抗力的免责事由；二是特别的免责事由，如《侵权责任法》第76条规定："未经许可进入高度危险活动区域或者高度危险物存放区域受到损害，管理人已经采取安全措施并尽到警示义务的，可以减轻或者不承担责任。"再如《产品质量法》第41条第2款第（一）项规定的"未将产品投入流通的"，生产者不承担赔偿责任，等等。

在适用无过错责任原则的场合，侵权行为人承担责任要求侵权行为和损害结果具有因果关系，不论侵权行为的发生原因如何，只有在法律有明文规定的情况下才能适用。适用无过错责任的侵权行为的免责事由由法律明确规定，且各种特殊侵权行为的法定免责事由并不是完全相同的。无过错责任原则把一般免责事由排除在外，因为在适用过错责任原则的情形下，当事人可以提出法定免责事由，从而免除其承担损害后果的责任。

《民法通则》第106条第3款规定："没有过错，但法律规定应当承担责任的，应当承担民事责任。"即该条款是我国民法对无过错责任原则的承认。《侵权责任法》第32条规定无民事行为能力人、限制民事行为能力人造成他人损害的，由监护人承担侵权责任；第34条规定用人单位的工作人员因执行工作任务造成他人损害的，由用人单位承担侵权责任；第35条规定提供个人劳务一方因劳务造成他人损害的，由接受劳务一方承担侵权责任；第41条规定因产品存在缺陷造成他人损害的，生产者承担侵权责任；第65~68条规定因环境污染造成他人损害的，污染者承担侵权责任；第69~77条规定高度危险责任中，从事高度危险作业者，高度危险物品的经营者、占有人承担侵权责任；第78~80条、第82~84条规定饲养的动物致人损害的，动物饲养人或者管理人承担侵权责任(但动物园承担过错推定责任)；第86条规定建筑物倒塌致人损害的，建设单位与施工单位承担侵权责任。我国《侵权责任法》对于适用无过错责任原则的案件的立法采用列举的形式，只有法律有明确的规定才能适用。

在实践中侵权行为是不断变化的，由于没有法律的明确规定，也没有司法解释，所以对那些新产生的侵权行为不能适用无过错责任原则，导致受害人受到那些偶然发生的侵权行为而得不到法律的有效保护，侵权人没有承担自己该承担的侵权责任。

我国的《侵权责任法》中并没有明确规定意外事件是否作为免责事由，意外事件是指非当事人的故意或过失而偶然发生的事故；不可抗力是指不能预见、不能避免和不能克服的客观情况。从主观上来看，意外事件的不可预见是指特定的当事人尽到合理的注意和谨慎也不可预见的，而不可抗力是指就算尽到高度的注意和谨慎也是根本预见不到的，不可抗力的不可预见性的程度更强；意外事件当事人虽然不能够预见，但是只要当事人能够充分地注意和谨慎，还是能够避免和克服侵权行为的发生。而不可抗力就算当事人尽了最大的努力去和采取一切可以采取的措施也不能阻止其发生，在审理案件时常常会把两者混淆，侵权行为人也会把意外事件当作不可抗力作为法定的免责事由进行抗辩。我国的《侵权责任法》并没有明确规定意外事件是否作为无过错责任的免责事由，导致我国审判实践中不可抗力一般作为无过错责任的免责事由，而意外事件法律并没有作出规定，当事人也会把意外事件作为不可抗力进行抗辩。

在适用严格责任的情况下,不考虑行为人有没有过错。免责事由在严格责任情况下都是由法律特别规定的，法律对于免责事由常常是有严格限制的,在严格责任情况下,免责的事由受到了非常严格的限制,行为人要证明有这个事由存在是非常困难的。在整个侵权法里面有一个特别例外的规定,这个特别例外就是《侵权责任法》第73条。高空、高压、地下挖掘活动还有使用高速轨道运输工具造成他人损害的,适用严格责任。责任的成立适用严格责任,但是责任的减轻允许一般过失可以减轻责任。可以说在所有的严格责任里面,只有这一条是个例外规定,允许一般过失也可以减轻责任,但不能免除责任,这可以说是一个利益平衡的结果。

六、无过错原则适用情形

(1)产品责任。《侵权责任法》第41条规定:“因产品存在缺陷造成他人损害的,生产者应当承担侵权责任。”产品责任构成的条件:一是产品存在缺陷。产品缺陷包括设计缺陷、制造缺陷和经营缺陷三种情况。设计缺陷是指产品设计时,在产品结构、配方等方面存在不合理的危险;制造缺陷是指在产品制造过程中因原材料、配件、工艺、程序等方面存在错误,最终产品上具有不合理的危险;经营缺陷是指产品在经营过程中存在的合理危险,在销售的产品上没有予以充分的警示与说明，这种缺陷也称为警示说明不充分的缺陷。二是损害事实确实发生,即缺陷产品必须导致了他人人身、财产损害的发生,才能产生产品责任。人身损害是指缺陷产品致人死亡或伤残;财产损害是指缺陷产品以外的其他财产的损失,包括所受损失和所失利益。三是缺陷产品与损害事实之间存在因果关系。但是,产品责任出现下列情况之一的,应免除其侵权责任:产品还未投入流通的、产品投入流通时引起损害缺陷还不存在的、产品投入流通时的科学技术水平尚不能发现缺陷存在的。

(2)机动车交通事故责任。《侵权责任法》第48条规定:“机动车发生交通事故造成损害的,依照道路交通安全法的有关规定承担赔偿责任。”根据《道路交通安全法》第76条规定，交通事故处理有两个方面适用无过错责任原则:一是发生交通事故,通过交通事故保险进行理赔。保险公司对交通事故承担无过错责任。二是保险赔偿不足部分,机动车与非机动车驾驶人、行人之间发生交通事故,非机动车驾驶人、行人没有过错的,由机动车一方承担赔偿责任;有证据证明非机动车驾驶人、行人有过错的,根据过错程度适当减轻机动车一方的赔偿责任;机动车一方没有过错的,承担不超过百分之十的赔偿责任。根据《侵权责任法》的规定:“机动车不明或者该机动车未参加强制保险,需要支付被侵权人人身伤亡的抢救、丧葬等费用的,由道路交通事故社会救助基金垫付。”由社会救助基金垫付的费用限于“抢救费、丧葬费”。交通事故损害赔偿案件中,责任人不具备赔偿能力的占一半以上。按照道交法现行规定,由社会救助基金垫付抢救费和丧葬费当然是必要的,但对于死者遗属和残疾受害人而言,保障其及时、足额获得法律规定的残疾赔偿金和死亡赔偿金,显得更加重要。因此,有必要扩大交通事故社会救助基金的垫付范围,在责任人没有赔偿能力的情形下,由社会救助基金垫付残疾赔偿金和死亡赔偿金。

(3)环境污染责任。《侵权责任法》第65条规定:“因污染环境造成损害的,污染者应当承担侵权责任。”在环境侵权案件中,加害方与受害方的主体地位存在不平等性,加害方多为国家许可的具有一定的经济、科技、信息实力的工商企业,处于优势地位,而受害人则处于弱势地位。在构建和谐社会的新形势下,我们强调人与自然的和谐相处,因此对环境保护问题,必须做出严格而详细的规定,让污染环境造成损害者无法逃避责任。作为无过错责任,环境污染侵权责任必须具备三个要件:一是必须有污染环境的行为;二是必须有客观的损害事实；三是环境污染行为与损害事实之间必须有引起与被引起的客观联系,即因果关系。环境污染侵权行为具有法律规定的免责情形的，行为人也可以免责。如《环境保护法》第41条规定，完全由于不可抗拒的自然灾害并经及时采取合理措施，仍然不能避免造成环境污染损害的免予承担责任。《水污染防治法》第41条、第42条和《海洋环境保护法》第43条规定，完全由于不可抗拒的自然灾害、战争、第三人或受害人行为，且经过及时采取合理措施，仍然不能避免的，可免予承担赔偿责任。同时，受害人自己的行为引起的损害，也可以免责。由于第三者的故意或者过失引起的污染损失，应当由第三者承担责任。

（4）高度危险责任。《侵权责任法》第69条规定："从事高度危险作业造成他人损害的，应当承担侵权责任。"高度危险作业的特点：必须对周围环境具有严重危险性；这种危险性变为现实损害的概率很大；该危险作业只有在采取专门技术安全的情况下，才能进行或者使用。作为一种无过错责任，高度危险作业的侵权责任构成要件：一是必须有高度危险作业的行为，二是须有损害后果存在和严重危险的存在，三是高度危险作业和损害后果之间须有因果关系。但是从事某些高度危险作业的人如果能够证明损害是由受害人故意造成的，不承担民事责任，因此受害人故意是某些高度危险作业侵权责任的免责条件。

（5）饲养动物损害责任。《侵权责任法》第78条规定："饲养的动物造成他人损害的，动物饲养人或者管理人应当承担侵权责任，但能够证明损害是因被侵权人故意或者重大过失造成的，可以不承担或者减轻责任。"这种侵权责任较其他侵权责任不一样的显著特点：一是侵权损害后果的造成，不是行为人即不是动物饲养人或者管理人的行为所致，而是其饲养或者管理的动物所致；二是对损害后果的责任承担，不是动物，而是动物的饲养人或者管理人，这是典型的对动物的代替责任。动物致害赔偿责任的条件：一是必须为饲养人或者管理人饲养的动物；二是有动物加害他人的事实存在；三是损害事实存在，在人身伤害和财产损害事实的基础上，还包括妨害状态，如恶狗挡道阻吓行人通行，同样造成损害；四是动物加害与损害事实之间有因果关系,包括直接因果关系和间接因果关系。

(6)无行为能力或者限制民事行为能力人的侵权行为。虽然无民事行为能力或限制民事行为能力的人不具有完全民事行为能力，但其实施的侵权行为同样构成侵权行为,其显著特征:一是侵权行为人是无民事行为能力或者限制民事行为能力的人，二是侵权行为是无民事行为能力或者限制民事行为能力人独立所为的致人损害侵权行为，三是侵权行为是一种客观上的不法行为。这种致人损害的侵权行为由其法定代理人或者监护人承担替代责任。其适用的就是无过错责任原则。但是对于其法定代理人或者监护人并未疏于监护职责,或者已尽了相当的注意义务,而依然发生损害的情形,由其承担全部责任有失公平,为此,《侵权责任法》第32条中规定:“监护人尽了监护责任,可以减轻其侵权责任。”

(7)工伤事故责任。关于工伤事故的损害赔偿责任,按照《工伤保险条例》的规定,凡是职工投保的,造成工伤事故,不问过错,由保险公司予以赔偿。

(8)用人单位责任。《侵权责任法》第34条:“用人单位的工作人员因执行工作任务造成他人损害的,由用人单位承担侵权责任。劳务派遣期间,被派遣的工作人员因执行工作任务造成他人损害的，由接受劳务派遣的用工单位承担侵权责任;劳务派遣单位有过错的,承担相应的补充责任。”

(9)个人劳务责任。《侵权责任法》第35条前半段:“个人之间形成劳务关系,提供劳务一方因劳务造成他人损害的,由接受劳务一方承担侵权责任。”

(10)医疗产品损害责任。《侵权责任法》第59条:“因药品、消毒药剂、医疗器械的缺陷,或者输入不合格的血液造成患者损害的,患者可以向生产者或者血液提供机构请求赔偿,也可以向医疗机构请求赔偿。患者向医疗机构请求赔偿的,医疗机构赔偿后,有权向负有责任的生产者或者血液提供机构追偿。”

(11)遗弃、逃逸的动物损害责任。《侵权责任法》第82条:“遗弃、逃逸的动物在遗弃、逃逸期间造成他人损害的,由原动物饲养人或者管理人承担侵权责任。”

(12)因第三人的过错致使动物造成他人损害的责任。《侵权责任法》第83条前半段:“因第三人的过错致使动物造成他人损害的，被侵权人可以向动物饲养人或者管理人请求赔偿,也可以向第三人请求赔偿。”

(13)建筑物、构筑物或者其他设施倒塌致人损害责任。《侵权责任法》第86条第1款前半段:“建筑物、构筑物或者其他设施倒塌造成他人损害的,由建设单位与施工单位承担连带责任。”

(14)在公共道路妨碍通行致人损害责任中,堆放、倾倒、遗撒人应承担的侵权责任。《侵权责任法》第89条:“在公共道路上堆放、倾倒、遗撒妨碍通行的物品造成他人损害的,有关单位或者个人应当承担侵权责任。”

七、公平责任原则

公平责任原则是当事人双方在对造成损害均无过错，但是按照法律的规定又不能适用无过错责任原则的情况下,由人民法院根据公平的观念,在考虑受害人的损害、当事人双方的财产状况及其他相关情况的基础上,判令加害人对受害人的财产损失给予适当补偿，由当事人公平合理地分担损失的一种归责原则。

公平责任原则是以公平观念作为价值判断标准来确定责任的归属。所谓公平观念绝不是指平均,而是要根据案件的具体情况、受害人所受损害的程度、当事人的经济状况等,由当事人合情合理地分担民事责任。公平责任是在不考虑当事人的过错程度的情况下，基于对当事人的经济状况和受害人所受损害程度的公平考虑而确定责任的归责原则。在适用公平责任时,法官所考虑的因素不是当事人的行为,而是受害人的损害程度和负担能力,即根据损害程度和双方当事人的经济状况,以及其他相关的因素,如社会舆论和同情等,综合判断。

公平责任原则适用于当事人均无过错的情况。均无过错是指加害人和受害人对损害的发生均无过错。如果一方有过错或第三人有过错,都不能适用公平责任原则。也就是说,公平责任原则只适用于那些不属于过错责任原则、过错推定原则和无过错责任原则调整的侵权损害赔偿法律关系。公平责任原则既可适用于侵害财产权的案件,又可适用于侵害人身权的案件。

公平责任原则不同于公平原则。首先,民法上的公平原则是一种交易公平的原则,此原则是以经济学上的价值规律和等价交换原则为根据的。而公平责任原则要解决的问题,不是一种交换性质的关系。一方因他方的行为而受损害,能否由他方获得赔偿,以及在何种程度上获得赔偿,不是一个利益交换问题,而是一个损失分配问题。其次,交易公平注重的是过程而不是结果,更不是后果。而公平责任则不同,如果对于造成的损害双方都没有过错,受害人处于非常悲惨的境地,富裕的加害人又无动于衷、一毛不拔,是与社会的公平观念相悖的,公平责任原则就是为了解决这一不公平的结果的。可见,不能用交易公平的理论来作为公平责任原则的根据。

公平责任不是侵权责任中一项独立的归责原则,而是指在当事人双方对造成损害均无过错的情况下,由法院根据公平观念,考虑当事人财产状况以及其他情况的基础上,使加害人对受害人予以适当补偿的责任,它以公平观念为判决标准,也称为衡平责任。《侵权责任法》第24条"受害人和行为人对损害的发生都没有过错的,可以根据实际情况,由双方分担损失"的规定系公平责任。《侵权责任法》对适用公平责任的情形有一些规定,以为对方利益或共同利益进行活动致人损害的情形最为典型。对法律未规定具体归责原则的侵权案件,法官也可以根据救济受害人的实际需要,灵活运用。公平责任是指在当事人对造成的损害都无过错、不能适用无过错责任要求加害人承担赔偿责任,但如果不赔偿受害人遭受的损失又显失公平的情况下,由人民法院根据当事人的财产状况及其他实际情况,责令加害人对受害人的财产损失给予适当补偿的一种责任形式。对于公平责任是否是一项归责原则,在我国法学界一直颇有争议。《侵权责任法》第24条规定:“受害人和行为人对损害的发生都没有过错的。可以根据实际情况,由双方分担损失。”该条规定是“分担损失”而非《民法通则》规定的“分担民事责任”。

八、公平责任原则适用情形

(1)一般情形。《侵权责任法》第24条:“受害人和行为人对损害的发生都没有过错的,可以根据实际情况,由双方分担损失。”

(2)因正当防卫造成损害的情形。《侵权责任法》第23条:“因防止、制止他人民事权益被侵害而使自己受到损害的,由侵权人承担责任。侵权人逃逸或者无力承担责任,被侵权人请求补偿的,受益人应当给予适当补偿。”

(3)因紧急避险造成损害的情形。《侵权责任法》第31条:“因紧急避险造成损害的,由引起险情发生的人承担责任。如果危险是由自然原因引起的,紧急避险人不承担责任或者给予适当补偿。紧急避险采取措施不当或者超过必要的限度,造成不应有的损害的,紧急避险人应当承担适当的责任。”

(4)无过错的暂时丧失心智致人损害的情形。《侵权责任法》第33条第1款:“完全民事行为能力人对自己的行为暂时没有意识或者失去控制造成他人损害有过错的,应当承担侵权责任;没有过错的,根据行为人的经济状况对受害人适当补偿。”

(5)难以确定具体侵权人的抛掷物、坠落物致人损害的情形。《侵权责任法》第87条:“从建筑物中抛掷物品或者从建筑物上坠落的物品造成他人损害,难以确定具体侵权人的,除能够证明自己不是侵权人的外,由可能加害的建筑物使用人给予补偿。”

(6)当事人均无过错的堆放物倒塌致人损害的情形。《最高人民法院关于贯彻执行〈中华人民共和国民法通则〉若干问题的意见(试行)》(以下简称《民法通则意见》)第155条:“因堆放物品倒塌造成他人损害的,如果当事人均无过错，应当根据公平原则酌情处理。”确定堆放物倒塌致人损害的民事责任时，应首先适用《侵权责任法》第88条所采的过错推定原则，推定物品堆放人有过错，如果物品堆放人证明其没有过错，即当事人均无过错，而由受害人承担全部损失又显失公平的，则应适用公平责任原则来分担责任。

(7)为对方利益或共同利益而致损害，当事人均无过错的情形。《民法通则意见》第157条："当事人对造成损害均无过错，但一方是在为对方的利益或者共同的利益进行活动的过程中受到损害的，可以责令对方或受益人给予一定的经济补偿。"

(8)帮工人因第三人侵权遭受损害而第三人不能确定或者没有赔偿能力的情形。《最高人民法院关于审理人身损害赔偿案件适用法律若干问题的解释》(以下简称《人身损害赔偿解释》)第14条第2款："帮工人因第三人侵权遭受人身损害的，由第三人承担赔偿责任。第三人不能确定或者没有赔偿能力的，可以由被帮工人予以适当补偿。"

第四节　侵权行为的类型

根据侵权行为的过错要求、构成要件和归责原则等，侵权行为一般分为以下三类：

(一)一般侵权行为和特殊侵权行为

一般侵权行为是指行为人因为过错而实施的、适用过错责任原则和侵权责任一般构成要件以认定的侵权行为；特殊侵权行为，是指基于法律的特别规定，而不以行为人具有主观过错、适用无过错原则或过错推定原则归责的侵权行为。

特殊侵权行为，是指由法律直接规定的侵权行为，在侵权责任的主体、主观构成要件、举证责任的分配等方面不同于一般侵权行为。应适用民法上特别责任条款的致人损害的行为。在我国民法通则中，属于特殊侵权行为的情况都有具体的条文明确加以规定。

特殊侵权纠纷包括以下15种情形：

（1）国家机关及其工作人员职务侵权纠纷；

（2）雇员受害赔偿纠纷；

（3）雇用人损害赔偿纠纷；

（4）产品责任纠纷；

（5）高度危险作业致人损害纠纷；

（6）环境污染损害赔偿纠纷；

（7）地面（公共场所）施工损害赔偿纠纷；

（8）建筑物、搁置物、悬挂物塌落损害赔偿纠纷；

（9）堆放物品倒塌损害赔偿纠纷；

（10）动物致人损害赔偿纠纷；

（11）驻特别行政区军人执行职务侵权纠纷；

（12）防卫过当损害赔偿纠纷；

（13）紧急避险损害赔偿纠纷；

（14）侵害未成年人接受教育权纠纷；

（15）无行为能力人，限制行为能力人造成损害的侵权纠纷。

对于特殊侵权诉讼举证责任，根据最高人民法院关于民事诉讼证据若干规定，按照以下规定承担举证责任：

（1）因新产品制造方法发明专利引起的专利侵权诉讼，由制造同样产品的单位或者个人对其产品制造方法不同于专利方法承担举证责任；

（2）高度危险作业致人损害的侵权诉讼，由加害人就受害人故意造成损害的事实承担举证责任；

（3）因环境污染引起的损害赔偿诉讼，由加害人就法律规定的免责事由及其行为与损害结果之间不存在因果关系承担举证责任；

(4)建筑物或者其他设施以及建筑物上的搁置物、悬挂物发生倒塌、脱落、坠落致人损害的侵权诉讼，由所有人或者管理人对其无过错承担举证责任；

(5)饲养动物致人损害的侵权诉讼，由动物饲养人或者管理人就受害人有过错或者第三人有过错承担举证责任；

(6)因缺陷产品致人损害的，由产品的生产者就法律规定的免责事由承担举证责任；

(7)因共同危险行为致人损害的侵权诉讼，由实施危险行为的人就其行为与损害结果之间不存在因果关系承担举证责任；

(8)因医疗行为引起的侵权诉讼，由医疗机构就医疗行为与损害结果之间不存在因果关系及不存在医疗过错承担责任。

(二)单独侵权行为和共同侵权行为

这种分类是根据侵权行为人的人数多少划分的侵权行为类型，一人即为单独行为。

共同侵权行为又称共同危险行为，是指数人共同实施了侵害他人权利的危险性行为，其中一人或部分人的行为导致了损害结果的发生，但不能判明谁是真正的加害人的侵权情形。我国《侵权责任法》第10条也在立法上首次规定了共同危险制度。该制度的价值在于解决数人实施了能致人损害的危险行为、造成了损害结果而真正加害人又不能判明时的赔偿责任问题。我国《侵权责任法》第10条规定："二人以上实施危及他人人身、财产安全的行为，其中一人或者数人的行为造成他人损害，能够确定具体侵权人的，由侵权人承担责任；不能确定具体侵权人的，行为人承担连带责任。"由此可知根据《侵权责任法》第10条的规定只有在确定了具体的加害人之后，才能免除共同危险行为人的责任；在具体加害人不能确定之前，行为人不能通过证明自己的行为与损害结果之间没有因果关系而免责。而按照《人身损害赔偿司法解释》第4条:“共同危险行为人能够证明损害后果不是由其行为造成的,不承担赔偿责任。”这就意味着,该司法解释的免责事由立足于作为因果关系的因果要件,只要能够证明其行为与损害之间没有因果关系,就可以免责。

共同危险行为有着不同于共同侵权行为的构成要件和责任承担方式。首先,损害事实的存在是所有侵权赔偿责任必须具备的要件之一,损害包括人身损害和财产损害。共同危险行为必须是由两个或两个以上的人参与实施危险行为,“实施”并非意味着只有“作为”才能构成共同危险行为,不作为同样可以构成。其次,数人实施的行为具有危险性,所谓危险性是指数人的行为具有高度危及他人的人身、财产安全的现实可能性,并非所有的有“危险”行为都构成共同危险行为。再次,损害结果已发生。即共同危险行为的“危险”已不是一种可能性,这种危险性已经转化为现实的、客观的损害结果。

行为人之间是否具有意思联络是区分共同加害行为与共同危险行为的要件之一。意思联络表明多数加害人在共同实施侵害他人权益的行为中,不仅有共同追求的目标,相互意识到彼此的存在,且客观上也为达致此目的而付出了共同的努力——各自承担了一定数量的、相互之间有一定联系的行为,构成共同加害行为。而共同危险行为人之间不存在意思联络,而是相互独立、分别实施危及他人人身、财产安全的行为,其中一人或数人的行为导致损害后果的发生,又无法查明损害是何人所为时,构成共同危险行为。加害人不明是共同危险行为的本质特征,在共同危险行为中,无法判明谁是真正的加害人。在共同危险行为中,只有一人或部分人对损害结果的发生有“贡献”,但不能判明谁是真正的加害人,因为每个危险行为人的单独行为都足以引起损害后果的发生。

对于共同危险行为的归责基础,有四种不同的归责理论:

其一,共同过失说。此说认为共同危险行为承担连带责任的基础在于他们具有共同过失,即共同疏于对他人权利保护的注意义务。这种共同过失把共同危险行为人联结成一个共同的、不可分割的整体,成为一个共同的行为主体。共同危险行为的整体性,对于确定共同危险行为责任,具有决定性的意义。

其二,过错与严格责任混合说。此说认为共同危险行为人分为致害人和非致害人,致害人对其实际致害行为具有过错,共同危险行为人对于损害的发生没有共同过错,即非致害人对损害的后果并无过错,让其承担责任实际上是一种严格责任,目的在于充分保护受害人。

其三,真正加害人不明说。此说认为在共同危险行为中,数个参与共同危险行为人的行为都有致害的可能性,但最终只有一人或部分人的危险行为转化为现实的致害行为,因此部分人的致害行为才和损害结果存在着因果关系,是损害发生的真正原因。其他危险行为仍只停留在致害的可能性阶段,将责任主体范围划定为所有的共同危险行为人,将全部共同危险行为人的行为视为一个整体,不要求受害人对确切加害人进行判别;接下来第二个无奈之举就是法律要求全体共同危险行为人承担连带责任而非按份责任。

其四,利益取舍与行为关联说。该说认为共同危险行为的责任基础在于法律对"无辜的受害人"与"无辜的行为人"的利益取舍和危险行为的关联性。通过对"无辜的受害人"与"无辜的行为人"二者利益的权衡,考虑到全体共同危险行为人的过失(相对于危险的形成而言),法律选择优先保护无辜受害人的利益,从而要求全体危险行为人对受害人负赔偿责任。在《侵权责任法》出台以前,共同危险行为,能证明自己行为与损害结果无因果关系者不负赔偿责任,而《侵权责任法》实施后,有人就理解须证明确定谁是具体侵权人,行为人才可免责,因此共同危险行为人仅需证明自己未为加害行为或未为损害的条件或原因时,即可免责。

其五,否定说。该观点认为,行为人不能通过提出证据证明损害结果不是由其行为造成的而免责,而是必须在证明了谁是真正的加害人之后方可免责。共同危险行为制度建立之初是考虑到受害人的举证困难,为保障其获得充分的救济,才推定全体行为人都是加害人,但不能因此而使共同危险行为人举正免责的权利受到剥夺与限制。在共同危险行为中,损害事实为实际致害人所造成的，当非致害行为人通过证明自己的行为和危害结果之间不存在因果关系时,该行为人已无致害可能,而不能做此举证的行为人自然是最有可能的致害人；如果要求非致害共同危险行为人还必须证明谁是真正的加害人方可免责，实际上等于剥夺了共同危险行为人通过举证免责的可能性,对其而言就是成了共同危险行为制度的另一受害人,这是不符合共同危险行为制度设计的价值取向的。

（三)积极侵权行为与消极侵权行为

这种分类是基于行为的主观性所作的分类，行为人以作为形式造成的侵权就是积极侵权行为，而行为人的无意识行为或者默示不作为造成的侵权就是消极侵权行为。行为人实施的一定行为,包括作为和不作为。行为人因为对他人的民事权益实施的加害行为而承担侵权责任,但是,在一些特定情况下,行为人的不作为行为也可能产生侵权责任,如《侵权责任法》第37条规定,宾馆、商场、银行、车站、娱乐场所等公共场所的管理人或者群众性活动的组织者,未尽到安全保障义务,造成他人损害的,应当承担侵权责任。作为义务是特定的，也是某法律明确规定的，或是某人先前的危险行为产生的,也可能是基于当事人的约定等。

第五节　侵权责任特点、类型与责任方式

一、侵权责任作为民事责任的特点

(1)侵权责任是违反法定义务的法律后果。民事义务分为法定义务和约

定义务，行为人违反约定的民事义务产生违约责任，而违反法定义务则产生侵权责任。

(2)侵权责任是以侵权行为为事实根据所产生的责任。没有侵权行为，就没有侵权责任，侵权行为与侵权责任是不可分的一个问题的两个方面。

(3)侵权责任的形式不限于财产责任。侵权责任的主要形式是财产责任，但是，当行为人侵害他人的人身权以后，法律也规定了一些非财产责任形式。如赔礼道歉、恢复名誉、消除影响等。

(4)侵权责任具有法定性。侵权责任不允许当事人事先加以约定，即使当事人事先有约定，该约定也是无效的。

二、侵权行为的类型

(一)侵害人身权的侵权行为

根据人身权产生和存在的依据不同，可以将人身权分为人格权和身份权两类。其中人格权包括：身体权、健康权、生命权、姓名权、肖像权、名誉权、隐私权、贞操权等；身份权包括：亲权、亲属权、配偶权、荣誉权等。人身权与民事主体的人身不可分离。因此人身权同时具有不可转让的法律属性；人身权没有直接的财产内容，不能以金钱的价值尺度衡量人身利益；人身权是一种绝对权，又称为对世权。人身权是指民事主体依法享有的与其人身不可分离，又没有直接财产内容的民事权利。

人身权首先是一个宪法概念。我国宪法规定的人身权有人身自由不受侵犯、人格尊严不受侵犯以及与人身自由相联系的住宅不受侵犯、通信自由和通信秘密受法律保护等权利。从宪法确认的这些权利来看，所谓人身权，是指公民作为一个自然人为了生存而必不可少的、与公民的身体和名誉密不可分的权利。这些权利，在法律上是公民的基本权利，而客观上是公民生存的基本条件,正是因为享有这些权利,公民才成为独立的法律人格体。人身权的概念在民法学领域得到了充分的发展。

(二)侵害财产权的侵权行为

侵害财产权,是指侵害国家的、集体的和公民个人的财产权利,并造成财产损害的侵权行为。我国宪法和法律保护社会主义的公共财产神圣不可侵犯,保护公民的合法收入、储蓄、房屋和其他合法财产的所有权,任何人不得非法侵害。侵害财产的侵权行为侵害了国家的、集体的和公民个人的财产权,破坏了我国法律所保护的财产法律关系,应受法律责任的追究。

财产权包括物权、债权、继承权、知识产权和占有权。根据不同的标准可对侵害财产行为作出不同分类,归纳起来,主要有:一是侵害国有财产权、侵害集体财产权、侵害私人财产权,这是根据侵害财产权利的性质作出的划分;二是侵害物权、侵害债权、侵害知识产权。这是根据侵害财产权利的内容作出的划分;三是侵占财产、损坏财产、损害其他财产利益,这是根据侵害财产权利的方式作出的划分;四是侵害不动产、侵害动产。这是根据侵害财产权利的形态作出的划分。

三、侵权责任的责任方式

(一)赔偿损失和恢复原状

赔偿损失是《侵权责任法》上适用最广泛的一种责任方式。我国民事法律多用赔偿损失概念,较少使用损害赔偿概念,损害赔偿通常是指金钱赔偿。我国《侵权责任法》第19条规定"财产损失按照损失发生时的市场价格"计算,违背损害赔偿制度的目的,且不符合市场经济客观规律。

恢复原状有狭义、广义和最广义之分。狭义的恢复原状是指将受到损坏的物恢复到侵权行为发生之前的状态，如动产修理，不动产修缮，填平被挖掘的土地、恢复被填平的湖泊、修复被堵塞的航道等。广义的恢复原状是指将受到侵害的民事权益恢复到受侵害之前的状态，但金钱赔偿除外。我国民法采狭义的恢复原状概念，并且将恢复原状与赔偿损失分别作为不同的责任方式。恢复原状与赔偿损失的具体要求不同，将二者分别作为不同的责任方式，被侵权人可以从中进行选择，有利于保护被侵权人。

（二）停止侵害、排除妨碍、消除危险及返还财产

《侵权责任法》第21条规定："侵权行为危及他人人身、财产安全的，被侵权人可以请求侵权人承担停止侵害、排除妨碍、消除危险等侵权责任。"

停止侵害责任适用于侵害行为正在进行和继续进行的，而不论继续时间的长短。对尚未发生和已经终止的侵害行为不适用停止侵害责任。停止侵害的主要目的是制止侵害行为，防止侵害的扩大，它可以适用于各种侵权行为。对侵害时间的认定可作扩大解释，即停止侵害责任不仅适用于正在进行的侵害行为，而且适用于存在侵害的现实危险的情况。

排除妨碍责任主要适用于存在妨碍他人行使民事权利或者享有民事权益的状态。妨碍状态多为行为造成的，认定妨碍状态主要是看妨碍是否超过了合理的限度，轻微的妨碍是社会生活中难免的，不承担排除妨碍责任。

造成危及他人人身或者财产安全危险的，被侵权人可以请求侵权人消除危险。

《侵权责任法》第6条规定："行为人因过错侵害他人民事权益，应当承担侵权责任。"此处只是规定"侵害他人民事权益"，而没有规定必须以损害后果为要件。这说明该条规定的过错责任作为侵权责任的一般条款既适用于损害赔偿，也适用于停止侵害、排除妨碍、消除危险等责任方式。根据《侵权责任法》第21条的规定："侵权行为危及他人人身、财产安全的，被侵权人可以请求侵权人承担停止侵害、排除妨碍、消除危险等侵权责任。"从该规定来

看，确实没有要求过错，但是该规定并没有与特定的归责原则相联系，从体系解释的角度来看，《侵权责任法》规定的过错责任同样适用于这些责任方式。设置多种责任形式就是要对受害人提供全面救济，如果仅仅将过错责任限于赔偿损害，那么无法对受害人提供全面救济。如果停止侵害等责任方式限制在严格责任，也无法满足过错责任的要求，限制了当事人的选择。

《侵权责任法》扩大了保护民事权益的范围。体系与内容不同了，责任方式增多了，侵权责任的归责原则应当随之发生相应的变化。《物权法》规定的物权保护方法和《侵权责任法》规定的侵权责任方式发生竞合，《物权法》规定的排除妨害、消除危险和返还原物与《侵权责任法》规定的停止侵害、排除妨碍、消除危险和返还原物应当采取同样的立法政策和学理解释，即都不适用诉讼时效，而不应当适用不同的诉讼时效，使其发生竞合。《物权法》规定的排除妨害与《侵权责任法》规定的排除妨碍实质相同；《物权法》规定"修理"可纳入恢复原状范围，"重作"和"更换"可解释为实物赔偿，可纳入赔偿损失范围；《物权法》规定的损害赔偿与《侵权责任法》规定的赔偿损失是同义语。如果确认《物权法》规定的排除妨害、消除危险与返还原物不适用诉讼时效，而《侵权责任法》规定的停止侵害、排除妨碍、消除危险与返还财产一般适用诉讼时效，就是采取不同的价值趋向，就会造成当事人之间利益的失衡，不利于充分保护民事权益。

返还财产与返还原物具有不同的含义，返还不当得利也是返还财产，返还原物是指当事人一方将其占有的物返还给另一方当事人。这里讲的物是有体物，包括动产和不动产。返还有纪念意义或者收藏意义的特定的货币和邮票等，也属于返还原物。财产权利凭证包括房产证、有价证券等，其本身与其所表示的财产有密切联系，但不是财产本身，返还这类财产凭证以及身份证、驾驶证等，都属于返还原物。返还原物与赔偿损失是不同的责任方式，返还原物与赔偿损失没有必然联系，返还原物责任仅仅是侵权人将原物返还，不是侵权人用自己的财产赔偿被侵权人的损失，因此返还原物适用无过错责任。《侵权责任法》规定的返还原物一般适用过错责任,《物权法》规定的返还原物不问过错,非法占有他人的物,包括抢劫、盗窃、强行占有他人的物,都应承担返还原物责任,都不问行为人有无过错,作为物权请求权的返还原物的效力与作为侵权责任的返还原物的效力没有实质差别，为什么不适用物权请求权制度,而要将物权请求权变为返还原物责任?简而言之,这是涉及两种不同的民事立法模式的基本问题，我国的民事权利—民事义务—民事责任立法模式与德国式债务与责任相结合的立法模式不同，各有其不同的立法基础、理论、思路与风格。

(三)消除影响、恢复名誉及赔礼道歉

对人格权、知识产权等民事权益进行保护包括恢复名誉、停止侵害、赔礼道歉等,名誉权受到侵犯的最直接的损害后果首先是名誉受到毁损、社会评价降低,对受害人最直接的补救方式是恢复名誉,只有采取恢复名誉的方式才能消除这种损害发生的根源,才能对受害人给予最直接最有效的补救。恢复名誉的方式不是损害赔偿能够代替的。

赔礼道歉对名誉受到毁损的受害人是有效的补救方式，在有些案件中受害人并不需要得到多少赔偿,他只需要加害人赔礼道歉,这可能在某种程度上只是满足人格尊严的需要,也可能只是种心理安慰,它是在侵害名誉权、隐私权等人格权时的一种很好的补救方式。赔礼道歉是指侵权人以向被侵权人承认侵权,表示歉意。赔礼道歉的功能主要不是制裁,而是教育,重在尊重人格。赔礼道歉的强制方式有特殊性,主要是在报刊等媒体上刊登经法院认可的致歉声明或者判决书,其费用由侵权人承担。主要应当适用于严重侵害人身权益的行为,应当适用过错责任。

《民法通则》第134条和《侵权责任法》第15条之所以将消除影响和恢复名誉放在一项中规定,主要是因为二者关系密切,在侵害名誉权的场合,消除影响可以作为恢复名誉的方法。

第六节　侵权责任的免责问题

侵权民事责任是指因实施侵权行为对他人的受法律所保护的权益受到的损害事实所应承担的法律后果。在法学史上,对侵权的归责原则曾有“权利原则”和“责任原则”之争。现代的归责原则,一般分为过错责任原则和无过错责任原则。免责是指对因侵权而产生的法律责任的免除。广义上,一旦损害之发生,总将有责任之承担者:或侵权行为人,或第三人或受害人本身。因此真正意义上广义的免责是不存在的。我们这里所指的当属针对侵权人而言的侵权民事责任的免除或减轻,我们权且称之为狭义免责。从免责的程度讲,亦有全部的免除和部分的免除,即完全免责和限制责任。狭义上讲,是指全部的免除。我们这里所指的当是免除或减轻,即完全免责和限制责任。其定义应是对侵权人业已产生的侵权行为所发生的法律责任予以部分或者是全部免除,即不应承担责任或者可减轻责任。所谓的抗辩事由,是指被告据以主张原告诉讼请求不成立或不完全成立, 从而免除或减轻其民事责任的事实,是被告针对原告的主张是否成立而提出的。抗辩事由应当是针对侵权行为是否产生和侵权责任是否形成而言的。免责事由是指加害人的加害行为已构成侵权但依法律的规定不应承担或者可减轻责任之特定事由。免责条款则是行为人的行为由法律直接规定不属于侵权或者说行为人没有过错或过错较轻,不应当产生侵权的民事责任或完全的侵权民事责任。

《侵权责任法》第三章专门规定了不承担责任和减轻责任的情形,不承担责任就是指免责。《侵权责任法》第三章规定的免责事由主要是针对过错责任做出的规定,至于严格责任,原则上是不适用于第三章的规定的。因为严格责任都是在每一种特殊的责任类型中特别确定免责事由, 它不适用一般的免责事由。所有第三章规定的免责事由,包括受害人的过错、第三人的行为、正当防卫、紧急避险等,仅适用于过错责任。因为在出现这些事由的情况下,表明行为人主观上是没有过错的,所以才能够被免责。但是在严格责任的情形下,法律严格限制了免责事由,所以这些原因不能作为免责事由使行为人免责。

《侵权责任法》第三章还规定了过失相抵、受害人故意、第三人原因、不可抗力、正当防卫、紧急避险这六种类型的免责事由,其中过失相抵和受害人故意可以统称为受害人过错,本法并没有就意外事故、自甘风险和依法执行职务这三种类型的免责事由作出规定。《侵权责任法》一般侵权免责事由只规定了受害人过错、受害人故意、第三人过错、不可抗力、正当防卫和紧急避险这六种类型。侵权责任的免责事由是认定侵权责任的一个重要的、不可分割的组成部分,是最终认定加害人责任有无的一个重要的方面。免责事由的有无与侵权行为的构成要件一样, 对侵权责任的最终认定具有重要的理论和现实意义。我国对侵权责任的免责事由的规定,继承了大陆法系国家的传统,免责事由的规定极其简单,同时,在我国的一些单性法中,关于免责事由的规定出现了明显的不合理、不公平的现象,从而损害了受害人的利益。因此加强这一问题的研究具有十分重要的理论和现实意义。

一、正当防卫与紧急避险

(一)正当防卫

正当防卫是指为了使国家、公共利益、本人或他人的人身、财产和其他权利免受正在进行的不法侵害,而采取的制止不法侵害的行为,对不法侵害人造成的损害。

正当防卫需要具备如下要件:①目的要件。防卫人必须是为了使本人或者他人的合法民事权益免受不法侵害而实施。②时间要件。防卫人必须是针对正在进行的不法侵害进行防卫。如果不法行为尚未开始、实施者自动停止或者已经实施完毕,则不能进行防卫。③对象要件。防卫人采取的防卫措施只能针对不法侵害者本人实行，不得对没有实施不法侵害行为的第三者进行防卫。如果受害人对侵权人进行正当防卫过程中，不慎造成第三人的损害,对于该第三人的损害,应适用《侵权责任法》第31条规定的紧急避险规则,由引起险情发生的人承担责任。④限度要件。防卫人采取防卫措施不能明显超过必要限度,否则需要承担适当的责任。所谓适当责任,是指防卫人不对侵权人的全部损失赔偿,而是根据防卫人过错程度,由防卫人在损失范围内承担一部分责任。

(二)紧急避险

紧急避险是指为了使国家、公共利益、本人或他人的人身、财产和其他权利免受正在发生的危险,不得已采取的紧急避险行为,造成的对他人的损害。

紧急避险是指为了使国家、社会公共利益、本人或者他人的合法权益免受更大的损害，在迫不得已的情况下以牺牲较小的合法利益来保全较大利益的行为。《民法通则》第129条规定:“因紧急避险造成损害的,由引起险情发生的人承担民事责任。如果危险是由自然原因引起的,紧急避险人不承担民事责任或者承担适当的民事责任。因紧急避险采取措施不当或者超过必要的限度,造成不应有的损害的,紧急避险人应当承担适当的民事责任。”

有威胁到合法利益受到损害的紧急危险发生,是紧急避险的前提条件。所谓紧急危险,是指足以对合法利益造成损害的某种紧迫事实状态。即避险行为成立的危险,要求必须是“紧迫的”“现实的”的危险。从司法实践来看,危险的主要来源有四种:①自然灾害。如地震、风尘暴、山崩地陷、泥石流、海啸、火灾、水祸,等等。②违法犯罪行为或无责任能力人的危害社会行为。如故意实施的纵火、决水、破坏交通工具或交通设施,过失的各种重大责任事故,等等。③人的生理、病理原因。如为了抢救重伤员,强行拦阻过往汽车送往医院。④动物的侵袭。如野兽追扑、恶犬撕咬、毒蛇袭击,等等。

作为紧急避险前提条件的危险,必须是客观存在的,而不是避险人假想的、推测的。如果实际上并不存在危险,避险人却误认为危险存在,因而实行了所谓的紧急避险,属于假想避险。对于这种情况,应当按照事实认识错误的处理原则解决。如果避险人应当预见不存在所谓的现实"危险",由于疏忽大意没有预见并因而实行所谓紧急避险的,应当按照过失犯罪处理;如果在进行避险的当时情况下根本无法认识或预见不存在所谓的现实"危险"的,应当按照意外事件处理。危险正在发生,是紧急避险的时间条件。设立紧急避险制度的目的,在于通过避险人损害较小合法权益的手段,尽最大可能地减少正在发生的危险给较大利益带来的更大损害。所以紧急避险的时间条件,是危险正在发生。所谓危险正在发生,是指即将造成损害,或者造成损害的危险已经出现而尚未结束。紧急避险只能在危险已经出现而又尚未结束这一时间条件下进行,否则就不是紧急避险。危险的结束,是指危险已经过去,给合法权益造成的损害也无法避免和挽回,或者因为避险人的救济措施或其他主客观原因而使得危险已经消失而不复存在。如果危险已经结束,则紧急避险就不存在其时间条件,此时损害已经造成,再实行所谓"紧急避险"已不能达到保护合法权益免受损失的目的。

为了使国家、公共利益、本人或者他人的人身或者其他权利免受正在发生的危险,是紧急避险的主观条件。根据紧急避险的主观条件,如果是为了保护某种非法利益,是不能成立紧急避险的。另外,如果在客观上实际使合法权益免受了某种危险可能带来的损害,但行为人并不是出于避险的意图,而是出于侵害的意图的,也不是紧急避险。

避险的对象只能是无辜的第三者,这是紧急避险的对象条件。紧急避险的本质特征,在于为了保全一个较大的合法权益,而采取牺牲另一个较小的合法权益的手段转嫁风险。因此紧急避险行为针对的是第三者的合法权益,而不是危险的来源。如果行为人没有通过损害相关较小合法权益的手段,而是直接以反击手段对抗危险,那么该行为就不是紧急避险,而是抢险行为或正当防卫等行为。

避险行为只能是在不得已的情况下实施,是紧急避险的客观限制条件。紧急避险是为了保护更大合法权益免受危险而牺牲较小合法权益的一种权宜措施。尽管从总体上来说,由于它保全了较大的合法权益而有益于社会,但在局部上,由于它不可避免地给无辜的第三者的合法权益带来损害,因此它仍具有消极的一面。法律对紧急避险规定了严格的限制条件,即只能在"不得已"的情况下才能进行紧急避险。

避险行为不能超过必要限度造成不应有的损害,是紧急避险的限度条件。根据紧急避险的性质,这个标准应当是:避险行为所造成的合法权益的损害,必须小于所避免的损害。鉴于紧急避险是在迫不得已的情况下所采取的,为挽救更大利益而牺牲较小利益的行为,因此只要避险人采取的避险行为适当,且没有超过必要限度,则无须对由此给他人造成的损失承担赔偿责任。但是,并不是说紧急避险人在任何情况下都无须承担责任。如果险情是由人为原因引起的,由引起险情发生的人承担责任。引起险情的发生是由于引起险情发生人在主观上存在过错,因此对由此引发的损害应当由有过错的一方承担责任。引起险情的人可以是避险人、受益人、受害人或者第三人。因自然原因引起的险情所导致的紧急避险情形,如地震、海啸、暴雨、山洪暴发等各种自然灾害。如果引起险情的危险来自于自然原因,则紧急避险人不承担民事责任或给予适当补偿。

二、不可抗力与意外事故

不可抗力,专指人力所不可抗拒的力量,不仅包括某些自然现象(如地震、海啸等),也包括某些社会现象(如战争、大罢工等)。在过错侵权责任中,无论是一般过错还是推定过错,行为人承担侵权责任需以其主观上存在过错为要件,不可因不可抗力事件的发生否定了行为人的主观过错,使当事人完全被免除责任。《侵权责任法》对不可抗力免责事由适用规则的态度很不明晰，总则部分对不可抗力免责事由在无过错侵权责任领域适用规则的规定模糊不清。《侵权责任法》第29条的规定并未明确区分不可抗力在过错责任与无过错责任中适用规则的异同，导致对不可抗力在无过错侵权责任领域中到底如何适用存在严重分歧。主要表现为对该条“法律另有规定的,依照其规定”到底如何理解。有的学者将其解读为法律明确将不可抗力规定为某类侵权责任的免责事由,否则无过错侵权责任中不得援引该免责事由;有的认为法律明确规定不能以不可抗力作为免责事由，否则不管采何种归责原则,不可抗力均为一般的抗辩事由。

在具体无过错侵权责任类型中对不可抗力免责事由的规定缺乏系统安排。除总则部分的规定外,《侵权责任法》仅在高度危险责任这一章中的第70条、第72条、第73条对不可抗力能否作为免责事由作了较为明确的规定,但仍存在一定缺漏。如对民用航空器和遗失、抛弃高度危险物造成他人损害的责任未作规定,对高度危险物、高速轨道运输工具造成他人损害的责任规定了不可抗力免责事由，但对建筑物倒塌损害责任等危险性较低的行为却排除不可抗力免责事由的适用，体系的混乱很容易造成审判实践中裁判尺度的不统一。

《侵权责任法》对无过错侵权责任的具体类型能否适用不可抗力作为免责事由大多未作出规定。对此,审判实践中仍应坚持上述总的原则,即不可抗力非为无过错侵权责任通用免责事由，只有法律明确规定不可抗力为某一类无过错侵权责任免责事由时方可适用，否则不可抗力不得作为免责事由。《侵权责任法》对某类无过错责任未规定不可抗力可作为免责事由,但特别法有规定的,应适用特别法的规定,将不可抗力作为免责事由。例如,虽然《侵权责任法》第65条并未对不可抗力能否构成环境污染责任免责事由作出规定,《环境保护法》第41条第三款规定:“完全由于不可抗拒的自然灾害,并经及时采取合理措施，仍然不能避免造成环境污染损害的，免予承担责任。”根据《电力法》第60条第二款的规定，电力运行事故因不可抗力造成的，电力企业不承担侵权责任。在高速轨道运输工具致人损害方面，根据《铁路法》第58条的规定：“因铁路行车事故及其他铁路运营事故造成人身伤亡的，铁路运输企业应当承担赔偿责任；如果人身伤亡是因不可抗力或者由于受害人自身的原因造成的，铁路运输企业不承担赔偿责任。”这些规定在审判实践中，也均应予以适用。

意外事故也指意外事件，意外事件是否为独立的免责事由，主要是取决于它是否与不可抗力存在本质的区别。王利明认为不可抗力是构成侵权法免责事由的外来原因，并认为两者的区别主要体现在：“第一，从主观上看意外事件的不可预见性是指特定的当事人尽管合理地注意和谨慎也不可预见。可见，不可抗力具有更强的难预见性。第二，从客观上讲，意外事件虽然具有不可预见性，但是它是能够避免和克服的，而对于不可抗力来说，即使预见到也不能避免和克服。”在本法适用的立法和司法解释上，可以对意外事件作出补充性规定，从而体现出不可抗力与意外事件的免责区别。

意外事件，是由行为人意志以外的原因而非其过错引发的偶然事故。它具有不可预见性，行为人在当时处境下不可能通过合理的注意而预见，完全是行为人自身以外的原因而引起的偶然事件。对于我国现行民事立法而言，意外事件在民法中并没有被直接规定为免责事由。《侵权责任法》在“不承担责任和减轻责任的情形”一章中，只规定了被侵权人过错、受害人故意、第三人过错、不可抗力、正当防卫和紧急避险等六种情形，其中并没有将意外事件纳入减责和免责的事由之列。大量意外事件中，如果断然免除行为人的责任而置受害人的不幸于不顾，不仅于法律之正义性价值不符，于意外事件自身的责任机理也是相悖的。于是，意外事件作为一种通说意义上的抗辩事由，必须有其适用的条件或范围。就民法原理而言，意外事件应当只适用于过错责任，即只有在以过错责任作为归责原则的侵权行为类型中，意外事件才能作为免责事由，对于法律明确规定了具体的免责事由而不包括意外事件的侵权行为类型而言，意外事件不能成为免责事由。在这些侵权行为类型中，因其侵权行为的特殊性而被法律赋予了过错推定归责原则、无过错责任归责原则或者严格责任归责原则。

三、自甘风险

自甘风险的一般规则是："指受害人在明知某种危险状态存在的情况下自愿承担危险，因此遭受的损失不能获得赔偿。"出自英美侵权法的自甘风险规则，在大陆法系国家也在逐步采用。我国《侵权责任法》在第三章"不承担责任和减轻责任的情形"中，只规定了有过失、受害人故意、第三人原因、不可抗力、正当防卫和紧急避险为抗辩事由。这些规定是正确的，但不完全，还应当适当增加新的免责事由。在近几年的司法实践中，我国法院对英美法系的自甘风险规则有所适用，均取得较好效果，其经验值得借鉴。因此我们建议在司法实践中，应当统一使用自甘风险为侵权责任免责事由。

在英美法系的侵权法中，自甘风险也叫作危险之自愿承担、自愿者非为不当规则，是指在原告提起的过失或者严格责任的侵权责任诉讼中，要求原告承担其自愿承担的所涉风险。其一般规则是：原告就被告之过失或者鲁莽弃之不顾行为而致伤害的危险自愿承担者，不得就该伤害请求赔偿。构成自甘风险均须具备以下3个要件：①受害人知悉或者鉴识危险，②受害人有自愿承担之必要，③不违反成文法的规定。具备这些要件，就构成自甘风险，免除行为人的侵权责任。在举证责任上，如果被告原应对原告负责的(例如有过失)，原告自愿承担危险的举证责任，则应由被告承担。

出自英美侵权法的自甘风险规则，在大陆法系国家也在逐步采用。欧洲法院对于自愿参加有风险活动的人，认为在风险发生造成自己损害后，无理由请求赔偿，应该自己承担损害后果。

自甘风险规则的构成要件是：

（1）受害人知悉危险存在。对于危险的存在，受害人明知，或者根据证据证明其已经知道。如果受害人不知道危险存在，不能适用自甘风险规则。

（2）受害人有自愿承担危险的明确表示或者可以推知的默示。受害人自愿承担危险，包括明示和默示两种。明确表示承担危险的，须为文字或者口头表示；默示表示承担危险的，须有证据证明。确定默示接受危险，须受害人完全了解存在受害的危险，却自愿地选择参与该行为或者活动，依其情形显示其有接受该危险的意愿。

（3）接受该危险不违反公共利益或者善良风俗。

四、自助行为

自助行为作为重要的侵权责任免责事由之一，早已被多数国家所承认，而我国现行法律并未对此作出明确规定。自助行为是指权利人为保护自身的人身和财产权利，在情形紧迫而又来不及请求国家机关予以救助的情况下，对他人的财产或人身自由施加扣押、拘束或其他相应措施的行为。自助的具体行为在一般情形下是具有违法性的，但当行为人在来不及请求国家机关救助，若不施行一定的措施则将会使其发生的利益损害无法或难以补救的情形下而施行，则不作侵权论。

自助行为具有下列条件才能成立：

（1）必须是为了保护自己的合法权益；

（2）保护自己的合法权益为自助行为之目的条件；

（3）须为情事急迫来不及公力救济；

（4）行为人在受到侵害时首先考虑的应当是请求公力救济，如果公力救济足以保护自己的权益，则不可采取自助行为；

（5）必须为法定的自助措施；

(6)自助行为实施的手段不得违反法律、公共道德和善良风俗,通常只可对债务人、加害人本人的自由加以拘束或采取其他相应措施;

(7)必须不超过必要的限度。

自助行为应当是法律所能容忍的，即应以可以制止不可挽回的损害发生为限,自助行为实施后应立即请求公力救济,行为人实施自助行为(扣留债务人的财产、限制债务人的自由)后,还应当积极地寻求纠纷解决的方法,既可以在新条件下协商,也可以直接请求司法救济。

五、过失相抵

《侵权责任法》第26条:"被侵权人对损害的发生也有过错的,可以减轻侵权人的责任。"此处"过错"应理解为"过失",按照过失相抵原则承担责任。

过失相抵，是指受害人就损害的发生或者扩大也有过失，法院可依职权,根据一定的标准可依法减轻或者免除加害人的赔偿责任;《民法通则》对此混合过错也有类似规定。《人身损害赔偿解释》第2条:"受害人对同一损害的发生或者扩大有故意、过失的,依照《民法通则》第131条的规定,可以减轻或者免除赔偿义务人的赔偿责任。但侵权人因故意或者重大过失致人损害,受害人只有一般过失的,不减轻赔偿义务人的赔偿责任。适用《民法通则》第106条第3款规定确定赔偿义务人的赔偿责任时,受害人有重大过失的,可以减轻赔偿义务人的赔偿责任。"此规定肯定了过失相抵原则不仅适用过错责任领域,也适用于无过错责任领域;同时规定,在无过错责任领域内仅限于受害人有重大过失的情形方可适用过失相抵原则，即一般过失不可减轻赔偿义务人责任。《侵权责任法》第27条:"损害是因受害人故意造成的,行为人不承担责任。"该条属免责条款,也适用过失相抵原则。《侵权责任法》第28条:"损害是因第三人造成,第三人应当承担侵权责任。"第三人过错,是指原、被告之外的第三人对造成原告的损害具有过错，且第三人与被告之间不存在共同过错,既无共同故意,也无共同过失。第三人过错是否成为免责事由要确定第三人过错是完全过错而非第三人与被告共同造成损害。如果被告无过错或者说第三人过错是损害发生的唯一原因,则第三人承担侵权责任。若是被告行为与第三人行为偶然结合致原告损害,则属减责事由,即被告与第三人事前无同谋的数人侵权行为,双方共同造成了对原告的损害,且是一种偶然结合的相互作用,不构成共同侵权,不承担连带责任,按过错程度各自承担相应责任。

六、受害人同意与第三人过错

受害人过错和第三人过错相似,其抗辩事实是受害人所受的损害是基于受害人自身的原因,与行为人的行为没有因果关系,因而是对行为人行为与受害人的损害之间的因果关系的割裂。所以受害人过错只能作为一种抗辩事由,而不是一种免责事由。受害人同意是指受害人同意加害人对其实施加害行为或者自愿承担危险及相应后果。其包含有两个方面的内容:受害人同意他人对他实施侵害行为和受害人同意对侵权人责任的免除。前者是对行为的许可,并不当然地免除责任。如果有下列情况之一的,不可作为抗辩事由:①受害人同意的内容违反法律和善良风俗的;②致害人出于故意且不是基于对受害人的利益的目的而为,在侵害行为实施之前受害人也不能对该行为产生的后果完全预见的。只有在行为人之行为的发生是基于过失或有警告在先或受害人对后果有完全的预见的情形下才能免除行为人的责任,否则有失公平。后者则是受害人对行为人的责任免除,是当事人对权利的处分,无须法律的特别规定,不是当然的或者说是法定的免责事由。在过错责任下受害人的一般过错可以导致行为人责任的减轻,但是在严格责任的情况下,除非法律有例外的规定,通常受害人的一般过错不能导致行为人责任的减轻,除非受害人具有重大过失。比如《侵权责任法》第78条明确规定:被侵权人故意或重大过失造成损害的,动物饲养人或者管理人可以不承担或者减轻责任。这里严格限制为“重大过失”,这就是严格责任不同于过错责任的一个很重要的特点。

将第三人过错作为一种抗辩事由，是基于受害人的损害并非是侵权行为人的原因,而是第三人的原因。因此是对侵权行为与受损害事实之间的因果关系的割裂,而不是对侵权行为与侵权责任之间的阻断。既然侵权行为与损害事实之间没有因果关系,也就不存在民事责任的免除,因而第三人过错不是免责事由,但是一种抗辩事由。

《侵权责任法》第43条关于产品责任的表述:因为产品存在缺陷造成损害的,受害人可以向产品的生产者请求承担责任,也可以向产品的销售者请求承担责任。这里没有用连带责任,但是用了“既可以……也可以……”这个提法,在选择一个之后,比如说选择了生产者,那么生产者可以向销售者追偿,这个追偿是完全的追偿。第83条,在第三人原因造成损害情况下,受害人既可以要求第三人,也可以要求动物的饲养人赔偿,选择谁都可以。如果选择了动物的饲养人,那么在动物的饲养人承担责任之后,可以向第三人进行追偿。还有第59条中关于医疗器械、血液输血造成的损害,受害人既可以找厂家,也可以找医院来承担责任。如果找到医院,医院在承担责任之后,可以向厂家进行追偿。还有第68条规定的环境污染,第三人原因造成损害的,你可以找污染方,也可以找第三人承担责任,污染方承担责任之后,可以向第三人进行追偿。这种“既可以……也可以……”的规定就是不真正连带责任。所谓不真正连带,就是指因为不同的原因发生了同一损害赔偿责任,在一个人承担责任后,可以向终局责任人全部追偿。在连带责任情况下每个人都有责任,都要负责。他只能追偿超过自己应当承担的部分。在不真正连带责任的情况下,每个责任承担者都可以向终局责任承担者全部进行追偿。责任承担者承担的责任,最终都要转移到终局责任者身上。

七、职务授权行为与权利行使

职务授权行为构成要件:一是须有合法的授权;二是执行职务的行为合法;三是执行职务的行为须为必要,即不造成损害就不能执行职务。如果造成的损害可以避免或减少,则不构成或不完全构成免责事由。职务行为是指依照法律的授权及有关规定而损害他人人身或财产的行为。因授权行为的本身是经法律授权的,其行为本来就合法,因此并不存在有违法性。行为合法,则不存在侵权行为的成立,也就没有民事责任的产生,所以也就不存在免责事由所界定的不以侵权论。

权利行使是指因正当行使权利而导致他人的损害事实的发生。对权利行使人正当行使权利而排除民事责任的承担，是基于权利人的行为是法律所授权允许的,因而其行为并不违法。行为不违法,则不产生侵权,也就不存在民事责任的产生,也就排除了责任的免除。因此不符合免责事由的不以侵权论的要求,也就不是一种免责事由。

权利行使不能是指基于法律制度的其他规定，致使权利人所受到的损害事实无法得到补救的情况。最为普遍的是诉讼时效和期间限制:当某一事实状态经过一定的期间,即发生一定的法律后果,即产生对一定责任的排除。不论是占有时效还是消灭时效,都会产生对一定责任的排除。如占有时效,当它在肯定了占有的同时,也就排除了返还的责任;消灭时效则在消灭了主张返还的权力的同时,实际上也就排除了返还的责任。

第七节 特殊侵权行为的归责责任

一、我国雇用人侵权责任的归责原则及适用条件

英美法系和大陆法系均采用“雇主责任”的提法，但在我国《侵权责任法》中却没有采纳这种提法，而是使用了“提供劳务一方”和“接受劳务一方”的字样，“雇员”“雇主”提法与私有制之下的雇佣关系是密不可分的。而我国是以公有制为主体的社会主义国家，仍然采用反映私有制的概念不甚妥当。19世纪以来，雇佣关系就是劳动关系，在我国使用“提供劳务一方”“接受劳务一方”提法较为科学。

我国《侵权责任法》将雇佣关系称为用工关系，将雇用人责任称为用工责任，包括用人单位的责任和劳动派遣单位的责任。用工责任，也称雇用人的责任、使用人责任、雇主责任，是指劳动关系中用人单位对工作人员因执行工作任务而造成损害的行为承担后果。所谓用工关系，是指国家机关、企事业单位、社会团体、个体经济组织、个体工商户与劳动者之间，依照劳动法律、法规，签订劳动合同，使劳动者接受用人单位的管理监督，从事用人单位指定的工作，并获取劳动报酬的法律关系。

我国《侵权责任法》第34条规定：“用人单位的工作人员因执行工作任务造成他人损害的，由用人单位承担侵权责任。”劳务派遣期间，被派遣的工作人员因执行工作任务造成他人损害的，由接受劳务派遣的用工单位承担侵权责任；劳务派遣单位有过错的，承担相应的补充责任。《最高人民法院关于审理人身损害赔偿案件适用法律若干问题的解释》第9条规定，雇员在从事雇佣活动中致人损害的，雇主应当承担赔偿责任，雇员因故意或重大过失致

人损害的，应当与雇主承担连带赔偿责任。雇主承担连带赔偿责任的，可以向雇员追偿。由此可以看出，我国《侵权责任法》对用工人因执行职务造成他人损害，用工单位承担责任的归责原则，采用的是无过错责任原则。用工人与用工单位承担连带责任，受害人须举证用工人有故意或重大过失。

我国《侵权责任法》对用人单位承担责任，从工作人员的损害行为看，必须符合以下条件：

（1）工作人员的行为必须构成侵权行为，即除其行为属不法的外，尚须具备故意或过失，用人单位承担赔偿责任。

（2）工作人员执行职务行为已实际造成第三人人身或财产的损害。

（3）损害结果与损害行为之间具有因果关系。

关于用人单位依《侵权责任法》第34条所负责任的归责原则，是无过错责任原则，其承担责任的构成要件须具备侵权责任构成要件外，还须与用人单位存在用工关系，且该损害行为为执行职务之行为。

令雇主（接受劳务者）对雇员（提供劳务者）因执行职务所致侵权行为承担赔偿责任，乃近代比较法上的共同倾向。大陆法系中《法国民法典》第1384条首先确立了这一规则，而后德、日、意等国也普遍对之加以规定，英美法系亦通过其判例承认了这一规则。我国《民法通则》在特殊侵权行为中仅对国家机关对其工作人员职务致害责任进行了规定，并没有规定国家机关之外的法人、其他组织工作人员的职务致害责任。我国《侵权责任法》出台后，在该法第35条规定"个人之间形成劳务关系，提供劳务一方因劳务造成他人损害的，由接受劳务一方承担侵权责任"。在归责原则上采用的是严格责任原则。所谓严格责任是指行为人的行为造成他人的损害，不论该行为人是否具有过错，如不存在法定的免责事由，都应当承担侵权责任。

用工责任采用的归责原则即是严格责任原则，其理论基础主要有以下三点：一是认为雇主一定比雇员有"更深的钱袋"，雇主具有更强的支付能力和分担损失的能力，由其承担责任是公平的；二是认为雇主通过雇员的行为获得了利益,即便没有应受责难的过错,也应当对雇佣活动所带来的危险负责;三是认为,雇员实际是雇主手中的工具,雇员是由雇主使用并接受其指示和管理的人。所以接受劳务的一方应当承担替代的赔偿责任。

我国《侵权责任法》第35条规定:"个人之间形成劳务关系,提供劳务一方因劳务造成他人损害的,由接受劳务一方承担侵权责任。提供劳务一方因劳务自己受到损害的,根据双方各自的过错承担相应的责任。"该条是关于提供劳务一方自身遭受损害时如何分担责任的规定, 此种责任在性质上属于损失的分担,而不是侵权责任。接受劳务一方对于提供劳务一方因劳务自己遭受损害所应承担的责任不符合侵权责任的构成要件, 故不属于侵权责任。第35条规定,在个人的劳务关系中,提供劳务一方自身受到损害的,根据双方各自的过错分担责任。这是非常错误的。因为雇员在执行职务中自身遭受损害,属于劳动保险、工伤保险问题,属于合同法问题。受伤雇员要求雇主承担医药费、治疗费等,不是基于侵权责任请求权,不能适用过错相抵规则。如个体餐馆的大师傅切菜把手指头切掉了,当然谈不到雇主有什么过错,因此让受伤雇员自己承担全部"责任",不仅违情悖理,且违反劳动法和社会保险法。全国人大常委会法制工作委员会给出的理由是,根据过错程度来确定双方各自应分担的损失,是因为个人用工不能适用《工伤保险条例》的规定,故而不能参加工伤保险统筹。但用工者个人经济承受能力毕竟有限,完全由用工者承担全部赔偿责任,必然使其承担过重的责任,既对用工者不公平,也不利于个人之间劳务关系的发展。

《人身损害赔偿解释》第11条规定:"雇员在从事雇佣活动中遭受人身损害,雇主应当承担赔偿责任。"该条款所采用的归责原则是严格责任原则,但是《侵权责任法》确定的按过错分担责任的原则与《人身损害赔偿解释》确定的严格责任原则存在根本性的不同。《侵权责任法》第35条中规定应由双方按照过错分担损失,第35条已经修改了司法解释确定的规则,所以应当适用《侵权责任法》的规定。

《侵权责任法》第35条并没有规定个人用工者享有追偿权，全国人大常委会法制工作委员会的意见是：因为在个人用工中，用工者一方的经济实力有限，其在对外承担责任之后，应有权向有过错的提供劳务一方追偿。

对于义务帮工能否适用《侵权责任法》的问题，《人身损害赔偿解释》第13条规定："为他人无偿提供劳务的帮工人，在从事帮工活动中致人损害的，被帮工人应当承担赔偿责任。"该条款对义务帮工关系作出了规定。《侵权责任法》所表述的"提供劳务"并没有强调必须为有偿，既然法律没有排除无偿提供劳务的情形，那么"提供劳务"自然包括无偿提供劳务，从《侵权责任法》第35条的规定来看，其并没有明确将义务帮工排除在其适用范围之外，可以类推适用。

二、我国交通事故侵权责任的归责原则

我国对交通事故侵权责任的法律规定主要有三个：

一是《民法通则》作为民事法律的规定。《民法通则》第106条规定，公民、法人由于过错侵害国家的、集体的财产，侵害他人财产、人身的，应当承担民事责任。无过错，但法律规定应当承担民事责任的，应当承担民事责任。第123条规定：从事高空、高压、易燃、易爆、剧毒、放射性、高速运输工具等对周围环境有高度危险的作业造成他人损害的，应当承担民事责任；如果能够证明损害是由受害人故意造成的，不承担民事责任。

二是《道路交通安全法》第76条第2项规定，机动车与非机动车驾驶人、行人之间发生交通事故的，由机动车一方承担责任；但是，有证据证明非机动车驾驶人、行人违反道路交通安全法律、法规，机动车驾驶人已经采取必要处置措施的，减轻机动车一方的责任。交通事故的损失是由非机动车驾驶人、行人故意造成的，机动车一方不承担责任。也就是说，当机动车驾驶员一方无过错而受害人一方存在过错的时候，减轻加害方的责任。法律要求机动

车驾驶员一方比非机动车、行人一方负更高的注意义务,承担更重的责任。因为机动车驾驶人不仅需要证明行人存在过错,自己不存在过错,而且需要证明自己在行人违章的情形下,已经尽力去避免事故的发生——“采取必要处置措施”的情况下,方可减轻自己的责任。

三是《侵权责任法》对于交通事故处理的规定。《侵权责任法》出台后对于交通事故处理的规定和之前的处理的办法存在很大的区别,《侵权责任法》第48条规定,机动车发生交通事故造成损害的,依照《道路交通安全法》的有关规定承担赔偿责任。本条指的是因机动车交通事故引起的侵权行为的责任划分和归责原则等直接适用《道路交通安全法》的规定,但遇其没有规定或者规定不详细的时候应该适用本法。机动车发生道路交通事故造成损害赔偿的应当依据《道路交通安全法》第76条的规定来执行,其规定如下:机动车发生交通事故造成人身伤亡、财产损失的,由保险公司在机动车第三者责任强制保险责任限额范围内予以赔偿;不足的部分,按照下列规定承担赔偿责任。

①机动车之间发生交通事故的,由有过错的一方承担赔偿责任;双方都有过错的,按照各自过错的比例分担责任。

②机动车与非机动车驾驶人、行人之间发生交通事故,非机动车驾驶人、行人没有过错的,由机动车一方承担赔偿责任;有证据证明非机动车驾驶人、行人有过错的,根据过错程度适当减轻机动车一方的赔偿责任;机动车一方没有过错的,承担不超过百分之十的赔偿责任。

③交通事故的损失是由非机动车驾驶人、行人故意碰撞机动车造成的,机动车一方不承担赔偿责任。

《道路交通安全法》所规定的是至少一方为机动车的情况下发生交通事故的处理原则,如果发生交通事故的双方均不是机动车则按照过错责任原则来确定其侵权的赔偿责任,不能够适用本条的规定。

对于机动车发生交通事故的情况应当适用交强险优先赔偿,交强险属于法定的险种，所有的机动车均应当投保交强险，在机动车发生交通事故后首先由交强险来承担赔偿责任。在机动车所承担的赔偿责任超过交强险的赔偿限额的情况下才适用《道路交通安全法》第76条所规定的处理原则。如果机动车应当投保交强险而没有投保的话，在交强险的责任限额内，未投保机动车仍然应当按照交强险的赔偿的方式进行赔偿；机动车与机动车之间和机动车和非机动车驾驶人、行人之间发生交通事故所使用的原则不同，机动车与机动车之间适用过错责任原则。机动车和非机动车驾驶人、行人之间适用过错推定原则，只有机动车一方有证据证明非机动车驾驶人、行人有过错的情况下，才能够减轻机动车一方的赔偿责任，但即使非机动车驾驶人、行人对交通事故负有全部责任也不能够完全免除机动车一方赔偿责任，其仍然应承担不高于10%的赔偿责任。机动车对于非机动车驾驶人、行人唯一免责的事由就是非机动车驾驶人、行人故意制造交通事故，这也是交强险对于非机动车驾驶人、行人请求权的唯一抗辩的事由，因为机动车已经对非机动车驾驶人、行人不负赔偿责任，那么作为第三者责任险的交强险也相应地免除了责任。《道路交通安全法》第49条，因租赁、借用等情形机动车所有人与使用人不是同一人时，发生交通事故后属于该机动车一方责任的，由保险公司在机动车强制保险责任限额范围内予以赔偿。不足部分，由机动车使用人承担赔偿责任；机动车所有人对损害的发生有过错的，承担相应的赔偿责任。因租赁、借用等所有人和使用人不是一个人的情况下，发生交通事故造成损害赔偿的情况下，应当如何确定使用人和所有人的责任承担的问题。首先在交通事故发生后仍然适用第48条规定的交强险的优先原则，即首先对于交通事故发生后的赔偿责任由保险公司在机动车强制保险责任限额范围内予以赔偿，不足部分的处理和《侵权责任法》出台之前的存在区别，在《侵权责任法》出台之前，如发生交通事故，应由车辆的所有人、出租人、承租人承担连带损害赔偿责任。但此种归责的原则存在很大的争议。

三、高空抛物侵权及其归责原则

高空抛物是指建筑物区分所有状态下的高空抛物侵权行为，其最大的特点是难以确定抛物者，因而导致侵权责任分配的难题。虽然我国的侵权法第87条就高空抛物侵权责任作了相应的规定，但是其一出台就遭到了学界激烈的争论。在我国现行的侵权法理论中，归责原则主要有过错责任原则、无过错责任原则、过错推定责任原则，高空抛物适用何种归责原则，学术界也没有一个统一的观点。

部分学者认为，高空抛物侵权行为应该采用过错责任原则，由高空抛物的受害人举证证明真正的加害人，并且要证明其主观上的过错，如果不能举出证据证明致害人在实施侵权行为时主观上有过错，则致害人就可以不承担民事责任。在实践中，原告难以找到确定的行为人，这也就基本决定了原告的请求得不到满足，其诉讼请求也会被驳回。

另有部分学者认为，当高空抛物损害发生时，不考虑可能范围内的造成事故的建筑物使用人主观上是否有过错，都要承担民事责任，除非行为人有法定抗辩事由。这些法定抗辩事由一般是指不可抗力与受害人重大过错，而不承认受害人的一般过失和意外事件作为抗辩事由。在高空抛物侵权中使用无过错责任原则，尽管很好地保护了受害人的利益，但也可能侵害了部分无辜建筑物使用人的利益。

支持高空抛物案件适用过错推定责任原则的学者认为，由于高空抛物侵权发生时不能确定具体的侵权人，而由有因果关系联系范围内的建筑物使用人承担责任，但使用人有足够证据证明自己对事故的发生没有过错的除外。采用过错推定责任原则，减轻了建筑物使用人的责任，在受害人的利益与建筑物使用人的利益之间取得了很好的平衡，适用过错推定责任原则，其核心是证明责任的分配与承担问题。即在具体案件中，由于法律事实存在无法查明的情况，推定一方当事人存在过错，除非其能举出反证证明自己没有过错，否则就得承担责任，这是将证明的责任转移给了一方当事人。

高空抛物不仅损害了受害人的利益，也危害了公共安全，因为其针对的是不特定的人或物。有学者表述，在抛掷物致人损害中，如果由业主承担适当的责任，有利于防止损害，遏制不良行为，保证安全卫生的社区环境。法律具有“降低违法违规案件发生率，减少和避免社会财富的不必要损失”和“增强人们的社会归属感和安全感，促进社会安定团结”的预防功能。高空抛物侵权责任一方面对受害人进行了救济，但另一方面却放纵了真正的行为人，使可能的加害人受到了“连坐”，起不到法的预防功能。同时，由可能加害人共同承担责任并不能真正的预防此类事件的减少，真正的加害人不仅没有受到应有的惩罚，反而还可能侥幸自己占了便宜，并且承担责任会造成邻居之间互相猜疑，互相指责，不利于社会和谐。

四、我国著作权侵权的归责原则

我国著作权侵权应适用何种归责原则，这本是一个由立法加以认定的问题，然而由于我国知识产权法制建设比较晚，在制定《民法通则》时仅就一般的侵权归责做了规定。不过，立法者在此方面还是比较谨慎的，在该法第106条规定：“没有过错，但法律规定应当承担民事责任的，应当承担民事责任。”为在知识产权立法中确立不同于民法侵权一般规定的归责原则提供了依据。

美国《版权法》并没有“严格责任”或“无过错责任”之类的术语，但是，美国司法实践似乎倾向于将之理解为严格责任，即无过错责任。侵权意图虽然对侵权的认定不起作用，但在确定赔偿数额上却有着重大作用。如美国《版权法》第504条第3款规定，如果侵权人是故意侵权，法庭可依自由裁量权判赔不高于5万美元的赔偿金，如果侵权人没有意识到，而且也没有理由知道其行为构成侵权，则法定赔偿金将降至不低于200美元。

英国1988年《版权法》也没有关于侵权的一般归责原则，但是其将某些侵权行为归入过错责任。在英国，版权侵权的无过错责任在某些场合是得到承认的。

在德国1995年修订的《版权法》第97条第1款中规定："受侵害人可诉请对于有再次复发危险的侵权行为，现在就采用下达禁令的救济；如果侵权系出于故意或出于过失，则还可以同时诉请获得损害赔偿。"德国《版权法》对于侵权归责作出一般规定（即所谓的"总原则"），即过错的有无并不能作为侵权认定的前提，但却可能（不一定是但一般都是）成为判定是否赔偿的前提。德国在这方面是明确推行无过错责任原则的。

除德国外，西方各国立法对于版权侵权的基本归责原则都没有作出明确规定，但在理论和司法实践中，这些国家都倾向于认为在认定侵权的成立上，应采用无过错责任原则，而在确认应否赔偿或赔偿多少的问题上，应考虑侵权者的主观过错。《与贸易有关的知识产权协议》（简称TRIPs协议）并没有确立著作权侵权的总原则，但是由于受到了发达国家著作权立法的重大影响，它在条文中明确提到无过错责任在某些场合上的应用，并规定各国可在合适场合确立该归责原则。

TRIPs协议生效之初，我国理论界一般认为该协议并没有关于侵害知识产权的归责原则。从TRIPs协议第37条、第44条等规定了过错责任的条文出发，推定除此之外的其他情况适用无过错责任。即从该协议第45条第2款关于无过错责任的规定，推定TRIPs协议实际上确认了知识产权侵权的无过错责任。即TRIPs协议既采用了无过错责任，也采用了过错责任，具体适用哪种归责原则，由缔约国根据不同场合，在不同TRIPs协议相违背的情况下，作出选择。

对知识产权侵权归责原则，学术界主要的观点：

(1)过错责任说。此说主张知识产权侵权责任的归责原则应采用过错责任。理由是:知识产权侵权为一般侵权行为,在我国民事基本法及知识产权部门法没有明确规定知识产权侵权应坚持无过错责任原则的情况下，应坚持过错责任原则。

(2)无过错责任说。有学者认为,世界贸易组织《与贸易有关的知识产权协议》第45条第2款对侵犯知识产权的无过错责任持相当明确的态度,如果我国加入该协议,就必须履行有关的国际义务,我国的法律规定也必须与协议内容相衔接,因此我国的知识产权归责体系也应该适用无过错责任。

(3)过错责任与过错推定责任二元归责说。有学者认为,在侵犯无形财产权诉讼中,过错责任与过错推定责任应为二元归责原则,两者共同行使认定侵权责任的使命。这种归责体系的具体运行模式是:法律授予作为原告的权利人一种选择权,即假定权利人是自己利益的最佳判断者,他“有权”选择自己举证,以便有力地、有针对性地向侵权人追偿损失。在这种情况下,即适用过错责任原则。同时,权利人也可以放弃这种举证的“权利”,法院即责令侵权人举证,举证不能或举证证明不成立的,推定侵权人有过错。在这种情况下,即适用过错推定责任。

(4)无过错责任和过错推定责任二元归责说。还有学者从实务角度出发，认为就知识产权侵权损害赔偿责任的性质而言，根据我国法律体系目前仍属于民事法律中的民事责任范畴。在知识产权侵权损害赔偿责任的构成上，如果法律没有特别规定,就应当依照《民法通则》关于民事责任构成的规定处理。目前,在《民法通则》和《知识产权专门法》中没有规定侵犯知识产权适用无过错责任原则，那么就应当依照过错责任原则确定知识产权侵权损害赔偿责任的构成。但针对知识产权审判实践中的一些具体情况,可以对一些难以确定当事人主观状态的行为适用过错推定的原则。

(5)无过错责任及过错责任协调说。有学者认为,应区别直接侵权、共同侵权、间接侵权不同情况,规定无过错责任及过错责任原则的适用场合,而不是“一刀切”地否认前者或后者。

我国在制定《民法通则》时也没有考虑到知识产权保护的特殊性，仅在第106条第2款规定了“公民、法人由于过错侵害国家的、集体的财产，侵害他人财产、人身的，应当承担民事责任”，第3款中规定没有过错，但法律规定应当承担民事责任的，应当承担民事责任。1990年我国通过的《著作权法》对此还是没有作用出任何规定。

2001年10月，我国通过了《著作权法》修正案，在“法律责任”部分主要增加了两个条款，一是第49条的诉前保全措施条款，二是第52条关于承担法律责任的归责条款。修正后的《著作权法》第52条规定：“复制品的出版者、制作者不能证明其出版、制作有合法授权的，复制品的发行者或者电影作品或者以类似摄制电影的方法创作的作品、计算机软件、录音录像制品的复制品的出租者不能证明其发行、出租的复制品有合法来源的，应当承担法律责任。”这里采用的是过错推定责任。虽然各国对该问题的态度并不完全一致，各国都并列采用了过错原则和无过错原则，并不完全否定任何一方的存在；各国普遍的做法是，在侵权的认定上，适用无过错责任，而在赔偿问题上，则考虑侵权人的主观过错。

五、加害人不明侵权责任归责原则的主要观点

《侵权责任法》第10条规定：“二人以上实施危及他人人身、财产安全的行为，其中一人或者数人的行为造成他人损害，能够确定具体侵权人的，由侵权人承担责任；不能确定具体侵权人的，行为人承担连带责任。”目前理论界对共同危险行为概念的描述为“准共同侵权行为”，是指二人或者二人以上共同实施危害他人民事权益的危险行为，对所造成的损害结果不能判明谁是加害人的情况。高空抛物致人损害与共同危险行为都属于可能加害人侵权范畴，从严格意义上讲，共同危险行为人属于广义的可能加害人范畴，所谓广义的可能加害人，是指具有实施加害人行为可能性的人。在共同危险

行为中，只有真正加害人实施了加害人行为并造成损害结果，其他共同危险行为人仅仅实施了危险行为，但行为并未造成损害结果，在无法查明谁是加害人的情况下，所有共同危险行为人都有实施加害行为的可能性，都是可能加害人。

狭义的可能加害人就是指数人中的一部分人（一人或者一人以上）实施了加害行为，给他人的人身或者财产造成损害，无法确定实际加害人，但能将其确定在一定范围之内时，由该范围内的所有可能加害人承担责任的情形，高空抛物致人损害就属于此种类型。在可能加害人侵权中，实际加害人不能确定，无法追求其责任弥补受害人的损失，如果不要求所有可能加害人承担责任，受害人的损害便得不到补偿，《侵权责任法》的补偿功能无法实现。由此可见，对可能加害人侵权责任是否应当成立的争论，在某种程度上是对《侵权责任法》功能优先性的争论，即当弥补受害人损失和惩罚加害人二者冲突时，应当如何选择。目前我国《侵权责任法》的首要功能是补偿功能，是法律适用过程中应当首先要考虑并实现的功能，成立可能加害人侵权责任弥补了受害人的损失，正是《侵权责任法》首要功能的内在要求。

对于加害人不明侵权责任在归责原则的适用上，有三种不同的观点：

第一种观点认为，应该依照《民法通则》第126条“建筑物或者其他设施以及建筑物上的搁置物、悬挂物发生倒塌、脱落、坠落造成他人损害的，它的所有人或者管理人应当承担民事责任，但能够证明自己没有过错的除外”之规定，适用过错推定责任归责原则。

第二种观点认为，应该依照《民法通则》第106条第3款:“没有过错，但法律规定应当承担民事责任的，应当承担责任”之规定，适用无过错责任原则。认为此类案件在处理中“不问”行为人是否有过错，当损害发生后，既不考虑加害人的过错，也不考虑受害人的过失，其目的在于补偿受害人所受损失，因此各责任主体均需承担侵权的民事责任。社会利益反映了公众对社会文明状态的一种愿望和需要，其内容包括：公共秩序的和平与安全；经济秩序的健康、安全及效率化；社会资源与机会的合理保存与利用；社会弱者利益的保障；公共道德的维护；人类朝文明方向发展的条件等方面。我国现行法律对个体利益与社会利益的关系作了许多规定，如《宪法》第51条规定："公民在行使自由和权利的时候，不得损害社会的利益"；《民法通则》第7条规定："民事活动应当尊重社会公德，不得损害社会公共利益"；《中华人民共和国合同法》第52条第4款规定："损害社会公共利益的合同无效"，等等。从维护公共安全的角度，可以要求这一特定人群分担致害的后果。

第三种观点认为，责任范围内的全体所有人对损害结果均构成适当的条件，他们都有可能是损害发生的原因，虽然无法确定具体哪个原因是造成损害的直接原因，仍可要求他们按共同危险承担责任。现代化大生产条件下，随着社会经济的发展，建筑物的存在随时都会对他人发生意外伤害。分析这些侵权行为法律关系，受害人总处于弱者的地位，损害原因出自加害人所能控制的危险领域，从承担责任能力上看，一般加害人的人数众多，能力相对较大。让这种法律关系中的弱者去承担所有的损失显然是不公平、不合理的，要求可确定范围的责任人承担责任，不但可以分散风险，警示其他潜在的类似行为，增强人们的风险防范意识，促使人们在实施民事行为的时候，切实履行适当的注意义务。

六、中小学校侵权行为归责原则的适用比较

学校侵权是否产生国家责任不仅和学校的性质有关，同时亦受各国自身综合环境的影响。各国由于国情、历史、文化背景等的不同，在学校事故赔偿、救济方面具有各自不同的特点。例如，德国严格区分公立学校与私立学校在于其政府对私立学校的严格控制；在意大利和西班牙，学校侵权不分公立私立均是以私法上的方法解决；法国之所以将国家责任扩大至国家认可的私立学校与其特殊的教育体制有关。就公立中小学校的侵权行为而言，并

无特别的需要去区分其公法或私法性质。在公立学校,无论其侵权行为是否产生国家赔偿,过错责任的归责原则均为一般原则,过错推定的责任为适用的例外(俄罗斯)。私立学校的责任一般要比公立学校的责任严格,其适用过错推定责任的情形也较公立学校普遍。但就总体而言,无论大陆法系还是英美法系,国家学校侵权以过错责任归责具有普遍性。

德国是因中小学公立、私立性质不同而适用不同法律和归责原则的典型国家。德国对公立学校强制投保,"对发生于公立学校的人身损害,而采用了工业伤害保险制度。因此,除了故意造成他人身体伤害的案件,教师、学校管理部门以及学生都免于个人责任"。就私立学校而言,因其进行的并非义务教育,学生在学校所受人身伤害,适用私法上的规定,《德国民法典》第832条规定:"依法对因未成年或因其精神或身体状况而需要监督的人负有监督义务的人,对此人给第三人不法造成的损害,负有赔偿的义务。其尽监督义务的,或损害即使在进行适当监督时仍会发生的,不发生赔偿的义务。因合同而承担实施监督的人,负有相同的责任。"以此规定,在德国,"将其他照管者当作父母对待,对源于合同的监督义务产生推定的疏于监督的责任";德国民法是以过错推定原则来认定私立学校责任的。

在法国,中小学教师是国家公务员,学生因学校所受人身损害可形成国家责任。法国民法对作为监督者的私立学校的责任依列举方式进行了规定,《法国民法典》第1384条第5项规定:"教师及手艺人,对学生与学徒在其监督期间所造成的损害,应负赔偿的责任";第7项规定:"关于教师,被控因其过失不慎疏忽而致发生损害的事实者,应按照一般法由原告在诉讼时加以证明。"

在美国,大部分与中小学有关的侵权行为案例都与疏于照顾监督有关。其类型包括疏于指示或警告学生;疏于检查、报告、纠正不安全的情况;疏于安排安全的学生活动,或在特殊的事故中未对受伤的学生提供帮助,等等。因之,在伤害事故发生时,应探讨被告是否有照顾监督的义务,被告是否违反此项义务。

我国《侵权责任法》第38条、第39条及第40条共三个条文对校园未成年学生在校期间受到侵害进行了明确规定，几乎包括了全部校园侵权案件的重要法律知识点，同时还区分无民事行为能力人及限制民事行为能力人两种不同情形，归责原则以"过错推定""过错责任""补偿责任"三种依据，并对未成年学生在校学习、生活期间受到的校内外的人身损害侵权作了明确规定。

第38条："无民事行为能力人在幼儿园、学校或者其他教育机构学习、生活期间受到人身损害的，幼儿园、学校或者其他教育机构应当承担责任，但能够证明尽到教育、管理职责的，不承担责任。"据此规定，学校及其他教育机构承担责任的性质主要基于法定安保义务，同时还带有一定的合同责任关系相结合的一种法律责任；因无民事行为能力人不具备任何辨别能力，监护人又不在身旁，故对学校及其他教育机构规定更高更严格的法定义务。该条适用的系过程推定原则，过错推定原则就是通过举证责任倒置的方式来实现，幼儿园、学校或者其他教育机构在不能证明其尽到教育、管理、保护职责的，法律就推定其有过错。从而承担赔偿责任。需要注意的是其他教育机构包括校外培训班、少年宫等具备相应资质的辅导机构，但是不包括家庭辅导老师。

第39条："限制民事行为能力人在学校或者其他教育机构学习、生活期间受到人身损害，学校或者其他教育机构未尽到教育、管理职责的，应当承担责任。"该条主要针对在校园侵权伤亡事故责任分配中，对受害人系限制民事行为能力人，学校及其他教育机构的归责原则及应承担的责任。值得注意的是该条对学校及其他教育机构采用了过错的规则原则，学校承担过错责任的归责原则，由受害人的监护人来承担学校及其他教育机构未尽到教育、管理、保护的举证责任。

第40条："无民事行为能力人或者限制民事行为能力人在幼儿园、学校或者其他教育机构学习、生活期间，受到幼儿园、学校或者其他教育机构以外的人员人身损害的，由侵权人承担侵权责任；幼儿园、学校或者其他教育机构未尽到管理职责的，承担相应的补充责任。”该条主要针对在校园侵权伤亡事故中，因第三人侵权导致无民事行为能力人或者限制行为能力人受到人身损害的时候，第三人与学校的责任如何分配、承担。该条规定了一般侵权责任及补充责任两种责任；校外第三人侵权责任按一般侵权责任的构成要件确定，学校的补充责任承担主要看学校是否已尽到合理注意义务，如果没有尽到管理、保护职责的需要承担补充赔偿责任，若尽到了管理职责的，就不需承担补充责任，值得注意的是补充责任是第三人承担了以后不足以补偿受害人的部分才由学校承担，若第三人已经全部赔偿了受害人损失的，则学校就不再承担，这里学校还有嗣后追偿权。

七、高度危险作业侵权责任的归责问题

高度危险作业作为一种行为，其行为的方式是只要作业人实施了作业行为就构成了高度危险作业的行为。高度危险作业的损害结果包括人身方面的损害结果和财产方面的损害结果。高度危险作业行为必须与损害结果之间存在因果关系。

我国《侵权责任法》第73条规定：从事高空、高压、地下挖掘活动或者使用高速轨道运输工具造成他人损害的，经营者应当承担侵权责任，但能够证明损害是因受害人故意或者不可抗力造成的，不承担责任。被侵权人对损害的发生有过失的，可以减轻经营者的责任。我国《侵权责任法》第69条将承担责任的人界定为“从事高度危险作业造成他人损害的”，具体到各类高度危险作业中，《侵权责任法》第70条、第71条、第73条使用“经营者”；而其他条如第72条、第74条、第75条使用“占有人或使用人”及“所有人”“管理人”等。本法条将承担法律责任的主体明确为经营者，是指对从事高空、高压、地下挖

掘活动或者使用高速轨道运输工具享有运行支配和运行利益的人。经营者是向消费者提供其生产、销售的商品或者提供服务的公民、法人或者其他经济组织,是以从事的生产经营活动与消费者相对应的另一方当事人。

我国侵权责任实行二元归责原则,从我国《侵权责任法》第69条的内容来看,从事高度危险作业造成他人损害的,就应当承担责任。因此高度危险责任在归责原则上的一般条款采用的是无过错责任,高度危险作业致人损害虽是一种无过错责任,但不是绝对责任。在作业人具备法定免责事由时,可以对造成的损害不承担赔偿责任或减轻其责任。《侵权责任法》第69条虽然没有明确规定高度危险作业的免责事由,但具体到各类高度危险作业中,规定了不同的免责事由。由此看出,该条的免责事由有两项:一是受害人故意,二是不可抗力。此外,该条还规定了可以减轻责任人的事由,即被侵权人对损害的发生有过失的,可以减轻经营者的责任。

八、为他人行为侵权责任之归责基础

所谓为他人行为的责任,也被我国学者称为替代责任、代位责任、转承责任、代理责任或者间接责任等,是指加害人与赔偿义务人相分离的侵权责任形态。在此种责任中,赔偿义务人的行为与损害之间没有直接因果关系,赔偿义务人对损害的发生也不存在具体的过错,但仍然要依据法律的规定承担侵权责任,其典型形态包括雇主责任、监护人责任等。

(一)为他人行为责任归责基础的各学说

1. 过错说

此说为德国法系各民法典所采纳。雇主基于选任和监督的过失对雇员的职务行为负责;监护人基于其监督的过失对被监护人的侵权行为负责。故意和过失的判断都是以对具体损害结果发生的预见义务和回避义务为内容的。对具体损害结果的预见，或者应当预见以及能够避免却未能避免，是构成过错的基本条件。过错的判断是以对具体损害的发生有预见可能性以及避免可能性为前提的，而且可预见和避免的对象应当是一种具体的损害结果。所谓的雇主过错、监护人过错，是一种选任和监督的过失，而非对具体损害结果存在过失。此种过错与损害结果之间是否存在直接因果关系，也先由法律推定。

2. 违反社会安全义务说

所谓社会安全义务，是指开启或持续特定危险的人所应当承担的，根据情况采取必要的、具有期待可能性的防范措施，以保护第三人免受损害的义务。违反社会安全义务的责任的核心功能就在于避免和防止危险。而且，在认定违反安全义务的责任时，法官往往根据表象证据在因果关系和过错方面采取推定甚至举证责任倒置的方式，从而将过错责任严格化。社会安全义务的核心在于将危险责任移植到过错责任之中。

3. 危险责任说

危险责任在本质上是危险行为人或者危险物的持有人的责任。传统上的危险责任都是与“有体”的危险源，如野兽、高速运输工具等相联系的，后来才逐渐扩展到危险行为。只有从事危险活动或者持有危险物，方可被认为开启了危险源，从而须对因此造成的危险承担责任。使用他人劳动并非危险活动，被监护人也并非危险物，直接加害人及其行为不能认为是危险责任中的危险。即便是无行为能力人，虽然在法律上被认为没有意思能力，但这只是为了保护其利益而作出的规定，他们显然也不能被视为危险物。危险源本身具有潜在的社会危害性，只是因为其对经济社会的发展有巨大的推动作用，法律方允许危险活动或危险物存在，但对危险行为人或者危险物的所有人科以严格责任。在被监护人致人损害的情况下，如果认为监护人责任系危险责任，就等于把被监护人作为与野兽等同的危险物对待，在一定程度上也有辱未成年人和精神病人的人格。通过过错和危险的归责基础来解释为他人行为责任,都存在比较明显的欠缺。

4. 报偿原理说

此种学说主要被用来解释雇主责任。该说认为,雇主对雇员的职务行为承担责任,其理论依据在于报偿原理。雇员实施的侵权行为是在为雇主执行雇佣活动的过程中发生的,而雇员执行雇佣活动是为雇主创造利益,所创造的利益将为雇主所承受,因而雇员执行职务的活动是雇主行为的延伸。基于权利义务相一致原则,雇员执行职务中的风险应当归于利益的享有者,由此产生的责任也应当由利益的享有者即雇主来承担。报偿原理无法解释各种为他人行为负责的情形。例如,就监护人责任而言,通说认为监护在性质上为一种职责而非权利, 很难说监护人从其履行监护义务的过程中能够获得利益,自然也不能说监护人基于报偿原理对被监护人的行为负责,即便就雇主责任而言,在雇员进行相同职务行为的情况下,雇员所获报酬越低,雇主的收益就越大,其责任也应当越发严格,但从未有过此类立法例或者判例。

5. 风险社会分担

这是英美法用来解释在为他人行为责任尤其是雇主责任中, 第三人对直接加害人的行为负责的理由之一。在存在完善的保险制度的情况下,通过保险就能够有效地分散风险。在雇主、受害人和雇员之间,显然雇主最能够通过提高商品或服务价格来支付保险费或赔偿费用, 从而将损害转嫁到全社会,他是最适当的“风险吸收者”。因此,即便雇主没有过失,对雇主强加法律责任也是非常恰当的,他有能力负责,而且能够把这些费用分摊出去。

6. 深口袋

现代侵权法首先强调的是对受害人的补偿。相对于作为个人的雇员来说,雇主无异于一个“深口袋”,由其承担责任对受害人的保护更为有力。但是,这一理论只可以作为一项辅助的理由而存在。因为单纯以某人更加富裕、更能承担赔偿责任为由要求其承担责任,无异于杀富济贫的“梁山”规则。

（二）为他人行为责任的相关立法

在最古老的习惯法时期，同态复仇、血族复仇等复仇制度都包含有替代责任的影子。在罗马法中，姑且不论主人对其奴隶以及家父对其子女负责的情形，仅就自由人而言，对于自己属员的盗窃或侵害行为，船主、旅馆或客栈主人都要负双倍赔偿的责任。

《法国民法典》第1382条规定了过错责任或者说侵权行为的一般条款，而第1384条第1款则是对准侵权行为的一般规定，该条以下各款具体列举了为他人行为承担责任的各种具体形态。在近现代其他主要民法典中，也多规定了一些为他人行为负责的责任形态，例如监护人责任、使用人责任，或者说雇主责任等。

英美法中的替代责任也是以"责归于上"为其理论基础的，即认为雇主使用雇员从事雇佣活动，实际上是以他人为自己的手足，雇员等于是雇主的替身，雇员的行为也就等同于雇主的行为。雇员受雇于雇主的事实是雇主承担雇员侵权的责任的依据，即使雇主并没有不适当地施加控制（即不存在个人过错），他也要承担责任。赔偿义务人能够支配加害人的行为，或者能够对直接加害人的行为产生重大影响。而在他人支配或者重大影响之下从事的行为不法致人损害时，该他人即便没有具体的过失，也应当对此承担责任。所谓支配或者重大影响，通常存在一方支配或者重大影响另一方行为的特定关系。此种关系可以基于合同发生，也可以基于特定的身份关系甚至其他社会关系而发生，例如劳动关系、雇佣关系、亲权或者监护、负有管教义务，等等。特定关系的存在只是一种通常的情形，并非责任构成之必要条件。致害行为必须是在他人支配或者重大影响之下的行为。如果直接加害人单纯出于自己的意志实施了加害行为，则特定关系的存在并无意义，仍然应当由直接加害人自己负责，只有致害行为处于他人的支配或者重大影响之下，方可由他人承担责任。例如，在雇佣关系之中，只有雇员的职务行为致人损害方由雇主承担责任,而雇员与职务毫无关联的个人行为,自然不应由雇主负责。

以雇主责任为例,大陆法均要求责任承担人(雇主)与直接加害人(雇员)之间存在特定关系。在欧洲法上,如果上级有一般的下达指示的权力,二者之间的此种从属关系就存在;判断这一关系的关键因素是"对他人之授权行为的监督"。至于是被长期雇用还是临时雇用,二者之间是否存在合同关系,都不在判断标准之列。下属在履行本人分派给他的并对本人有益的任务时对他人造成损害的,这种从属关系也存在。再如,在监护人责任中,监护人有权教育、监督被监护人。在其违背此种义务的情况下,则应承担责任。故而,德国法系诸民法均要求监护人对被监护人的不法行为负责,监护人可以举证证明尽到监督义务来免责;但即便免责,仍然要承担衡平责任。

以支配或者重大影响作为为他人行为负责的依据,有着深刻的经济和社会原因。在民法调整的领域内也存在一定的隶属关系,"如在亲属法中就存在隶属关系,在私法上的公司及社团同它们成员也存在着这种关系"。民法调整的社会关系中包括一定的隶属关系,在此种隶属关系中,上位者显然能够支配下位者的行为或者对其造成重大影响,雇员应当服从雇主的指令。在这些隶属关系中,一方往往能够轻易支配另一方的行为或者对其行为产生重大影响。自19世纪末期起,法人制度的确立,使弱势一方不得不接受对方单方拟定的合同条件,被迫服从于对方的意志。从身份到契约的历史进程,不得不承认在个人以外或超个人之上有一种新的团体的力量、组织的力量。这种力量的存在造成了个人本位逐渐地崩溃。自然人的自由意志受到了很大削弱,除上面所指出的自然人在经济上依赖于所处的团体或者企业,从而受所在团体或者企业支配或者控制之外,其行为还受到了国家以及一些组织更为深入的干预。在人们的自由意志更加容易受他人操控的情况下,即便操控者本身可能并未如教唆人那样直接作出加害他人的指示,甚至也很难认为其对直接加害人的行为造成的损害存在过错,但是仍然有必要责令其承担相应的责任。

我国《民法通则》第121条和第133条分别规定了国家机关工作人员致害责任和监护人责任两种为他人行为承担责任的形态。此后，司法解释又先后补充规定了法人工作人员致害责任、雇主责任、义务帮工责任等责任形态。我国《民法通则》仅仅规定了共同侵权制度，没有对教唆、帮助侵权作出具体规定。

最高人民法院通过《关于贯彻执行〈中华人民共和国民法通则〉若干问题的意见（试行）》弥补了这一空白，第148条规定："教唆、帮助他人实施侵权行为的人，为共同侵权人，应当承担连带民事责任。教唆、帮助无民事行为能力人实施侵权行为的人，为侵权人，应当承担民事责任。教唆、帮助限制民事行为能力人实施侵权行为的人，为共同侵权人，应当承担主要民事责任。"《侵权责任法》第9条：教唆、帮助他人实施侵权行为，应当与行为人承担连带责任。规定由无限人的监护人承担民事责任，但监护人尽到了监护义务的可以减轻其责任。而此条文又规定无限人监护人未尽到监护责任的，承担相应责任，是否存在冲突呢？在无限人受到教唆或者帮助的情况下，监护人未尽到监护责任的，仍应承担相应责任。而《民法通则》明确的是，在没有外力帮助、教唆的情况下，无限人独自实施侵权行为，其监护人都应承担民事责任，尽到了监护义务的可以减轻其义务，实践中应区别适用。无民事行为能力人或者限制民事行为能力人只是法律上的一种推定，没有通过法律行为为自己设定权利义务的资格，并不是没有侵权能力，因为侵权能力为法律所禁止，无须设定，无行为能力有一定的认知能力，可以实施侵权，教唆人应当承担责任。

九、饲养动物损害责任的归责问题

关于动物损害责任的减轻与免责事由，大陆法系国家饲养动物损害责任免责有相关的规定或实践。《法国民法典》1385条规定了动物损害责任的赔偿主体，没有规定免责事由条款。不过，在法国的判决中体现了相关的免责事由：在法国最高法院第二民事庭在1995年的相关判决中认为，只要有证据可以证明动物致害的受害人本身存在过错的，可以推翻第1385条的推定；而法国最高法院刑事庭1997年相关的判决中认为，若存在证据能够证明第三人存在如恶意行为等具有不可预见、不可抗拒的性质的行为时，亦可推翻第1385条的推定；受害人甘冒其险时，也就是被害人自愿接受动物致害风险的，在风险所涉范围内遭受的损失，被告不负责任，但被雇用人在雇佣活动中遭致雇用人所有动物损害时，不被认为是甘冒其险；因第三人行为导致动物损害的，如果第三人的行为属于不可预见和难以避免时，被告可主张免责；不可抗力也可作为被告免责主张；动物的行为在损害发生的过程中只起到了消极的被动作用时，第1385条规定也不适用。

英美法系国家饲养动物损害责任免责事由，典型的如英国1971年的《动物法案》，该法规定，在以下情况下，动物的保有者应当免除严格责任：一是，损害的发生完全是由于受害人的过错所致；二是，损害的发生是由受害人自愿地“接受风险”的结果；三是，当受害人侵入他人财产时，如果保留在那里的动物引起了人身伤害，该动物保有者不负严格责任，只要他能证明该动物不是为了保护那里的人身和财产安全而保留，或者证明为了此种安全而保留并不是不合理的。

美国法关于动物侵权免责事由主要规定在《美国第二次侵权法重述》第521条至524条上，在以下三种情况下免责：被告履行公共职责的豁免，当被告作为公共官员或执行者并为履行公共职责的，发生损害不适用严格责任，此时只有有证据能证明被告存在过错或过失才能受偿；当损害部分由受害人过错导致时，被告可部分免责；损害不能预见且难以避免的，被告则可以免责。

我国关于饲养动物损害责任减轻与免责事由在司法实践中，最早的有关饲养动物损害责任的司法解释是1981年1月22日最高人民法院《关于李桂英诉孙桂清鸡啄眼赔偿一案的函复》，批复认为作为母亲的李桂英对其3岁的孩子监护不周，自顾与他人聊天，使鸡啄伤孩子右眼，这是因母亲的过失所致，与养鸡者无直接关系，因而不予赔偿。1984年8月30日，最高人民法院

《关于贯彻执行民事政策法律若干问题的意见》第74条规定:“动物因饲养人或管理人管理不善,而致他人人身或财物损害的,应由饲养人或管理人承担赔偿责任。”这条解释规定动物损害责任的责任主体是饲养人或者管理人。1986年4月12日通过的《民法通则》在第127条规定了饲养动物损害责任的规则:“饲养的动物造成他人损害的，动物饲养人或者管理人应当承担民事责任；由于受害人的过错造成损害的，动物饲养人或者管理人不承担民事责任;由于第三人的过错造成损害的,第三人应当承担民事责任。”《侵权责任法》在《民法通则》的立法和实践基础上,在第十章全面建立了我国的饲养动物损害责任制度。其中第78条是一般条款,第79条至第83条是对特殊情形作出的特别规定。

《侵权责任法》第79条、第80条和第81条与第78条规定的饲养动物损害责任一般条款是对立的关系,即前3个条文规定的三种饲养动物损害责任类型排除一般条款的适用,而适用特殊规则。其中,《侵权责任法》第79条和第80条的规定都是所谓的绝对责任条款。这些绝对责任条款有两大特点:一是不适用《侵权责任法》第78条规定的一般性的无过错责任原则,而适用更为严格的无过错责任原则；二是不适用该第78条规定的免责或者减轻责任事由,即使被侵权人对损害的发生有故意或者重大过失,也不得免除责任或者减轻责任。《侵权责任法》第82条规定的遗弃、逃逸动物损害责任与原所有人并无关系,但由于遗弃动物本身的危险性,不仅损害动物福利,而且严重威胁公众安全,因而确定原饲养人或者原管理人仍对损害承担侵权责任。而逃逸动物的所有权关系没有变化,造成他人损害的,当然还是由原饲养人或者原管理人承担侵权责任。这种情形适用无过错责任原则,如果被侵权人具有故意或者重大过失的,应当适用《侵权责任法》第78条有关减轻责任或者免责的但书规定。

《侵权责任法》第83条规定的是第三人过错的饲养动物损害责任,与《民法通则》第127条规定完全不同。《民法通则》第127条规定第三人过错造成饲养动物致人损害的,适用第三人侵权行为的一般规则,即第三人承担侵权责任,动物饲养人或者管理人免除责任。《侵权责任法》第83条改变了这一做法,加大动物饲养人或者管理人的责任,令其与有过错的第三人承担不真正连带责任,被侵权人可以直接请求动物饲养人或者管理人承担赔偿责任,其在承担赔偿责任之后，再向第三人追偿。被侵权人具有故意或者重大过失的,应当适用《侵权责任法》第78条有关减轻责任或者免除责任的但书规定。

《侵权责任法》规定无过错责任原则,对无过错责任原则的程度既有不作区别的,也有作出具体区别的。饲养动物损害责任的无过错责任原则则分为两个层次:一是一般性的无过错责任原则即《侵权责任法》第78条规定的情形,二是更为严格的无过错责任原则即该法第79条和第80条规定的情形。

依照《侵权责任法》第78条规定,动物为饲养的动物,而不是野生动物,也不是动物园饲养的动物;造成他人损害的事实,被侵权人是动物饲养人或者管理人以外的他人,损害事实主要是人身损害,但也不排除财产损害;饲养人或者管理人管束动物的不当行为与他人的损害事实之间具有因果关系。将动物的饲养人和管理人界定为实际占有、控制该动物的人且为责任人，当动物的所有人与管理人为不同的人时，管束动物的义务转移给管理人,这时的赔偿主体应为管理人。饲养的动物造成他人损害,由动物饲养人承担赔偿责任;饲养的动物造成他人损害,既有动物饲养人又有管理人的,被侵权人可以选择起诉饲养人,也可以选择起诉管理人承担中间责任;如果承担责任的人不是最终责任人,可以行使追偿权实现最终责任。

《侵权责任法》第78条但书规则,即“但能够证明损害是因被侵权人故意或者重大过失造成的,可以不承担或者减轻责任”,排除被侵权人的过失和一般过失作为免责或者减轻责任的事由。在饲养动物损害责任中,如果被侵权人对于损害的发生或者扩大具有过失,或者一般过失,不论其是构成损害的全部原因还是部分原因，都不得对饲养人或者管理人免除责任或者减轻责任。被侵权人的故意或者重大过失是损害发生的全部原因,具有全部原因力的，应当免除饲养人或者管理人的责任，不论是故意还是重大过失。被侵权人的故意或者重大过失是损害发生的部分原因的，依照其原因力进行过失相抵，相应减轻饲养人或者管理人的赔偿责任。

关于禁止饲养的危险动物致害责任，受害人存在故意或重大过失，动物饲养人或者管理人是否可以减轻或者免除责任问题，理论界存在不同解释：一种观点认为，受害人具有故意或重大过失时，动物饲养人或管理人应当可以被减轻或免除责任。受害人是因自身的原因导致损害发生，责任由动物饲养人或管理人担负，有违公平原则。另一种观点认为，该规定适用的是最严格的无过错责任，即使是受害人存在故意或重大过失，也不得减轻责任，更不能免除责任。《侵权责任法》第80条没有规定受害人存在故意或重大过失的，饲养人或管理人减轻或免除责任。

关于动物园动物致害责任受害人存在故意或重大过失，动物园是否可以减轻或者免除责任问题，在理论上有三种不同的解释：一是受害人过错不影响动物园责任的承担；二是受害人故意或重大过失会导致动物园责任的减轻或免除；三是根据过失相抵规则，受害人故意、重大过失或轻过失都会致使动物园的责任承担减轻或免除。第三种观点值得赞同，因为动物园动物损害责任属于过错推定责任，过失相抵责任可以适用于所有过错责任。

《侵权责任法》第29条规定："因不可抗力造成他人损害的，不承担责任。法律另有规定的，依照法律。"关于不可抗力是否能作为动物损害责任的免责事由，存在两种不同的观点：一种认为，不可抗力是适用于所有侵权责任的免责事由，除非法律另有规定，在动物致害情况下，法律没有排除不可抗力免责事由，所以应予以承认。另一观点认为，在严格责任中法律都对免责事由作出明确规定，在动物致害情况下，法律没有将不可抗力作为免责事由，所以不可抗力不免责。有的学者认为，不可抗力在动物损害中是否免责，应区分两种情况：一是动物是维持动物饲养人、管理人营业或生计所必须。当遇到不可抗力时，如果饲养人或管理人已尽到善良占有人的管束义务，则不应承担赔偿责任；二是动物不是维持饲养人、管理人营业或生计所需，则不论在遭受不可抗力时是否尽到善良占有人的管束义务，都不免责。

十、医疗侵权归责原则

医疗损害责任，我国《侵权责任法》第54条明文规定为过错责任，但鉴于医患关系的特殊性，本法在过错判断上既不采取由原告（患者）承担举证责任，也不采取最高人民法院关于“举证责任倒置”的解释规则，而是参考发达国家和地区民法学说判例所谓“新过错说”，采取“过错客观化”的判断方法。所谓“过错客观化”判断方法，即由法律预先设立“注意义务标准”，法庭就用法律规定的注意义务标准来对照被告的诊疗行为，据以认定是否有过错。第55条规定说明并取得书面同意的义务，未尽到此项义务就有过错，尽到此项义务就没有过错，法庭很容易判断。第57条规定判断过错的一般标准，“与当时的医疗水平相应的诊疗义务”，尽到与当时的医疗水平相应的诊疗义务就没有过错，反之即有过错。考虑到医患关系的特殊性，一方面患者难以证明损害与医疗行为有因果关系，另一方面医疗机构在很多情况下也难以证明患者的损害与诊疗行为没有因果关系，因此本法否定了最高人民法院关于因果关系举证责任倒置的解释规则，删去第二次审议稿关于因果关系推定的条文。

我国《侵权责任法》依据侵权行为的性质，将医疗损害责任划分为医疗技术损害责任、医疗伦理损害责任和医疗产品损害责任。《侵权责任法》第54条规定：患者在诊疗活动中受到损害，医疗机构及其医务人员有过错的，由医疗机构承担赔偿责任。本条规定表明《侵权责任法》确立了过错责任原则为我国医疗损害责任的一般归责原则。第54条对过错责任原则的规定适用于医疗技术损害责任和医疗伦理损害责任。

适用过错推定责任原则要求有法律的明确规定，在对医疗损害责任进行归责的过程中，《侵权责任法》第58条规定：患者有损害，因下列情形之一的，推定医疗机构有过错：①违反法律、行政法规、规章以及其他有关诊疗规范的规定，②隐匿或者拒绝提供与纠纷有关的病历资料，③伪造、篡改或者销毁病历资料。上述规定应当适用于除医疗产品损害责任之外的所有医疗损害责任归责情形，既包括医疗技术责任，也包括医疗伦理损害责任。医疗损害纠纷中，一旦存在上述三种情形，原告只需证明损害事实、侵害行为以及因果关系三要件即完成医方侵权责任构成的举证责任，医疗机构只能通过证明其无过错进行抗辩，举证不能则构成医疗损害责任并承担损害赔偿责任。

《侵权责任法》第59条规定：因药品、消毒药剂、医疗器械的缺陷，或者输入不合格的血液造成患者损害的，患者可以向生产者或者血液提供机构请求赔偿，也可以向医疗机构请求赔偿。患者向医疗机构请求赔偿的，医疗机构赔偿后，有权向负有责任的生产者或者血液提供机构追偿。通过对医疗产品损害责任适用无过错归责原则，原告无须承担证明医疗产品生产者或医疗机构存在过错的举证责任，只要证明医疗产品具有缺陷，即告完成证明医疗产品生产者或医疗机构构成医疗损害责任的举证要求，有权要求医疗产品生产者或医疗机构承担赔偿责任。医疗产品生产者或医疗机构承担赔偿责任后，可以向对方追偿，即医疗产品生产者和医疗机构将损害赔偿责任按照各自过错程度或比例进行重新分配。

关于血站在采供血过程中无过错的，是否应当承担赔偿责任有不同意见。目前没有法律明确规定血站对民事损害应当承担无过错责任。依照《产品质量法》第41条的规定，缺陷产品的生产者应当承担无过错责任。因此对血站责任问题的不同意见就主要反映在对于血液是否属于“产品”的争议上，大体有以下意见：

(1)认为血液不是产品，输血是医疗抢救和治疗病人的重要手段，不同于普通的商品买卖，对血液不应当作为“产品”适用《产品质量法》。《产品质量法》第2条规定：“本法所称产品，是指经过加工、制作，用于销售的产品。”将从供血者身体抽取的血液，进行分装、贮存、保管、运输以及加入抗凝剂等，这些工序尚不构成加工和制作。结合《产品质量法》第2条的规定，应当认为输血用的血液不属于"产品"，血站不应承担无过错责任。

(2)认为血液是产品，输血用血液与人体内的血液不同，它经过了加工、制作，尽管过程相对要简单一些，但如果不经过器械采血、分离、加入抗凝剂等工艺流程，人体内流出的血液不能自动成为输血用血液。患者通过等价交换的方式向医院支付相关费用后才使用的。血液与血液制品的来源相同，都是献血者体内自然流动的血液(或血浆)，只是输血用血液由血液提供者以较为简单的工艺流程加工而成，而血液制品由企业以较为复杂的工艺流程加工制作。即使血液不是产品，亦应将其视为产品，适用《产品质量法》，由血液提供机构承担无过错责任。在患者感染通过血液传播的病毒性疾病的情况下，主张医疗机构不应承担责任的意见进一步提出，医疗机构只是血站提供血液的使用者。在输血过程中，医疗机构仅负责检测患者的血型，以及将血站取得的血液与患者的血样进行交叉配血检测。

对于从血站取来的血液，医疗机构没有义务进行乙肝、丙肝、艾滋病、梅毒等病毒检测。主张医疗机构应当承担责任的意见认为，医疗机构与其他销售者相比，更具专业性，对于血液和血液制品，医疗机构都应负有最终的把关责任，这种责任关系着患者的生死存亡，作为专业机构和专业人员，医院和医生有能力和责任对血液和血液制品进行鉴别，而患者比一般消费者而言，在专业性方面更处于劣势。因此医疗机构的责任不应当比一般销售者的责任更低。依据《侵权责任法》第59条，血液提供机构和医疗机构承担无过错责任的前提是输入不合格的血液，而在"无过错输血造成感染不良后果"情形下，如前所述的处于"窗口期"的血液，虽然实施了目前的检查方法却无法检测出病毒指标，这种血液是被当作正常的血液输给了患者。《侵权责任法》第59条规定医疗机构应向患者承担无过错责任，即患者可以向生产者或者血液提供机构请求赔偿，也可以向医疗机构请求赔偿。医疗机构赔偿后，有权向负有责任的生产者或者血液提供机构追偿。

关于医疗意外,《医疗事故处理条例》第33条第2项规定,在医疗活动中由于患者病情异常或者患者体质特殊而发生医疗意外的,不属于医疗事故。这就是关于医疗意外的规定。所谓医疗意外,是指医务人员无法预料的原因造成的,或者根据实际情况无法避免的医疗损害后果。在医疗活动中,医疗意外许多是由于患者病情异常或者患者体质特殊而发生的。虽然《侵权责任法》没有明确规定医疗意外是免责事由,但是从理论上说,医疗意外应该属于《侵权责任法》第60条第1款第3项规定的"限于当时的医疗水平难以诊疗"的一种具体情形。在发生医疗意外时,由于医疗机构没有过错,医疗机构当然就不承担侵权责任。

关于"受害人过错"在我国缺陷药品侵权中的免责问题,世界各国普遍将受害人的过错作为免责事由。有国家专门对产品使用中的受害人过错作了相应的规定。如德国的《产品责任法》中规定,在损害形成时受害人也存在过错,那么侵害人的责任可以在某些程度上减轻甚至完全免除。另外,受害人必须将已经形成的损失尽量控制、减少。在受害人有疏忽或者没有尽到减轻损失义务的情形下,侵害人若能证明,损害是部分或全部由于受害人的疏忽造成的,便可减轻或完全免除自己的责任。我国侵权责任不区分过失侵权与故意侵权,侵害人的主观故意或过失,都不会影响其承担侵权责任。但受害人过错作为免责事由时,必须严格区分受害人过失和受害人故意。

在我国,没有针对患者过失使用药品的专门性规定。根据《侵权责任法》第26条:"受害人(被侵权人)对于损害的发生也有过错的,可以减轻侵害人(侵权人)的民事责任。"受害人过失的表现有:用药浓度未按说明书规定、服用药品有误、给药途径有误、用药速度不合理、剂量过大或过小、使用剂型有误、服药时间间隔有误、食品与药品之间的相互作用、联合用药等。某些重大疾病患者或者其近亲属不配合医生的诊疗,不按照医生的嘱咐和药品说明书使用、误用甚至滥用药品。如晚期癌症的患者是非常痛苦的,每天折磨他们的不只是精神的痛苦,还有身体上的痛苦,大多数癌症患者会选择吃止痛药来缓解疼痛,但是如果不遵医嘱、过早或过量使用镇痛药物,会给患者带来意想不到的恶劣影响。此时,可以理解为患者有重大过失,虽然存在过错的行为,但若药品本身存在缺陷,则相应减轻生产者或销售者的责任。

根据《侵权责任法》,被侵权人对损害的发生也有过失的,可以减轻侵权人的责任。在药品缺陷责任中被侵权人的过失必须是重大过错。如果一般过失则不能减轻或完全免除侵权人的责任。《侵权责任法》第27条规定:"损害是因受害人故意造成的,行为人不承担责任。"从本条可以看出,故意为自取后果,本质上为受害者违反了自我保护义务。过失行为不适用此条。受害人的作为或不作为与损害结果之间存在因果关系。一般认为在药品侵权责任案件中受害人故意需要有非法或者正常目的作为构成要件,在此情况下,即使缺陷药品与损害结果存在因果关系,被告也可以主张不承担责任。有些自虐主义者为了追求肉体的痛苦,精神的欣快感,明知药品的成分、适应症、禁忌或使用方法,甚至知道药品存在某些方面的缺陷,却以故意的行为,刻意地发挥药品的毒副作用,从而伤害自己或者他人。《侵权责任法》仅对以下情形明确规定适用"过失(过错)相抵":一是第70条规定的"民用核设施损害责任";二是第71条规定的"民用航空器损害责任";三是第72条规定的"高度危险物损害责任";四是第72条规定的"高空、高压、地下挖掘或高速轨道运输工具损害责任";五是第78条规定的"饲养一般动物损害责任"。对于药品的生产者、销售者而言,受害人故意积极追求损害后果,实属意料不到且无法控制之事,所以都可以受害人故意为免责事由。

医疗事故侵权赔偿责任的免责事由包括以下6项:

(1) 紧急情况下为抢救垂危患者生命而采取紧急医学措施造成不良后果。在抢救垂危病患的生命时,采取紧急医学措施,有可能造成不良后果,在这种情况下造成的不良后果,不认为是医疗事故,不承担赔偿责任。

(2)无过错输血感染造成不良后果。在输血中造成感染,如果医疗机构有过错,则为医疗事故。医疗机构没有过错而造成的输血感染,引起不良后果，不属于医疗事故，不承担赔偿责任。

（3）在医疗活动中由于患者病情异常或者患者体质特殊而发生医疗意外。医疗意外有两个主要特征：一是医务人员或医疗单位对损害结果的发生，没有主观上的过失，通常是由于患者病情特殊或者病员体质特殊引起的；二是损害后果的发生属于医疗单位或医务人员难以防范的。具备这两个特征造成的医疗损害后果，构成医疗意外，不承担赔偿责任。

（4）在现有医学科学技术条件下，发生无法预料或者不能防范的不良后果。这种情况实际上也是一种医疗意外。发生意外的原因，就是医疗科学技术条件的限制。在现有医学科学技术条件下，对所发生的不良医疗后果无法预料，或者已经预料到了但是没有办法进行防范。在这种情况下，造成的不良后果，不构成医疗事故，医疗机构不承担民事责任。

（5）因患方原因延误诊疗导致不良后果。医疗人员对病员诊疗护理，必须得到病员及其家属的配合。在诊疗护理过程中，如果是由于病员及其家属的原因延误治疗，出现人身损害后果，说明受害病员一方在主观上有过错。按照过错责任原则，如果损害后果完全是由于病员及其家属延误治疗造成的，就证明对损害的发生，医疗机构没有过错，则医疗单位不承担赔偿责任。如果病员及其家属不配合治疗是构成损害事故的原因之一，医护人员也具有医疗过失时，构成混合过错，应依过错程度由双方分担责任。

（6）因不可抗力造成不良后果。不可抗力可能使医疗单位在正常的医疗活动中造成患者的损害，但因其直接原因是不可抗力，不是医疗过失所致，因而应当免责。

思考题

1. 侵权责任的归责原则。
2. 侵权责任的特点。
3. 侵权责任的免责理论。

第十七章

婚姻制度的历史与现状

第一节　历史回顾

从清朝末年制定的《大清民律草案》，一直到1930年12月通过的《中华民国民法亲属编》，均试图以法律来取代传统的婚姻家庭制度，政府提倡一夫一妻制，1950年5月1日，《婚姻法》作为中华人民共和国第一部基本法付诸实施，这部只有27条的国家大法，第1条上明确写着："废除包办强迫、男尊女卑、漠视子女利益的封建主义婚姻制度。实行男女婚姻自由、一夫一妻、男女权利平等、保护妇女和子女合法利益的新民主主义婚姻制度。"《婚姻法》公布后，毛泽东曾讲了一段非常经典的话："婚姻法是关系到千家万户、男女老少的切身利益，其普遍性仅次于宪法的国家根本大法之一。"中共中央和政务院于1953年3月在全国发起"贯彻婚姻法运动"。1955年，国务院又批准了《婚姻登记办法》。1953年，新中国出现了第一次离婚高潮，据统计，1951年到1956年间，全国大约有六百万对离婚夫妇，从而形成了巨大的女性单身人口，这被社会学家称为中国历史上的第一次"单身潮"。

1980年9月1日公布了《中华人民共和国婚姻法》，是我国第二部《婚姻法》，首次将"实行计划生育"纳入了法制的轨道，并将结婚年龄改为"男不得早于22周岁，女不得早于20周岁”，规定“三代以内旁系血亲禁止结婚”，从而彻底废除了表兄弟姐妹之间的通婚。

1980年《婚姻法》对离婚的法定理由作了一个实体性的规定，将“感情确已破裂”作为离婚的条件。这一条款在起草时，成为争议最大的一条。1981年，《市场报》刊登了“新中国第一则征婚启事”，并催生了婚介产业的蓬勃发展。1993年，中国第一家性用品店在北京开业。未婚同居虽然“非法”，但越来越多的年轻人开始“偷尝禁果”。此外，家庭暴力增多，并导致不断发生离婚和人身伤害案件。有调查显示，20世纪90年代的家庭暴力比80年代上升了25.4%。2001年《婚姻法》修正案立法过程，被称为“是20世纪末21世纪初中国人国家观念、法律观念、道德观念、婚姻家庭观念和性观念的一次大普查”。

修改后的《婚姻法》将“夫妻应当互相忠实，互相尊重”写进总则，添加了“禁止有配偶者与他人同居”条款。还规定了“禁止家庭暴力”，对实施家庭暴力构成犯罪作出明确规定，这在我国的婚姻法中尚属首次，为妇女、儿童和老人等弱势群体设计了更多保障性规定，实现了《婚姻法》从形式正义向实质正义转变。2001年《婚姻法》修正案第一次将离婚救济的理念植入离婚制度，设立了离婚损害赔偿制度及家务劳动补偿制度，强化了离婚时的经济帮助，从而形成了较为完整的离婚救济制度体系。中华人民共和国成立以来的两部婚姻法都是以保障离婚自由、反对轻率离婚作为离婚立法的指导思想的。2001年《婚姻法》修正案在此基础上有了一个重大发展与突破，即在保障离婚自由、反对轻率离婚的同时，强化离婚救济，实现保护弱者利益的社会正义与法律公平。2003年新《婚姻登记条例》实施，结婚离婚不再需要到单位或社区开证明，婚检也不再是必过的门槛。

1950年《婚姻法》第17条规定：男女双方自愿离婚的准予离婚。男女一方坚决要求离婚的，经区人民政府和司法机关调解无效时，亦准予离婚。由于婚姻法对诉讼离婚的标准未作具体规定。20世纪50年代一直有理由论与感情论之争。理由论强调，离婚必须有正当理由，无正当理由不得准予离婚。感情论则强调感情是婚姻的本质，只要夫妻感情确已破裂，就应当准予离婚，而不问理由是否正当。由于“左”的思潮的影响，理由论即过错离婚主义无论在理论界及司法界均占上风，1980年《婚姻法》彻底否定了理由论，第一次在中国采无过错的破裂主义。《婚姻法》第24条明确规定：人民法院审理离婚案件，应当进行调解；如感情确已破裂，调解无效，应准予离婚。无过错离婚主义成为我国离婚立法与司法的原则。同时，学界又形成了完全感情破裂说与感情与义务结合说。完全感情破裂说强调感情是确认夫妻关系能否应当维持的唯一标准，即使当事人的理由不正当，只要感情确已破裂，就应当准予离婚，不能用不准离婚作为惩罚过错一方的手段。而感情与义务结合说则认为，婚姻关系具有相对稳定性和权利义务的关联性，婚姻关系解除与否，不仅应考虑夫妻感情是否破裂，还应当考虑双方的权利义务及子女和社会的利益；在当前婚姻还未全面实现以感情为基础时，在离婚时片面强调以感情破裂为原则，必然会产生不良的社会后果。因而应当强调离婚中感情与义务的统一，不能将感情破裂作为离婚的唯一标准。

20世纪90年代以来，对破裂主义的离婚标准的讨论更为深入。许多学者认为，应以“婚姻关系”破裂作为离婚的法定条件。因为离婚立法的对象是夫妻之间的婚姻关系，而不只是感情关系。婚姻关系的多元性决定了离婚的法定标准不能过分强调婚姻关系的内涵，否则不仅不符合我国婚姻关系的现状，不能包括所有的离婚理由，也降低法条在司法实践中的可操作性。同时，也有学者仍坚持以“感情确已破裂”作为离婚的法定条件。他们认为，任何离婚的原因归根结底最终将导致夫妻感情的破裂，也最终体现为感情的破裂。感情破裂并非不能认识，现有的司法解释中的综合分析法与列举性的14条理由均说明感情可以认识。

有关离婚理由的规范方式，普遍认为1980年《婚姻法》的概括主义离婚理由对法官的素质要求过高，过于抽象，难以操作，应采取例示主义的混合型立法方式，既有概括性的抽象规定，又明文列举重大离婚理由。列举确定婚姻关系是否破裂的具体情形，包括：一方有严重的精神病、传染病；有重婚、通奸、非法同居、虐待、遗弃等情事；有赌博、酗酒、吸毒等恶习或受判刑之宣告；分居已满三年等。《婚姻法》修正案没有完全采纳专家建议稿，认为将“夫妻感情确已破裂”改为“婚姻关系确已破裂”作为判决离婚的法定标准会引起民众认为离婚标准发生变化的误会，故只是对离婚理由的立法模式予以修订，采取例示主义的混合型立法方式。2001年12月24日最高人民法院《关于适用婚姻法若干问题的解释》第22条明确规定：“人民法院审理离婚条件，符合第32条第2款规定应准予离婚情形的，不应当因当事人有过错而判决不准离婚。”强调在我国实行的依然是完全的无过错离婚主义。

第二节　夫妻关系

夫妻关系作为一种特殊的重要的人际关系，它在婚姻家庭关系中居于核心地位。自有国家以来，对夫妻关系加以确认和调整就是法律的一项重要任务。夫妻之间人身关系和财产关系是现行的婚姻法律制度的重要制度。

《婚姻法》在夫妻人身权利制度方面，强调了夫妻间人格独立、地位平等。同时，为了保障男女平等的实现，针对男女不平等的现实，还特别突出了对妇女的特殊保护。不仅确立了保护妇女权益的原则，而且有针对性地强调了一些夫妻平等权，如夫妻姓名权、夫妻人身自由权、夫妻计划生育的义务等。现行《婚姻法》的上述规定，继承了1950年《婚姻法》的反封建精神。在夫妻人身权利制度方面彻底否定了旧中国的夫权制度，改变了夫妻间的人身依附关系，为正确调整夫妻人身关系奠定了基础。但是，我国夫妻人身关系的内容有待进一步完善，其涉及的问题诸如：

(一)妇女的生育权

西方女权主义者认为,妇女解放,充分参加公共事务活动,必然要求她们有控制生育和性活动的自由。要彻底解放妇女,摆脱妇女的从属地位,应当赋予妇女享有是否生育的选择决定权。在我国,在夫妻之间不能就生育问题达成一致意见时,依《妇女权益保障法》规定,妇女有不生育的自由。为了解决夫妻之间的生育冲突,我国有学者提出,如夫妻双方就生育权纠纷向法院起诉的,法院只能判决夫妻离婚予以解决。在此情况如果判决离婚则与离婚的法定理由相悖。但由于现行《婚姻法》对于妇女是否享有生育的选择决定权尚无规定,在民事诉讼中人民法院很少直接引用《妇女权益保障法》来判决案件。因此需要在我国夫妻关系制度中加以规定。《婚姻法司法解释(三)》第9条:夫以妻擅自中止妊娠侵犯其生育权为由请求损害赔偿的,人民法院不予支持;夫妻双方因是否生育发生纠纷,致使感情确已破裂,一方请求离婚的,人民法院经调解无效,应依照婚姻法第32第3款第(五)项的规定处理。《婚姻法》第32条是这样规定的:"男女一方要求离婚的,可由有关部门进行调解或直接向人民法院提出离婚诉讼。人民法院审理离婚案件,应当进行调解;如感情确已破裂,调解无效,应准予离婚。有下列情形之一,调解无效的,应准予离婚。①重婚或有配偶者与他人同居的,②实施家庭暴力或虐待、遗弃家庭成员的,③有赌博、吸毒等恶习屡教不改的,④因感情不和分居满二年的,⑤其他导致夫妻感情破裂的情形。"在《婚姻法司法解释(三)》出台前,如果丈夫因妻子不能生育起诉离婚,第一次起诉时,法院一般不会判离,因为这不属于《婚姻法》第32条规定的五种可以判离的情形。而《婚姻法司法解释(三)》的新规定则将女方生育问题放在了与重婚、家庭暴力、赌博、吸毒等对婚姻关系危害极大的非道德行为同等的位置,新规定意味着:丈夫起诉离婚,如果女方没有生育能力,或不想生育,会成为被判决离婚的法定事由。

(二)家庭暴力

家庭暴力简称家暴，是指发生在家庭成员之间的，以殴打、捆绑、禁闭、残害或者其他手段对家庭成员从身体、精神、性等方面进行伤害和摧残的行为。家庭暴力直接作用于受害者身体，使受害者身体上或精神上感到痛苦，损害其身体健康和人格尊严。家庭暴力发生于有血缘、婚姻、收养关系生活在一起的家庭成员间，如丈夫对妻子、父母对子女、成年子女对父母等，妇女和儿童是家庭暴力的主要受害者，有些中老年人、男性和残疾人也会成为家庭暴力的受害者。家庭暴力会造成死亡、重伤、轻伤、身体疼痛或精神痛苦。

2015年3月，最高人民法院、最高人民检察院、公安部、司法部印发《关于依法办理家庭暴力犯罪案件的意见》的通知，以积极预防和有效惩治家庭暴力犯罪，加强对家庭暴力被害人的刑事司法保护。2015年12月27日，十二届全国人大常委会第十八次会议表决通过了《中华人民共和国反家庭暴力法》。作为中国第一部反家暴法，该法于2016年3月1日起施行。

依《婚姻法司法解释(一)》规定，家庭暴力是指，一方以殴打、捆绑、残害、强行限制人身自由或者其他手段给家庭成员的肉体、精神等方面造成一定伤害后果的行为。该解释并不包括婚内强奸，或精神虐待，故家庭暴力的界定范围很窄。此外，现行法律在禁止家庭暴力的执行措施上存在缺失。根据我国1990年4月最高人民法院、最高人民检察院、公安部、司法部关于《人体轻伤鉴定标准(试行)》规定，只有造成了死亡或者“人体伤害”后果的才能构成刑法规定的故意伤害罪。

联合国在《清除对妇女暴力宣言》中指出，家庭暴力是“在家庭内发生的身心方面和性方面的暴力行为，包括殴打、家庭中对女童的性虐待、强奸配偶和其他有害于妇女的传统习俗、非配偶的暴力行为和与剥削有关的暴力行为”。在美国，对家庭暴力构成犯罪的违法行为人采取缓刑为主、心理辅导为辅的方式，对未构成犯罪的违法行为人，采取责令到“男性制怒训练中心”

接受心理辅导治疗的方式。对受害人,则积极地发挥民间社会组织及医院的救助作用,为其提供庇护、救助、伤害治疗,以及指导报警和保存证据等社会援助措施。

加拿大上至联邦,下到省级,都出台了相应的解决方案。其中联邦行动包括三个范畴:资助、引入新的立法、加拿大最高法院的判决。省级也有一些针对家庭暴力案件中受害人和施暴者的最具综合性的社会服务项目，也有一些维持治安方面和刑事司法干预的最严格的政策。在社会服务方面,联邦倡议行动即提供了主要财政资助以发展全加拿大庇护所，在省级政府的支持下，社会服务机构或组织从依赖于志愿者转变为拥有全日制合格的有薪工作人员。

我国《婚姻法》第3条明确规定禁止家庭暴力。第43条规定:实施家庭暴力或虐待家庭成员,受害人有权提出请求,居民委员会、村民委员会,以及所在单位应当予以劝阻、调解。对正在实施的家庭暴力,受害人有权提出请求,居民委员会、村民委员会应当予以劝阻,公安机关应当予以制止。实施家庭暴力或虐待家庭成员,受害人提出请求的,公安机关应当依照治安管理处罚的法律规定予以行政处罚。第46条也规定:因家庭暴力情形导致离婚的,无过错方有权请求损害赔偿。

反家暴法规定,家庭暴力是指家庭成员之间以殴打、捆绑、残害、限制人身自由以及经常性谩骂、恐吓等方式实施的身体、精神等侵害行为。

在现实生活中,未婚同居的现象已经较为常见,反家暴法在附则中特别指出：家庭成员以外共同生活的人之间实施的暴力行为，参照本法规定执行。《反家庭暴力法》明确规定,监护人实施家庭暴力严重侵害被监护人合法权益的,人民法院可根据被监护人的近亲属、居委会、村委会、县级人民政府民政部门等有关人员或单位的申请,依法撤销其监护人资格,另行指定监护人。反家暴法明确规定,学校、幼儿园、医疗机构、居委会、村委会、社会工作服务机构、救助管理机构、福利机构及其工作人员,若在工作中发现无民事行为能力人、限制民事行为能力人遭受家暴或疑似遭受家暴，须及时向公安机关报告，公安机关要对报案人的信息保密。

反家暴法的一大利器，是设立了人身安全保护令制度。根据反家暴法，当事人若遭受家庭暴力或者面临家庭暴力的现实危险，即可向法院申请人身安全保护令。保护令包括禁止被申请人实施家庭暴力，禁止被申请人骚扰、跟踪、接触，责令被申请人迁出申请人住所等措施。反家暴法特别提出，申请人的相关近亲属，也被纳入人身安全保护令的保护范围。反家暴法强调，如果当事人是无民事行为能力人、限制民事行为能力人，或因为受到强制、威吓等原因无法亲自申请人身安全保护令，其近亲属、公安机关、妇联、居委会等机构可以代为申请。

我国法学界对家庭暴力的救济方式主要有以下四种观点：

(1)救济措施说。该学说主张利用具有非诉讼性、以促成和解为主要目的、能提供多样服务性、解决矛盾的指引性的救助措施来解决家庭暴力问题，认为这种救助措施具有重要的社会意义：反映了对弱者权利的全面关怀；有利于调动社会力量维护弱者的权利。

(2)损害赔偿说。该说主张者认为，《婚姻法》应同《民法通则》相衔接，增加侵权责任条款，认定家庭暴力是一种侵权行为，只要侵权事实成立，受害者即有权请求侵权者承担损害赔偿责任，以切实保护其利益，家庭暴力损害赔偿的内容既包括物质性赔偿又包括精神性赔偿。同时他们认为家庭暴力损害赔偿诉求的实现途径有二：一是法院以裁判书的形式对侵权者的侵权事实及损害赔偿数额予以确定，并规定一旦婚姻关系终止，赔偿即予兑现；二是根据财产约定对家庭成员的财产进行分割。

(3)刑事救济说。该说首先指出女性被害现象主要包括家庭暴力、婚内强奸、再度被害、被害逆变等。其次分析到女性被害现象升级原因，社会原因主要是立法空白、执法、司法不力，个人原因主要是：轻信别人，缺乏自我保护的能力；缺少反抗斗争精神；被害人自身有过错。

在此基础上提出了刑事救济途径，首先要加强对女性被害群体的立法保护，增设家庭暴力犯罪的规定、完善强奸罪的内容、加强被害人补偿和证人保护立法；其次要建立对女性刑事被害人救济制度，包括建立女性刑事被害人服务机构、感情支持、医疗服务、经济救助、人身安全保障、法律援助等方面。通过这些措施，为受害的家庭成员，特别是妇女和儿童提供人身保护和法律帮助，建立受害妇女庇护场所或救济中心，让受害的妇女有安身之处。

(4)构架司法救济模式说。该说首先分析了我国现行法律救济途径与司法实践中的做法，认为我国法律对家庭暴力的救济途径有两种：其一为请求离婚，其二为提起自诉，要求追究施暴者之刑事责任。在司法实践方面我国分设了请求子女监护权或设置监护人、请求赡养费、请求分配财产、请求逮捕等多种救济途径。同时指出，我国家庭暴力有关规定都散见于民、刑、婚姻法和其他一些权益保护法中，损害结果发生之后才赋予受虐者请求救济之权利，据此认为我国法律之漏洞在于欠缺防范措施、缺乏整体规范、执法成效不明显等方面。该说认为，构架家庭暴力司法救济模式的核心就在于预防家庭暴力的发生及紧急救助家庭暴力受害者。家庭暴力法的构架包括保障性规定、惩罚性规定、社会服务性规定；诉讼机制的构架主要体现于在人民法院开设专门的家事法庭。这样一来，有利于打破传统的家事观念，引起社会对家庭成员权利与义务的重视，有利于制止和预防家庭暴力法规的立法和实施，使家庭中弱势人群的合法权益得到保护。此外，在构架诉讼制度方面，应采取自诉与强制诉讼相结合的诉讼模式。

第三节 非婚同居关系

依最高人民法院2001年12月《关于适用〈中华人民共和国婚姻法〉若干问题的解释(一)》第5条规定，对未办理结婚登记而以夫妻名义同居的男女，起诉到人民法院要求离婚的，法院应当区别对待：1994年2月1日民政部《婚姻登记管理条例》公布实施以前，男女双方已经符合结婚实质要件的，按事实婚姻处理；1994年2月1日民政部《婚姻登记管理条例》公布实施以后，男女双方符合结婚实质要件的，法院应当告知其在案件受理前补办结婚登记；未办理结婚登记的，按解除同居关系处理。此后，2004年4月最高人民法院《关于适用〈中华人民共和国婚姻法〉若干问题的解释（二）》第1条规定："当事人起诉请求解除同居关系的，人民法院不予受理。但当事人请求解除同居关系，属于《婚姻法》第三条、第三十三条、第四十六条规定的'有配偶者与他人同居'的，人民法院应当受理并依法予以解除。当事人因同居期间财产分割或者子女抚养纠纷提起诉讼的，人民法院应当受理。"

在我国现行法上，非法同居分为无配偶者与他人同居和有配偶者与他人同居两种。如此区分的法律依据是最高人民法院《关于适用〈中华人民共和国婚姻法〉若干问题的解释（二）》第1条第1款的规定，即"当事人起诉请求解除同居关系的，人民法院不予受理。但当事人请求解除的同居关系，属于婚姻法第三条、第三十二条、第四十六条规定的有配偶者与他人同居的，人民法院应当受理并依法予以解除"。根据"他人"是否有配偶为标准，可以将上述两种非法同居再作区分。前者可以区分为：无配偶者与无配偶者同居和无配偶者与有配偶者同居两种。后者则可以区分为：有配偶者与无配偶者同居和有配偶者与有配偶者同居两种。前者中的无配偶者与有配偶者同居可以归为有配偶者与他人同居之中。上述两种分类可以具体类型化为两种：①无配偶者与无配偶者同居、无配偶者与有配偶者同居；②有配偶者与无配偶者同居、有配偶者与有配偶者同居。因此，在我国现行法上，非法同居分为无配偶者之间的非法同居和有配偶者与无配偶者、有配偶者的非法同居两类。最高人民法院《关于适用〈中华人民共和国婚姻法〉若干问题的解释（一）》第2条规定："婚姻法第三条、第三十二条、第四十六条规定的'有配偶者与他人同居'的情形，是指有配偶者与婚外异性，不以夫妻名义，持续、稳定地共同居住。"

同居后分居期间的收入或财产归各当事人所有；同居后的约定财产按约定处理；因人身关系取得的财产归该当事人所有；同居后一方的收入或财产，原则上应归该方当事人所有。但另一方当事人对取得该财产的当事人在取得该财产时有资助，或在取得该财产的过程中有辅助性劳动及提供生活帮助的，则该收入或财产应为一般共有。可根据当事人在取得财产中的作用大小，确定不同的份额；同居后共同所得的收入和购置的财产属当事人共有；按份取得的，可确定按份共有，继受取得的财产归继受取得人所有。但买卖、互易、博彩取得的财产，当以原始资本所有人为产权人。

我国法律对未办结婚登记而以夫妻名义同居的事实婚姻是采相对承认主义。对1994年2月1日以后未补办结婚登记的，一律视为非婚同居关系，法律只处理同居者之间的财产和子女抚养纠纷，对其人身关系，法律不予调整。

基于对人的基本人权的尊重，在国外，许多国家的法律或司法实践都给予非婚同居者一定程度的保护。在澳大利亚，各州和地区都制定了调整事实婚姻关系（非婚同居者中只有符合法定条件的才能构成事实婚姻关系）的特别条例，对于事实婚姻关系持续至少已经满2年以上的（南澳大利亚州规定为3年），在解除同居关系时，法院可以发布财产令分割同居期间的财产。并且新南威尔士州等5个州和地区还规定了有限的配偶赡养权。在我国，因非婚同居关系不受法律保护，许多同居者在解除同居关系时往往采取自行解决的方式，诉诸到法院解除同居关系的并不多。现行司法解释的适用结果对同居关系中的女性是非常不利的。因此应给予非婚同居当事人一定法律保护，才有利于保护妇女的权益，也符合世界上多数国家的立法趋势。

第四节　夫妻财产制

作为规范婚姻关系存续期间夫妻财产关系的法律制度，最核心的同题无非是哪些财产归夫妻双方共同所有,哪些财产归夫妻一方个人所有。2001年《婚姻法修正案》的第17条、第19条作了规定。夫妻财产制有两种基本形态:“分别财产制与共同财产制,是夫妻财产制之两个极端的基本形态……一般而言,大多数之夫妻财产制,纵非纯粹之分别财产制或共同财产制,但亦脱离不了此二基本形态。”分别财产制,夫的财产、妻的财产在婚后各保持其所有权。

原则上,没有权利是不受到某种限制的。依据《德国民法典》第1365条第1款之规定,就全部财产加以处分需要征得对方同意。有必要征得对方同意的“行为”包括以下三种:其一是配偶一方负担处分其全部财产的义务之负担行为;其二是配偶一方在未征得对方同意的情况下,负担处分其全部财产的义务的履行行为;其三是拥有处分其全部财产意义之其他法律行为。全部财产包括两种情况:其一是“配偶一方将全部财产为一次之处分行为,即使其财产仅为单一之标的”;其二是“几乎全部财产”,即“在实务上,为保护婚姻共同生活,扩张解释该项适用之范围,尤其在不动产登记之交易上,认定不动产所有权或其他不动产上之权限系配偶一方唯一重要之财产,使其处分该财产标的时,亦应得到他方之同意”。

依据《德国民法典》第1369条第1款的规定,夫妻一方处分家庭用具要征得对方的同意,需要征得对方同意的行为包括以下两种:其一是负担处分家庭用具之义务的负担行为,其二是家庭用具的处分行为。不过,如果负担行为已经征得对方同意的,处分行为就不必再征得对方的同意,家庭用具是指旨在供夫妻双方使用或消费的物品。在判断是否属于供夫妻双方使用或消费的物品时,其具体的用途起决定性作用。也就是说,如果汽车供家庭使用,即属之,如果供夫妻一方的职业使用,即不属之。家庭用具的所有权分为两种情况。其一是全部或部分属于处分者;其二是归他方所有,即“为充分保护婚姻共同生活之需要”,“实务上将其意义扩张解释,凡一方配偶处分属于夫妻所属之家庭用具者,基于共同占有理论之根据,均需得他方之同意始可”,

所谓"夫妻所属"既包括他方配偶的单独所有权,也包括夫妻共同所有情况下的他方的共有份额。第三人是否知悉或是否应该知悉所交易的财产属于家庭用具并不重要。

依据《法国民法典》第215条第4款之规定,夫妻一方未经对方同意,不得处分家庭住宅和住宅内配备的家具,即使家庭住宅登记在丈夫的个人名下也是如此;如果丈夫予以出售,妻子可以在知道该行为之日起一年内提起撤销处分行为之诉。依据第222条第2款之规定,夫妻一方处分住宅内配备的家具不适用善意取得制度。依据第215条之规定,夫妻一方似乎可以对抗住房的买受人。律师的惯例手册建议提供服务的律师们要求夫妻双方在合同上签字,以避免可撤销的法律后果。在实务上,合同第三人(买受人)可以相当容易地要求合同的对方当事人告知其婚姻状况,并注意合同的标的物是否属于正在使用的家庭住宅。

依据《法国民法典》第220条第1款之规定,如果夫妻一方严重违反应尽的义务,家庭利益因此受到危害时,家事法官得规定采取家庭利益所要求的各项紧急措施。第2款规定,法官可以禁止违反义务的配偶一方未经对方同意而处分自己所有的动产或不动产,该判决的有效期可以持续三年。依据第217条第1款之规定,夫妻一方处于不能表达意志之状态或者家庭利益证明其拒绝同意属于滥用权利时,夫妻另一方得经法院批准,单独进行本应经对方协助或同意的行为。

英国《1983年婚姻住所法》第1条规定:"在配偶一方基于所有权、利益、合同或成文法单独享有占有权的情况下,对方配偶享有成文法上的占有权。"所谓"占有权"是指"①如果已经居住,非经法院的许可不被驱逐或被排除之权利;②如果尚未居住,经法院的许可进入并占有婚姻住所的权利"。不过,依据第2条之规定,只有经过F级土地负担,登记才能对抗抵押权人、买受人。

各国对婚姻住所之处分权的法定限制以法律渊源为标准分为明确规定主义和模糊规定主义两种。所谓明确规定主义是指民事立法对于限制做出了相当明确的规定。此种立法主义为法国、瑞士、英国、美国部分州所采用。所谓模糊规定主义，是指民事立法对于限制作出了比较模糊的规定。此种立法主义为德国（民法第1365条）所采用。即由于对相当一部分人来说，婚姻住所是其全部或几乎全部财产，而适用第1365条之规定。

各国对婚姻住所之处分权的法定限制以限制措施为标准，可以分为处分同意主义、登记对抗主义、提供补偿主义三种。所谓处分同意主义，是指夫妻一方处分自己所有的或对方所有的婚姻住所需要征得对方的同意。此种立法主义为德国、瑞士、法国所采用。所谓登记对抗主义，是指不享有所有权的夫妻一方依法享有的居住权只有经过登记，才能对抗第三人，此种立法主义为英国法所采用。所谓提供补偿主义，是指夫妻一方处分自己所有的婚姻住所时，买受人必须向不享有所有权的夫妻一方提供一定数额的金钱。此种立法主义为美国部分州所采用。

各国立法以对家庭生活用品之处分权的法定限制是否存在为标准，可以分为家庭生活用品特殊对待主义和家庭生活用品通常对待主义两种，所谓家庭生活用品特殊对待主义是指民事立法对夫妻一方处分自己所有的家庭生活用品之权限予以限制。此种立法主义为德国、瑞士、法国所采用。所谓家庭生活用品通常对待主义是指民事立法对夫妻一方处分自己所有的家庭生活用品之权限并未予以限制。此种立法主义为英国、美国所采用。

家庭生活用品特殊对待主义以予以家庭生活用品的范围为标准，可以分为家具主义和家庭用具主义两种。所谓家具主义是指民事立法限制的范围仅及于家具，此种立法主义为法国法所采用。所谓家庭用具主义是指民事立法限制的范围及于所有的供夫妻使用或消费的物品，此种立法主义为德国法所采用。

德国、瑞士、法国对夫妻一方的其他财产之处分权的法定限制以其形式为标准，可以分为由法律规定主义和由法院宣告主义两种。所谓由法律规定主义是指民事立法直接规定了处分权的限制。此种立法主义为德国法所采用。所谓由法院宣告主义是指只有经过法院的宣告,夫妻一方的处分权才受到法定措施,或者法院确定的措施之限制。此种立法主义为瑞士、法国所采用。

处分同意主义的立法以擅自处分的契约之效力为标准，可以分为擅自处分契约可撤销主义和擅自处分契约效力未定主义两种。所谓擅自处分契约可撤销主义,是指夫妻一方与第三人擅自订立的处分契约,另一方可以在法定期间内加以撤销。此种立法主义为法国法所采用。所谓擅自处分契约效力未定主义，是指夫妻一方与第三人所为的处分行为，如未经另一方的同意,该行为效力未定。此种立法主义为德国法所采用。

擅自处分的契约以其与公信或善意取得制度之关系为标准，可以分为公信或善意取得制度不适用主义和公信或善意取得制度适用主义两种,所谓公信或善意取得制度适用主义是指擅自处分的契约不排斥不动产的公信力制度、动产的善意取得制度的适用。此种立法主义似乎为瑞士、法国所采用。所谓公信或善意取得制度不适用主义是指擅自处分的契约排斥不动产的公信力制度、动产善意取得制度的适用。此种立法主义为德国法所采用。

我国尚无明确的基于夫妻身份对夫妻个人财产处分权的法定限制制度。在习惯上,很多男女双方的父母在双方结婚时为其购置一套住房,子女在其婚前或者婚后都会接受父母及其他亲友的赠与而拥有相当的财产,最高人民法院《关于适用〈中华人民共和国婚姻法〉若干问题的解释(二)》第22条第1款规定:“当事人结婚前,父母为双方购置房屋出资的,该出资应当认定为对自己子女的个人赠与,但父母明确表示赠与双方的除外。”因此该住房归夫妻一方所有。而且,个人所有的住房已经不能依法转化为夫妻共同所有。最高人民法院《关于适用〈中华人民共和国婚姻法〉若干问题的解释(一)》第19条规定:“婚姻法第十八条规定为夫妻一方所有的财产,不因婚姻关系的延续而转化为夫妻共同财产。但当事人另有约定的除外。”于是,不享有所有权的夫妻一方及其子女的居住安全利益将要受到威胁。男女双方的父母在双方结婚时也为其购置家具、家电等“生活资料”,适用《婚姻法解释

(二)》第22条第1款之规定,这些生活资料也归夫妻一方享有,而且个人所有的生活资料也已经不能依法转化为夫妻共同所有。我国的法定夫妻财产制是所得共同制,“共同财产制”的“基本特征”是“配偶双方之财产全部或一部分为共有,以其财产所生之利益充作婚姻生活之费用”。依据《婚姻法解释(一)》第17条第2项之反对解释和《民法通则》第71条之规定,享有所有权的夫妻一方有权处分自己的“储蓄”“文物”“生产资料”及其他合法财产。于是,不享有所有权的夫妻一方及其子女的家庭生活费用的安全将受到威胁。

最高人民法院针对审判实践中遇到的法律适用疑难问题先后作出了《婚姻法解释(一)》和《解释(二)》,两部解释解决了审判实践中急需解决的问题以及明确了一些程序性规定。但一直以来在离婚案件审理过程中,对婚后一方父母出资为子女购买房屋且产权登记在自己子女名下，如何认定产权归属,各地法院裁判不一,没有一个统一的标准。对此,最高人民法院在广泛征求社会各界意见的基础上于2011年8月13日颁布施行的《婚姻法解释(三)》对这一问题作出明确规定,统一了标准,为我们提供了可操作性的裁判依据。《婚姻法解释(三)》第7条规定:“婚后由一方父母出资为子女购买的不动产,产权登记在出资人子女名下的,可按照婚姻法第十八条第(三)项的规定,视为只对自己子女一方的赠与,该不动产应认定为夫妻一方的个人财产。”“由双方父母出资购买的不动产,产权登记在一方子女名下的,该不动产可认定为双方按照各自父母的出资份额按份共有，但当事人另有约定的除外。”法院在处理离婚时如果一律将房屋认定为夫妻共同财产,势必违背了父母为子女购房的初衷和意愿,同时也侵害了购房父母的利益。所以房屋产权登记在出资购房父母子女的名下，认定为对自己子女的赠与比较合情合理。根据第7条第(二)项的规定,“双方父母共同出资购买的不动产,产权登记在一方子女的名下，该不动产可认定为双方按照各自父母的出资份额按份共有,但当事人另有约定的除外”。也就是说即使产权登记部门登记的权属为一方，但该不动产是由双方父母共同出资购买的也应当认定为按份共有，法院在处理房产时应当按照按份共有的原则来进行处理，除非当事人另有约定，如果当事人另有约定，那也正是当事人对自己权利的一种处分，因此《婚姻法解释（三）》作此规定，既尊重事实又充分保护婚姻及其父母的权益。我国《婚姻法》第18条第3项规定“遗嘱或赠与合同中确定只归夫或妻一方的财产认定为夫妻一方个人财产”。最高人民法院《婚姻法解释（二）》第22条规定：“当事人结婚前，父母为双方购置房屋出资的，该出资应当认定为对自己子女的个人赠与，但父母明确表示赠与双方的除外。”“当事人结婚后，父母为双方购置房屋出资的，该出资应当认定为对夫妻双方的赠与，但父母明确表示赠与一方的除外。”

《婚姻法解释（三）》与以前的规定并不冲突，是对原有的规定的进一步细化。《婚姻法解释（三）》第10条，夫妻一方婚前签订不动产买卖合同，以个人财产支付首付款并在银行贷款，婚后用夫妻共同财产还贷，不动产登记于首付款支付方名下的，离婚时该不动产由双方协议处理。依前款规定不能达成协议的，人民法院可以判决该不动产归产权登记一方，尚未归还的贷款为产权登记一方的个人债务。双方婚后共同还贷支付的款项及其相对应财产增值部分，离婚时应根据《婚姻法》第39条第1款规定的原则，由产权登记一方对另一方进行补偿。最高人民法院在《婚姻法解释（三）》答记者问中，明确指出：“一方在婚前已经通过银行贷款的方式向房地产公司支付了全部购房款，买卖房屋的合同义务已经履行完毕，即在婚前就取得了购房合同中购房者一方的全部债权，婚后获得房产的物权只是财产权利的自然转化，故离婚分割财产时将按揭房屋认定为一方的个人财产相对比较公平。”这里所讲的银行贷款，是指在婚前获得银行贷款，付清房款。否则，没有获得贷款，就无法支付全部购房款，房屋买卖的合同义务也尚未履行完毕。司法解释规定人民法院“可以”将该不动产判决给产权登记的一方。其中，“可以”的表述表明，该分割不动产不是绝对的，在特殊的情况下，也可以判决给非登记的一方。

现行《婚姻法》第17条规定，知识产权的收益，归夫妻双方所有。《婚姻法解释(二)》规定“知识产权的收益”指婚姻关系存续期间,实际取得或者已经明确可以取得的财产性收益。但对于什么是“已经明确可以取得的收益”未作具体解释。我国有的学者解释为:“在婚姻关系存续期间,夫妻一方就其知识产权尚未与他人订立使用合同,该项知识产权的经济利益只是一种期待利益,知识产权中的获得报酬权也只是期待权,该项财产权利不能归夫妻共有;如作为知识产权人的夫妻一方已经与他人订立了使用合同,无论知识产权人是否已实际得到了报酬,应属夫妻共同财产之列,归夫妻共有。”根据此说,司法解释中的“知识产权的收益”不包括知识产权的期待利益。这样,属于夫妻共同所有的知识产权的收益实际上大大减少了。因此除夫妻另有约定的外,夫妻一方在婚姻期间形成的知识产权所得的经济利益,包括既得利益和期待利益都应当属于夫妻共同财产,离婚时应由夫妻平等分割。

住房是夫妻和家庭成员共同生活的必要条件,但是婚姻住房的所有权状况极为复杂:一种是属于夫妻共同财产或者一方财产,另外一种是夫妻双方都没有所有权的,承租的单位的公房或者是父母的房产。现有的法律制度对于婚姻住所的处置并未明文规定,新《婚姻法》在第42条中规定:“离婚时,如一方生活困难,另一方应从其住房等个人财产中给予适当帮助。具体办法由双方协议;协议不成时,由法院判决。”因此,婚姻法仅仅确立了离婚帮助制度。在司法实践中,法院往往判决一方对于另一方所有或者承租的房屋有“暂住权”“居住使用权”等法律并无明文规定的概念,甚至与相关的司法解释相冲突。这就导致了在判决生效后房屋产权的各方当事人之间的权利质疑,使判决得不到切实地执行。

居住权源于罗马法,是非所有人对他人所有的房屋进行居住的权利。居住权在整个罗马法体系中,属于人役权之一种,而人役权隶属于役权这个上位概念。罗马法中役权包括地役权和人役权两种。役权的拉丁语为Servitutes,其本意为奴隶状态、奴役,引申为束缚。在查士丁尼法中,役权这个词是从总体上指对他人物的最古老的古典权利。它只能为了某一特定的土地或某一特定的人而设立，本质上属于所有权的一种负担，即有役权负担的所有人对其物的所有权受到一定的限制，但役权又不是所有权的部分权能。役权真正原始的类型是地役权。换言之，地役权是最早出现的一种役权，人役权的出现要晚于地役。从发生学上观察，人役权在某种程度上源于地役权，具有地役权的内容，并具备地役权多样性的特征。在罗马法中，人役权可以归纳为四种：用益权、使用权、居住权、对奴隶和他人牲畜的劳作权。其中，用益权、使用权、居住权对后世的影响最大，而对奴隶和牲畜的劳作权由于明显带有奴隶社会的痕迹，在后世民法中几乎不见踪影。

《法国民法典》移植了罗马法中人役权和地役权的二元结构体系，并在第二卷"财产以及所有权的各种变更"中设专编规定用益权、使用权和居住权。《德国民法典》则把人役权划分为用益权和限制的人役权，其中限制的人役权规定"排除所有人而将建筑物或建筑物的一部分作为住房使用的权利，也可设定为限制人役权"，此即居住权。

日本、韩国等都没有引入人役权制度，究其原因，郑玉波认为，《日本民法典》未设用益权等人役权，这是认为人役一项该国无此习惯，且复有碍于经济之流通，故仅取地役权。

在中国，住房问题在离婚时表现得尤为显著。根据北京大学法学院妇女法律研究与服务中心对1998年全年离婚咨询的不完全统计，离婚时涉及住房分割问题的约占51.9%。住房问题是否能得到解决，是婚姻当事人达成离婚协议的关键问题，甚至成为女性是否决定离婚的重要因素。

在中国造成离婚后住房贫困的原因是经济因素和制度因素两方面的原因。经济因素非常复杂，单靠法律制度的手段无法解决，但是由于中国的住房分配制度导致的大量公房承租现象却是法律不得不正视的问题。现实生活中，夫妻对婚姻住所没有所有权的现象不在少数，而一旦离婚，必然有一方要流离失所。有的观点认为，法律可以赋予那些离婚后无力承担再租房费用，同时又不是承租方的一方以居住权。值得一提的是，这种居住权不同于转租。享有居住权是法律赋予的,无须出租方同意,并且名义上的承租人仍然是原来的承租人,由原来的承租人承担给付租金的义务。

居住权作为人役权,是为特定人的利益而设置的。居住权首先是从家庭关系上形成的特征,主要是平衡房屋所有权人和居住权人的利益。按照各国立法例,居住权人和所有权人往往存在着一定的亲属关系。居住权是非房屋所有权人和非承租人对于他人所有和承租的房屋进行居住的权利。居住权是一种物权,具备物权的一般特征。居住权的物权性质表现在:居住权具有直接支配力;居住权具有排他力,非经居住权人同意,任何人不得对居住权进行干涉;居住权具有请求力,任何人侵害居住权时,居住权人均得对之行使物权请求权,以恢复居住权应有的圆满状态。构成侵权的,居住权人有权请求损害赔偿。

居住权具有追及力,作为居住权标的的房屋不论辗转于何人之手,居住权人均得追及房屋之所在。居住权的物权性还表现在其与租赁权的区别之上。两者的区别表现在权利的设定上,居住权可依遗嘱、合同或者法律规定而设立,而租赁权一般只能通过合同设立。居住权的设定还应遵循物权的设定原理,进行登记。而租赁合同的登记只是国家出于管理备案的需要,租赁权本质上仍然是一种债权。

无论国际还是国内的统计,离婚案件中女性原告均占70%左右,显示了女性在离婚问题上所享有的自主权。一份名为“关注单亲女性”的调查报告暴露了离婚妇女生活困境的冰山一角。该调查用分层多阶段概率抽样方法对上海50个居民委员会440个单亲家庭和500个双亲家庭进行的入户调查显示:单亲女性的年均收入是男性的79%,其中离异女性是离异男性的81%。对于离婚后抚养子女的母亲来说,即使加上孩子父亲给付的子女抚养费,其家庭人均年收入仍仅为双亲家庭的55%。有44%的离异女性表示物质生活水平有所下降或明显下降。美国学者魏兹曼的调查发现:离婚后一年中,男性的生活水平提高了42%,女性的生活水平降低了73%。她认为,法官根据男女平等原则错误地推断妇女在离婚后有能力和其前夫获得同样多的经济收入，其结果是剥夺了离婚妇女特别是老年家庭主妇及有低龄子女妇女在婚姻中应享有的经济利益。

《消除对妇女一切形式歧视公约》第16条规定，缔约各国应采取一切适当措施，消除在有关婚姻和家庭关系的一切事务上对妇女的歧视，并特别应保证妇女在男女平等的基础上，配偶双方在财产的所有、取得、经营、管理、享有、处置方面，不论是无偿的或是收取价值酬报的，都具有相同的权利。家务劳动是无偿劳动，但它对配偶一方（主要是男方）的发展、对家庭的发展、对社会的发展都是有重大意义的，因此《消除对妇女一切形式歧视公约》特别规定了从事无偿劳动与从事有偿劳动者在婚姻财产权利上平等。根据《第二期中国妇女社会地位抽样调查主要数据报告》的统计数据显示，在85%以上的家庭里，做饭、洗碗、洗衣、打扫卫生等日常家务劳动主要由妻子承担，女性平均每天用于家务劳动的时间达4.01小时。在一些国家的司法实践中，一般将家务劳动的贡献作为分割财产时的考虑因素，即对于在婚姻中因照顾子女，承担家务而无收入或收入较低的一方在离婚分割财产时可以照顾，适当多分。我国《婚姻法》在离婚财产分割的规定中也规定了照顾子女和女方利益的原则，但没有对此做出明确具体的规定。建立我国夫妻个人财产法定限制制度，对保障夫妻双方的权益，建立和谐家庭意义重大。

第五节　离婚损害赔偿制度

离婚损害赔偿的规定源于1907年《瑞士民法典》，该法第151条规定：①因离婚，无过错的配偶一方在财产权或期待权方面遭受损害的，有过错的一方应支付合理的赔偿金；②因导致离婚的情势，配偶一方的人格遭受重大损害的，法官可判予一定金额的赔偿金作为慰抚。继《瑞士民法典》之后，大陆法系一些国家(如法国)的民法典引入了该项规定。

我国2001年修正后的《婚姻法》在第五章救助措施与法律责任中规定:“有下列情形之一,导致离婚的,无过错方有权请求损害赔偿:(一)重婚的;(二)有配偶者与他人同居的;(三)实施家庭暴力的;(四)虐待、遗弃家庭成员的。”这是我国法律关于离婚损害赔偿的规定。《婚姻法解释(一)》和《婚姻法解释(二)》就离婚损害赔偿的法律适用问题作出了细化的规定。上述立法和司法解释共同构成了我国目前的离婚损害赔偿制度。

林秀雄把离婚之损害(即离婚时的损害,我们称之为广义的离婚损害)分为两种:一种是离因损害;另一种是离婚损害。所谓离因损害是指配偶一方导致离婚的侵权行为所造成的损害,而离婚损害则指由于离婚而对无过错配偶造成的损害。这种分类法的标准是损害的原因,依此分类法,离因损害的原因在于导致离婚的配偶一方的侵权行为,狭义离婚损害的原因仅在于离婚这样一个事实。如果说离婚之损害仅包括离因损害的话,那么离婚损害赔偿责任属于侵权责任固无疑问。至于侵犯了何种权利,有学者主张侵犯了无过错一方的配偶权。有学者主张侵犯的是对方的人身权。林秀雄认为,夫妻一方的行为可能侵犯对方的生命、身体或人格,也可能侵犯对方的配偶权。

如果把婚姻视为契约,由于一方的过错行为导致离婚的,由此引起的损害赔偿责任的性质可界定为违约责任。关于婚姻的性质理论上一直存在契约说、非契约说和折中说的争论。契约说认为婚姻是两个独立主体之间达成的合意。婚姻契约说从一开始就受到了哲学、伦理学的批判。

依照我国《婚姻法》第46条的规定,可以构成离婚损害赔偿的行为包括:重婚、有配偶者与他人同居、实施家庭暴力、虐待或遗弃家庭成员。

我国《婚姻法》的第46条第1、2项规定了重婚、有配偶者与他人同居两种情形下,受害配偶可请求损害赔偿。我国《婚姻法》理论上和实务上都区分重婚和有配偶者与他人同居。重婚是指有配偶者又与他人结婚。按照最高人民法院的司法解释“有配偶者与他人同居”是指:有配偶者与婚外异性,不以夫妻名义，持续、稳定地共同居住。两者虽然在形式上有所差别，但实质上都是对《婚姻法》总则规定的夫妻间忠实义务的违反。受害人可以请求损害赔偿，其本意在于稳定婚姻关系，保护配偶权，防止违反忠实义务的情况发生并在此种情况出现时对受害配偶进行救济。

《婚姻法》第46条第3项规定的实施家庭暴力、第4项规定的虐待都构成了损害行为。最高人民法院的司法解释把家庭暴力的对象界定为家庭成员，第46条规范的目的是为了对受到侵害的配偶给予救济，只有当一方配偶是家庭暴力的受害者时，法律才有对其进行救济的必要。如果家庭暴力针对的是子女，或者配偶以外的其他家庭成员，配偶不是直接的受害者，他不能提出损害赔偿请求。这时，应由其他家庭成员根据侵权行为法的规定对实施家庭暴力者请求赔偿。

《婚姻法》第46条第4项还规定遗弃家庭成员可诉请离婚损害赔偿。对于何谓遗弃，理论上有不同看法：有认为遗弃是同居义务或扶养义务之不履行，有认为遗弃是指不履行同居义务或家庭生活费用负担义务。有的认为，婚姻的本质在于双方共同生活，互相给予对方身体上、物质上、精神上之关爱，凡消极的不履行婚姻基本义务者，皆构成遗弃，受害配偶得请求损害赔偿。

我国学界对离婚损害赔偿问题(经济补偿制度)提出如下观点：

(1)离婚经济补偿。要使那些在对家庭生活和他方事业发展付出义务较多、贡献较大的夫妻一方，可以得到一定的补偿。其目的，一是承认家务劳动或协助工作的价值，二是弥补分别财产制度存在的实际上的不平等。原则上讲，离婚经济补偿是在家庭实行分别财产制度下实施的，中国在家庭财产关系上，没有实施分别财产制度。对此，有学者提出，共同财产制本身就是承认了家务劳动与社会劳动具有同等价值，否则，只从事家务劳动的一方无权分割共同财产。

但实际情况并非如此简单明了，在夫妻双方均外出工作的情况下，对从事家务劳动较多的一方如何予以补偿，法律并没有作出规定。对一方的家务劳动价值的承认不应仅限于适用分别财产制度，在保留离婚经济补偿制度的同时,应将肯认家务劳动价值的理念适用于分割夫妻共同财产中。

(2)离婚损害赔偿。离婚损害赔偿制度是基于公平正义理念与维护离婚当事人合法权益的需要新增设的制度。赔偿责任的承担者,应当限于对离婚有过错的一方配偶。应适当扩大离婚损害赔偿的过错范围。应当明确规定包括财产上的和非财产上的损害赔偿与婚姻的本质相联系的期待权。对离婚损害赔偿数额的确定应规定法定情形，以确保实现损害赔偿制度所要达到的对权利的补救和对过错行为制裁的功能。法定情节主要应当考虑一方的过错程度以及具体情节、过错给他方所造成的损失的程度和后果,包括财产损失的具体情况和精神痛苦的程度,兼而考虑当事人的年龄、健康状况、生活水平、就业能力。

(3)离婚经济帮助制度。《婚姻法》第42条规定:离婚时,如一方生活困难,另一方应从其住房等个人财产中给予帮助。对于何为生活困难,2001年解释中采用了绝对困难论，即必须是指离婚后依靠分得的共同财产和个人财产无法维持当地基本生活水平。这一困难的标准是以当事人能够生存为条件的,没有考虑双方在婚姻关系存续状态时的生活水平、因婚姻所获得的有形或无形利益、一方对另一方或家庭生活所做的贡献或牺牲,以及一方在离婚后为谋求职业或提高就业能力所需的培训与教育成本以及其他具体情况。

第六节 离婚后对未成年子女的监护

监护是对由于精神、身体和智力状况以及年龄等原因在法律上需要特别保护的人给予帮助的法律制度。我国的监护制度始于1987年施行的《民法通则》。国际上普遍的改革趋势有两种:一是更细致地区分不同的监护类型，法国1804年的《拿破仑法典》将成年的被监护人区分为禁治产和浪费人,分别设置监护人和裁判上的辅助人。而法国现行《民法典》则按照1968年的法令,根据需要保护的成年人的不同需求对其的监护进行更细的划分,按照在民事生活行为中需要保护、需要持续代理和需要得到指导和监督,分为司法保护、监护和财产管理。二是简化监护设计,但监护人的职责却以被监护人的实际需求而确定。德国废止了民事上之禁治产制度，为需要帮助的成年人——不论是心神还是身体方面的原因——依职权或依本人申请设立照管人。照管人在处理被照管人的事务而有必要进行的一切活动中,遵照如下原则:符合被照管人利益的方式处理被照管人的事务;照管人在不违背被照管人利益并可能的情况下应满足被照管人的愿望；照管人应努力消除被照管人的疾病或障碍,使其好转、防止其恶化或减轻其后果,在知悉可能使照管终止的事由时应当尽快通知监护法院。

反思接管式监护在实施监护过程中忽视被监护人的意志，简单化处理其需求,各国立法开始逐渐修改其监护法,将接管变为监督和照顾,在监护人的他治中加上被监护人的自治。德国照管人被要求不违背被照管人利益的情况下应尽量满足被照管人的愿望。近代以来,各国通过监护法院、亲属会议、监护监督人等来对监护人的行为进行监督和约束。

然而随着工业化城市化的进程，国家对未成年人以及社会上弱势者的关注和保护力度越来越大,认同监护事务为纯家务事的人亦越来越少,德国1980年废除了亲属会议,日本的新民法中亦取消了这一制度。目前保留此制度的仅法国、瑞士、秘鲁,但亲属会议的功能大为削弱。现代的监护法院从设立监护人、约束批准监护行为、解除监护等全面介入监护关系,与被监护人的利益有重大关系的行为通常要求得到监护法院的认可。多数国家通过法院决定、监督监护事务的执行,是现代监护法的通例和趋势。

依现行婚姻法规定,离婚后,哺乳期内的子女,原则上由母方抚养。哺乳期后的子女的抚养,如果夫妻双方协商不成,由人民法院根据有利于子女权益和双方的具体情况判决。但在司法实践中,离婚后未成年子女大部分都判决由母亲直接抚养，且判决由父亲支付的子女的抚养费数额普遍很低。离婚时，法官更多地将未成年子女监护权判决给母亲直接行使，这是传统的性别与家庭角色观念的复制，美国许多法院和评论员认为，在涉及未成年子女案件中支持母亲监护子女的偏好违背了美国《第十四号修正案》的平等保护。奖励或者鼓励未成年子女的母亲待在家里养育子女的法律受到了极大的质疑。

离婚后，尽管父母子女间的权利义务关系不变，但显然，父母抚养子女的方式发生了变化，由双方与子女共同生活、共同抚养变化为一方作为直接抚养方，与子女共同生活，另一方通过给付抚养费和行使探望权的方式行使其抚养教育子女的权利和义务。祖父母、外祖父母是否应当有探望权；探望权不能正常行使时，如何强制执行；在何种情况下，可以中止探望权。最高人民法院在最新的司法解释中对探望权的中止作出了较为具体的规定。

德国于1990年制定《关于成年人监护、保护法的修正法案》，废止了民法上的禁治产宣告制度，对以往民法上的监护制度进行了大幅度的修改。于1992年1月1日起施行的新法案规定：①以“照管”（或“照护、支援、保护”）的观念代替了剥夺行为能力宣告制度。德国法修改以前，受到监护的成年人丧失民事行为能力，其意愿也没有得到应有的重视，法律关心的重点在于有被监护人参与的民事关系是否有效，通过监护能否达到保护交易安全的目的。新法中，被照管人的行为能力，不因照管人的选定而当然丧失或受到限制，只在极特殊的例外情形下，法院承认被照管人特定意思表示必须经照管人的同意才有效。而且法律照管的重点是对被照管人人身上的照护，其基本目的在于对被照管人保护上的“补充”，因此是以必要性为限，照管人必须尊重被照管人的意见，工作只限于对被照管人必要的保护。②照管人不限一人，可选任复数照管人，法人（如照护协会）亦可任监护人。③对于照管人之选任，应直接听取被照管人的意见，而且有详细鉴定的必要。照管人任期最长为五年，五年之内必须重新选任。被照管人保有程序上能力，必要时可为其设置诉讼上的辅佐人。

我国婚姻法应在总结立法理论与实践经验上的基础上，完善监护制度，做到尽量减少离婚对子女的负面影响，最大限度地保护未成年子女的利益。

思考题

1. 惩罚性赔偿的特点及作用。
2. 如何完善中国惩罚性赔偿制度？

第十八章
精神损害的理论内涵

第一节　国外精神损害赔偿立法的演变

关于精神损害适用物质赔偿的立法规定，可以一直追溯到约公元前20世纪的《苏美尔亲属法》。如该法第6条规定："倘夫告其妻云，尔非吾妻，则彼应给银半明那。"这里"给银半明那"即为对丈夫告发妻子"尔非吾妻"之名誉毁损的物质赔偿。由此认为，以名誉侵权赔偿为主的精神损害行为起源于古代社会。

公元前18世纪制定的成文法典《汉谟拉比法典》第一条说："倘自由民宣誓揭发自由民之罪，控其杀人，而不能证实，揭人之者应处死。"即对侵犯他人名誉权的诬陷，应追究刑事责任，《汉谟拉比法典》第2条规定："设若某人指控他人行妖术而又不能证实之事，则被控行妖术的人应走近河边，投入河中，如果他被河水制服，则揭发者可以取得他的房屋；反之，如果河水为这人剖白，使之安然无恙，则控他行妖术的应处死，而投河者可取得揭发者的房屋。"所谓"行妖术"，相当于"诽谤罪"。

在罗马法时期，将违法行为分为公犯和私犯。根据查士丁尼《法学阶梯》的解释，私犯分为四种：窃盗、强盗、对于财产的私犯、对于人身和名誉的私犯。其中对于人身和名誉的私犯即对人私犯,就是指用语言或文书毁损他人名誉和用殴打或其他暴力侵害他人身体的行为。对人私犯行为严重者,则给予相当数额金钱处罚,后来,罗马法允许受害人提起损害赔偿诉讼,投诉人自我确定赔偿数额,但裁判官可依违法行为情节等酌情增减。罗马法还规定,侵害人对于损害行为,若没有赔偿能力,则受害人可请求追究侵害人的刑事责任。著名的《十二铜表法》第8条规定了毁谤侮辱罪:“有人编造或歌唱含有毁谤或侮辱他人的歌词时,则认为必须执行死刑。”该规定用极刑处罚名誉侵害人。综观罗马法许多规定和做法,不难看出,法律十分重视对人身和名誉的保护,规定了刑事处罚和损害赔偿,但混淆了民事责任和刑事责任的界限。

1804年的《法国民法典》和司法实践初步确认了精神损害赔偿法。《法国民法典》以罗马法为基础,明确确认侵权行为法和准侵权行为法,但没有规定人身权或人格权,因此没有涉及保护人格权或人身权的精神损害行为法的具体规定。在《法国民法典》第1382条规定了一个适用于一切侵权行为的民事损害赔偿原则条文:“任何行为使他人受损害时,因自己的过失而致行为发生之人对该他人负赔偿责任。”该法条对损害没有明确范围,究竟是指“财产损害”还是“精神损害”,或者两者兼而有之?法国的司法理论和司法实践通过对该条的扩张解释来确定人格利益范围,它包括财产损失、人身损失和人格损失。在审判实践中,人格利益的损害主要有侵害非财产权、侵害人身权和侵害财产导致人格利益损害等三种情况。

1900年颁行的《德国民法典》明确建立了精神损害赔偿法。19世纪是个人主义思想占主导的经济秩序时代,每个人为追求高额利润,要精明考虑金钱的利害关系,对有形的财产损害,要计算赔偿;对无形的财产损害即精神上侵害,也要请求赔偿,因此出现了人格商品化的思想。反映在《德国民法典》出台,就有“非财产损害可请求赔偿”的法律观点。德国在1896年制定民法典时,首先在第847条明确指出了“非财产损害”的概念,即精神损害概念,对一部分人格权益如生命、身体、健康、自由、妇女贞操等，作为精神损害的客体加以保护。但是，对于金钱赔偿费财产损害，该法典作出严格的限制："对于财产损害以外的损害，只限于法律有特别规定的情形，始得请求金钱赔偿。"

1900年施行的《德国民法典》，对人格利益范围的确定采取了"列举项目""限定范围"的办法，而且人格损害的客体和非财产损害赔偿的客体的范围并不一致。保护特定人格利益有①姓名权（第12条），②生命、身体、健康、自由、所有权（第823条），③妇女贞操权，④其他权利。对于非财产损害赔偿的对象只有2条规定：①第847条第1款："不法侵害他人的身体或健康；或侵夺他人的自由者，被害人所受侵害虽非财产上的损失，亦得因受损害，请求赔偿相当的金额。" 第847条第2款："对妇女犯有违反道德的罪行或不法行为，或以诈欺、威胁或滥用从属关系，诱使妇女允诺婚姻以外的同居者，该妇女享有与前项相同的请求权。"②第1300条："行为端正的婚约当事人女方已允诺男方与其同居者，在具备第1298条（笔者注：指解除婚约时的赔偿义务）和第1299条（因过失致他方解除婚约）规定的要件时，虽非财产上的损害，女方也得请求赔偿相当的金额。"

《德国民法典》颁行至今仍保持原来的2385条，但是，德国的审判实务和单行法的规定早已突破了民法典所限定的人格利益范围，比如《旅游契约法》《航空法》《原子能法》《船员法》《著作权法》《国家责任法》《刑法补偿法》等特别法中，都明显规定了受害人可请求精神损害赔偿的权利。如在《旅游契约法》中规定："旅游无法进行或显然受妨碍时，旅客也得因利用休假无效，请求相当的金钱以赔偿损害。"

1907年《瑞士民法典》确立了较为完备的精神损害赔偿法，从立法上公开确认保护一般人格权。其第28条规定：①任何人在其人格受到不法侵害时，可诉求排除侵害；②诉请损害赔偿或给付一定数额的抚慰金，只有在本法明确规定的情况下始得允许。将"损害赔偿"和"慰抚金"两个概念加以严格区分。侵犯人格权造成两种法律后果:一是诉请"损害赔偿",其适用于侵害人格权而遭受财产损失的情形,其方式有恢复原状和金钱赔偿两种;二是诉请"慰抚金",其适用于侵害人格权造成非财产损害给予的慰抚情形,其方式有给付金钱和其他方式。

对具体人格权保护范围,瑞士、德国、法国都采用"限定法",即局限于法定范围。但是,法国限定范围不明确,德国虽然有确定的范围,但是财产损害客体和精神损害客体范围往往不一致,而且在特别法中又增加了许多不相同的人格利益项目。瑞士法则不同,其对财产损害赔偿客体和精神损害赔偿客体基本上保持一致。在13—14世纪,英国普通法中就有所谓"毁损名誉"之诉,英美法系民事立法不把非财产上损失以物质赔偿作为一项原则来规定,一般原则只是赔偿财产损失,英美法系确立精神损害行为法是在几十年之前才有的事,对精神损害行为法树立一个判例法原则,即以"非财产损害的同时造成了物理损害为要件",依此原则断定法定损害是否存在,可见法律上总是把那些无法用金钱衡量的精神损害侵权行为的后果即使应归属于损害,也认为它只是"寄生"的,这样对精神损害赔偿处于不明确的状态。人格利益是作为附属于人身利益的损害来确认的,它仅仅被看作由身体损害而造成的精神痛苦或精神打击。以此为中心项目,若是因伤害身体并直接引起精神痛苦者就构成赔偿的理由,受害人除伤害部分可以请求赔偿外,还可以对因此产生的精神损害行使赔偿请求权,但因他人原因或财产蒙受损害以致引起精神痛苦者不得请求赔偿。

以作品、图画、信件诽谤他人的行为。对于以口头方式辱骂或污蔑他人,进入20世纪70年代以后,对于人格侵权的精神损害赔偿的请求权才获得独立。在现代的英美侵权行为法中,审判实践对侵犯权利人的身体所造成的精神损害,改变了以前"人身损害"这个中心项目,确立"人格损害"为新的中心项目,依此总结出"人格损害"的三种类型:生活乐趣的丧失,与家庭成员共同生活的同居权受到侵害,可生存年限的缩短。但这三类人格权益,与英美法中其他人格利益如名誉权、隐私权、荣誉权等,都是相对独立的概念。英美法对名誉权、隐私权等保护,是采用特别或具体的判例法来规定的。比如1952年英国的《名誉保护法》,1974年美国的《隐私权法》《家庭教育及隐私权法》《财产隐私法》等。

第二节　中国精神损害赔偿问题

中国在确定精神损害赔偿范围问题上,从侵害权利客体看,属于"多重权利确定说";从精神利益损害角度看,属于"人格权利赔偿说"或"人格利益赔偿说";从权利主体保护的角度看,属于"一般主体精神损害赔偿说",从立法模式上看,通说认为,现行中国《民法通则》所确定的精神损害赔偿范围类似于德国的"特别限定型"。依《民法通则》第120条规定,精神损害赔偿范围仅限于名誉权、肖像权、姓名权、名称权和荣誉权(亦简称"五权";若将姓名权和名称权合在一起,又称"四权")受侵害的情况。"四权"之外的其他人身权和人格权(如生命权、身体权、健康权、隐私权、贞操权、自由权)受到不法侵害,受害人不得请求精神损害赔偿。1992年4月3日颁布的《妇女权益保障法》第39条规定:"妇女的名誉权和人格尊严受法律保护。"提出保护妇女的名誉和人格。1994年1月1日施行的《消费者权益保护法》第43条规定精神,经营者违法地侵犯消费者的人格尊严和人身自由的,可承担精神损害赔偿责任。但上述规定不能适用一般意义上的侵犯人格尊严和人身自由的行为。因此,我国的精神损害赔偿的适用范围实际只限于《民法通则》第120条规定范围。

《民法通则》所确立的精神损害赔偿原则,是推定式不是法定式。实行的仍然是一种限制性精神损害行为法。《民法通则》对适用客体范围的限制性与通则所确立保护的人身权范围是不一致的。《民法通则》第5章第4节规定的特殊人身权各自以不同的人身权益或人格利益为基础,具体来分,这些人身权保障着民事主体四个方面的人格利益，构成精神损害行为法的不同客体：①保护着公民生理活动能力方面的人格利益，包括生命权和健康权；②保护主体获得合乎实际的社会评价和尊严方面的人格利益，包括名誉权、荣誉权和隐私权；③保护主体人身专有标识方面的人格利益，包括姓名权和肖像权；④保护公民合法地以自己的意志支配自身活动，使其不受干预方面的人格利益，主要指婚姻自主权、男女平等权。这四个方面的人身权结合在一起，才能既保护人作为生物机体所固有的自然属性的人格利益，又保护人在自我意识、社会属性上的人格利益。

2001年3月8日最高人民法院《关于确定民事侵权精神损害赔偿责任若干问题的解释》第1条规定："自然人因下列人格权利遭受非法侵害，向人民法院起诉请求赔偿精神损害的，人民法院应当依法予以受理：（一）生命权、健康权、身体权；（二）姓名权、肖像权、名誉权；（三）人格尊严权、人身自由权。"该司法解释将隐私权、监护权，死者名誉权列为精神损害赔偿的客体范围。这是保护民事主体权利的需要，表明中国精神损耗赔偿范围在立法和司法上的扩张已成为不可逆转的趋势。

但是，中国精神损害赔偿制度仍处于完善过程中，制度的缺陷呈现多方面的问题，在权利主体方面，《民法通则》第120条规定：公民的姓名权、肖像权、名誉权、荣誉权受到侵害的，有权要求停止侵害，恢复名誉，消除影响，赔礼道歉，并可以要求赔偿损失。法人的名称权、名誉权、荣誉权受到侵害的，适用前款规定。根据这一规定，有权提出精神损害赔偿要求的，限于受侵害的公民和法人。但是，2001年3月8日高院的"司法解释"第5条规定，法人或者其他组织以人格权利遭受侵害为由，向人民法院起诉请求赔偿精神损害的，人民法院不予受理。1991年4月9日颁行的《民事诉讼法》在程序上规定了保护法人和其他组织的人身权。《民法通则》第120条规定，公民、法人的"四权"受到侵害时，有权要求停止侵害，恢复名誉，消除影响，赔礼道歉，并可以要求赔偿损失，2001年3月8日的"司法解释"第8条规定仍然采取此种排列。从该法条的立法技术上看,立法者把非财产责任方式排在前面,把财产责任方式排在后面,立法用意是前重后轻,即要求在适用责任方式时,首先是适用非财产责任方式,即要求在适用责任方式时,首先是适用非财产责任方式,财产责任方式是一种辅助性的,次要的方式。

《日本民法典》第723条对侮辱名誉就作了这样规定:"对损坏他人名誉者,法院因受害人的请求,可以命令代损害赔偿或与损害赔偿一起实行恢复名誉的适当处分。"可见,《日本民法典》是把损害赔偿责任置于首位,其次是"恢复名誉,赔礼道歉"之类的责任,这种立法经验对我们很具有启示作用。《民法通则》对精神损害行为的规定放在侵权责任一章中,把精神损害限制在侵权行为的范畴。对违约行为造成的精神损害,受害人便无法请求精神赔偿。因犯罪行为造成公民、法人精神损害的,被害人也不得提出刑事附带精神赔偿诉讼。

根据1979年7月我国颁布的《刑事诉讼法》的规定,提起附带民事诉讼的重要前提之一,必须是被害人要求赔偿的损失是物质损失。精神损失不可提起附带民事诉讼。2001年3月8日"司法解释"第6条规定,当事人在侵权诉讼中没有提出赔偿精神损害的诉讼请求,诉讼终结后又基于同一侵权事实另行起诉请求赔偿精神损害的,人民法院不予受理。

近年来,世界许多国家的立法已把保护人身权利制度和保护财产权置于同等重要地位,对人格权的保护趋向于更为全面和具体。英国、泰国、埃及、阿根廷等国在精神损害客体上都采取趋于无限性保护制度。在责任方式上,不少国家和地区都采用金钱赔偿和非财产方式并重的"双轨制"。在某些情况下,甚至把金钱赔偿置于首位。相比之下,我国精神损害行为的保护范围便显得过于狭窄,现代民法人格权制度的发展趋势是将保护的对象从特殊人格权扩展至一般人格权。民法对非财产赔偿责任也由采取特别限制原则改为采取一般概括原则,从而加强对公民人格权受到侵害时的积极救济。

第三节 精神损害的界定

在大陆法系中,《法国民法典》以及其他属于法国民法法系的国家,如比利时、卢森堡等国的侵权法均未规定损害的分类以及各类的含义,而仅是规定了损害,如《法国民法典》第四编"非经约定而发生的债"中第2章"侵权行为与准侵权行为"之第1382条规定:"任何行为致他人受到损害时,因其过错致损害发生之人,应对该他人负赔偿责任。"这样,精神损害则归属于损害这一上位概念之下,并作为损害赔偿责任适用的一个法律事实。在大陆法系其他国家或地区的法律规定中,将损害作为基础性概念,在损害之下又区分财产损害和非财产损害,且两者均可作为适用损害赔偿责任的法律事实。《德国民法典》第847条第1款第1项规定:"不法侵害他人的身体或健康,或他人自由者,被害人所受侵害虽非财产上的损失,亦得因受损害,请求赔偿相当的金额。"在英美法系中,精神损害在其法律中的地位则与大陆法系有所不同。其差异在于两个方面:一是英美法系并非像大陆法系严格区分财产损害和非财产损害,二是将损害区分为特别损害和一般损害。特别损害是指可用金钱准确计算的损失, 一般损害则指不能精确计算也不能实际证明而只能以一个总额加以赔偿的损失。这种总额赔偿的对象既可以是财产损失,也可以是非财产损失。其中的财产损失是指那些未来将发生的损失,如尚未发生的费用、误工损失;非财产损失则指那些始终不能以金钱加以衡量的损失,如痛苦和疼痛及社会生活的丧失。正是由于这种独特的划分,在多数的英美法判例中,精神损害作为损害赔偿责任要件之一必须附有"非财产损害同时造成物理损害"的条件,即精神损害仅处于财产损害的附从地位,凡未造成财产等实际对于物的损害的, 一般不能独立作为引起损害赔偿责任的法律事实。发生精神损害赔偿, 而无须证明精神损害的实际存在及其范围和数额。在须证明的实际损失之损害中，请求精神损害赔偿，则须证明损害的实际发生和范围。

对于精神损害的含义，争议的焦点在于：精神损害是否是独立于非财产损害的可以引起损害赔偿责任的法律事实？存在两种不同的认识：其一，认为精神损害与非财产损害不同，它是包含于后者之内的一种独立的损害事实；其二，精神损害与非财产损害含义相同，均是同一的引起损害赔偿责任的法律事实。“损害”一词，来源于拉丁文Damunum，其英文为damage，按照《牛津法律大辞典》的解释：“损害，为在法律上被认为是可控诉的情况下，一个人所遭受的损失和伤害。”损害的形式可以是对人身的、对名誉的、对经济利益的、对财产的或者对其他方面的损害。而损失，指经济上的损害。

包含着财产损害与非财产损害的损害事实，其含义在大陆法系中始终存在争议。①利益说。所谓损害，系指被害人对该特定损害事故之利害关系。该学说由德国学者莫姆森（Mommsen）于1855年首倡，特点是：其一，利益说视损害等同于被害人之利益，即利益等于损害，具体观察利益之是否存在及其大小问题，借助于被害人受损前与受损害之差额确定，如果两种财产状况相较而无差额或其差额为正，则以利益之不存在而否定损害之存在；其二，具体衡量损害即利益时，以被害人受损前与受损后两种财产状况为准而计算其差额。具体来说，两种财产状况是指被害人在损害事实发生后所有之财产额及假设损害事实不发生的情况下被害人应有之财产额。

②组织说。德国学者厄尔特曼（Oertmann）于1901年发表《请求损害赔偿时之损益相抵》，指出法律主体引起财产之构成成分被剥夺或毁损或其身体受伤害而所受之不利益。损害之发生常伴有物被剥夺或毁损或其身体受伤害等现象，因此该因剥夺、毁损或其身体受伤害所发生之损害是真实损害，而真实损害在整个损害之观念中，应当具有独立性，即此种真实损害为损害之一构成成分，损害之观念也并非单纯计算上之大小，而是由不同的构成成分所组成的。组织说本身亦有缺陷：其一，组织说认为客观损害为构成损害

之一部分的见解，虽然在损害事故发生于特定物的一般情形可以适用，但当损害事故发生于赔偿权利人整体财产如因迟延履行及故意以违背善良风俗之方法给他人造成损害的情形，则因客观损害并不存在而无法适用。其二，损害可分为客观损害及整体财产上之损害这两种成分。一般来说，损害之衡量，应单纯以客观物价为标准，而计算该损害之标准时，亦应以损害事实发生时为依据。相反，整体财产之衡量，应采主观标准，斟酌所有属于赔偿权利人之主观因素，而且计算损害时，其标准是愈合，则愈合与真实差额相符合，由此，则导致损害观念之分裂。其三，当主观损害大于客观损害时，赔偿请求权人有自由选择权。而因客观损害与权利人主观利益时常不一致，承认赔偿权利人自由选择权将使损害之范围处于不确定的状态。

在罗马法中，实际并不严格区分财产损害与非财产损害及其后果，而是对损害采取以金钱衡量的方法，基于“债务必须具有金钱价值”的观念，将凡是不能以金钱衡量的损害排除于损害概念之外。因此在罗马法中，尚不能谓有精神损害或非财产损害概念的产生，也不能谓有财产损害与非财产损害之区分。自近代以降，《法国民法典》受限于第1382条规定了适用于一切侵权行为的损害赔偿的条文：“任何行为使他人受损害时，因自己的过失而致，行为发生之人对该他人负赔偿责任。”据法国司法和理论解释的结论，在法国法上，非财产上之损害赔偿所适用之规定与财产上损害赔偿并无不同，真正在立法和理论上对损害作严格区分的是《德国民法典》。《德国民法典》在对个别人格权予以立法保护的基础上，于该法第253条规定：“非财产上之损害，以法律有规定为限，得请求金钱赔偿。”

按照大陆法系传统理论对财产损害和非财产损害的区分，对财产损害，一般不附加损害程度上的限制，即使数额微小，受害人仍能获得救济。但对于精神损害赔偿，只有在该损害是“严重的”或“特别严重”的情况下，精神损害才具有可赔偿性，才被认为是法律上的损害。否则，即使受害人自身受有非常之痛苦，如依一般社会观念认识或未能提供相应之证据，则仍不能获得任何救济。有些大陆法系国家已经认可类似于英美法自身可诉性损害的事件损害，即当侵害行为指向人格利益，则受害人无须实际证明损害的存在而可经过推定认为已经发生损害，这种损害也正是指因此人格权益受损害所引起的受害人生理与心理之痛苦。例如，西班牙第1982/1号法第9条第3款设有"关于名誉、个人及家庭隐私权致敏法保护"之规定。根据该判决，在存在对上述法益之侵害的情况下，法律可推定非财产损失的存在，对上述法益的侵害，本身即被视为损害。

从大陆法系的立法及民法理论来看，损害有两种不同的法律地位和含义，其一是作为责任构成要件的损害，其二是作为责任承担时确定责任范围的损害，不仅是作为责任构成要件的损害。第二种意义的损害，其本质是精神损害范围与精神损害赔偿范围的损害。作为责任构成要件的损害，又分为财产损害与非财产损害，而精神损害仅是非财产损害中的一类。对于精神损害的含义，大陆法系要求必须实际发生自然人生理与心理之痛苦，普通法则指针对自然人所得享有之基本权利的特定侵害行为。进而，精神损害只能发生于自然人，而不能发生于任何组织体。对精神损害的此种认识，实际上已经为我国的司法实践所认可。

在现代侵权行为中，财产权、人身权、人格权是权利主体享有的三项基本权利。其中，人格权作为一项独立的制度，是在20世纪以后才逐步形成的。1986年通过的《民法通则》，正式确立了保护人格权的精神损害赔偿制度。从民事权利角度来说，人格权、知识产权、人身权和财产权，已成为权利主体享有的四项基本权利。这是各国民事法律和立法发展的必然趋势。

从各国立法和司法情况来看，以人格权来确定精神损害赔偿范围可分两种情况：①以具体的人格权被侵害来确定精神损害赔偿范围。大陆法系大多数国家持这种做法。如《德国民法典》规定，侵害身体权、健康权、妇女贞操权、旅游休息权，剥夺自由权和解除婚约等致人损害的，可请求精神损害赔偿；理论界对一般人格权被侵害可否列入精神损害赔偿范围，仍有争议。②

以一般人格权和列举的具体人格权益一起构成精神损害赔偿客体。瑞士民法就是采用这种做法。

大陆法系大多数国家主张人格权作为精神损害客体，中国法学界不少人持这种主张，认为我国《民法通则》所规定的人身权实际上是人格权，因此主张人格权作为精神损害的客体。一般认为，人格权是权利主张具有独立人格所必需的权利，即法律赋予权利主体为维护其品格、信用、生存、发展等与人身和人格不可分离的非财产上的做人的民事权利。民法学界有人把人格权叫作“纯粹人身权”或“净化的人身权”，说明权利主体如果没有法律上独立的人格那就根本谈不上真正的人身权。有学者认为，人格权分为“个人之人格权”和“其他人格利益”。个人之人格权包括中国台湾地区相关法规中指出保护的姓名权、生命权、身体权、健康权、名誉权、劳动能力、自由权，还应包括刑法等法律所保护的贞操权、信用权、秘密权等权利。“其他人格利益”包括肖像、声音、精神生活之利益（如观念生活纯正、智能作物、感情生活）。至于肖像是否成为权利，予以保护，应区别不同情况予以对待，有的应对肖像给予保护，有的则不予保护。身份权分为一般身份权和特定身份权。前者如姓名权、名称权、婚姻自主权、亲权（基于婚姻、家庭关系的身份权）等，后者如职称权、荣誉权、监护权以及著作权、发明权、发现权、合理化建议的身份权等。有的人不同意把“婚姻自主权”归入身份权，而属于人格权。荣誉权亦是如此。有人认为，姓名权、名称权、肖像权等具有双重性，既属于人格权，又属于身份权。

人格尊严与名誉权既有联系又有区别，两者都具有人格价值和社会价值的自我认识和评价。侵害权利人名誉权的行为，都会在不同程度上损害该权利人的人格尊严。人格尊严和名誉权在许多方面表现出重大的区别：名誉权的主体既可以是公民，又可以是法人和非法人等其他组织、团体。人格尊严权的主体除了上述人和组织之外，还可以扩大到国家、地区。人格尊严权的客体是宽泛的，可以泛指人格权对象。而名誉权的客体是特定的，仅指向名誉，如果认为名誉权包括了人格尊严，必然会把名誉感和自尊心作为名誉权的客体，这会造成不适当地扩大名誉权保护范围的不良后果。名誉感和自尊心可以作为人格尊严权的客体，但不能作为名誉权的客体。史尚宽主张将名誉感作为名誉权的客体："侮辱为名誉感之侵害。"大陆学者王利明分析史观点的理由是："主张名誉权的客体应包括名誉感的主要理由是：侮辱行为主要是针对名誉感的，一般不会使受侮辱者的社会评价受到不良影响，即使有影响，也是显著轻微的。名誉感极易受到损害，假如不保护名誉感，那么侮辱行为就不能受到追究，受害人的权益难以获得有效的保护。"但王利明不同意名誉感作为名誉权的客体，其观点是正确的。名誉与名誉感毕竟不同，名誉是一种社会评价，名誉感是公民内心的情感和自我评价。在很多情况下，损害他人的名誉感，并不一定会损害他人名誉。如果名誉权的客体包括名誉感，则不仅不能确定名誉权的特定的客体，而且其他的人格权，如姓名权、肖像权、荣誉权等也要相应地以某种情感为客体，这样对人格权保护的范围就过于宽泛，势必使有关人格权侵害的案件猛增，反而不利于社会安定和人与人之间的和睦相处。尤其应当看到，名誉感虽容易受到伤害，但法律保护名誉感是极为困难的。因为某人的名誉感与其应有的社会地位和社会评价在许多情况下可能是不一致的。名誉权的客体包括名誉感的观点，也不能解释法人的名誉权，法人作为一种社会组织，不像自然人那样具有名誉感和自尊心。因此，认为名誉权的客体应包括名誉感的观点，不能解释法人名誉权的客体。

名誉权在内容上也是特定的，不能无所不包，有许多侵犯人格权的行为，可以适用关于名誉权的规定，但是许多侵害人格尊严权的行为，却很难适用关于名誉权的规定。比如，写匿名信、打电话（包括匿名电话）骚扰他人，造成精神不安，用各种恐吓和胁迫的方法致人精神痛苦，在第三人不知的情况下，只能构成人格尊严侵权，而不构成名誉侵权。侵害名誉权的行为，必然造成对受害人社会评价的降低，但是侵害人格尊严权的行为，未必会给受害人造成社会评价的降低;有的只是伤害自尊心。侵害名誉权和人格尊严的行为,在适用“恢复名誉”的责任方式上却是不同的,名誉侵权的行为,可以责令行为人承担恢复名誉的责任方式,而人格尊严侵权行为,由于行为人未必给受害人造成名誉赔偿,因此未必请求行为人承担恢复名誉的责任方式。

隐私权作为一项重要的人格权,成为精神损害的客体。最高人民法院《关于确定民事侵权精神损害赔偿责任若干问题的解释》第1条、第2条规定:违反社会公共利益、社会公德侵害他人隐私或者其他人格利益、受害人以侵权为由向人民法院起诉请求赔偿精神损害的,人民法院应当依法予以受理。隐私权一语最早由美国学者萨缪尔·D.沃伦和刘易斯·D.布兰戴斯于1890年在《哈佛法学评论》(第4期)发表的《隐私权》一文阐发。其后,美国法律与判例逐渐承认了隐私权。许多国家的宪法、法律相继确认隐私权。如德国等大陆法系国家民法传统上虽无隐私权的概念,但通过宪法确立的一般人格权,亦将隐私纳入法律保护范围。隐私权的保护为许多国际人权公约所肯定,如1950年《欧洲人权公约》、1966年《公民权利与政治权利公约》等。

隐私,是指自然人与公共利益无关的个人私生活领域,就其范围而言,包括私人信息、私人活动和私人空间;就其目的而言,可分为私生活秘密、私生活安宁和私生活决定等;其宗旨在于合理划分公共利益与私人生活,保障私生活自由,是一个健康的多元社会的根基所在。隐私权为绝对权,任何人对于他人的隐私,都负有不得侵害的消极义务。未经本人同意,禁止非法窥视、窃听、刺探、窃取、偷录、偷拍、披露他人的私人信息,侵入他人私人空间,跟踪、骚扰他人私人生活。否则,即构成对权利人隐私权的侵犯,应当承担侵权责任。在不同的场合下隐私的含义不尽相同,有时,隐私一词的含义可涉及信息的获得或披露。有时又指身体隐私,有时又指所有权或者控制权,有时又指个人的决策权。总之,隐私一词带有信息、身体、财产和决定等方面的含义。对隐私本身理解的差异导致了对隐私权本身的不同理解。

美国有的学者也认为,无论是在普通法上还是从隐私的字面理解,隐私权都包含了个人对关于他(她)本人的信息的控制。隐私权的客体为隐私，范围及于整个私生活领域。隐私是一种与公共利益、群体利益无关的，当事人不愿他人干涉的个人私事和当事人不愿他人侵入或他人不便侵入的个人领域。这注定了隐私权将面临无穷无尽的来自公共领域的挑战，包括社会公众好奇的目光、言论表达的自由、大众传媒的责任、科技进步的风险等。

隐私权不能仅限于人格权的范畴，还包括财产权，将私人信息的权利配置给个人，个人就能够控制其私人信息从而形成了对其私人信息的财产权。西方很多隐私权理论都是建立在财产权的基础之上的。有学者认为："传统法律理论不足的本质在很大程度上支配着隐私权实质。但这一点必须进行改革，隐私权必须被视为一种财产权(而非人身权)，只有这样它才能够转让并最终能由受让人予以利用。"私人信息财产权允许将私人信息的收益内化，这样可以避免因信息的公共产品属性而产生的"搭便车"现象。在私人信息权利私人所有的情况下，任何其他人不得无偿使用该权利资源，他们必须支付价格即机会成本之后，才能使用该权利资源。隐私权是指维护隐私的权利，其核心内容是对个人的隐私依照自己的意志进行支配的权利，隐私权是公民的人格权，公民对自己的隐私有权隐瞒，使其不为他人所知。是维护自己的人格尊严所必须。权利人可以利用自己的隐私，以满足自己精神上或物质上的需要。权利人有支配自己的隐私，准许或者不允许他人获悉或者利用自己的隐私的权利，这是隐私权的核心。权利人可以根据自己的需要公开自己的隐私，或者允许他人察知其个人活动和个人领域，准许他人利用自己的隐私，等等。当自己的隐私权被侵害的时候，权利人有权寻求司法保护，可以向侵权人请求依法承担民事责任，也可以向法院起诉，请求依法保护。

我国长期以来缺乏隐私和隐私权保护的概念。不恰当地使用个人数据侵犯个人隐私的情况到处可见。如美国的社会安全号SSN由9位数字，3部分组成，SSN中不包含任何个人信息。而我国大陆颁发的新身份证号码格式为999-999-9999-99-99-999-9由18位数字构成。其中，第7位到第14位是身份证持有者的出生年月,根据第17位的奇偶性可以用来区分性别。在小小的身份证号中就包含了众多的个人信息。

我国的《民法通则》第100条规定:“公民享有肖像权,未经本人同意,不得以获利为目的使用公民的肖像。”第101条规定:“公民、法人享有名誉权,公民的人格尊严受到法律保护,禁止用侮辱、诽谤等方式损害公民、法人的名誉。”1988年,最高人民法院在《关于贯彻执行〈中华人民共和国民法通则〉若干问题的意见(试行)》第140条规定:“以书面、口头形式宣扬他人隐私,或者捏造事实公然丑化他人人格,以及用侮辱、诽谤等方式损害他人名誉,造成一定影响的,应当认定为侵害公民名誉权的行为。”《妇女权益保障法》第39条规定:“妇女的名誉权和人格尊严受法律保护。禁止用侮辱、诽谤、宣扬隐私等方式损害妇女的名誉和人格。”

隐私权保护问题或者说个人信息保护问题,由于网络的发展和信息化、电子政务、电子商务的广泛应用已经日趋严重。在进行个人数据处理时,人们对政府、组织和企业提出了更高的要求,由于网上、网下侵犯隐私的事件时有发生,公众和消费者对当前的隐私保护状况普遍不满;更为迫切需要关注的是,国际合作交往中越来越重视对个人数据的保护问题。美国和欧盟经过两年多的协调、磋商和谈判,到2000年通过“安全港协议”之后才初步解决了电子商务中的隐私权争端问题这一事实。

由于我国没有“隐私权保护法”(或个人信息保护法),我国企业在欧盟、北美等地区已遭遇到了被禁止收集客户信息的局面, 为区别对待外国企业与其他国家企业,实行“差别待遇”的理由,但这一切又不违反世界贸易组织公平竞争的原则,其结果是我国的企业处于“不公平竞争”的地位,经济利益上受到严重影响。隐私权属于人格权,具有突出的精神利益,体现的是人格利益,个人信息的收集、处理或利用,直接关系到信息主体的人格尊严,理应成为精神损害行为法所保护的客体。

自由权是一种重要的人格权,罗马法上的自由,通常指的是一种自然权利，1789年法国的《人权宣言》称："人们生来是而且始终是自由的，在权利上是平等的。"该宣言将资产阶级启蒙思想家提出的"天赋的自由"上升为法律权利。1900年的《德国民法典》最早以立法形式保护了公民的"自由"权利。第847条规定，不法侵夺他人自由者，受害人可请求赔偿精神损害，这开创了将自由权作为精神损害客体的先例，后为许多大陆法系国家和地区所仿效。英美法中的自由和自由权虽然概念并不相同，但用词表达同一个"自由"。英美法对自由权的定义：遵从个人的自由选择，指导个人外在行为不受他人约束、强迫、控制的意志的权利。在民事侵权法和判例法中对侵犯自由权者，如非法关押他人，应承担损害赔偿责任。

外国民法典同时规定"身体权""生命权""健康权"，我国理论界认为生命权和健康权里包含了"身体权"。2001年3月8日最高人民法院《关于确定民事侵权精神损害赔偿责任若干问题的解释》同时规定了生命权、健康权、身体权。

身体权，是一种保护自然人身内外组织器官完全完整和个体不受侮辱等非法侵害为内容的一项权利。身体权是一项独立的人格权。先天身体瑕疵者不在此限，美丑不应属于身体权的内容。侵害行为具体表现形式有：身体内外部的有形组织受到侵害，虽然身体完整性未遭到破坏，但有伤害身体的结果。虽无伤害身体的结果，但行为人采用暴力和其他不法方式，致人身受到严重侮辱的，也构成侵权行为。构成身体侵害，不以受害人是否感觉肉体、精神痛苦为必要条件，只要存在身体内外组织受到破坏、损害和暴力伤害的，就构成侵权行为。

生命权是公民依法享有的生命安全不受非法侵害的权利。生命是公民人体所具有的活动能力，是公民作为权利主体而存在的物质前提。健康权是公民依法享有的身体（生理和心理）健康不受非法侵害的权利。身体健康是指人的肢体、器官及其机能处于完好状态。保护健康权，既要保护公民身体器官（包括肉体组织和生理机能）不受非法侵害的权利，又要保护公民精神健康不受非法刺激、损害的权利。

根据《日本民法典》第709条和第710条规定，不仅人身权受侵害时，受害人可请求非财产赔偿，就是财产权受到侵害，造成受害人非财产上损害的，也可请求抚慰金，日本民法将人身权和财产权作为被侵害客体，由此确定精神损害赔偿范围。当然，对这些赔偿范围不是不加限制的，对人身权的侵害限制在侵犯身体、生命、自由、名誉等几种法定人身权益上，而对财产权侵害，一般限制在一些重要的财产权（如名贵的字画、古董等珍藏品和宠物）。审判实践中，允许通过判例，扩大一些非财产损害赔偿范围（包括法人的非财产损害赔偿）。日本民法对精神损害赔偿范围持“双重权利确定说”。这种“双重权利确定说”，也可以认为由身份权和人格权作为客体，共同确定精神损害赔偿范围。

人身权是人的最基本权利。它是以体现人身的利益为内容的，因而与权利主体的人身不可分离，财产权是一种非人身权，而人身权是一种非财产权，人身权是一种身上权，主要体现在一个人肉体上、精神上、信用上、道德上的性质，它与特定人身的形体、特征、品格、素质、才干、名誉、信用、形象、社会评论等密切相连，因此人身权具有人身内容利益性。人身权是一种绝对权，即权利人并不需要他人的积极行为的协助，就可直接具备和实现自己的权利，任何人都必须承担这样的义务，不得妨碍权利人行使和实现其人身权利；特定主体所享有的人格尊严等人身权利受到国家法律保护，在任何情况下不受非法侵犯。人身权是一种专有权，它只为特定的权利人所固有，具有排他性。

人身权和财产权的联系体现在，它们都是一种民事权利，由人身权所产生的人身关系虽然本身不是商品关系，但是它与表现为商品的财产有着某种意义上的联系。许多人身关系已转变为商品关系。一般来说，人身权受到侵害时也可能会给权利人造成财产上的损失，这就使得人身权和财产权的某些因素发生了某种联系。财产权是通过权利人来行使的，如果权利人的人身权和人格权受到损害，就不能正常地行使其财产权。虽然人身权没有直接的财产内容,但是有一部分(不是全部)人身关系与财产关系有联系,这部分的人身关系往往是发生财产关系的前提或依据。

根据人身权与财产权利的关系,可以将人身权分为“与财产权利无关的人身权”和“与财产权利有关的人身权”。所谓与财产权利无关的人身权,是指那些只以民事主体的精神利益为内容而不直接体现财产利益的人身权,如生命健康权、姓名权、名誉权、肖像权等。所谓与财产权利有关的人身权,是指那些可以产生一定的财产权利的人身权,如著作权、发明权、发现权、专利权等。

关于财产权作为精神损害客体问题。《日本民法典》第710条规定,除了损害他人身体、自由、名誉情形之外,行为人损害他人财产权情形的,若产生财产以外的损害,还应赔偿。日本民法主张将财产权作为精神损害客体,绝大多数国家(包括中国)并不主张把财产权作为精神损害客体。财产权是以财产利益为内容,直接体现某种物质利益。同时,财产权是一种身外权,它虽然也体现了人与人之间的一种社会关系,却是基于对财产的占有、使用、收益和处分而发生的一种社会关系，财产权的存在一般不能构成一种独立法律关系,它必须与权利主体一起才能形成一种法律关系。因此财产权可以是绝对权,如财产权;也可以是相对权,如债权。财产权不是一种完全的专有权,在许多情况下,对它允许转让或者依法处分。财产权存在所产生的财产关系是一种商品关系，侵犯财产权的责任原则只能够适用等价有偿原则等有关调整商品关系的民法原则,也适用一些有关商品经济活动的法律规范。

最高人民法院《关于确定民事侵权精神损害赔偿责任若干问题的解释》第4条指出,具有人格象征意义的特定纪念品,因侵权行为而永久性灭失或者毁损,物品所有人以侵权为由,向人民法院起诉请求赔偿精神损害的,人民法院应当依法予以受理。

把知识产权作为一项独立的制度,写入《民法通则》这种民事普通法之中,中国是第一个,知识产权是基于一定身份发生的一种权利,同时具有财产利益和人身利益的智力成果方面的权利。正因为知识产权具有人身权的性质,决定了它与精神损害赔偿法存在着千丝万缕的联系。原民主德国把著作权列入人格权范畴加以保护,表明了著作权是精神损害赔偿的客体。1964年2月公布的《捷克斯洛伐克民法典》第16条规定"由于对人身保护权的非法侵犯造成的损害,依照本法关于损害责任的规定承担责任",具体规定的可作为精神损害赔偿的客体包括:生命权、健康权、名誉权、姓名权、肖像权,以及个人性质意见,私人文件、风景照片、录音等权益。

知识产权已从财产权和人身权中分离出来,成为受法律保护的基本民事权利。虽然《民法通则》没有明确规定将知识产权作为精神损害赔偿的范围,但从《民法通则》第120条规定的"赔偿损失",可作为侵犯"四权"(具体人格权)产生精神损害赔偿的依据,那么,第118条规定中侵犯公民、法人的"六权"(具体知识产权)所承担的"赔偿损失",理应也包括精神损害赔偿。对此,中国司法界对侵犯著作权、专利权、商标专用权、发现权、发明权和其他科技成果权等知识产权能否进行精神损害赔偿处理,形成了不同的认识和做法。

商业秘密作为精神损害客体问题。我国《民事诉讼法》第100条规定,人民法院审理案件,要保护国家秘密、个人隐私和商业秘密。根据《反不正当竞争法》第10条规定,所谓商业秘密,是指不为公众所知悉,能为权利人带来经济利益,具有实用性并经权利人采取保密措施的技术信息和经济信息。商业秘密是一种无形的精神财产,是权利人拥有的技术信息和经济信息。这种信息包括工业技术秘密和商业经营秘密。商业秘密权是权利人依法保护工业技术秘密和商业秘密信息不受侵害的权利,它作为企业法人和其他商业性及生产经营性非法人组织的一项权利,既属于工业产权,又属于民事权利。所以商业秘密权既受经济管理法和行政法保护,又受民法保护。

商业秘密权与人身权利存在着紧密联系性,离开人身权,就无从谈起商业秘密权及其保护,商业秘密权具有人身权的性质,决定了它与精神损害行为法所保护的客体的联系性。

第十九章
惩罚性赔偿制度的立法现状

惩罚性赔偿又称示范性赔偿或报复性赔偿，是指加害人向被害人支付的、超过其财产损害范围的一种金钱赔偿。

第一节 惩罚性赔偿制度的历史沿革

惩罚性赔偿制度最早可以追溯到古代的巴比伦、以色列、罗马和印度。在古罗马，侵权行为法的制裁功能不仅在于填补损害，而且在于制止纠纷当事人之间进行私人报复和械斗。例如，《十二铜表法》将盗窃、抢夺或伤人等应由国家追究刑事责任的犯罪行为归类为私人间的侵权行为。为制止这类侵权行为，被害人可以请求被盗窃物品价值的二至四倍作为损害赔偿。

严格意义上的惩罚性赔偿制度却产生于中世纪英国。1763年Wilkes v. Wood一案被认为是英国最早承认惩罚性赔偿制度的案件。1763年，英国与法国为结束战争而签署合约。根据该合约，英国保留对北美的统治权，但放弃对加勒比海岛屿的统治权以及在加拿大东海岸的渔业权。该案的原告维尔克斯(John Wilkes)是英国国会中抨击政府态度最强硬的议员。他在自己创办的刊物中批评英国政府无能，并谴责英王为叛国贼。英王下令以破坏社会治安与诽谤罪起诉该杂志及该文作者。英国行政机关签署了45份逮捕搜查令,但搜查令中没有载明特定罪犯的姓名。原告因此被逮捕并讯问,后来被释放。原告释放后立即对执法人员提出侵权行为损害赔偿之诉，其理由有二:一是法官并未签发逮捕搜查令;二是行政机关的逮捕搜查令并未载明欲逮捕者姓名。陪审团判决被告赔偿原告1000英镑作为损害赔偿金。被告不服,提起上诉。上诉法官认为:“损害赔偿制度不仅要填补被害人损失,而且要惩罚违法行为,以制止未来的类似情形再次发生。因此陪审团有权判决比实际损害更高的赔偿金额。”惩罚性赔偿制度在英国得以确立,与普通法的发展历史密切相关。在英国普通法早期,陪审团对于具体案件的调查和审判起着关键作用。由于陪审团非常熟悉诉讼案件的相关事实,再加上法官对于损害赔偿数额并无明确的衡量标准，因此陪审团有权判决被告人承担超越损害填补数额的赔偿金额。到了18世纪末期,虽然普通法院对侵权、契约与财产案件确立了损害赔偿标准，但法院仍然不愿干涉陪审团超越损害赔偿金额的判决。早期的英国普通法院认为,精神痛苦无法以金钱衡量,因此受害人不得请求损害赔偿。而惩罚性赔偿制度恰好可以弥补填补性损害赔偿制度的不足,有效地对当事人地位不对等案件中的受害人予以赔偿和救济。美国法院于1784年在Genay v.Norris一案中最早确认惩罚性赔偿制度。德国、法国和日本等大陆法系国家均无惩罚性赔偿制度。其损害赔偿制度强调填补性损害赔偿原则。我国《消费者权益保护法》第49条规定:“经营者提供商品或者服务有欺诈行为的,应当按照消费者的要求增加赔偿其受到的损失,增加赔偿的金额为消费者购买商品的价款或接受服务的费用的一倍。”该条实际上规定了经营者的惩罚性赔偿责任。

自19世纪以来,惩罚性损害赔偿转向制裁和遏制不法行为,而主要并不在于弥补受害人的精神痛苦。惩罚性赔偿不仅适用于侵权案件,也适用于合同案件。自21世纪以来,由于大公司和大企业蓬勃兴起,其制造各种不合格的商品导致对消费者的损害，需要通过惩罚性损害赔偿的办法遏制不合格的商品的泛滥,阻止企业生产危险的商品,从而保护广大消费者的利益。惩罚性损害赔偿逐渐适用于产品责任,同时赔偿的数额也在不断提高。自20世纪60年代末惩罚性赔偿极少适用于产品责任,自70年代后增长很快,但在80年代中期以后又逐渐下减。其原因在于,自80年代中期以后,美国掀起一场对惩罚性损害赔偿的批评运动。许多学者认为,惩罚性赔偿在产品责任中的广泛运用妨碍了经济的自由,对美国的经济和科技的发展造成了不良影响。由于许多学者对惩罚性赔偿的扩大适用提出了批评,由此引发了一场有关惩罚性赔偿的合理性的争论。有一些人主张对惩罚性赔偿制度实行改革,另一些人则反对改革。但尽管如此,在美国,除了4个州(路易斯安那州、马萨渚塞州、内布拉斯加州、华盛顿州)未采纳惩罚性赔偿以外,其他各州都已经采纳这一制度,惩罚性赔偿事实上已成为美国固有的制度。

第二节　惩罚性赔偿的特点及作用

惩罚性赔偿,是指由法院作出的赔偿数额超出实际损害数额的赔偿。惩罚性赔偿的功能不仅在于填补受害人的损害,而且在于惩罚和制裁严重过错行为,惩罚性赔偿是由惩罚和赔偿所组成的。惩罚性赔偿虽然要以实际的损害的发生为适用的前提,但不以实际的损害为适用的主要条件,而要考虑当事人的主观过错等因素。也就是说,在确定是否适用惩罚性赔偿时,主要考虑加害人的主观的过错程度、主观动机、赔偿能力等多种因素,所以惩罚性赔偿的构成要件是多样的。惩罚性赔偿的数额可能是由法律法规直接规定的,也可能是由法官和陪审团决定的,但不可能由当事人自由约定。

传统民法认为,损害赔偿的功能在于填补受害人的损害,“损害—补救”过程是一个受损害的权利的恢复过程,由于损害赔偿的宗旨是在补救方面,因此排斥了惩罚性赔偿的适用。事实上,惩罚性赔偿制度的产生和发展并没有否认传统的补偿性赔偿制度的合理性,只是在一般损害赔偿制度以外而发展一种例外的赔偿制度。惩罚性赔偿并不是独立的请求权,必须依附于补偿性的损害赔偿。惩罚性赔偿常常是因为补偿性赔偿制度不能对受害人提供充分的补救的情况下而适用的,可见惩罚性赔偿也具有赔偿功能。惩罚性赔偿主要针对那些具有不法性和道德上的应受谴责性的行为而适用的。之所以适用惩罚性损害赔偿,是因为行为人具有严重的过错并应受到惩罚,过错是惩罚的重要根据。惩罚性赔偿具有遏制作用,也能在一定程度上鼓励受害人提起损害赔偿的诉讼。

美国司法部的研究表明惩罚性赔偿主要适用于合同案件，惩罚性赔偿在合同领域中的适用是侵权案件的3倍,在20世纪80年代几乎1/3的适用惩罚性赔偿的案件是商业合同案件。美国传统上对于违约责任案件坚持违约损害赔偿原则，而将惩罚性赔偿制度适用于由恶劣心态或过分行为造成的损害。美国早期法官一般不愿在违约责任案件中判决惩罚性赔偿金。但在被告人的违约行为是侵权行为的情况下,例如违反婚约、违反信托关系时,法院也判决被告承担惩罚性赔偿金。20世纪80年代以后,美国法院将惩罚性赔偿制度广泛应用于合同纠纷案件,在许多州甚至主要适用于合同纠纷。特别是在保险合同中,保险人往往利用被保险人遭受伤害的不幸情境,主张不负保险责任而拒绝赔偿,以胁迫被保险人和解就范。法院对于此类保险人恶意理赔行为往往判决保险人承担惩罚性赔偿责任。美国法院适用惩罚性赔偿责任比较多的情形包括:①缔约或违约过程中存在欺诈情形。②缔约关系中的一方当事人社会地位特殊,使另一方当事人产生特殊信赖。其中的“一方当事人”包括银行家、律师、雇主、保险、保险经纪人等。我国《合同法》第113条第2款规定:“经营者对消费者提供商品或者服务有欺诈行为的,依照《消费者权益保护法》的规定承担损害赔偿责任。”虽然《消费者权益保护法》和《合同法》规定了惩罚性赔偿制度,但该制度主要适用于消费纠纷领域。

目前在我国,是否应当借鉴美国的经验,扩大惩罚性赔偿在合同责任中的适用范围？首先应当指出,对惩罚性损害赔偿必须要有明确特定的适用范围，过多的适用此种责任不符合民事责任的固有性质以及社会经济生活的内在需要,也并不符合效率的要求。惩罚性赔偿始于英国,后为美国普通法系国家广泛应用,适用范围由侵权行为法扩展到合同法领域,在我国越来越多的人倾向于赞成对加害人施以惩罚性赔偿，有人提出在侵权法领域确立惩罚性赔偿制度,在综合各种因素的基础上再扩大其适用范围。

在美国，惩罚性赔偿大都适用于产品责任。根据美国学者菲利普的调查,自从在Fleet v. Hollenkamp一案中对产品责任实行惩罚性赔偿以来,过去20年大量的惩罚性赔偿主要适用于产品责任案件。关于惩罚性赔偿是否应当主要适用于产品责任,赞成在产品责任中采用惩罚性赔偿的观点认为,在产品责任中适用惩罚性赔偿，有利于对受害人提供充分的保护和对加害人实行惩罚。因为在因产品的危险致人损害的情况下,受害人可能会遭受人身伤害和死亡、精神损害以及财产损失。对产品的制造者强加惩罚性赔偿才能使受害人的损害得到补救，同时也能够对恶意的或有重大过失的生产者和销售者实行制裁。在产品责任中适用惩罚性赔偿,可以有效地提高产品的质量,防止危险品投入市场并损害消费者的安全。此种情形在美国侵权法中被称为“深口袋”理论。高额赔偿金会影响公司的财务状况甚至股票市值,迫使公司加大注意力度,避免损害发生。

反对产品责任中适用惩罚性赔偿的学者认为，惩罚性赔偿的运用将会给许多企业强加过重的经济负担,甚至可能导致这些企业破产,这对经济的发展没有好处。惩罚性赔偿也不一定有利于保护消费者的利益。因为惩罚性赔偿作出以后,公司将会通过提高产品的价格将赔偿金转嫁给消费者。惩罚性损害赔偿的遏制作用过大,会妨碍人们的行为自由,这特别表现在产品领域,如果过多的适用惩罚性损害赔偿,必然会使生产商不敢开发新产品和新技术，从而会影响产业的发展。惩罚性赔偿也不能真正解决产品的安全问题,因为惩罚性赔偿无助于遏制危险产品的生产。许多产品的缺陷是公司事先不知道的,假如公司事先知道未来的损害,则惩罚性赔偿的运用对其会起到遏制作用,但实际情况并非如此。由于惩罚性赔偿在适用中缺乏明确的标准,使陪审团和法官享有过大裁量权,法官和陪审团完全可以自由地决定赔偿额。另外,产品责任在一般情形下会构成侵权责任与违约责任的竞合,在此种竞合下,受害人可任选其一弥补损害,没有必要适用惩罚性赔偿。

在18世纪的美国法中,惩罚性损害赔偿常常适用于暴力侵害,此种侵害行为会造成受害人的精神损害,而惩罚性赔偿的适用旨在抚慰被害人心理上的痛苦和情感上的伤害。在19世纪,法官和陪审团并没有区分实际的和惩罚性的赔偿,而只是提出一笔数额,其中包括了精神损害、尊严损害、情感损害、对被告的惩罚等。在一般情况下,由于精神损害很难以金钱加以计算,因此采用惩罚性损害赔偿确有利于对受害人提供补救,这样在实践中法官和陪审团从采用惩罚性损害确有利于对受害人提供补救考虑,并没有严格区分惩罚性的赔偿和精神损害赔偿,而经常提出一笔惩罚性赔偿的数额,其中包括了精神损害。

第三节　我国现行立法中的惩罚性赔偿制度

在我国现行立法上,公认的承载惩罚性赔偿制度的法律条文是《中华人民共和国消费者权益保护法》(以下简称《消法》)第49条。该条规定:“经营者提供商品或者服务有欺诈行为的,应当按照消费者的要求增加赔偿其受到的损失,增加赔偿金额为消费者购买商品的价款或者接受服务的费用的一倍。”对第49条的适用,通说认为需要具备以下要件:其一,消费者的行为须是生活消费。《消法》第2条规定:“消费者为生活消费需要而购买、使用商品或者接受服务,其权益受本法保护。”其二,经营者须存在欺诈行为时,产生双倍赔偿责任。对已为国外立法和判例所认可的其他经营者有主观恶劣心态的情形,如重大过失、置他人权利于不顾、滥用权力等,未予规定。有的观点认为既然惩罚性赔偿是一个以惩罚和吓阻为目的的制度，那就要从行为人所为的恶性及其对人们生活所造成的影响来考量。在故意之外，还应该把重大过失归入其列。若其情不可原，其为不足悯，何不适用惩罚性赔偿制度，使行为人在从事某项行为时思量其是否真的无害他人，并适当地关爱他人呢？因此笔者建议，在考虑行为人的恶劣心态时，应在欺诈之故意之外再加上重大过失的情形。这种重大过失可以是滥用权力，也可以是漠视他人权利等。其三，消费者须因欺诈而受到损失，消费者因受欺诈而遭受损失是适用《消法》第49条的一必备条件。而且，须由受欺诈的消费者提出双倍赔偿的要求，《消法》的“双倍赔偿”是这样来计算的：“增加赔偿的金额为消费者购买商品的价款或者接受服务的费用的一倍”，即为消费者所付出的价款或费用的二倍，其中一半是填补性的损害赔偿，另一半是惩罚性赔偿。

美国联邦最高法院要求一般性损害赔偿与惩罚性损害赔偿之间有一合理的比例关系，是根据案情来确定的。如有的案例中惩罚性赔偿数额仅是填补性损害赔偿的四倍，却有超越宪法正当法律程序之嫌，而有的案例中二者的比例达到526倍之多却依然在宪法的正当法律程序可接受的范围之内。在英美法上有象征性赔偿，即受害人有时受到的损害甚少，或者不能证明自己所受的实际损害时，也依然不能排除惩罚性赔偿制度的适用。惩罚性赔偿制度在适用中所提倡的合理的比例关系是填补性损害赔偿和惩罚性赔偿间的比例关系，而非仅仅是商品的价款或服务的费用间的比例关系。

对惩罚性赔偿的上限问题，有学者认为，有无必要针对惩罚性赔偿金设置上限，取决于如何控制法院的误判风险，以及有无相关配套措施。当立法规定惩罚性赔偿金的上限时，社会将承受某些案件吓阻不足的不利益。惩罚性赔偿可以形成一种事故抑制的市场性方法，从对遏制生产和销售假冒伪劣产品的行为的作用来看，惩罚性赔偿费用由销售者或者生产者承担，将会加大制止和销售假冒伪劣产品的成本，直接针对制造和销售假冒伪劣的人实行制裁，以遏制制造和销售假冒伪劣产品活动，良好促进市场程序的形式，保护消费者的合法权益。

房地产业是近年来我国迅猛发展的一项产业，然由于法律法规欠缺，购房人处于无助之境，购房人又不属于消法中的消费者。全国首例终审生效的商品房双倍赔偿案件被认为在我国对消费者权益保护的进程中具有突破性意义。据报道，2001年3月15日，河南省鹤壁市一名消费者购买了被告公司的一套价值65780元的商品房，已交付54800元，另外的10980元打了欠条。入住后，发现房子断裂多处，且还知悉此房是擅自建设，已被建委下发了拆除令，而且整栋楼房的产权证又被抵押给了银行。2001年11月8日，该购房人以受欺诈为由向法院提起诉讼，一审、二审、再审法院经审理均认定被告有欺诈行为，判决消费者获得双倍赔偿。有学者也认为，不能由于商品房的特殊性，就抹杀房地产开发商实施的欺诈行为的性质；也不能因为商品房买卖中的欺诈行为导致的惩罚性赔偿金额高，就剥夺消费者的惩罚性赔偿请求。在最高人民法院颁行的《关于审理商品房买卖合同纠纷案件适用法律若干问题的解释》中，首次将购房者纳入了可申请双倍赔偿者之列。但其是否是消费者，未作规定。

思考题

1. 惩罚性赔偿的特点及作用。

2. 如何完善中国惩罚性赔偿制度？

附录　人身损害赔偿若干理论问题

①人身损害赔偿。即是指自然人的生命权、健康权和身体权受到不法侵害，从而造成伤残、死亡以及精神痛苦等后果，受害人或其近亲属有权要求加害人以财产赔偿之方式赔偿其损害的一种法律救济制度。

《法国民法典》第16-1条规定：任何人均有要求其身体得到尊重的权利，人的身体是不可侵犯的。人的身体的完整性，人的身体的受尊重是各国法律所普遍认可的一种价值。人的身体的不可侵犯性传统上以人的出生作为条件，在出生以后，人的身体即受法律保护，在没有出生之前，人的身体的完整性即不受法律保护，因此传统法律并不对胎儿的身体完整性提供保护。现代法律已放弃了此种规则，它将人的身体和健康的保护延伸到胎儿身上，侵害胎儿的利益亦应承担侵权责任。《法国民法典》第16-1条规定：人的身体、人的身体的组成部分和人的后代不得成为财产权的标的。此种规定首先排除了"在奴隶社会中将人物化"的行为。同时，它明确表明，当人的身体的完整性受到损害时，受害人取得此种损害赔偿的权利也具有非财产性。当人的身体的完整性受到损害时，有关适用于人的身体组成部分和人的后代的法律规则应当是有关交易以外的规则，其赔偿范围受到一定的限制。

传统侵权法所谓的人的身体的完整性是指人的四肢手足的完好无缺性，侵害人实施过错侵权行为并导致他人四肢手足缺损，即构成对他人人身的伤害，应承担侵权损害赔偿责任。传统侵权法认为，当人的组成部分已经脱离人体以后,如果他人实施损害行为并导致此种脱离身体的部分有损害,法律并不认为此种损害行为是一种侵权行为,因此亦不责令他人对此承担损害赔偿责任。在现代侵权法中,人的身体的完整性不仅仅是指传统的人的四肢手足的无缺性,而且还指人的其他组成部分的无损性,诸如人的血液的无损性、人的精液的无损性,侵犯他人此种组成部分,亦构成过错侵权行为,亦产生过错侵权责任。这就是人的身体的完整性的现代观念。

②权利主体与义务主体。自然人被致伤、致残时,该自然人自然是权利主体;如果受害人被致伤、致残,其近亲属也遭受精神痛苦和精神创伤,甚至比直接受害人遭受的更大,如对幼儿或不能辨认自己行为的精神病人进行人身伤害,直接受害人本人由于智力或其他原因无法对痛苦进行评价,而其近亲属遭受的精神痛苦可能更大,此时,间接受害人也应为共同权利主体。自然人被致死时,死者的配偶、父母和子女向人民法院起诉请求赔偿精神损害的,列其配偶、父母和子女为原告;没有配偶、父母和子女的,可以由其他近亲属提起诉讼,列其他近亲属为原告。最高人民法院《关于贯彻执行〈中华人民共和国民法通则〉若干问题的意见(试行)》第12条规定:"民法通则中规定的近亲属,包括配偶、父母、子女、兄弟姐妹、祖父母、外祖父母、孙子女、外孙子女。"学理观点认为不包括有事实上的抚养关系的人和有抚养期待权的人,但胎儿应作为权利人。

人身损害赔偿的义务主体是加害人,包括直接加害人和间接加害人两类。直接加害人是直接实施侵权行为,造成受害人人身损害的人。他(们)或是单独的直接加害人,或是共同加害人(共同侵权行为人),或是共同危险行为人(准共同侵权行为人)。间接加害人或是直接加害人的替代责任人,如无民事行为能力人、限制民事行为能力人造成他人损害的其监护人,受雇人在从事雇佣活动中致人损害的其雇用人,国家机关工作人员执行公务致人损害的该国家机关,法人工作人员执行公务致人损害的该法人,或者是致害物件的所有人或占有人。间接加害人作替代责任人承担损害赔偿责任时,直接加害人一般不作单独被告和共同被告，其责任在替代责任人对外承担法律责任后可对内部追偿。但是，在司法实践中，对无民事行为能力人、限制民事行为能力人致人损害，仅将其列为被告，对其监护人只列为法定代理人。

③人身损害赔偿客体即人身损害赔偿主体权利义务指向的对象。侵害人所承担的责任有两种，即有形的损害赔偿和无形的损害赔偿，前者是指侵犯他人身体和健康时对他人财产损失所作的赔偿，而后者则是指侵犯他人身体和健康时对他人精神损失的赔偿。

1979年最高人民法院发布的《关于贯彻执行民事政策法律的意见》规定，造成人身损害要赔偿医疗费和养伤误工补贴，造成经济损失的应负责赔偿。1984年最高人民法院发布的《关于贯彻执行民事政策法律若干问题的意见》规定，对受害人误工工资，受害人是城乡专业承包户或个体经营户的其误工费、受害人的医药治疗费、护理人的误工补助费、送医院抢救或转院治疗的交通费和住宿费，应由加害人赔偿。

《民法通则》第119条、最高人民法院《适用〈民法通则〉的意见》第143条及第147条对人身损害赔偿的客体范围作了规定。1991年，国务院制定的《道路交通事故处理办法》是最早对人身损害赔偿的客体范围作出全面规定的行政法规。最高人民法院1992年发布的《关于审理涉外海上人身伤亡案件损害赔偿的具体规定（试行）》分别对伤残赔偿范围和死亡赔偿范围作了规定，特别是规定赔偿伤、残、死亡者的收入损失、补救性治疗（整容、镶牙等）费、医疗期间陪住家属的交通费、食宿费等合理支出，这是迄今为止，其他有关法律、法规没有规定的。1993年颁布的《中华人民共和国产品质量法》《中华人民共和国消费者权益保护法》、1994年颁布的《中华人民共和国国家赔偿法》、2002年国务院修订的《医疗事故处理条例》对人身损害赔偿案件范围各自作了规定。特别是2001年，最高人民法院分别发布了《电力事故赔偿解释》和《精神损害赔偿解释》，总结了以往有关人身损害立法、司法经验，全面地规定了人身损害赔偿的客体范围，标志着我国人身损害赔偿制度基本建立。

但我国人身损害赔偿客体范围的规定还存在一些问题:《民法通则》规定赔偿医疗费、因误工减少的收入、残废者生活补助费、死者丧葬费、死者生前扶养的人必要的生活费等费用,对赔偿客体范围规定不够全面。如在侵权行为发生之时，未成年人因为没有参加社会劳动，还没有取得职业上的收入,因此侵权人不用对其已经实际遭受的职业上的损失承担赔偿责任。但是侵权人是否应当对未成年人未来职业上的收入损失承担损害赔偿责任？我国法律对此无规定,司法实际上亦持否定的态度。如果某一家庭主妇因为他人的侵权行为而遭受严重的损害，并因此而无法继续从事她本来一直在从事的家务劳动，侵权人对此家庭妇女因为不能从事家务劳动而遭受的经济损害是否应承担责任？我国民法对此无规定，司法判例亦未作出具体的探讨。当家庭妇女因为他人的行为而不能从事家务服务时,谁有权对此损失提起侵权诉讼？对此有三种观点:观点之一,认为遭受损失的人是家庭妇女的丈夫,他可以提起诉讼,要求侵害人对自己因为丧失妻子的劳务服务而遭受的损失承担赔偿责任;观点之二,认为当家庭主妇因为他人的侵权行为而丧失家务服务的能力时，虽然丈夫可以提起侵权诉讼，其妻子亦可以提起诉讼，要求侵害人承担赔偿自己因不能满意地关心家庭其他成员而遭受的非经济损失;观点之三,认为因为家庭主妇遭受损害,家庭需要其他人来完成原本应由家庭主妇所完成的家务劳务。当家庭主妇因为他人的侵权行为而丧失从事家务劳动能力时，如果其家庭雇请他人来从事原本由家庭主妇从事的家务服务,侵害人对此损失固然要承担赔偿责任;但是,如果其家庭没有雇请其他人来从事此种家务劳动，侵害人也应赔偿受害人所遭受的经济损失,这些都需要从立法上予以完善。

有关人身损害赔偿的单行法相互之间不协调，如对死亡者的精神损害法,《道路交通事故处理办法》称“死亡补偿费”,《产品质量法》《消费者权益保护法》和《国家赔偿法》称“死亡赔偿金”。对于死亡补偿费,《道路交通事故处理办法》规定,按照交通事故发生地平均生活费计算,补偿10年,对不满16

周岁的，年龄每小1岁减少1年；对70周岁以上的，年龄增加1岁减少1年，最低均不少于5年。最高人民法院《电力事故赔偿解释》规定，按照当地平均生活费计算，补偿20年，对70周岁以上的，年龄每增加1岁少计1年，但补偿年限最低不少于10年。《国家赔偿法》规定，造成死亡的，应当支付死亡赔偿金、丧葬费，总额为国家上年度职工年平均工资的20倍。上述前两者的规定相差近1倍，《道路交通事故处理办法》规定的死亡补偿费比残疾者生活补助费还少，《国家赔偿法》规定的死亡赔偿金比造成全部丧失劳动能力的残疾赔偿金还少。对于被扶养人生活费，最高人民法院《适用〈民法通则〉的意见》第147条规定："侵害他人身体致人死亡或者丧失劳动能力的，依靠受害人实际扶养而又没有其他生活来源的人要求侵害人支付必要生活费的，应当予以支持，其数额根据实际情况确定。"《道路交通事故处理办法》规定，被扶养人生活费以死者生前或者丧失劳动能力前实际扶养的、没有其他生活来源的人为限。按照交通事故发生地居民生活困难补助标准计算。对不满16周岁者扶养到16周岁；对无劳动能力的人扶养20年，但50周岁以上的，年龄每增加1岁减少1年，最低不少于10年；70周岁以上的按5年计算；对其他的被扶养人扶养5年。最高人民法院《电力事故赔偿解释》规定，被扶养人生活费以死者生前或者残者丧失劳动能力前实际扶养的、没有其他生活来源的人为限，按当地居民基本生活费标准计算。被抚养不满18周岁的，生活费计算到18周岁；被扶养人无劳动能力的，生活费计算20年，但50周岁以上的，年龄每增加1岁扶养费少计1年，但计算生活费的年限最低不少于10年；被扶养人70周岁以上的，扶养费只计5年。《国家赔偿法》规定，对扶养人生活费发放标准参照当地民政部门有关生活救济的规定办理。被扶养人是未成年人的，生活费给付至18周岁止；其他无劳动能力的人，生活费给付至死亡时止。按《道路交通事故处理办法》的规定计算标准是居民生活困难补助标准，按《国家赔偿法》的规定是民政部门的生活救济标准，按照《道路交通事故处理办法》规定，对未成年人只计算至16周岁，4种有代表性的法律、法规和司法解释，就有"实际情况"

"居民生活困难补助""居民生活费""民政生活救济"4种计算标准。在期限上,对未成年人有计算到16周岁的,也有计算到18周岁的;对中老年,有计算5~20年的,也有给付至死亡时止的。

世界各国有两种立法体例:一为扶养丧失主义,侵权人赔偿死者生前或残者丧失劳动能力前被扶养人生活费,英、美及法国采用此立法原则;一为继承丧失主义,加害人赔偿死者所余命年限内除去生活费等正常开支的剩余收入或者残者丧失劳动能力前后除去生活费等正常开支的差额收入,日本采用此立法原则。实行扶养丧失主义,对间接受害人赔偿额较低,采用继承丧失主义,对间接受害人赔偿额较高。对上述两种立法例我国在不同法律、法规中已分别采纳。《民法通则》和《道路交通事故处理办法》等法律和行政法规采用的是扶养丧失主义,最高人民法院《关于审理涉外海上人身伤亡案件损害赔偿的具体规定(试行)》采用的是继承丧失主义。

自然人因遭受人身损害而死亡,其权利能力消灭,赔偿权利人是死者的近亲属即间接受害人。对间接受害人而言,其因直接受害人死亡所蒙受的财产损失可以有两种计算方法:其一是以被扶养人丧失生活来源作为计算依据的"扶养丧失说",其二是以受害人死亡导致的家庭整体收入减少为计算依据的"继承丧失说"。依据"扶养丧失说",受害人死亡后,其生前依法定扶养义务供给生活费的被扶养人因此失去了生活来源,赔偿义务人对此应予赔偿。但赔偿的范围是"被扶养人生活费",即只对间接受害人的具体的、直接的、积极的财产损失进行赔偿,除被扶养人生活费外,不承认有其他财产损失存在。对于因直接受害人死亡而导致家庭的整体收入减少,因其属于抽象的、间接的、消极的财产损失,而未被纳入"扶养丧失说"的财产损害赔偿范围。按照《民法通则》第119条的规定,侵害他人身体造成死亡的,"应当支付丧葬费,死者生前扶养的人必要的生活费等费用",解释上一直认为该项死亡赔偿采纳的是"扶养丧失说"。因此《道路交通事故处理办法》第37条第8项在"被扶养人生活费"以外,又规定了"死亡补偿费",在解释上就被理解为精神损害抚慰金,《中华人民共和国产品质量法》第44条、《中华人民共和国消费者权益保护法》第42条,均采取在“被扶养人生活费”以外,同时给付“死亡赔偿金”的模式。

按照“继承丧失说”,受害人死亡导致的财产损失,应当以家庭整体收入的减少为标准进行计算。其理由是,受害人的个人收入并非全部用于个人消费,除其中个人消费部分(通常占全部收入的25%~30%)以外,其余的收入应当用于家庭共同消费或者家庭积累。受害人因人身损害死亡,家庭可以预期的其未来生存年限中的收入因此丧失,实际是家庭成员在财产上蒙受的消极损失。消极损失同样应当予以赔偿,法发〔1992〕16号《最高人民法院关于审理涉外海上人身伤亡案件损害赔偿的具体规定》第4条“死亡赔偿的范围和计算公式”第1项规定:收入损失是指根据死者生前的综合收入水平计算的收入损失。收入损失=(年收入-年个人生活费)×死亡时起至退休的年数+退休收入×10。死者年个人生活费占年收入的25%~30%”。该项“收入损失”的计算,就是采取的“继承丧失说”;该条第3项规定的“安抚费”被明确界定为“对死者遗属的精神损失所给予的补偿”。即在“收入损失”的财产损失以外,另外赔偿精神损害抚慰金,对死亡受害人近亲属的财产利益损失和精神利益损害,给予全面救济。法发〔1992〕16号《最高人民法院关于审理涉外海上人身伤亡案件损害赔偿的具体规定》对“收入损失”的计算方法是差额赔偿和主观计算,即以死者生前的年收入为依据按余命年岁计算赔偿额。《解释》则按照“人均可支配收入”的客观标准,并以20年固定赔偿年限为计算的时间,旨在既与过去的法律法规相衔接,又不致因主观计算导致两极分化、贫富悬殊。但较之过去的赔偿标准在赔偿参数上有了明显的提高,即以人均可支配收入取代过去的“平均生活费”;赔偿年限也比过去延长一倍,实际赔偿额则超过过去的一倍多。确立“同伤同价”“同命同价”赔偿原则。《侵权责任法》第16条规定:侵害他人造成人身损害的,应当赔偿医疗费、护理费、交通费等为治疗和康复支出的合理费用,以及因误工减少的收入。造成残疾的,还应当赔偿残疾生活辅助具费和残疾赔偿金。造成死亡的,还应当赔偿丧葬费和死亡赔偿金。《侵权责任法》第17条规定:因同一侵权行为造成多人死亡的,可以以相同数额确定死亡赔偿金。

长期以来,计算死亡赔偿金往往因为死者城乡身份、收入高低、地区差异和其他因素的不同而相差数倍,不时引发理论界"同命不同价"的争论。该条规定在处理重大交通故事、矿山事故时可以不考虑个人差异,而采用"一揽子"赔偿方案,以同一数额确定死亡赔偿金,解决"同命不同价""同伤不同价"问题。首次明确规定精神损害的赔偿标准,审判实践中,交通事故、离婚、伤害等案件的受害者,在提出经济赔偿的同时,大都有请求精神损害赔偿,但苦于法律依据不足,法院无法满足当事人的要求。《侵权责任法》第22条规定:侵害他人人身权益,造成他人严重精神损害的,被侵权人可以请求精神损害赔偿。这是我国法律中首次明确精神损害赔偿,明确了死亡赔偿金、残疾赔偿金,包含精神损害赔偿金的金额、计算办法等。这个规定,一是把精神损害赔偿严格限制在侵害人身权益上,侵害人身权益就包括侵害生命权、健康权、名誉权、隐私权等,但不包含财产权;二是什么情况下构成精神损害,新法使用了"严重精神损害"这个词;三是条文只规定"可以",而不是"应当",是否申请精神损害赔偿,由受害人自己决定。精神损害赔偿对受害人而言是一种补偿,对加害人而言是一种惩戒,对其他社会成员而言是一种警戒和教育。

人身损害赔偿多是金钱赔偿。给付赔偿金通常采用两种方法:一种是现在的一次性终身赔偿,即把将来的多次赔偿一并计算,在现在作一次性赔偿;另一种是将来的多次(终身)赔偿,在理论上称之为定期金赔偿,即对受害人的损害赔偿,按照一定的期间计算,按照一定的期间赔偿,直至赔偿期限届满或受害人死亡为止。司法实践中的人身损害赔偿总额采用第一种赔偿方式,极少采用第二种方式。国外的人身损害赔偿中须终身赔偿的主要采用第二种方式,如《德国民法典》第834条、《意大利民法典》第2057条均对此作了规定。在采用第二种赔偿方式时，一方面应当责令加害人提供财产担保;另一方面结合我国立法与司法实践,以一次性支付为原则,定期支付为补充。

近来学者们大多主张借鉴英美法理论将因果关系分为事实上因果关系与法律上因果关系。所谓事实上因果关系,就是考察事实上因果律的问题,法律上的因果关系是法律政策运用的结果。因为事实上的原因存在与否,并非仅依赖事实上的证明即可获得,而必须对获得的证言加以解释。解释获得意义的过程,无法免除判断者个人知识能力的影响,而与判断者个人的过去经验与性格息息相关。在判断过程中,我们所说的判断亦非“事实”判断,而具有“评价”的意思。没有绝对的客观事实问题,凡事实的认定都或多或少带有主观色彩与价值判断，这样才是符合客观实际的。此意见可称为“肯定说”。拜尔宁认为,因果关系中的原因,必须是“有过错的原因”,按照这种观点,过错的认定将替代因果关系的认定,只需要认定谁的行为对结果的发生有过错,而无须把过错和因果关系作为两个不同的问题来研究。这种观点主张在确定责任范围时,如果损害结果是行为人所能够预见得到的,则该行为便构成了法律上的原因,他就要为此损害承担赔偿责任。

在英美法侵权因果关系理论上信奉近因理论。但在确定近因关系以前,必须确定事实上的原因。因果关系的初始问题,在一案件提交审判以前,原告必须提出直接的或表面证据，意在表明事件是怎样发生的和其损害是由于被告的行为引起的。传统规则认为,倘若没有被告的过失行为,原告就不会遭受损害,那么,被告的过失就是原告受损的事实上的原因。现代规则认为,如果被告的行为是原告受损的实质性要件和造成损害的重要因素,那么被告的行为就是原告受害的事实上的原因。这条规则被称为实质性要件规则。实质性要件的衡量标准是以常人为标准。现代美国,法院普遍遵循“实质性要件”规则。《侵权法重述》(第2版)也采纳了这种观点。根据《侵权法重述》(第2版)第430条的观点,事实上的原因是指:被告的行为仅为原告致害的一个原因,而且并不构成诉讼原因。按照这种观点,事实上原因不是原告受损的唯一原因,而仅为原告受损的实质性要件。如果两个或多个被告人根据联合计划、合力行动,造成了对原告的损害,那么,被告人对全部损害共同负责或负连带责任,不存在损害比例分摊问题。如果两个或多个被告人各自的独立行为,造成了原告的损失,而且这种损失是统一的、不可分割的,在这种情况下,他们对原告的损失共同负责。如果两个或多个被告人各自独立行为,给原告造成的损害或损失是可以区分的,或者能按合理的标准估算各自造成的损害数目,那么损失可以按比例分摊。两个或两个以上的外力对原告造成的损害。如果两个或两个以上的外力,每一个外力都足以造成对原告的损害,但由于其联合或共同作用给原告造成了不可分割的损害。在这种情况下,被告一般仅对一种力负责。如果其他的力或者处于无意之中引起的,或者不清楚其来源,在这种情况下,被告应对整个损害负责。

按照《布莱克法学词典》的解释,近因是被告对原告承担责任的最近原因,它是一种自然的和继续的、未被插因所打断的原因。没有这种原因,就不会发生原告受害的结果。这里所指的最近,不必是时间或空间上的最近,而是一种因果关系上的最近。损害的近因是主因或动因或有效原因,附加原因、插因虽然在时间或空间上是最近的,但并不是近因。近因是被告对原告承担责任的原因。近因的认定是法律问题,属于法院的职责范围。这一点,把近因同事实上的原因区别开来。

普通法中,近因概念与事实上的原因的概念不同:事实上的原因是指被告的行为在对原告造成的损害中属实质性要件;近因是基于预见性和公共政策的考虑,对被告给原告造成损害的责任承担问题。只有证实了被告的行为是原告受损的实质性要件的事实认定以后,才能考虑被告的行为与原告的损害之间的近因确认,因此事实上的原因确认在先,近因确认在后。事实上的原因是对事实的确认,属于陪审团的职责范围。近因是一种法律确认,属于法院的职责范围。事实上的原因和近因之间的关系是:只有存在事实上的原因，才谈得上近因，在确认被告的行为与原告受损之间的近因关系以前，原告必须证明以下两点：被告违反对原告的法定义务，被告的行为是原告受损的事实上的原因。

《侵权法重述》(第2版)指出：义务指行为人对其行为应以特定的措施防止其危险。如果他没有这么做的话，那么他就对他承担义务的人造成的损害负有责任。普通法认为，在过失的情况下，人们所关心的是被告的行为对他人造成的损害，而不是引起这种损害的程度，被告无法预见到损害程度，并不能成为其免责的理由。被告的过失行为造成的直接损害结果，经过事后确认，确属"高度异常"的，则被告对此不承担责任。《侵权法重述》(第2版)指出：由于受害者特殊的生理状况，致使行为人的伤害行为除有可以预见的结果外，还伴随着无法预见的结果，即使行为人不知道或不应知道受害者的特殊生理状况，亦允许受害人享有对无法预见的结果的请求权。

根据《布莱克法学词典》的解释：插因是一种独立的原因，横插在原初的不法作为或不作为和损害结果之间，改变了事件的自然结果，产生了一种否则不能达到的和不能预见的结果。这种独立作用破坏了被告的过失行为和不法结果之间的联系。这种独立的插因是一种新的和独立的力量，它打断了原初不法作为和结果之间的因果联系，而且本身成为一种直接原因和近因。插入力是指行为人的过失作为或不作为实施后，一种积极的并对他人产生损害的力。插因可以是人的作为、动物的行为和自然力的作用，一种在被告的过失行为前存在的力，只要这种力在被告的过失行为以后首先发生作用，而且被告在过失行为时不应知道或不能知道这种力的存在时，也被认为是一种插因。

在普通法中，"道具"这一术语是指：被告的过失行为以后没有插因或插入力的作用，但存在使被告的行为对原告发生损害的条件。这种条件被称为"道具"。例如，被告在刮风天的场地上生火，风夹着火蔓延到原告的财产上，使原告的财产被烧毁。这种风就被认为是"道具"，而不认为是插因。被告的行为是在这种“道具”上发生作用，产生结果的。一般来讲，第三个人的不作为不认为是插因，即使第三人有作为的法定义务。应当预见的插入力或插因不能代替被告的过失行为，因此亦不免除被告的责任，只要他的行为是损害的事实上原因。普通法认为被告因过失使原告受害，并由于这种损害使原告遭受第二次不幸。原告遭受的第二次不幸通常被认为是应当预见的。如果被告的过失严重地伤害了原告，以致使原告神志混乱，无法认识行为的性质而进行自杀，或自杀未遂，被告对原告的自杀行为是应当预见的。对此，被告负有责任。被告的过失行为在许多情况下会引起一种特殊类型的危险，以至于第三者的过失行为被认为是一种可以预见的插因。例如，由于被告的过失撞到了行人，当受害者正人事不知地躺在街道上时，第二个司机因过失又轧伤了该受害者，那么第二个司机的过失行为是应当预见的。因为第二个司机的行为结果不是被告过失行为造成的危险状态的奇特或异常的结果，即使在通常的意义上，这种插入的过失行为也是“应当预见的”。对于这种事件，通常要第一被告对受害者承担全部责任。应当注意的是，被告对他人造成受害者的损害享有追索权。如果受害者被送进医院，由于医生的不当治疗，使他受到了附加的损害，大部分法院认为，被告对所有的损害，包括医生的失职引起的损害负有责任。对第三人插入的犯罪行为或恶意行为一般认为是无法预见的，被告对此不负责任。然而，如果在特殊情况下，一个富于理智的人能够预见到这种插入行为，那么他就负有对这种插入行为加以防止的义务。

在普通法中，对应当预见的结果并不都是要求被告承担责任。但该结果是由插入的第三者的犯罪行为或恶意行为造成的。大多数法院对此认为，被告不承担责任，责任由插入的不法行为者承担。被告的过失行为将引起一种不合理的损害危险，第三者发现了该危险，但他无视这种损害危险，造成了对他人的损害。被告的过失行为过了很长一段时间以后，由于第三人的插入作用，致使损害发生，被告对此不承担责任。美国侵权法学者指出，近因理论是17、18世纪牛顿机械论世界观的产物。机械论使近因理论把事实上的原因与近因割裂开来,对事实上的原因和近因由两种不同机构和程序加以认定。事实上的原因由陪审团加以认定,近因由法院加以认定。事实上的原因确认侵权行为和损害事实之间的客观联系性问题，近因是确认侵权人是否承担责任的问题,对事实上的原因和近因加以割裂的结果是:否认事实上的原因是近因的唯一原因,而只承认其是近因的一个原因,把对侵权行为与损害事实之间因果联系的确认重点转移到对侵权责任的承担，所以有观点认为该理论否认侵权行为和损害事实之间因果联系的客观性。

大陆法侵权法中因果关系理论受刑法中因果关系理论影响。在刑法中因果关系的理论经历了条件说、原因说和相当因果关系说三阶段,侵权法中的因果关系理论同样经历了这三个发展阶段。

所谓条件说,是指行为与结果的关系上,行为是前事实,结果是后事实。“无前事实的行为,不会发生后事实的结果”。条件说产生于19世纪70年代,是德意志帝国法院刑事部推事弗·布里所首创，为德国刑法学者李斯特、斯托斯等极力倡导。这一学说在早期的侵权法里有深刻影响,并被德、日司法实践所采纳。但是由于条件说不区分条件的成分,把一切条件都看成是平等的,都是事实结果发生的原因,这样就使责任的承担范围过大。持“条件说”者认为,不管行为人是否为侵权行为,只要对损害结果有“原因力”,即为该损害结果的必备条件。条件说把侵权法意义上的因果关系与侵权责任等同起来。这无疑为扩大侵权损害责任的承担提供了依据。原因说是继条件说之后提出来的,原因说认为,侵权法意义上的因果性不同于哲学意义上的因果性。它应当在引起结果的诸条件中,选择一种条件作为原因,免除其他条件的原因力。

关于选择何种意义上的条件作为侵权法意义上的原因,分别有“必生原因”说、“直接原因”说、“决定原因”说等,否认因果关系的多样性、相对性。原因说出现于19世纪70年代,创始人是德国的宾丁、库雷尔、毕尔克迈伊。相当因果关系说来源于德国。它出现于19世纪末,由德国学者巴尔提出,由克利斯在1888年发表的《论客观可能性的概念》一文确立其基础。相当因果关系说在德国的提出,在侵权法上起因于对民法典中损害赔偿范围未加限定。这种规定的理论依据是:责任者应该赔偿由其造成的一切损害。此说认为,侵权法意义上的因果关系以伦理上的因果关系为基础,但并不是所有伦理意义上的因果关系都为侵权法上的因果关系。这种因果关系出现的现实性,从一般的经验和常识上都能认识到。根据人类的"经验法则",在引起结果发生的数个条件行为中,依照人们的日常经验认为是必然引起结果发生或可能引起结果发生的条件行为,才能作为侵权法上的原因。否则,依照人们日常经验看来是偶然的条件行为,便不是侵权法上的原因。

侵权法上的因果关系在我国民法学界和司法实践中主要存在以下观点:①必然因果关系论。这种观点是对前苏联主流因果关系理论的承袭,该观点认为,什么是侵权行为与损害之间的因果关系呢?就是它们之间的必然联系。行为人只对自己行为造成的损害负责,如果损害非行为人所造成,即该损害结果与行为人之间并无客观必然的联系时,行为人就不应承担民事责任。因果关系是客观的,是由现象本身内在的规律性所决定的。在因果关系的问题上应区别原因与条件,原因是必然引起结果发生的因素,条件则不是必然引起结果发生的因素,而是使原因能够存在的情况。②主要原因说。这种观点认为,在确定侵权行为的因果关系时,应注意区分主要原因和次要原因。主要原因是引起损害结果发生的决定性因素,次要原因对损害结果的发生只是一个次要因素,不起决定作用。③直接原因说。这种观点认为,在确定侵权法上的因果关系时,应注意区分直接原因和间接原因。直接原因是没有介入其他人行为而直接引起结果发生的原因。间接原因是指介入其他人的行为间接引起结果发生的原因。直接原因构成侵权法上的因果关系,间接原因不构成侵权法上的因果关系。④全面综合说。这种观点认为,确定侵权责任的有无和大小不能单凭因果关系的有无,而必须与其他三个要件,特别是过错结合起来。没有因果关系不一定不负责,有了因果关系却不一定绝对地都要负责。至于责任的大小不决定于原因的主要次要,而是主要地决定于过错的大小和主次。

综上,大陆法系在认定侵权损害赔偿的因果关系中更多考虑主观因素,以何种标准确定其因果关系,产生了各种学说,我国有些学者从马克思主义认识论的角度,认为这是主观唯心主义的观点,对我国侵权责任的因果关系,更多的是以唯物主义的哲学观加以认识的,才存在主要的和次要的、直接的和间接的区别。英美法系中存在的"法律上的原因",实质上也是从法官的"主观因素"来研究侵权责任的因果关系。两法系的主流观点应都是"主观唯心主义"的产物,但其实践结果是"客观的"。启示是,因果关系的客观性,离不开主观的评断,即在因果关系中存在一个事实状态,存在一个主观评断状态。事实状态不可能自生一个因果关系的结论,由此推出相关的责任,事实上的因果联系是主观评断的结果。关键的问题是,在主观评断事实上的因果联系的各个事件、行为时,责任程度与之关联性,需要我们要做更多的理论分析,真正做到主观与客观的统一。

参考文献

1.陈华彬:《现代建筑物区分所有权制度研究》,法律出版社,1995年。

2.程合红:《商事人格权论——人格权的经济利益内涵及其实现与保护》,中国人民大学出版社,2002年。

3.迪特尔·施瓦布:《民法导论》,郑冲译,法律出版社,2006年。

4.[德]迪特尔·梅迪库斯:《德国债法总论》,杜景林、卢谌译,法律出版社,2004年。

5.董安生:《民事法律行为——合同、遗嘱和婚姻行为的一般规则》,中国人民大学出版社,1994年。

6.[古罗马]盖尤斯:《法学阶梯》,黄风译,中国政法大学出版社,1996年。

7.高富平:《信息财产——数字内容产业的法律基础》,法律出版社,2009年。

8.郭明瑞:《21世纪民商法发展趋势研究》,科学出版社,2009年。

9.黄风:《罗马法》,中国人民大学出版社,2009年。

10.黄茂荣:《法学方法与现代民法》,中国政法大学出版社,2001年。

11.江平主编:《法人制度论》,中国政法大学出版社,1998年。

12.[德]卡尔·拉伦茨:《德国民法通论》(上、下册),王晓晔等译,法律出版社,2003年。

13.克雷斯蒂安·冯·巴尔:《欧洲比较侵权行为法》(上、下册),法律出版社,2001年。

14.梁慧星:《民法解释学》,中国政法大学出版社,1995年。

15.梁慧星:《中国民法典草案建议稿附理由:权行为编·继承编》,法律出版社,2004年。

16.梁慧星主编:《民法总论》,法律出版社,1996年。

17.梁慧星主编:《为权利而斗争——梁慧星先生主编之现代世界法学名著集》,中国法制出版社,2002年。

18.林旭霞:《虚拟财产权研究》,法律出版社,2010年。

19.马俊驹等:《民法原论》,法律出版社,1998年。

20.[德]曼弗雷德·沃尔夫:《物权法》,吴越、李大雪译,法律出版社,2002年。

21.梅仲协:《民法要义》,中国政法大学出版社,1998年。

22.《拿破仑法典》,李浩培等译,商务印书馆,1983年。

23.彭梵得:《罗马法教科书》,黄风译,中国政法大学出版社,1992年。

24.史尚宽:《继承法论》,中国政法大学出版社,2000年。

25.史尚宽:《债法总论》,中国政法大学出版社,2000年。

26.苏永钦:《走入新世纪的私法自治》,中国政法大学出版社,2002年。

27.孙忠宪:《德国当代物权法》,法律出版社,1997年。

28.佟柔主编:《中国民法》,法律出版社,1990年。

29.王利明:《物权法研究》,中国人民大学出版社,2007年。

30.王利明:《中国民法典草案建议稿及说明》,中国法制出版社,2004年。

31.王佚:《物权变动论》,中国人民大学出版社,2001年。

32.王泽鉴:《法律思维与民法实例——请求权基础理论体系》,中国政法大学出版社,2001年。

33.王泽鉴:《民法学说与判例研究》,中国政法大学出版社,1997年。

34.[日]我妻荣:《债权在近代法中的优越地位》,王书江等译,中国大百科全书出版社,1999年。

35.吴汉东、胡开忠:《无形财产权制度研究》(修订版),法律出版社,2005年。

36.徐国栋:《绿色民法典草案》,社会科学文献出版社,2004年。

37.徐国栋:《民法基本原则解释》,中国政法大学出版社,1996年。

38.[法]雅克·盖斯旦、吉勒·古博:《法国民法总论》,陈鹏等译,法律出版社,2004年。

39.鄢一美:《俄罗斯当代民法研究》,中国政法大学出版社,2006年。

40.杨立新:《侵权责任法》(第2版),法律出版社,2012年。

41.尹飞:《物权法·用益物权》,中国法制出版社,2005年。

42.尹田:《法国物权法》,法律出版社,1998年。

43.游劝荣:《物权法与社会发展比较研究》,人民法院出版社,2009年。

44.张俊浩:《民法原理(下)》(修订版第3版),中国政法大学出版社,2000年。

45.张俊浩主编:《民法学原理》,中国政法大学出版社,1997年。

46.张新宝:《侵权责任法原理》,中国人民大学出版社,2005年。

47.郑玉波:《民法总则》,中国政法大学出版社,2003年。

48.朱岩编译:《德国新债法——条文及官方解释》,法律出版社,2003年。

后　记

自2001年本人在中共天津市委党校法律专业研究生班开设民事法律制度研究必修课，其讲义不断修改与完善，《物权法》《侵权责任法》及中华人民共和国第一部民法典的起草所带来的民事法学理论问题的争议，使本书写作处于不断的调整中，也为本书的最后完成提供了学习与深入的基础。承蒙中共天津市委党校校领导的关心与支持，党校研究生部领导的大力帮助，法学教研部同志们给予我的指导，以及研究生班的学员对授课问题的诚恳意见，使我顺利完成本书的写作；天津人民出版社责任编辑郑玥和特约编辑王琤为本书的出版做了大量的工作，在此表示真诚的谢意。由于水平有限，书中不妥之处，欢迎读者提出宝贵意见。

安连成

2017年1月10日于天津

党校研究成果系列

1.《区域经济视域下的天津经济发展》 杨东方 著
2.《党务管理学》 贾锡萍 主编 钟龙彪 副主编
3.《新媒体环境下大众阅读行为与公共图书馆对策》 李玉梅 王沛战 编著
4.《党的代表大会常任制研究》 沈士光 著
5.《当代中国对外文化交流战略》 张殿军 著
6.《党政干部实用英语培训教程》 中共天津市委党校外语组 编写
7.《中国哲学与传统文化》 范玉秋 田力 编著
8.《科学无神论与共产党员的信仰》 时绍祥 著
9.《利益多元化格局中的党群关系问题研究》 张哲 著
10.《高等学校党政领导体制研究》 张晓清 著
11.《干部教育成长与执政党建设》 张亚勇 主编 于佳任 副主编
12.《中国共产党党内法规研究》 李军 著
13.《文化哲学概论》 张凤江 主编
14.《“互联网+”时代网络文化安全研究》 万希平 等 著
15.《新政治学之维》 倪明胜 乔贵平 主编
16.《公共部门人力资源战略与管理》 王健 主编 唐巍 副主编
17.《民事法律制度研究》 安连成 著